아동기 트라우마 생존자 상담

상담 기법 및 전략 중심

Introduction to Working with Adult Survivors of Childhood Trauma: Techniques and Strategies, **1st Edition**

Carolyn Knight

For permission to use material from this text or product, email to
asia.infokorea@cengage.com

ISBN-13: 979-89-6218-460-0

Cengage Learning Korea Ltd.
14F YTN Newsquare 76 Sangamsan-ro
Mapo-gu Seoul 03926 Korea
Tel: (82) 2 330 7000
Fax: (82) 2 330 7001

Cengage Learning is a leading provider of customized learning solutions with office locations around the globe, including Singapore, the United Kingdom, Australia, Mexico, Brazil, and Japan.
Locate your local office at: **www.cengage.com**

Cengage Learning products are represented in Canada by Nelson Education, Ltd.

To learn more about Cengage Learning Solutions, visit
www.cengageasia.com

Printed in Korea
Print Number: 01   Print Year: 2019

아동기 트라우마 생존자 상담
상담 기법 및 전략 중심

INTRODUCTION TO WORKING WITH ADULT SURVIVORS OF
CHILDHOOD TRAUMA
Techniques and Strategies

Carolyn Knight 지음
이동훈 김정한 김미현 이신혜 옮김

Andover • Melbourne • Mexico City • Stamford, CT • Toronto • Hong Kong • New Delhi • Seoul • Singapore • Tokyo

옮긴이 소개

이동훈

성균관대학교 교육학과 교수(상담심리교육 전공)
플로리다대학교 박사(Ph.D.)
현) 성균관대학교 카운슬링센터장 및
　　성균관대학교 외상심리건강연구소 소장
전) 전국학생생활상담센터협의회 회장 역임
전) 한국상담학회 대학상담학회 회장 역임
전) 한국청소년상담원 상담조교수
한국 상담심리학회 1급, 한국상담학회 수련감독급

김정한(Jeong Han Kim)

텍사스테크 대학교 임상상담 및 정신건강학과 교수
(Department of Clinical Counseling and Mental Health)
위스콘신 대학교 메디슨 캠퍼스(University of
Wisconsin-Madison) 재활심리학 박사
현) 텍사스테크 대학교 의과대학 일반외과, 화상 및
외상센터 겸임교수(Department of Surgery)
재활상담사(Certified Rehabilitation Counselor, 미국)

김미현

캘리포니아 대학교 어바인 캠퍼스(University of
California, Irvine) 심리학과 사회행동 및 범죄학, 법
과 사회학 학사
성균관대학교, 교육학과 상담교육전공 석사
성균관대학교 외상심리건강연구소 연구원

이신혜

성균관대학교 심리학 학사
전) 성균관대학교 외상심리건강연구소 연구원

아동기 트라우마 생존자 상담 : 상담 기법 및 전략 중심

Introduction to Working with Adult Survivors of Childhood Trauma: Techniques and Strategies, 1st Editon

제1판 1쇄 인쇄 | 2019년 3월 15일
제1판 1쇄 발행 | 2019년 3월 22일

지은이 | Carolyn Knight
옮긴이 | 이동훈, 김정한, 김미현, 이신혜
발행인 | 송성헌
발행처 | 센게이지러닝코리아㈜
등록번호 | 제313-2007-000074호(2007.3.19.)
이메일 | asia.infokorea@cengage.com
홈페이지 | www.cengage.co.kr

ISBN-13: 978-89-6218-460-0

공급처 | ㈜학지사
주 소 | 서울시 마포구 양화로15길 20 마인드월드빌딩 5층
도서안내 및 주문 | Tel 02) 330-5114 Fax 02) 324-2345
홈페이지 | www.hakjisa.co.kr

정가 27,000원

나를 겸손하게 하는 나의 내담자들에게,

내가 젊음을 유지하고, 정신을 바짝 차리게 만드는 나의 제자들에게,

내가 현실감을 유지하게 해주는 나의 가족에게.

그리고 수년에 걸쳐 매우 솔직하고 자유롭게 나와 함께 작업을 해준 모든 실습생들에게,

이 모두에게 깊고 진심 어린 감사를 표합니다.

Carolyn Knight

옮긴이 머리말

이 책의 번역은 '재난 분석을 통한 심리 지원 모델링 개발'이라는 안전행정부의 인적 재난 안전기술 사업 R&D를 수행하면서 시작하게 되었다. 자연 재난 및 사회 재난과 관련된 연구 프로젝트를 수행하면서 자연스럽게 대인 재난에 관심을 갖게 되었고 대인 재난의 가장 큰 트라우마 유형이라 할 수 있는 아동기 트라우마에 주목하게 되었다. 이와 관련된 공부할 좋은 책을 찾다가 이 책을 알게 되었고, 힘든 프로젝트 과정 중이었음에도 불구하고 거침없이 번역 작업에 들어갈 수 있었다. 이 책은 텍사스테크 대학교의 김정한 교수님과 김미현, 이신혜 선생님도 함께 번역 작업에 참여하였다. 또한 김주연, 신지영 선생님이 꼼꼼하게 교정 작업을 해주어서 번역을 시작한 지 5년여 만에 책이 나오게 되었다.

상담 및 심리치료 분야에 계신 분들이 공부할 수 있는 좋은 책이 나올 수 있도록 오랜 시간 믿고 기다려준 센게이지러닝코리아(주)의 송성헌 사장님을 비롯하여, 이 책이 나오는 데까지 물심양면으로 많은 도움과 지원을 해주신 권오영 과장님께 깊은 감사를 드린다. 또한 번역 과정 중에 놓치거나 미흡한 부분에 대해 꼼꼼하게 피드백과 코멘트로 도움을 주고 역서가 완성될 수 있도록 해주신 편집자분들에게도 감사의 마음을 전한다. 아동기에 트라우마를 겪은 성인 내담자를 이해하고 상담하는 데 이 책이 방향성을 제시할 뿐만 아니라 도움이 될 만한 상담 기법 및 전략을 제공할 것이라고 믿는다.

2019년 3월 이동훈

* 본 연구는 2017년 대한민국 교육부와 한국연구재단의 지원을 받아 수행된 연구입니다(NRF-2017S1A5A2A01025729).

감사의 말

원고를 검토하고, 통찰력 있는 의견을 제공한 아래의 동료들에게 고마움을 전하고 싶습니다.

Teresa Christensen, *University of New Orleans*

Peter Emerson, *Southeastern Louisiana University*

Christopher Faiver, *John Carroll University*

Roberta Graziano, *Hunter College of CUNY*

Pamela Kiser, *Elon University*

Nancie Palmer, *Washburn University*

Leanne Parker, *Lewis-Clark State College*

Martha Sauter, *McClennan Community College*

Geoffrey Yager, *University of Cincinnati*

Carolyn Knight

차례

Chapter 10   개인 작업과 집단 작업의 종결 단계   267

* 참고문헌은 센게이지러닝코리아㈜ 홈페이지(www.cengage.co.kr) 자료실에서 확인하실 수 있습니다.

아동기 트라우마 생존자 성인과의 작업: 개요

도입

이 책은 아동기에 트라우마를 경험하고 회복 중인 사람들의 전형적인 모습을 가지고 있는 나의 내담자로부터 아이디어를 얻어 쓰게 되었다. 데니스(Denise)는 아동기부터 청소년기까지 아버지로부터 성폭행을 당했다. 그녀의 아버지는 그녀를 강간했고, 오빠들이 그녀를 강간하도록 강압했다. 그리고 그녀의 아버지는 친구들에게 돈을 받고 딸과 성관계를 맺을 수 있도록 하였다.

데니스가 16세 때, 그녀는 집을 나가 점점 심해지는 마약과 알코올 의존증으로 이를 마련하기 위한 돈을 벌기 위해 매춘을 시작했다. 그녀는 결국 보호소에서 살게 되었는데 그곳에서 그녀는 상담자에게 성폭행을 당하게 된다. 그녀는 보호소에서 도망쳐 나왔고 그 후 수년간 헤로인을 투약하고, 절도를 하고, 알코올과 헤로인을 마련하기 위한 돈을 벌기 위해 매춘을 하면서, 그녀 말에 의하면 그야말로 "안개 속"에서 살아왔다. 그녀는 두 명의 남자로부터 세 아이를 가지게 되었지만, 약물 중독 때문에 정부로부터 세 아이에 대한 양육권을 모두 잃고, 그 뒤 수차례 자살을 시도하였다.

내가 데니스를 처음 만났을 때, 그녀는 35세였다. 그녀는 3년 동안 위법 행동이 없는 상태로, 니코틴 중독자 모임(Narcotics Anonymous: NA)에 정기적으로 참여하고 있었고, 자식들에 대한 양육권을 되찾은 상태였다. 그녀가 말한 것처럼 그녀는 "삶을 되찾은 상태"였지만, 그녀는 과거의 판도라 상자를 여는 것 또한 필요하다는 것을 알고 있었다. 그녀는 여러 번의 자살 시도로 인한 입원, 자녀 방치에 대한 의무 상담(mandatory counseling), 그리고 여러 번 입원 약물 치료 프로그램에 참여했음에도 불구하고, 데니스의 과거를 인정하고 현재 그녀가 겪는 어려움과 그녀가 견뎌야 했던 과거의 학대 간의 연관성을 지적한 전문가는 **오직 한 명**뿐이었다.

데니스의 경험은 모두 너무나도 평범한 것이었다. 나는 다음 두 가지 중요성에 대해 말하고자 한다. 첫째, 데니스의 조력자와의 상호작용 중 그녀와 아동기 트라우마에 대해 개방적이고 직접적으로 말했던 예외적인 전문가와의 상호작용의 중요성이다. 그녀가 약물 중독 치료를 위해 입원해 있는 동안, 30대 초반의 젊은 남성인 데니스의 상담자는, 그녀가 경험한 일에 대해 얼마나 유감인지 그녀에게 말했다. 그는 그녀가 잃은 것들에 대한 것과, 화, 슬픔, 그리고 그녀가 매일 살면서 느끼는 수치심에 대해 인식하고 있었다. 데니스는 그 상담자의 이름을 기억하지 못했지만, 일 년 전에 그가 말한 것을 거의 정확히 한 마디, 한 마디 그대로 기억해냈다. 누군가가 그녀의 진짜 모습과 경험을 알아주는 것이 처음이었기 때문에, 이것은 그녀에게 굉장히 강력한 순간이었다.

둘째, 여태의 내 내담자들과 달리 데니스는 돌려 말하거나, 광범위한 암시를 주거나, 혹은 그녀가 겪은 피해의 조각난 기억만을 유지하고 있지 않았다. 지난 몇 년간 전문가들과 만날 때마다, 그녀는 어린 시절에 대하여 이야기하였다. 그녀는 모든 것을 자세히 기억하고 있었다. 과거에 대하여 이야기해달라고 했을 때, 항상 과거에 대하여 이야기했다. 그러나 아무도 데니스의 과거 경험이 중대함을 인식하지 않았기 때문에, 그녀 자신도 그녀가 드러내는 과거의 중대함을 완전하게 알지 못하였다. 데니스는 다음과 같은, 정신이 번쩍 들게 만드는 발언을 하였다. "사람들은 이 이야기에 대해 말하는 것을 싫어해요. 그들은 이 일이 벌어지지 않았거나 존재하지 않는 것처럼 행동해요. 아니면 그들은 내가 과거를 잊고 새로운 삶을 살길 원해요."

불행하게도, 데니스의 발언은 너무 많은 진실을 내포하고 있다. 데니스에게 도움이 되지 않았던 '조력자들'과의 경험을 어떻게 설명할 수 있을까? 많은 전문가들은 단순히 아동기 트라우마와 그 영향에 대해 교육받은 적이 없기 때문에, 생존자들에 대한 치료의 필요성을 인지하지 못한다. 게다가 많은 조력자들은 그들의 전문 분야에서의 법적 허용 범위가 내담자의 과거에 중점에 두는 것을 불가능하게 하기 때문에, 그들이 어떻게 아동기 트라우마 생존자의 필요에 응답할 수 있는지 알지 못한다.

누가 이 책을 읽으면 좋은가?

아동기 트라우마 생존자는 치료를 받길 원하거나 치료받도록 요구된 서로 다른 개개인으로 이루어져 있기 때문에, 어떤 전문 분야에 있는 조력자일지라도 아동기 트라우마가 무엇이고 그것이 어떤 영향을 미치는지에 대해 알아야 할 필요가 있다. 특히 이 책은 중독과 성범죄 상담자, 정신건강과 아동사회복지사, 법의학과 교정 기관에서 일하는 전문가와 같이 트라우마 치료 상황의 최전방에서 일하는 이들에게 도움이 될 것이다. 이들은 아동기 트라우마의 생존자들이 대부분(그리고 가끔은 오직) 맨 처음 만나게 되는 전문가이다. 전문가들이 돕는 방법과 내담자의 과거 트라우마에 대한 그들의 반응은 성인 트라우마 생존자의 회복에 중요한 역할을 한다.

성인 생존자의 과거 트라우마는 그들의 현재 어려움과 떼려야 뗄 수 없게 연결되어 있다. 아동기 트라우마 경험이 있는 내담자를 치료할 때, 과거 트라우마 혹은 현재 겪고 있는 문제 중 하나에만 초점을 맞추지 않아야 한다. 사실, 이것은 인위적인 분리이다. 우리 전문가들은 어떻게 하면 우리의 역할과 기능의 한도 내에서 트라우마 생존자에게 가장 도움이 될 수 있는지 알아야 한다. 이 책의 사례들은 여러 상황 속에서 다양한 전문 조력자가 생존자에게 도움을 주기 위해 어떻게 과거 트라우마를 다루고 알아줄 수 있는지를 보여줄 것이며, 심지어 치료의 주목표가 약물 중독, 아동 학대, 혹은 정신질환과 같은 현재의 문제를 안고 있을 때에도 어떻게 다룰 수 있는지에 대해서 보여줄 것이다.

데니스의 상담자가 그녀의 과거를 언급한 것은 그녀 인생의 전환점이었다. 처음으로 다른 사람이 그녀 과거의 아픔과 현재의 그녀 상황과의 관계를 알아차리게 되면서 그녀가 그 둘의 연관관계의 중요성을 알아차리도록 만들었다. 상담자가 금기시된 주제인 데니스의 성폭행에 대하여 의도적으로 언급한 것은 치료에 있어서 중요한 첫 번째 단계였다. 그렇지만 아동기 트라우마를 경험한 다른 내담자처럼 데니스는 이 어려움을 그녀 혼자 감당해야 했고, 그녀는 아직 그럴 준비가 되어있지 않았다. 이것은 그녀가 피해 사실에 대해 직접적으로 직면하기를 원하고, 마주할 수 있기 몇 년 전 일이다. 그 사이 몇 년 동안, 그녀는 약물 중독으로부터 벗어났고, 자식에 대한 양육권을 되찾았으며, 그녀와 가족의 삶을 더 안정적으로 만들었다. 이러한 과정을 행할 수 있었던 의지와 능력은 적어도 일부는 그녀의 상담자가 심은 씨앗에서 싹튼 것이었다.

만약 데니스가 만났던 다른 상담자 중 한 명이 그녀의 피해를 직접적으로 다루었다면 회복이 더 빨리 시작되었을까? 나는 솔직히 알 수 없다. 내가 전에 말한 것처럼, 궁극적으로 그 일을 처리해야 하는 사람은 내담자이다. 내가 확실하게 알고 있는 것은, 조력자의 의무 중 일부는 내담자의 고려 사항을, 다루어야 하는 주제 안에 포함시켜야 한다는 것이다. 이것을 우리 같은 조력자가 하지 않는다면 과연 누가 할 것인가?

상호관계적인 관점

이 책에서 나는 모든 상담 맥락과 관련이 있는 도움의 방법을 기본으로 한다. 규율, 이론적 배경, 그리고 전문적인 역할과 상황에 상관없이 내담자에게 도움이 될 수 있는 능력을 향상시키는 핵심 기술이 있다. Lawrence Shulman의 상호작용 모델(2006)은 우리가 내담자와 상담할 때 실제로 무엇을 하는지에 관심을 두었다. 이 모델의 근본적인 전제는 도움을 제공하는 관계 자체가 내담자의 성장과 변화가 일어나기 위한 수단으로서 작용한다는 것이다. 과거의 경험은 많은 경우 타인에 대한 인식을 왜곡하며 다른 사람을 신뢰하지 못하게 만들기 때문에, 2장에서 논의한 것처럼 아동기 트라우마의 성인 생존자에게 이러한 상호작용 모델은 특별한 관련이 있다.

데니스가 상담자와 함께한 경험에서 드러나듯이, 트라우마 경험에 대한 이해와 수용을 하는 전문가와 관계를 시작하는 것은, 그 자체만으로 아동기 트라우마를 가진 성인에게 엄청난 도움이 된다. 상호작용 모델은 우리 모두가 가지고 있는 가장 힘 있는 치료 도구 중 하나인 우리 자신을 사용한다. 우리 자신의 생각, 감정 그리고 반응을 내담자에게 도움이 되는 방향으로 활용하는 것은 일종의 기술이지만, 이는 뜨거운 논쟁의 주제이기도 하며 자주 잘못 이해되기도 한다. 나는 이 책을 통하여 아동기 트라우마를 경험한 성인이 그들의 조력자가 정서적으로 그들과 소통하고 있다는 것을 알아야 한다고 주장한다. 왜냐하면 그동안 그들이 과거 경험에 대처하기 위해 사용한 방법은 감정과 정서의 회피와 억압이기 때문이다. Shulman은 다음과 같이 말했다. "우리가 내담자에게 우리의 인간성, 취약성, 위험 감수 경향, 즉흥성, 진솔성, 그리고 부족한 수동성(또는 나중에 후회하게 될 수동적인 태도)을 드러낼 때, 우리는 우리가 내담자에게 기대하는 바로 그 행동의 본보기가 되어주고 있을 것이다."(2006, 27)

이 책의 구성

Shulman의 상호작용 치료의 사례 개념화와 일치되게, 이 책은 조력 관계(helping relationship)에서의 단계들을 중심으로 구성되어 있다. 상담 치료의 특정 핵심 기술, 다양한 전략, 구체적인 도움 기술은 내담자와 상담할 때 다른 관점에서 큰 효용성을 가진다. 이 책에서는 바로 이러한 기술과 전략에 집중하고 있다. 내담자와 함께 작업하는 일의 본질은 시간이 지남에 따라 변하며 우리가 하는 작업과 우리가 사용하는 기술에 영향을 미친다.

이 책에서 소개하는 기술과 기법은 이론적으로, 경험적으로 확고하게 뒷받침되는 것이며, 다양한 전문적 배경을 가진 전문가와 다양한 치료 상황에서 일하는 사람들에게 유용하게 쓰일 가능성이 높은 전략을 강조했다.

매 장마다 주요 개념, 원칙, 그리고 도움을 주기 위한 핵심 기술은 독자들이 알아차리고 이해하기 쉽게 책의 내용을 활용하도록 굵은 글씨로 나타나있다. 그리고 각 장은 중요한 핵심의 요약으로 끝난다.

2장에서는, 이후 장들에서 설명될 치료 방법 모델에 대한 기초를 다지기 위해 아동기 트라우마의 본질과 이에 대한 장기적인 영향에 대하여 논의하고 있다. 3장과 4장에서는 아동기 트라우마를 겪은 성인 생존자와의 개인 치료 및 집단 치료에서의 작업 관계의 본질과 유익성에 대해 다룬다. 또한 이러한 관계를 발전시키고 지속하는 것과 연관된 어려움도 다룬다. 5장은 조력자들이 아동기 트라우마를 겪은 성인 생존자와 작업 관계를 맺을 때 마주하는 어려움에 중점을 둔다. 우리의 공감 능력과 어린 시절에 피해를 입었다는 것이 어떤 의미를 갖는지에 대해 이해하는 것이 도움을 줄 수 있는 능력과 직접적인 관련이 있기 때문에, 우리는 이러한 작업으로부터 영향을 받지 않을 수 없다. 그러므로 우리는 아동기 트라우마의 생존자인 내담자가 우리에게 어떤 영향을 미치는지 인식하는 방법을 배워야 한다.

6장과 7장에서는 개인 치료와 집단 치료에서 아동기 트라우마 경험이 있는 내담자와의 작업 관계를 좀 더 쉽게 쌓을 수 있는 구체적인 기술과 전략을 탐색한다. 트라우마 생존자의 특별한 치료 요구와 어린 시절 경험의 결과로 존재할 가능성이 높은 내담자의 적극적인 참여를 방해하는 장벽을 식별하는 데에 특별한 주의를 두었다.

8장과 9장에서는 치료의 중기에 대하여 논하고 있다. 개인 치료든 집단 치료든, 아동기 트라우마 성인 생존자가 자신이 처음으로 도움을 찾은 이유를 직접적으로 다루기 시작하는 시기이다. 내담자에게 도움이 되기 위해 우리는 내담자가 그들의 감정과 문제를 다루는 것을 돕기 위해 자유롭게 사용할 수 있는 다양한 기법과 기술을 가지고 있어야만 한다.

두루 적용되는 기법(모든 내담자에게 사용되는 동일한 기법)은 도움이 되지 않을 확률이 높다. 도움을 주기 위한 상호작용 접근의 중요한 장점이자 내가 이 접근을 이 책에서 설명한 실제 접근 방법의 이론적 기초로 선택한 이유는 전문가들이 정해진 기법을 제한적으로 사용하지 않기 때문이다. 어느 내담자와 일하든, 특히 아동기 트라우마를 겪은 성인 생존자와 일할 때, 우리는 가능한 모든 전략을 절충적으로 사용하여 그들의 특별한 필요에 대한 반응을 준비해야만 한다.

10장은 아동기 트라우마 생존자와의 개인 또는 집단 치료에서의 종결과 전환점에 관련된 기술에 대하여 논의하고 있다. 치료 관계에서 이 단계는 내담자가 그들이 얻은 것들을 모아 강화하고, 다음 단계를 확인할 수 있는 기회를 제공한다. 또한 이 단계는 내담자가 미래에 마주하게 될 어려움에 대비하도록 돕는 과정이다.

개인 치료와 집단 치료의 강조

이 책에서는 개인 치료와 집단 치료 모두에 초점이 맞추어져 있다. 왜냐하면 두 가지 모두 아동기 트라우마 경험이 있는 내담자에게 보편적으로 사용 가능한 양식이기 때문이다. 또한 이 양식들은 이론적, 경험적으로 가장 지지되고 있는 것들이다. 궁극적으로, 아동기 트라우마의 회복과 치료 과정은 매우 고독한 일이지만, 그 과정을 비슷한 경험이 있는 사람들과 나누는 것은 치료 과정을 조금 더 쉽고 덜 외롭게 만들어준다.

내가 강조하는 이 두 개의 양상들은 내담자의 원가족이 중요하지 않다고 주장하는 것이 아니며 나는 합동 가족 치료(conjoint family therapy)가 아동기 트라우마를 경험한 생존자에게 가치 있는 자원이 될 수 없다고 주장하는 것이 아니다. 사실, 8장에서 다루겠지만, 가족 구성원들을 포함하는 치료는 트라우마 생존자에게 필요할 수 있고, 개인 생존자들에게 큰 도움이 될 수도 있다. 그렇지만 가족 구성원들을 생존자 치료에 포함하는 것과, 가족 전체를 치료하는 것에는 차이가 있다. 우리가 개인 치료 혹은 집단 치료 양식을 통해 중점을 두어야 하는 것은 생존자의 과거 경험과 현재 겪고 있는 어려움에 공평하게 집중해야 한다는 것이다.

사례 자료

이 책에 그려진 사례는 나의 치료 경험과 아동기 트라우마의 생존자와 다양한 상황에서 일한 다른 많은 사람들로부터 나온 것이다. 모든 예시는 실제 전문 조력자가 관여한 실제 치료 상황에서 실제 내담자들이 실제로 직면하는 문제를 설명한다. 내담자와 조력자 모두의 사생활을 보호하고 비밀을 보장하기 위해, 약간의 정보가 변경되었고 몇 개의 사례가 합성되어 있다. 실명이 전혀 사용되지 않는 대신, 내담자와 의사에게 가명이 붙여졌다.

많은 사례들이 잔인하고 일반적으로 상상할 수 없는 치료 방법의 상세하고 생생한 묘사를 포함한다. 나의 의도는 독자들을 놀라게 하는 것이 아니다. 아동기 트라우마를 겪은 성인 생존자와 효과적으로 일하는 것을 축소시키지 않고 솔직하게 표현하는 것이 내 의도이다. 트라우마 과거가 있는 내담자는 생존자지만, 그들은 그들 자신을 대부분 그렇게 보지 않는다. 우리와 같은 조력자가 자신의 강점과 탄력성을 완전히 인식하고 활용하려면, 우리는 그들이 견뎌야 했던 고통과 그들이 맞닥뜨렸던 끔찍한 경험을 직면할 수 있는 용기를 가져야 한다.

보기 좋게 꾸며진 내담자의 경험이나 그들이 자신에 대해 이야기하는 것은 아무런 의미를 가지지 않는다. 앞으로 나올 예시들과 그것들을 설명하는 언어 둘 다 불쾌할 정도로 생생하기 때문에, 마음을 단단히 먹어야 한다. 아동기 트라우마는 잔인함과 공포로 가득 차있으며 이에 대해 그렇게 이야기하는 것을 피할 수 없기 때문에, 그 자체로 대단히 충격적인 것이다. 예를 들어, 내가 언급했던 내담자인 데니스는 그녀가 '추행'당했다고 생각하지 않았다. 그녀 경험 속에 그녀는 많은 남자들로부터 성기와 항문 '강간'을 당했다. 그녀는 매춘부가 되었고 '남자의 성기를 빨도록' 강요당했다. 이것은 그녀가 몇 년씩이나 도망쳐야 했던 실제 상황이며, 그녀가 약물 중독에서부터 벗어난 후 나와 치료를 시작했을 때 마침내 직시해야 했던 현실이다. 나는 데니스와, 아동기 트라우마를 견디어낸 모든 사람들에게 존경을 표하고 싶다. 그리고 나는 그들이 생존했다는 그 공로를 인정하므로, 사실 그대로 생존이라고 부를 것이다. 그리고 나는 이 어려운 일을 하고 있는 우리 모두에게 그에 상응하는 평가를 하고 싶다. 그래서 나는 솔직하고 개방적인 태도로 글을 쓴다.

아동기 트라우마의 본질: 이론과 연구

도입

트라우마의 본질, 영향, 치료 방법을 조사한 많은 이론과 연구는 인상적이지만, 너무 압도적이고 혼란스러울 수 있다. 비록 전문가들 사이에서 무엇이 트라우마인지 그리고 아닌지에 대한 암묵적 합의가 존재하지만, 트라우마의 정확한 정의는 계속되는 연구와 이론의 개선을 통해 진화한다. 게다가 **트라우마를 초래할 정도의 스트레스**(traumatic stress)와 **외상 후 스트레스 장애**(Posttraumatic Stress Disorder: PTSD)와 같은 용어는 타인을 돕는 직업군에서 널리 사용되지만, 대개 특히 아동기 트라우마 생존자 치료에서, 무차별적으로 부적절하게 사용되고 있다. 그러므로 우리는 아동기 트라우마를 검토하고 그러한 경험의 결과와 그것에 대한 위험 요인과 보호 요인을 알아보는 것으로 시작한다.

아동기 트라우마의 정의: 대인관계와 관련된 피해의 강조

사건 혹은 개인의 고통을 야기하는 사건들과 그 결과에 대한 스트레스 반응은 한 가지가 아니며 서로 동일한 것이 아니기 때문에 구별되어야 한다. 심리적인 트라우마에 대한 초기 개념화는 그것의 기원에 관계없이 특정 사건 혹은 외상의 원인이 된 사건에 각별한 주의를 두었다. 예를 들어, 처음 트라우마를 연구한 이론가들과 연구자들 중 하나는 극적이고 압도적인 사건 자체를 강조하였다. "트라우마의 정의는 한 사람의 대처기제를 압도하는 회피 불가한 스트레스 사건에 노출된 결과이다"(van der Kolk 1987, 25).

최근에, 이론가들은 개인이 사건을 인식하고 이해하는 방법이 사건 자체만큼 중요하다는 것을 인정하였다. 트라우마는 **심리적인**(psychological) 사건으로(Wilson 1989), 고통스러운 사건에 대한 내담자의 주관적인 경험을 이해하는 전문가의 능력이 도움을 제공하는 데 있어 가장 중요하다. Williams와 Sommer는 "트라우마는 대부분의 경우 보는 사람의 생각에 달려있다. 어떤 사람은 회피와 공포의 세계로 은둔하기 위하여 사실상 신체적으로는 거의 해를 입히지 않는 외상적 사건을 외면할 수 있다. 비슷하거나 같은 사건을 견디는 다른 사람은 원인을 다루고, 상황, 환경, '세계'까지도 바꾸기 위해 계속해서 노력할 수도 있다"(2002, xix)라고 주장한다. 또한 트라우마는 개인의 반응이 자기가 살고 있는 문화에 의해 형성된다는 점에서 **사회적인**(sociological) 사건이다(Elliott & Urquiza 2006; DeVries 1996; Katerndahl et al. 2005; Lowe et al. 2005; Ullman & Fillipas 2005).

그러므로 가장 최근의 트라우마의 개념화는 그들의 경험에 대한 **개인의 고유한 관점**(individual's unique perspective)을 포함한다. 중요한 것은 그들의 세계에 대한 개인의 관점을 어떻게 바꾸는지뿐만 아니라, 예기치 못하고 일상적이지 않은 사건의 본질에 있다. 예를 들어, McCann과 Pearlman은 만약 사건이 "(1) 갑작스럽고 예상 불가능하고 비표준적이며, (2) 이를 받아들이기 위한 개인의 지각된 능력을 초과하고, (3) 개인의 기준이 되는 틀과, 다른 중요한 심리적 욕구와 그에 관련된 계획을 훼손한다면"(1990, 10), 이 사건은 트라우마라고 주장하였다. 이러한 트라우마의 정의는 아이들과 청소년들에게 적용할 때 중요성이 더 커지는데, 이는 아이들과 청소년들의 정서적·인지적 미성숙함, 인간관계에서의 상대적 무력감, 신체적 취약성이 그들을 예기치 못하고 두렵고 고통스러운 사건으로 인해, 특히 만약 사건이 대인관계와 관련된 폭력 혹은 착취를 포함한다면 더욱, 트라우마를 겪기 쉽게 만들기 때문이다.

예를 들어, 켄(Ken)의 사례를 들어보자. 그가 12세 때 부모님은 예기치 못한 차 사고로 돌아가셨다. 말 그대로 하룻밤 사이에 켄을 포함한 육남매(그들은 모두 켄보다 어렸다)는 고아가 되었다. 아이들은 친척들과 함께 살기 위해 다양한 도시에 떨어져 살게 되었으며, 남은 어린 시절 동안 서로 약간의 연락만 취할 수 있었다.

이것은 켄에게 트라우마 경험이었을까? 누군가는 예기치 못하게 부모를 잃고, 오랫동안 살던 곳을 떠나, 잘 알지도 못하는 친척들과 살게 된 이 사건의 모든 측면들이 정의에 따르면 트라우마 경험에 해당한다고 주장할 것이다. 하지만 최근의 연구와 이론에 의하면, 오직 켄(그리고 각 남매)만이 그 사건들이 트라우마인지 아닌지, 어느 정도의 트라우마인지 정확하고 적절하게 말할 수 있다.

30년이 지난 후에도 켄은 부모님의 죽음에 대한 사실을 들은 순간과 갑작스럽게 집으로부터 아주 멀리 떨어진 곳에서 이모와 삼촌과 함께 살게 된 순간을 아주 생생하게 기억한다. 그는 부모님의 장례식에 참석하지 않았다. 즉, 그는 장례식이 있었는지조차 확실하게 기억하지 못한다. 그는 누군가 그에게 부모님의 죽음에 대해 어떻게 느끼는지를 묻는 질문을 받은 기억이 없었고 부모님의 죽음을 비통해할 기회도 없었으며 심지어 이해할 기회도 없었다. 사실, 그는 친척들이 울지 말라고 한 것과, 살 수 있는 곳이 있다는 것에 감사하라고 말한 것은 정확하게 기억한다.

켄 본인의 말에 따르면, 그 사건들은 트라우마를 초래할 정도였으며 그 정도로 심각했던 이유 중 대부분이 그의 깊은 상실감, 연약함, 혼란에 대한 타인의 반응 때문이었다 (아니, 좀 더 정확히 말하자면 반응하지 않았기 때문이었다). 특히 켄의 남매들은 그 상황을 훨씬 잘 견뎌내는 것처럼 보여서 가슴이 아팠다. 그의 남매들은, 지원과 사랑, 애정 어린 돌봄을 제공하고 부모의 죽음을 슬퍼할 수 있도록 용납해주고 심지어는 슬퍼하기를 권하는 친척들과 살았다. 거기다가 다른 남매들은 서로 가까이 살았기 때문에 서로를 주기적으로 볼 수 있어서 켄이 겪은 것과 같은 완전한 상실감을 겪지 않을 수 있었다.

켄이 부모님과 남매들을 잃은 것은 트라우마 경험의 시작에 불과하였다. 그가 친척들과 산 지 6개월도 되지 않았을 때, 삼촌은 켄과 함께 샤워를 하기 시작했고, 켄을 애무했다. 켄이 13세 때, 켄은 삼촌과 항문성교와 구강성교를 강요당했다. 켄이 16세가 되었을 때, 켄의 삼촌과 삼촌의 친구들은 주기적으로 켄을 강간하고, 항문성교와 구강성교를 강요하였다. 그리고 켄에게 대소변을 보는 것과 같은 가학 피학성 변태성욕적 행위에 가담하도록 강요했다.

이 경험들이 켄에게 트라우마였을까? 틀림없이 그렇다. 그 경험들은 정상에서 훨씬 벗어나 있으며 너무나도 신체적으로 유해하고, 심리적으로 파괴적이기 때문에 켄의 적응 능력, 대처 기술 또는 힘과 관계없이 필연적으로 깊은 트라우마를 초래할 만하다. 그러한 잔인한 경험에 대한 켄의 기본적인 대처 능력은 이미 이전에 부모님을 잃은 것에 대한 트라우마로 인해 심각하게 위태로워져 있었다.

켄의 사례는 심리적 외상에 기여하는 요소들의 복잡한 상호작용을 극적으로 보여준다. 나는 지금 이 사례를 소개함으로써 이 책을 통해 아동기 트라우마가 어떻게 정의될 것인지 분명히 하고자 한다. 부모님을 잃은 경험과 성적 학대 경험 모두 켄에게는 트라우마였다. 그러나 아무래도 삼촌과 다른 이들로부터의 강간이 그에게는 가장 힘들고 잊을 수 없는 상처였다. **성적 · 신체적 폭행**(sexual and physical violence)을 포함한 아동기 트라우마가 이 책의 중심 내용이고 계속 확대되는 연구들에서 밝혀진 것처럼, 이러한 종류의 아동기 트라우마는 대부분의 임상 치료를 원하거나 치료를 필요로 하는 개인들에게서 두드러진다.

아동기 트라우마의 유병률

다양한 연구들이 일반 대중과 임상 인구의 트라우마 경험에 대한 노출 비율을 조사하였다. 그러나 결론을 내리는 과정에서 연구 정의와, 트라우마 경험 노출의 정도 사이의 불일치가 문제가 되었다. 예를 들면, 트라우마의 정의와 심지어 노출(exposure)이 의미하는 것이 연구에 따라 상당히 다를 수 있다. 아동기나 청소년기에 트라우마에 노출되는 것은 보통 다른 발달 단계에서 노출되는 것과 구분되지 않는다. 게다가 추후에 다시 논의되겠지만, 외상 스트레스(traumatic stress)의 가장 흔한 측정 방법은 외상 후 스트레스 장애(PTSD)의 진단인데, 이것은 아동기 트라우마의 경우 항상 적합하지만은 않다. 이런 문제점에도 불구하고, 이러한 연구의 결론은 아동기 트라우마의 범위, 전후 사정, 장기적 영향을 이해하는 데 있어 중요하다.

일반 대중의 4분의 3 정도가 일생 동안 적어도 하나의 트라우마로 특징지어질 수 있는 사건에 노출된 적이 있는 것으로 나타났다(Bowman 1999; Breslau 2002; Ozer et al. 2003; Resick 2001). 또한 연구 결과에 따르면, 대부분의 사람들은 켄과 같이 한 번 이상의 트라우마 사건에 노출되었다고 나타났다(Kessler et al. 1995). 연구들은 남성이 트라우마 사건에 노출될 가능성이 훨씬 높다는 것을 끊임없이 보여주고 있지만, 여성이 훨씬 더 오랜 시간 동안 어려움을 경험한다고 밝혔다(Stein et al. 1997). 예를 들어, 최소 하나의 트라우마 사건에 노출된 여성들의 외상 후 스트레스 장애 유병률 범위가 10~14%인 반면에, 남성들의 유병률은 여성보다 현저히 낮은 5~6%로 밝혀졌다(Breslau 2002).

구체적으로 아동기 트라우마를 조사하는 연구들은 보통 아동기 학대에 대한 조사와 신체적 · 성적 학대 그리고 정서적 · 신체적 방임과 같은 틀을 가지고 있으며, **방법론적으로 문제**(methodological problems)투성이다(Goldsmith et al. 2002). 첫 번째로, 아동 학대의 정의는 대단히 다양하다. 둘째, 보통 자기 보고식으로 자료가 기록되기 때문에(개인은 수년 전에 일어났던 아동 학대에 대해 대답해야 한다), 편견이 반영되거나 정확하지 않을 여지가 있다. 나중에 논의되겠지만, 아동기 트라우마 생존자는 자주 그들의 경험을 잊어버리거나, 그 경험의 중대함을 축소시킨다. 몇몇 연구에서, 독립적이고 객관적인 서류까지 있었음에도 불구하고, 40~60%의 참가자들이 아동기 피해 사실에 대하여 보고하지 않았다(Fergusson et al. 2000; Widom 1997; Widom & Shepard 1996). 아동기 트라우마 연구들의 이러한 결점에도 불구하고, 주목할 만한 가치가 있는 일정한 연구 결과들이 몇 가지 존재한다.

가장 보수적인 추정치들도 최소 3분의 1의 여성과, 4분의 1의 남성이 그들이 18세가 되기 전에 어떤 형태의 성적 학대나 신체적 학대, 혹은 심각한 정신적 · 신체적 방치를 경험한다는 것을 제시하였다(Felitti et al. 1998; McCauley et al. 1997). 아동기 트라우마 내력이 있는 개인은 보통 한 가지 종류 이상의 트라우마에 여러 번 노출되었다고 보고한다(McGee et al. 1995). 또한 이 연구는 아동기 트라우마의 경험 중 특히 성적 피해는 가장 심각하고 오래 지속되는 결과를 낳는다고 제시하였다(Breslau 2002). 이 마지막 연구 결과는 외상 후 스트레스 장애의 비율이 남성보다 여성들에게서 높게 나타나는 이유를 설명한다. 즉, 여성이 남성보다 아동기 성적 트라우마의 피해자가 되기 쉽기 때문이다(Breslau et al. 1997; Resick 2001).

아동기 트라우마의 장기적인 영향

아동기 트라우마 내력이 있는 개인은, 특히 학대와 방치를 포함한 경우, 임상 인구에서 불균형하게 나타난다. 아동기 때 트라우마에 노출되는 것은 성인기의 **약물 남용**(substance abuse), **에이즈 감염의 위험**(risk of HIV infection), **자살**(suicide), **섭식 장애**(eating disorders), **자해 행위**(self-injury), 그리고 **경계선 성격 장애**(borderline personality disorder), **우울**(depression), **외상 후 스트레스 장애(PTSD)**, **해리성 정체감 장애**(Dissociative Identity Disorder: DID)와 같은 정신 질환을 포함하는 많은 문제와 연관된다(Banyard et al. 2001; Breslau 2002; Farley & Patsalides 2001; Hatch & Desmond, 1999; Herman 1995; Hill 2003; Quina et al. 2004; Leverich & Post 2006; Read & Ross 2003; Read et al. 2001; Rodgers et al. 2004; Roy 2001; Simons et al. 2003; Spence et al. 2006; Zlotnick et al. 2003). 또한 아동기 트라우마는 다양한 신체적 건강 문제, 그리고 **신체화 장애**(somatization disorders)와도 관련이 있다(Brown et al. 2005; Goodwin & Stein 2004; Mulvihill 2005; Randolph & Reddy 2006; Reading 2006; Solomon & Heide 2005).

또한 아동기 트라우마의 내력은 **가정 폭력**(family and domestic violence)과 관련된 문제로 치료를 받고 있는 성인과 **법의학적 환경**(forensic settings)의 내담자에게서 발견될 확률이 높은 것으로 나타났다(Arata & Lindman 2002; Ferrari 2002; Lyons-Ruth & Block 1996; Simonetti, Scott, & Murphy 2000; Spitzer et al. 2006; Yehuda, Halligan, & Grossman 2001). 지금부터는 아동기 트라우마의 성인 생존자가 왜 광범위한 성인기 문제를 안고 있는지 알아볼 것이다.

외상 후 스트레스 장애

외상 후 스트레스 장애(PTSD)는 트라우마를 겪은 개인에게 가장 흔하게 적용되는 진단임이 틀림없으며 경험적으로 가장 큰 관심을 받았다. 사실, 연구 결과에 따르면 아동 학대와 같은 의도적인 폭력 행동이 포함된 사건은 외상 후 스트레스 장애를 야기할 가능성이 특히 높다(Resick 2002). 트라우마의 최근 관점에 따르면, 스트레스를 받는 사건은 외상 후 스트레스 장애의 진단을 내리기 위한 필요 조건이지만 충분 조건은 아니다(American Psychiatric Association 2000; Matsakis 1994). 미국 정신의학 협회(American Psychiatric Association: APA)에 의하면 증상을 촉발시키는 사건은 "죽음, 심각한 부상, 개인이나 다른 이들의 신체의 온전한 상태를 위협받는 것"을 포함하는 것으로 분류되어야 한다. 게다가, 외상 후 스트레스 장애의 진단은 사건에 대한 개인의 반응이 극심한 두려움, 무력감 또는 공포를 포함해야만 하며, 이러한 분류는 스트레스를 받는 사건 이후에 개인에게 나타나는 증상들을 강조한다. "외상 후 스트레스 장애를 겪는 사람들과 단지 잠시 동안 감정에 압도되는 사람들을 구분짓는 특징은, 외상 후 스트레스 장애를 겪는 사람들은 트라우마에 '갇혀' 있으며, 계속해서 생각과 감정, 이미지를 재경험한다는 것이다"(van der Kolk, van der Hart, & Burbridge 2002, 24).

개인이 다음 증상들을 최소 한 달 이상 보일 때 외상 후 스트레스 장애를 진단한다.

- 하나 이상의 **재경험 반응**(re-experiencing responses. 사건에 대한 되풀이되고 거슬리는 회상 또는 꿈을 꾸는 것)과 사건의 일부와 관련된 **외부 혹은 내부의 촉발요인**(internal or external triggers)으로 인한 극심한 심리적 고통
- 셋 이상의 **회피와 무감각 반응**(avoidance and numbing responses): 사건과 관련된 활동, 사고, 감정을 회피하기 위해 애쓰거나, 어떤 일이 있었는지에 대한 세부 사항이나 일부를 기억하지 못함
- 둘 이상의 수면 장애(혹은 수면 상태에 머무름), 집중력 문제, 과민성과 같은 **각성과민 반응**(hyperarousal responses)

이러한 증상이 한 달 동안 지속되어 개인에게 큰 고통이 되고, 그 개인의 기능에 장애를 가져올 때 외상 후 스트레스 장애로 진단한다.

진단의 문제 외상 후 스트레스 장애 진단의 잦은 쓰임에도 불구하고, 다양한 연구들은 외상 후 스트레스 장애 진단의 쓰임의 문제점들을 밝혀내었다. 가장 기본적으로, 분류 방법이 스트레스와 트라우마 반응의 개인차를 적절하게 고려하거나 설명하지 않는다(Bowman 1999). 예를 들어, 여러 연구들이 정서적 기능 이전에 기질, 발달 단계, 문화, 사회적 상황이 개인의 외상 후 스트레스 장애 발병 잠재력에 영향을 미친다고 제시하였다(Andres-Hyman et al. 2004; Hyer et al. 1994; Lonigan & Shannon 1994). 사실, Bowman은 "외상 후 스트레스 장애를 예견할 때, 개인차는 사건 특성보다 훨씬 더 중요하며 사건은 비교적 작은 변화량을 기여한다"(1999, 27)고 결론지었다. 또한 연구에 따르면, **개인이 사건에 노출된 수준과 강도**(level and intensity of the individual's exposure)는 적어도(어쩌면 더 중요할 수도 있다) 사건 자체만큼 외상 후 스트레스 장애를 예측할

수도 있고 어쩌면 더 중요할 수도 있다.

경험적 연구 결과들은 남성과 여성이 『정신질환의 진단 및 통계 편람(DSM-IV)』에 의해 '트라우마'로 분류된 사건에 노출되는 것과 실제로 외상 후 스트레스 장애가 발병하는 것의 비율이 불일치한다는 것을 보여준다(Kessler et al. 1995; Norris et al., 2002). 비록 남성이 여성보다 트라우마 사건에 노출될 확률이 높지만(남성의 3분의 2, 여성의 절반), 외상 후 스트레스 장애의 발병 비율은 여성이 더 높다(여성의 10%, 남성의 5%).

이 성비의 차이는 어떤 이는 외상 후 스트레스 장애를 겪는 반면, 다른 이들은 겪지 않는지를 설명하는 데 있어 문화적 요인의 역할을 강조하였다. "개인과 개인을 둘러싼 환경/사회의 상호작용들은 개인이 외상 후 스트레스 장애의 기초가 되는 잠재적으로 트라우마를 유발시킬 수 있는 경험에 잘 대처할 수 있는지 여부를 결정짓는 데 있어서 중요한 역할을 한다. 그러므로 외상 후 스트레스 장애는 사건이 발생하는 곳의 사회문화적 환경을 반영한다"(DeVries 1996, 400).

또한 연구는 일관되게 외상 후 스트레스 장애의 진단이 일반적으로 최소 하나의 우울증, 약물 남용, 그리고 불안/공포 장애와 같은 다른 심각한 정신 장애와 동시발생된다고 밝히고 있다(Bradley et al. 2005; Breslau 2002; Kessler et al. 1995; Resick 2001). 그렇지만 이 관계는 인과관계의 방향이 명확하지 않다. 즉, 개인이 트라우마에 노출되면 외상 후 스트레스 장애뿐만 아니라 또 다른 정신의학적 어려움을 겪게 되는가? 반대로, 개인의 다른 정신의학적 조건이 트라우마에 노출되는 것에 더 부정적으로 반응하게 만들어서 외상 후 스트레스 장애 발병의 높은 위험성을 지니게 되는 것인가? 아니면, 외상 후 스트레스 장애를 겪는 개인이 다른 정신 장애가 발병할 위험성이 더 높은가?

비록 각 해석들에 대한 경험적 근거가 존재한다고 하더라도, 전문가들은 트라우마에 노출되기 전부터 존재하던 특징과 성격이 트라우마 경험 자체의 특정 요소보다 후에 나타날 정신의학적 증상을 더 잘 예측한다는 생각을 점점 더 받아들이고 있다. 예를 들어, Breslau가 주장한 광범위한 역학 데이터를 요약하자면 다음과 같다.

……오직 트라우마 피해자 중 일부만 외상 후 스트레스 장애에 굴복하며, 대부분은 그렇지 않다. 최근 연구는 노출되지 않은 사람들과 비교해보았을 때 외상 후 스트레스 장애에 굴복하지 않는 대부분의 트라우마 피해자는 차후 다른 정신 질환의 발병 위험 수준에서 큰 차이를 보이지 않는다는 것을 밝혔다. 트라우마에 노출된 후 뒤따라오는, 다른 질병들의 첫 발병의 과도한 영향은 외상 후 스트레스 장애 트라우마 피해자들의 일부에 주로 집중되어 있다. 이 관찰 결과에 따르면, 외상 후 스트레스 장애는 트라우마 피해자 중 일부에게 다양한 질병이 발병할 확률을 매우 높게 만든다. (2002, 928)

복합 외상 후 스트레스 장애 아동기 트라우마를 경험한 개인에게, 외상 후 스트레스 장애의 진단은 특히 문제가 될 수 있다. 연구 결과에 따르면, 이 사람들은 대부분 전형적으로 외상 후 스트레스 장애와 관련된 많은 증상들을 보인다. 그러나 트라우마를 불러일으킬 것으로 추정되었던 아동기 경험과 구체적인 사건은 본래의 진단과 잘 맞아떨어지지 않을 수 있다(Pelcovitz et al. 1997; Zlotnick et al. 1996). 예를 들어, 전통적인 의미에서 아동 성적 학대는 켄의 사례처럼 보통 신체적 해를 포함하지 않고, 성적 학대가 심리적인 해를 가하는 데도 불구하고 잔인하거나 두렵다고 묘사되는 상황에서 발생하지 않았다고 간주된다(Herman 1995; Kendall-Tackett, Williams, & Finkelhor 1993). 더 나아가서, 여러 연구들은 비슷한 종류의 아동기 트라우마를 경험한 개인들의 외상 후 스트레스 장애 증상의 발생 정도는 상당히 다르다는 것을 보여준다(Merry & Andrews, 1994; Rutter 1994).

지금까지 개념화했듯이, 외상 후 스트레스 장애 진단의 문제점은 다음 사례들로 설명될 수 있다. 앞서 소개된 내담자 켄의 사례로 시작해보자. 켄은 성인이 되면서 많은 문제로 고통받았지만, 외상 후 스트레스 장애와 관련된 전형적인 증상을 보이지 않았다. 그의 삼촌과 삼촌 친구들에게 점점 더 폭력적이고, 가학적이고 고통스럽게 강간당하게 되었다는 사실에도 불구하고 말이다.

대조적으로, 마리안(Marianne)은 입지도 못하는 옷들과 필요 없는 가전기기를 사고 가지도 않은 휴가를 위해 2만 달러를 넘게 쓴 조증 에피소드 후, 정신병원에서 6개월간 입원 치료를 받았다. 내원 당시, 그녀는 7세쯤 되었을 때 그녀보다 12세 많은 오빠와 성관계를 가지기 시작했다는 것을 무미건조하게 말했다. 마리안은 이것을 강간이나 성폭행으로 간주하지 않았다. 그녀의 설명에 따르면 오빠는 절대 거칠거나, 위협적이거나, 폭력적이었던 적이 없었다고 했다. 실제로 그는 그녀에게 장난감, 사탕, 아첨, 그리고 특별한 관심으로 보답했다. 그러나 성인이 되면서, 마리안은 외상 후 스트레스 장애의 전형적인 징후를 경험했다. 그녀는 누군가가 그녀를 다치게 하는 악몽을 자주 꾸었고, 자기 내면에서 유발되는 두려움 때문에 오랜 시간 차 타는 것을 피했다(그녀는 자주 차 안에서 오빠에게 성폭력을 당했다고 밝혔다). 게다가, 특정한 광경, 냄새와 소리는 학대 경험에 대한 플래시백(flashback)과 공황 발작을 촉발시켰다. 그녀는 또한 성인이 되면서, 남성이 그녀를 만질 때마다 '얼어붙거나' '멍해진다'고 보고하였다.

다음은 아동기 트라우마 사례에서, 외상 후 스트레스 장애 진단의 한계에 대한 예시 중 하나인 조(Joe)의 경험이다. 조가 24세 때, 그는 약물 남용 후 운전으로 두 번째 유죄판결을 받음으로써 마약 치료 프로그램에 참여하라는 법원명령을 받았다. 프로그램 참가에 앞서서, 조는 신체적·성적 학대의 과거는 보고하지 않았지만, 공황, 불안 발작과 폐쇄공포증을 경험한다고 보고하였다. 조는 13세 때쯤부터 약물과 알코올을 사용하기 시작하였다. 왜냐하면 이것들이 두려움을 '완화시켜주었기' 때문이다. 약물 치료 프로그램에서, 조는 오랫동안 보지 못했던 친구를 만나게 되었다. 그 만남은 자연스럽게, 조가 초등학생 때 그와 친구들이 여름 내내 캠프 지도원에게 성적으로 그리고 신체적으로 학대당했다는 것을 생생하고 자세하게 회상하도록 만들었다.

이 예시들은 아동기 트라우마 경험이 있는 내담자의 전형이다. 이들은 아동기 트라우마의 성인 생존자를 오로지 외상 후 스트레스 장애 징후학의 관점을 통하여 이해하는 것과 연관되는 문제점들을 분명하게 드러낸다. 사실, 다수의 전문가들은 아동기 트라우마와 관련된 경험과 증상을 적절하게 설명하고, 묘사하고, 이해하기 위해서 새로운 진단 분류, 즉 **복합 외상 후 스트레스 장애**(complex PTSD)가 필요하다고 주장했다. 예를 들어, Korn과 Leeds는 아동기에 경험한 트라우마는 단지 하나의 사건이 아니라 "대개 심각한 방임과 결핍, 그리고 정서적 무효화를 포함한 복잡한 과정"(2002, 1465)이라고 말한다.

많은 사례의 아동기 트라우마는 만성적이다. 이것은 이때까지 외상 후 스트레스 장애의 원인이 된다고 여겨지고 그러한 공식에 기반을 두었던 종류의 사건들과 매우 큰 차이가 난다(Herman 1995). 실제 지식이 발전함에 따라, 그리고 최근 연구들에 따르면, 정서적, 인지적으로 미성숙한 단계의 아이들이 장기간 학대에 노출되는 것은 나중에 성인이 되었을 때의 기능에 특히 더 큰 손상을 입힌다는 것이 밝혀졌다. 사실상, 아동기 트라우마가 특히 해로운 이유는 아동의 상대적인 정신적·신체적 무력감 때문에, 트라우마 사건들이 대부분 **억류 상황**(conditions of captivity)에서 발생하기 때문이다. "피해자가 가해자와 오랫동안 접촉하게 만드는 억류 상황은 강압적으로 통제를 당하는 것과 같은 특별한 종류의 관계를 만든다"(Herman 1995, 87).

진행 중인 연구는 이러한 현실을 고려한 트라우마 스트레스 진단의 필요성을 뒷받침한다. 예를 들어, 앞서 논의했던 장기적인 어려움들뿐만 아니라, 아동기에 트라우마를 경험한 개인은 자아감과 감정을 다루는 능력에 있어 엄청난 해리를 보이는 경계선 성격 장애와 해리성 장애의 진단을 받을 확률이 높다(Briere 1992; Diseth 2005; Roth et al. 1997; Watson et al. 2006).

사실 Korn과 Leeds는, 경계선 성격 장애가 "외상 후 스트레스 성격과 애착과 유대감의 붕괴를 포함한 아동기 학대와 방치와 상관된 적응"(2002, 1466)으로 보는 것이 가장 정확하다고 주장한다. 또한 아동기 트라우마를 경험한 개인은 자해, 자살 상상, 성인기 동안의 재피해, 섭식장애를 통해 무력감, 무가치함, 자기 증오와 같은 근본적인 감정을 드러내는 증상과 문제를 보일 확률이 높다(Boudewyn & Liem 1995; Fellitti et al. 1998; Gidycz et al. 1993; Nishith et al. 2000; van der Kolk et al. 1991).

복합 외상 후 스트레스 장애의 개념화는, 계속해서 개선되고 확장된다(Luxemberg et al. 2001). 복합 외상 후 스트레스 장애를 별개의 뚜렷한 진단으로 다루는 것에 대한 경험적 지지가 존재한다(Ford 1999; Roth et al. 1997). 그러나 몇몇 저자들은 복합 외상 후 스트레스 장애는 사실 본래의 외상 후 스트레스 장애 진단의 더 심각한 변형 버전이라고 주장한다(Newman et al. 1997; Pelcovitz et al. 1997). 어쨌든, 아동기에 피해를 입은 개인은 성인이 되어서도 특별히 힘든 어려움과 마주하게 된다는 것은 명백하다. 이러한 어려움을 요약하며 Tinnin, Bills와 Gantt는 다음과 같이 관찰했다.

> 세상에 대한 가정은 트라우마를 재정비하는 것뿐만이 아니라 트라우마를 초래하는, 삶의 발달상 왜곡으로부터 결정된다. 개인은 이방인으로서 세상을 경험하게 되고 세상과 어떤 상호작용을 하든 내재된 위험으로부터 후퇴하기 위해 방어벽 뒤에 숨는 것을 배운다. ……
>
> 복합 외상 후 스트레스 장애 환자는 …… 갈수록 더 다루기 힘들고 압도적으로 보이는 세상에서 자신이 작고, 연약하며, 부적절하다고 느낀다. 이런 경우, 피해자는 연약함을 느끼는 것뿐만 아니라, 부적격하다고 느끼며 암묵적으로 자신은 사랑받을 가치가 없는 존재라고 결정 내린다. 이 결단은 사랑받고 싶다는 희망마저도 무너뜨리며, 자신이 무관심하고, 차갑고, 본질적으로 적대적인 세상을 마주한 약하고, 부적절하고, 사랑받을 수 없는 피해자라는 결론을 내리게 된다. 이러한 결론은 피해자를 쉽게 무너뜨린다(2002, 105).

해리

위에 언급된 마리안과 조의 사례는 아동기에 트라우마에 노출된 또 다른(흔하지만 논란이 되고 자주 잘못 이해되는) 결과를 보여준다. 마리안은 오빠에게 당한 성폭행을 설명하는 동안 아무런 감정도 보이지 않았고 심지어 그녀는 오빠가 저지른 일을 피해 사실로 보지 않았다.

조는 '아주 멋진 사람' 그리고 자신의 '멘토'라고 부르던 캠프 지도원으로부터 성폭행을 당한 사실을 친구가 대수롭지 않게 언급하여 갑자기 극적으로 기억해냈을 때까지 말 그대로, 아동기에 자신에게 무슨 일이 일어났는지에 대한 기억이 없었다. 이 두 가지 반응은 **해리**(dissociation)의 징후로, 다음과 같이 정의된다. "정보의 처리(입력, 저장, 인출)가 일반적인 통합으로부터 방향이 틀어진 심리적 과정"(Rodin, deGroot, & Spivak 1997, 161). 마리안의 경우, 그녀는 과거에 무슨 일이 있었는지에 대하여 회상할 수 있었지만, 그것을 성적 피해라고 보지 않았다. 더 중요한 것은, 그녀는 자신의 이야기를 하는 데 있어서 아무런 감정적 반응도 보이지 않았다는 것이다. 조는 그저 그의 피해 사실을 기억해내지 못했다.

해리 증상은 보통 병리학적 과정으로 구성되고 나타난다. 예를 들어, 『정신질환의 진단 및 통계 편람(DSM-IV)』(APA, 2000)은 "일반적인 의식, 기억, 정체성과 같은 통합된 기능과 사회적, 직업적, 또는 다른 기능적 장애와 관련된 환경에 대한 지각의 해리"(Rodin et al. 1997, 161)와 같은 것이라고 해리성 장애를 설명하였다. 이는 해리성 장애가 부적응이라는 것을 암시한다. 그러나 우리는 해리가 개인에게 아동기 트라우마에 대처하고 그것으로부터 살아남는 데에 귀중한 방법을 제공한다는 점과 아동이 덜 고통스러운 현실을 공상하고 대안을 만들어내는 능력과 일치한다는 점에서 매우 유용할 수 있다는 것을 인정해야 한다. 만약 아이가 자기에게 일어난 끔찍한 일을 일어나지 않았거나, 다른 사람에게 일어난 '일인 척할 수' 있다면 심리적, 신체적, 정서적 고통을 참기 더 쉬워질 것이다.

다음은 해리의 보호적 기능을 잘 보여주는 내담자의 경험 회상의 몇몇 예시이다.

사라

사라(Sarah)는 5세 때부터 성적으로 학대당했다. 할머니는 그녀의 팔다리를 벌려 부엌 테이블에 묶어놓고, 그녀의 삼촌이자 할머니의 아들을 위한 '준비'로 그녀의 질 안에 물건들을 삽입했다. 궁극적으로, 그녀가 테이블에 묶여있는 동안 삼촌은 그녀를 강간하였다. 사라가 반항하거나 울면, 지하에 있는 어둡고 창문이 없는 옷장에 가둬졌고, 삼촌을 위해 구강성교를 해야만 나올 수 있었다. 처음에 그녀는 피해 사실에 대한 특별한 기억이 없었지만, 기억이 돌아왔을 때 생생하게 그녀가 어떻게 테이블 위에서 벗어날 수 있었는지를 설명했다. 그녀는 천장 구석에서 테이블 위의 작은 소녀에게 무슨 일이 일어나는지 내려다보고 있었다. 그녀는 다음과 같이 말했다. "나는 그 아이가 누구인지도 몰랐다. 내가 아는 건, 그 아이는 내가 아니었다는 것이다."

밥

밥(Bob)은 젊은 성인 집단으로부터 그가 6학년 때부터 5년 넘게 윤간당했다. 밥이 학교에서 집으로 돌아올 때, 그는 폭행을 당하고 항문성교를 당했다. 어른이 되면서, 밥은 그에게 무슨 일이 있었는지에 대한 모든 기억을 가지고 있었으나, 그는 "그 일은 마치 슬로모션이나 텔레비전에서 나오는 일 같았고 나에게 일어난 일 같지는 않았다. 나는 그들이 나를 신체적으로 다치게 한 것(그는 자주 직장에서 피를 흘리곤 했다)을 알고 있었지만, 그것을 느끼지 못했다. 나는 아무것도 느끼지 못했다"라고 설명했다.

샘

샘(Sam)은 초등학생 시절부터 중학교 시절까지 줄곧 그의 집 지하실에서 가족의 지인으로부터 성적 학대를 당했다. 그러나 샘은 이 일을 성인이 되어서야 기억해냈다. 그는 항문성교를 당했으며, 가해자에게 구강성교를 하도록 강요당했다. 그가 그의 피해 사실을 기억해내기 시작했을 때, 샘은 그에게 그 일이 얼마나 이상하게 느껴졌는지에 대해 설명했다. "저는 이것이 저에게 일어나고 있는 일이라는 것을 알고 있었어요. 저는 지금까지도 제 입 안에서 무언가를 느끼고, 제 직장에서 고통을 느낄 수 있어요. 하지만 제가 볼 수 있는 건 건조기뿐이에요. 마치 제가 그곳에 있지 않았던 것만 같아요. 저는 단지 그 흰색 건조기만 보여요."

세리나

세리나(Serena)는 '그녀가 기억할 수 있는 시간 동안 내내' 아버지로부터 성적, 신체적 학대를 당했다. 그녀는 질과 항문 강간과 몇 번의 입원을 초래한 심각한 신체적 구타를 포함한 피해를 항상 완전하게 그리고 생생하게 기억해낼 수 있었다. 그녀는 아버지의 폭행으로 인해 생긴 영구적인 흉터를 가지고 있으며 또한 영구적인 내적 상처를 입었다. "저는 밤에 제 방으로 들어오는 그를 기억해요. 아주 어두웠고 저는 그가 방 안에 있다는 것을 알았어요. 그 다음부터는 아무런 기억이 없어요. 이후에 제가 알아차린 것은 다음 날 아침이 밝았다는 것과 제 시트가 얼룩져 있고, 어떨 땐 피가 묻어있었다는 거예요. 그리고 가끔 '아래쪽'이 매우 따가웠어요. 그렇지만 저는 정확히 무슨 일이 일어났는지 모르겠어요."

이들 각각의 내담자들은 피해가 시작되었을 때 굉장히 어렸지만, 각 개인은 그들이 피해를 당하는 동안 도망갈 방법을 찾았다. 이것은 보통 **주변 외상성 해리**(peritraumatic dissociation)로 알려져 있다(Marmar et al. 1997). 이것은 그들이 고의적이거나 의도적으로 자신에게 그들이 학대당한 존재가 아닌 척하라고 한 것이 아니다. 그것보다는 어린 아이들은 사용할 수 있는 방어기제가 많이 없기 때문에 이들 각 내담자들은 그들이 사용할 수 있는 얼마 안 되는 방어기제 중 하나인 다른 환상의 현실로 도망가는 능력에 의존한 것이다. Sutton이 말한 것처럼, "반복적으로 심각한 트라우마에 노출된 몇몇의 아이들은 …… '선물과도 같은 해리'(아이들이 트라우마의 경험으로부터 심리적 전원을 꺼버릴 수 있는 창의적인 생존 전략)를 발달시킨다"(2004, 24).

다양한 연구들은 반복적이고, 장기간 지속되고, 무섭고, 거슬리는 피해를 입은, 특히 어린이들에게 발병하는 주변 외상성 해리의 존재를 지지한다(Banyard et al. 2001; Marmar 1997; Putnam 1997; Pynoos et al. 1996; Zlotnick et al. 1996). 또한 최근 연구들과 이론들은 해리와 이후 논의될 기억상실은 아동기 트라우마의 반응으로 발생한 **신경생물학적 변화**(neurobiological changes)를 반영한다고 제시하였다(Ford 2005; Nemeroff 2004; Watts-English et al. 2006; Weber & Reynolds 2004).

아동기 트라우마에 노출된 많은 내담자들에게 존재하는 해리의 경향성은 많은 연구들이 여전히 밝힌 것처럼 발달 시기를 훨씬 넘어서도 지속된다(Banyard et al. 2001; Carlson et al. 1997; Chu 1997; Draijer & Langeland 1999; Irwin 1999; Geraerts et al. 2006; Goodman et al. 2003a; Low et al. 2000; Simeon et al. 2001). "해리는 아동기에 더 손쉽게 그리고 규범적으로 발생하는 것으로 보이며 나이가 들면서 감소한다. 그러므로 학대 경험이 있는 아이들은 더 쉽게 해리 방어기제를 사용하고 보유할 가능성이 높다"(Chu 1997, 187). 비록 해리성 장애를 진단받은 모든 성인이 트라우마 내력을 가지지는 않지만, 아동기 트라우마는 대부분 가장 심각한 형태의 해리와 **해리성 정체감 장애**(DID)와 관련이 있다. 더 장기적이고 무서우며 직접적인 트라우마의 노출과 처음 아이가 노출된 나이가 더 어릴수록 내담자는 어른이 되어서도 계속해서 해리 증상이 나타나기 쉽다.

개인을 보호하는 방법으로 아동기 때 시작된 해리는 개인이 내담자의 아동기 경험뿐 아니라 성인기에 겪는 불가피한 도전과 어려움들에 대처해 나가면서 더 혹은 덜 영구적인 방법이 되어간다. 그러나 Sutton은 다음과 같이 말하고 있다. "해리는 스트레스를 유발하는 어떠한 상황 속에서도 조건반응으로 발달될 수 있다. 그러므로 아동기에는 효과적으로 문제를 해결하는 전략이었던 것이 건강한 성인 기능을 심각하게 지연시키고 쇠약하게 만드는 조건이 될 수 있다"(2004, p. 24).

아동기 트라우마의 경험이 있는 개인은 실제로 넓은 범위의 해리 증상을 보인다. 마리안의 사례가 보여주는 것처럼, 개인은 아동기 트라우마를 회상할 수 있는 능력이 있다 하더라도, **정서의 부재**(absence of affect)를 경험할 수 있다. 이 감정과 행동 간의 단절은 보통 트라우마에만 제한되어 있지 않고, 개인이 세상과 상호작용하고 대처하는 습관적인 방법이 될 수 있다. 조금 전 설명했던 내담자 사라의 경험은 그것을 잘 요약해준다. "저는 감정을 느껴야 한다는 것은 알지만, 아무것도 느끼지 않아요. 저는 제가 어떤 감정을 느껴야 하는지 알고, 그런 척을 할 수 있어요. 그러나 내면의 저는 비어있어요. 만약 당신이 저에게 울라고 말한다면, 저는 울 거예요. 만약 당신이 저에게 웃으라고 말한다면, 저는 웃을 거예요. 그러나 모두 속임수예요. 그 어느 것 하나 진짜인 건 없어요."

더 침습적이고 파괴적인 형태의 해리는 **이인증**(depersonalization)을 수반한다. 개인은 현재에 있지만 계속해서 내담자 자신으로부터 분리되는 것과 같은 느낌을 경험한다. 이것은 "마음과 몸의 해리"(Sutton, 2004)로 불린다. 다른 내담자는 이 마음과 몸의 해리를 다음과 같이 설명한다. "나는 내가 실제 사람이라고 느끼지 않는다. 나는 상점의 마네킹 같다. 나는 세상이 돌아가는 것을 보지만, 나는 진짜로 세상 안에 있지는 않다. 마치 내가 항상 안개나 꿈속에 있는 것과 같았다. 나는 뚫고 지나가거나, 나에게 일어나고 있는 일에 관여할 수 없었다." 이처럼 자신을 상점 마네킹에 비유하는 것은 내담자들로부터 꽤 자주 듣는 비유이다.

앞서 언급했듯이, 해리성 정체감 장애(DID)는 이전에 다중 인격 장애로 알려졌었다(Kluft, 1996; Putnam et al. 1986; Ross 1997; Waller et al. 1996). 해리성 정체감 장애의 경우, 개인은 둘 이상의 뚜렷하고 분리되는 인격이나 성격을 가진다. 개인은 지속되고 통합적인 대화와 일관되는 자아감의 결핍을 보이는데, 이것은 의사소통의 결핍이나 심지어 다른 자아감을 의식하는 것으로 드러난다. 개인의 사고, 느낌, 경험은, 내담자가 기억상실이나 '잃어버린 시간'을 경험할 정도로 구분되어 있다(가끔 시간 감각을 잃거나, 심지어 날짜 감각을 잃기도 한다). 해리성 정체감 장애를 앓는 몇몇 개인은 유명한 책들과 〈악몽〉, 〈이브의 세 얼굴〉, 〈아이덴티티〉, 〈파이트 클럽〉과 같은 영화에서 그려진 것처럼 명확한 **대체 인격**(alters)을 가진다. 어떤 개인들은 구분된 정도가 덜 엄격해서 대체 성격에 대해 어느 정도 인식하고 있을 수 있다. 결과적으로, 보통의 해리처럼 해리성 정체감 장애는 연속체로 존재하는 것으로 간주되는 것이 가장 정확하다.

다음은 이 연속체의 양끝을 보여주는 해리 증상을 가진 두 내담자에 대한 설명이다. 첫 번째 예시는 아동기에 성적 학대를 당한 여성들을 위한 집단 상담에서 일어났다. 회기 동안 집단 구성원 중 한 명인 다이애나(Diana)가 해리를 일으켰고, 토미(Tommy)라는 이름의 작은 남자아이가 나타났다.

다이애나는 의자에 앉아 울며 몸부림치기 시작했다. 그리고 그녀는 코트를 담요처럼 몸에 둘렀다. 집단의 다른 사람들이 그녀의 행동을 알아차렸지만, 아무 말도 하지 않았다. 나는 그녀에게 무슨 일이 일어나고 있는지 물었다. 처음에 그녀는 그녀 안에 있는 토미라는 어린 남자아이가 있다고 대답했다. 그녀는 토미가 악마라고 설명하며, 그는 남근이 되는데 그녀는 왜 그가 남근이 되는지 이해할 수 없다고 말했다. 다이애나는 얼굴을 가리려는 것처럼 코트를 들어 올렸다. 그리고 계속해서, "토미는 악마예요. 왜냐하면 그는 남자의 음경을 빨았고, 저항하지 않았어요. 그는 자의적으로 했어요!" 이 시점에서, 다이애나의 목소리는 아이 같아졌다. "내 안의 다른 사람들은 내가 악마라고 생각해요. 왜냐하면 내가 음경을 빨았기 때문이에요. 그들은 나와 이야기하려 하지 않아요. 그들은 나를 무시해요. 나는 나빠요."

토미는 그저 다이애나의 대체 인격들 중 하나일 뿐이었다. 왜 그러한 다른 인격들이 존재하는지 이해하기 위해서는, 다이애나의 아동기를 이해해야만 한다. 그녀는 어머니가 그녀와 두 남매가 시끄럽게 하는 것을 못 견뎠기 때문에 자주 지하실에 갇히곤 했던 기억이 있는 남달리 외로운 아이였다. 다이애나의 어머니는 신체적, 감정적으로 폭력적이었으며, 그녀는 아버지가 일 때문에 자주 집에 없었다고 설명했다. 그리고 아버지가 집에 계실 때는, 그는 동떨어져서 혼자 시간을 보냈다. 그녀가 제대로 된 보살핌을 받지 못하고 있었다는 것을 고려하면 다이애나가 이웃들로부터 부적절한 관심을 받았다는 것이 놀랍지 않다. 4세 때부터 그녀는 자주 이웃집의 모형 기차를 보기 위해 이웃집 지하실로 초대되어 강제로 이웃집 남자와 구강성교를 해야만 했다. 놀라울 것도 없이, 다이애나는 아무에게도, 특히 부모님께 이웃이 자신에게 저지르는 일에 대해 말할 수 없었다.

다이애나는 비록 어린아이였지만, 그녀는 이웃이 그녀에게 하는 일이 잘못된 것이라는 것을 알고 있었다. 그러나 그것을 멈추기에는 힘이 없다는 것을 느꼈다고 생생하게 회상했다. 집단 구성원들의 도움으로, 다이애나는 구강성교를 할 때, 그녀는 그녀 안의 어린아이가 강간당하는 것을 막기 위해 '다른 사람이 됐다'고 말할 수 있었다. 그 다른 사람은 다이애나의 일부가 되어 성적 학대에 대한 감정과 기억을 저장하는 대체 인격인 토미였다. 따라서 그녀는 피해 경험과 관련된 고통과 두려움을 줄일 수 있었던 것이다.

두 번째 예시는 해리의 반대되는 모습을 보여준다. 베티(Betty)는 내 개인 내담자로, 걸음마를 배운 시기부터 삼촌에게 성적 학대를 당했다. 피해가 아주 어린 나이부터 시작되었기 때문에, 베티는 그녀에게 일어난 기억하는 것들을 설명할 단어가 말 그대로 없었다. 그녀는 엄지손가락을 빨면서 조용히 울었고 아이 같은 목소리로 '엄마'를 찾는 것으로 나와의 전체 회기를 보냈다. 회기가 진행될수록, 베티는 그녀가 기억하는 것과 기억으로부터 비롯된 감정을 회상할 수 있었다. 그러므로 다이애나와 달리, 베티는 아기 베티라고 부르는 그녀의 다른 일부에 대해 인식하고 있었다.

다이애나와 베티의 두 경험 모두 대체 인격의 보호적 기능을 보여준다. 생존자의 감정과 경험은 자신의 다른 여러 부분으로 쪼개져 저장되며, 이것은 트라우마로부터 살아남기 위한 내담자의 능력을 향상시킬 수 있다. 다이애나와 함께한 집단의 한 참가자는 조각난 자신의 적응적 역할을 다음과 같이 요약하였다. "우리 중 몇몇은 우리가 경험한 약물과 술이나 성, 아니면 형편없는 관계들로 인한 고통으로부터 도망친다. 당신은 당신의 머릿속에서 도망쳤다. 그러나 우리는 모두 동일한 일을 하고 있었다. 그저 우리에게 있었던 일로부터 살아남으려 노력한 것이다."

해리성 정체감 장애를 둘러싼 논란　해리성 정체감 장애와 아동기 초기의 트라우마 사이의 연관성을 뒷받침하는 수많은 연구와 강한 이론적 근거에도 불구하고, 해리성 정체감 장애 진단의 실존 여부와 함께 그들의 관계성에 대해 계속해서 의문점이 제기된다(Merckelbach 2001; Rassin 2006). 예를 들어, Piper와 Merskey는 이 둘 사이의 연관성은 인과관계를 증명하지 못한다고 경고하였다. 더 중요한 사실은, 이들이 해리성 정체감 장애와 아동기 초기의 트라우마 사이의 연관성을 지지하는 대부분의 연구들이 생존자들의 입증되지 않은 회상에만 의존하고 있다는 것을 발견했다는 것이다. 사실, 모든 가능한 증거들을 검토한 후 그들은, "이 글이 쓰인 시점에서, 해리성 정체감 장애 환자 집단이 실제로 트라우마를 경험했다고 믿는 주장을 지지할 만한 근거는 없다"라고 결론짓는다(2004, 595).

또한 몇몇 저자들은, 아동기 트라우마로부터 생긴 합당한 질병이 아닌 "임상가의 창조물"이라고 주장하며 해리성 정체감 장애 진단 자체에 대한 타당성에 문제를 제기한다(McHugh 1993; Merskey 1992; Shusta-Hochberg 2004; Spanos 1994, 1996). 이 비판들을 요약하면서 Gleaves는, "심리상담자들은 다양성에 대한 개념을 제안하고 정당성을 부여하고, 최면을 통해 징후학을 만들고, 그 후에는 차별 강화를 통해 환자의 태도를 만듦으로써 질병의 발전에 있어 가장 중요한 역할을 담당한다"(1996, 43)고 말했다. 비평가들은 또한 개인이 여러 개의 인격을 가졌다고 말하는 대중 매체의 보도와 문학과 영화에서 나오는 이들의 묘사는 이미 타당하지 않은 진단을 더 정당화시키고 역설적이게도 사람들에게 증상을 발달시키기 위해 필요한 정보를 제공한다는 사실에 주목한다. 심지어 해리성 정체감 장애의 증상이 임상가에 의해 유도되지 않았을 때에도 그러한 내담자의 모습이 내담자의 뚜렷한 대체 인격의 존재보다, 내담자의 주목받고 싶어 하는 욕구를 반영한다고 여긴다.

최근 연구의 일부는 특히 이 비판에 반박하는 것에 초점을 맞추었다. 경험적 연구결과는 계속해서 뚜렷한 특징을 가진 타당한 진단과 아동기 트라우마와 성인기 해리성 정체감 장애 진단의 연관성을 입증하기 위한 지지 자료를 제공한다(Gleaves 1996; Scroppo et al. 1998). 전문가들이 해리성 정체감 장애의 존재 유무에 대한 주제에 대해

한쪽의 편을 드는 것보다, 트라우마의 내력이 있는 내담자에게 해리가 적응적 기능을 한다는 사실을 그저 인정하는 것이 더 도움이 될 수 있다. 분리되고 뚜렷한 인격이 객관적인 '사실'인지 아닌지는 요점이 아니다. 중요한 것은 전문가가 트라우마의 내력이 있는 내담자가 생존할 수 있게 해준 해리와 같은 대처 기술을 많이 혹은 적게 발달시켰을 것이라는 사실을 예상하는 것이다. 전문가는 내담자가 이러한 증상을 보였을 때 이해해야 할 뿐만 아니라, 다음 장에서 논의하겠지만 그들이 더 정서적으로 현재에 존재할 수 있도록 도와야 한다.

기억상실과 억압된 기억에 대한 논란

기억상실과 '회복된 기억'의 개념은 해리성 정체감 장애와 관련된 현상이며, 비슷한 논란과 토론의 대상이다. 따라서 다음에 인용하는 사례는 아동기 트라우마의 생존자가 피해 사실에 대한 넓고 다양한 범위의 기억을 가지고 있다는 것을 보여준다. Reviere는 '동기가 부여된 망각'은 비슷한 방어적 기능을 제공하고, 아이들이 어떤 일이 일어났는지 이해하지 못하는 것을 반영하는 특정 종류의 해리로 볼 수 있다고 말했다.

> 만약 트라우마를 불러온 경험이 아이가 이해하고 분류하고 동화되는 능력에 저항한다면, 그리고 만약 거주지가 너무 큰 위협을 가한다면, 트라우마를 불러온 사건에 대한 기억이 손상될 수 있다. …… 구조와 의미를 제공하는 (심리적) 체계가 없는 경우(도식적인 이해), 트라우마 경험은 성숙하고 의미 있는 방법으로 보이거나 해독될 수 없다. 따라서 파편화된 감각의 느낌, 정형화된 행동, 생리적 반응, 이미지, 감정은 어설프게 보유하고 있을지 모르지만, 이것들은 모두 '표상적 단계 이전'일 뿐이다. 통합된 기억인 억압 속에 사라진 상태이다. (1996, 38)

아동기에 겪은 트라우마에 대한 기억을 어느 정도 잃는 것은, 심리적 방어와 아이가 경험에 대해 이해하지 못하고 인지적으로 처리하지 못한 결과라는 두 가지 모두로 간주된다(Erdelyi 2001; Ford 2005; Harvey & Herman 1994; Nemeroff 2004; Williams 1994b).

앞서 설명한 걸음마를 시작할 때부터 성적으로 학대당했다는 베티의 회상은 기억이 아동기 트라우마에서 보이는 전형적인 역할이다. 비록 그녀는 삼촌에게 구강성교를 하도록 강요당한 실제 학대에 대한 정확한 기억은 없었다. 하지만 그녀는 이해할 수도 설명할 수도 없지만 입 안에 뭔가가 가득 찬 것 같거나, 구역질이 나거나, 목이 따가운 것 같은 느낌처럼 가장 초기 피해를 반영하는 신체적 증상을 경험하였다. 그녀의 인지적, 정서적 미성숙과 제한적인 언어 능력 때문에, 베티는 가장 초기의 성적 학대의 **표상적 단계 이전 기억**(pre-representational memory)을 하는 경험을 하였다. 즉, 기억이 인지적이라기보다는 신체적으로 저장되어 오직 생리학적인 반응으로만 표면화되었다. 베티는 삼촌에게 이후에도 수시로 성적 학대를 당했고 이후 사건의 조각난 기억을 갖고 있었다. 많은 사례의 경우, '기록을 하는 것은 몸이지', 마음이 아니다(van der Kolk 1996, 221).

앞에서 언급한 것처럼, 기억과 트라우마를 둘러싼 비판과 논쟁은 앞서 이야기한 해리성 정체감 장애와 관련된 논쟁과 매우 유사하며 다양한 연구 결과들은 '회복된 기억'의 존재에 대한 의문을 제기한다(Christianson 1992; Goodman et al. 2003b; Hyman & Billings 1998; Hyman & Loftus 1997). 또 다른 연구들은 그러한 기억의 존재와 신뢰성을 뒷받침한다(Ghetti et al. 2006; Harvey & Herman 1997; McNally et al. 2006; Paivio 2001). 비평가들은 트라우마적 망각의 존재를 지지하는 많은 연구가 기본적으로 결함이 있다고 말한다. 왜냐하면 그러한 연구는 개인이 경험했다고 말하는 회고적 보고를 기반으로 하기 때문이다. 해리성 정체감 장애에 대한 논쟁과 일관되게, 비평가들은 억압된 기억이 (1) 과도하게 열성적인 치료자들의 인위적 산물이며, (2) 최면이나 지시적 심상과 같은 매우 미심쩍은 치료 기술일 뿐이라고 주장하기도 한다.

마지막으로, 몇몇 전문가들은 경험과 기억 발달의 일반적인 인지적 처리를 연구하는 일부 연구 결과들을 인용하면서 아동기 트라우마의 망각이 아동기에 일어나는 다른 사건을 망각하는 것과 다르다는 것에 대한 의문을 제기한다(Leichtman et al. 1997; Loftus et al. 1994; McNally et al. 2004; McNally 2003; Porter & Birti 2001; Reviere 1996; Shobe & Kihlstrom 1997). 다시 말해, 개인에게 일어난 사건, 사람, 경험 중 더 오래된 것을 더 잊어버리기 쉽다는 논쟁이 계속되어왔다.

이러한 비판에도 불구하고, 상당한 경험적 증거들이 트라우마 경험은 자연적이거나 긍정적인 경험보다 완전하게 또는 적어도 부분적으로 망각되기 쉽다는 사실을 제시한다(Bremner et al. 1997; Elliott & Briere 1995; Kluft 1997; van der Kolk 1997; Widom1997; Williams 1994a). 기억에 대한 연구들은 트라우마 사건 혹은 중립적인 사건에 대한 반응으로 기억이 비디오 영상처럼 저장되지 않는다는 것을 보여준다. 기억은 항상 더 정확하거나 덜 정확한 버전의 현실일 뿐이다(Harvey & Herman 1997; Koutstaal & Schacter 1997). 전문가들은 점점 더, 특히 아동기 트라우마 성인 생존자의 경우, 기억이 역사적으로는 정확하지 않을지 몰라도 심리적으로는 사실일 수 있다는 것을 받아들이고 있다(Barber 1997).

기억상실, 회상, 아동기 트라우마에 대한 논쟁과 토론이 계속되기 때문에 전문가는 약물 남용, 가정 폭력, 우울증, 그 외에도 아동기 트라우마 생존자가 경험한다고 알려진 다양한 어려움과 같은 문제를 치료하기 위해 찾아오는 많은 내담자가 단지 트라우마를 기억하지 못하기 때문에 이를 드러내지 않는 것일 수 있다는 사실에 초점을 맞추는 것이 필요하다. 대신에, 내담자는 내담자와 임상가 모두를 당황케 하는 아동기 피해에 대한 파편화되고 분리된 기억을 가지고 있을 수 있는데, 이것은 존재하는 어려움을 해결하는 것을 방해한다.

전문가가 직면하는 또 다른 어려움 중 하나는 과거 피해에 대한 기억은 아동기 트라우마의 내력이 있는 내담자와 상담하는 도중에 예상치 못하게, 반갑지 않은 상황처럼 언제 드러날지 모른다는 것이다. 아동기 트라우마 성인 생존자의 기억을 회상시키는 것은 치료에서 의도된 목표가 아니다. 하지만 기억이 자연스럽게 수면으로 올라오면(자주 그렇게 된다), 전문가는 내담자가 트라우마를 직면하기 위해 준비된 정도를 알려준다. 나는 보통 내담자들에게 비록 그들이 회상된 기억을 직면하기 위해 아직 준비되지 않았다고 느낄지 몰라도, 그들이 진정 준비되지 않았다면 회상할 수 없었을 것이라고 말한다. 그들의 기억, 또는 더 정확하게 말하면 부족한 기억은 계속해서 그들을 보호하려고 했을 것이다.

어떤 배경 혹은 상황에서든, 전문가는 그들의 전문적인 역할이 내담자가 회상한 경험의 내용과 관련된 감정과 반응을 다루는 것을 돕는 것을 제한하더라도, 내담자가 기억상실과 기억 회상의 밀접한 관계가 있는 현상을 이해하는 것을 돕기 위한 최소한의 준비가 되어있어야만 한다.

왜곡된 지각과 관계의 붕괴

지금까지 이 장의 중점은 아동기 트라우마의 결과로, 넓은 범위에서 일반적인 스트레스 장애와 심리적, 감정적 반응으로 분류될 수 있는 것이었다. 그동안 설명된 많은 질병, 문제와 반응은 사실 내담자에게 어떤 일이 있었는지를 이해하기 위한 그들의 시도와 그 일이 내담자가 타인과 관계 맺는 데 미치는 영향을 반영한다.

트라우마는 공황발작, 해리, 기억상실과 같은 증상만을 가져오지 않는다. 또한 개인이 약물 중독이나 가정 폭력과 같은 문제를 경험할 위험성만을 높이지 않는다. 더 근본적으로, 아동기 트라우마에 노출되는 것은, 보통 개인 자신에 대한 인식과 그들이 살고 있는 세상에 대한 왜곡을 불러일으킨다. 다른 말로 하면, 그들의 준거 틀 전체를 바꾼다. "개인의 트라우마에 대한 고유한 반응은 개인의 사건에 대한 의미와 이미지를 포함하고 더 나아가 자기 자신과 세상에 대한 내적 경험의 가장 깊숙한 부분까지 확장되어 개인의 적응을 야기하는 복잡한 과정이다"(McCann & Pearlman 1990a, 6).

Green은 비탄과 상실의 측면에서 트라우마에 노출되는 것의 결과에 대해 언급하고 "(트라우마를 일으키는 스트레스 요인들은) 사람의 가장 기본적인 가치를 공격한다"고 했다(2000, 3). 더 나아가, Janoff-Bulman(1992)은 트라우마는 보통 개인의 가치, 세상의 공평함에 대한 개인의 기본적 가정을 산산이 부숴버리며 상처받기 쉽게 만든다고 주장한다. 여러 연구들은 트라우마를 알아차리는 것은, 개인이 세상을 안전하지 않고 알 수 없다고 간주하게 만들며, 그들 자신을 무가치하고 나쁘게 보게 된다는 결론을 내렸다(Resick 2001).

아동기 트라우마에 노출되는 것은 보통 상실의 감각을 넘어선다. 한 내담자가 가슴에 사무치게 말했다. "어떻게 한 번도 가지지 않았던 것을 잃을 수 있나요?" 트라우마는 살아가는 데 지장을 주고, 많은 경우 개인의 온전한 자기감을 파괴시킨다(Garfield & Leveroni 2000). 나는 얼마나 많은 내담자들이 (개인적으로) 그들에게 일어났던 일을 '영혼의 살해'라고 부르는지 알았을 때 눈앞이 캄캄했다. 단 하나 결론 내릴 수 있는 것은 아동기 시절 트라우마에 노출되는 것은 특히 더 위험하다는 것이다. 왜냐하면 이것은 개인의 자아감과 세상을 이해할 때 일어나기 때문이다.

트라우마 생존자들은 필연적으로 그들의 경험을 이해하려고 노력한다. '나에게 왜 이런 일이 일어난 것인가?'와 같은, 근본적으로 절대 만족스러운 답이 없는 질문에 대한 답을 찾으려 한다. 트라우마가 아동기에 일어나고 학대와 피해가 포함되었다면, 위험성은 특별히 더욱 크다. 아이들은 트라우마에 대하여 내담자를 탓할 뿐만 아니라, 세상은 위험하고 예측할 수 없는 곳이라고 생각할 것이다. 타인과의 관계는 평안과 위안의 근원이 아니라 고통투성이며 착취하는 것으로 보일 것이다(Schwartz & Galperin 2002; van der Kolk & Fisler 1994).

앞에서 언급했던 다이애나가 집단 상담에서 함께한 집단 구성원인 성적 학대 생존자와 주고받은 다음과 같은 대화는 그들과 타인에 대해 품는 **핵심 신념**(core beliefs)을 생생하게 보여준다.

> 앤(Anne)은 정서적, 신체적, 성적으로 폭력적이었던 남편을 떠날 생각을 하고 있었다. 그녀가 설명한 남편의 무례함에, 다이애나를 포함한 집단의 다른 구성원들은 점점 더 화가 났고, 그녀의 안전을 걱정했으며, 앤이 그런 대우를 받지 않아야만 한다고 주장했다. 캐시(Kathy)는 "앤, 당신은 거기서 나와야만 해요. 당신은 그런 대우를 받지 말아야 해요! 당신은 어떻게 그렇게 잔인한 남자와 함께 있을 수 있어요?"라고 소리쳤다.
>
> 이것에 대해 생각해본 다음, 앤이 대답했다. "당신은 제가 이런 대우를 받을 만하지 않다는 것을 어떻게 아세요? 저는 제 오빠들이 제게 손을 대도록 허락했어요. 저는 형부와 바람을 피웠고 전 약물 중독자였어요. 저는 거짓말을 했고 바람을 피웠어요. 저는 역겹고 혐오스러운 사람에 불과해요."
>
> 또한, 같은 회기 뒷부분에, 앤은 구성원들이 용기를 북돋아주고 지지해준 것이 자극이 되어 인생을 변화시키는 것에 대한 두려움에 대하여 말할 수 있었다. 이것은 캐시가 "저는 늘 무서워요. 왜 그런지는 모르겠어요. 하지만 저는 무서워요, 항상. 저는 저 자신에게 두려워할 것이 아무것도 없고, 철이 들어야 하고, 정신을 바짝 차려야 한다고 말하지만 소용이 없어요. 저는 항상 혼자이고 너무나도 무서워요."라고 말할 수 있도록 자극시켰다.

앤의 발언은 마음속 깊이 자리 잡은 자기비하, 수치심, 혐오를 보이며 그녀가 그때 현실적으로 오빠들의 폭행을 예방할 힘이 없었다는 사실이 특히 더 가슴을 아프게 한다.

앤은 그녀 자신이 '그 일이 일어나도록 놔두었다'고 생각한다. 게다가, 그녀가 형부와의 불륜에 대해 설명한 것은 사실 형부와 그의 친구로부터 강간당한 것이었다. 반면에 캐시는 5세 때부터 처음에는 십대 이웃에게, 그 다음엔 아버지에게 성폭행을 당했다. 그녀는 어머니를 냉담하고, 비판을 잘하며 거부적인 사람으로 묘사하였다. 그녀가 대학에 다닐 때, 그녀는 난폭하고 고통스럽게 성폭행을 당했다. 그러므로 그녀가 성인이 되어 세상을 안전하지 않은 곳으로 보는 것은 놀랍지 않은 일이다.

트라우마를 자주 겪은 사람은 독립성, 화합성과 안정된 자기감을 발달시킬 수 없다. McCann과 Pearlman(1990a)은 트라우마가 자기감의 발달에 어떻게 영향을 주는지 깊게 연구한 이론을 분명하게 설명했다. 구성주의적 자기 개발 이론(Constructivist Self-Development Theory: CSDT)이라고 불리는 그들의 모델은, 특히 아동기에 일어난 트라우마는, 개인이 '일관된 정체감과 긍정적인 자아존중감을 유지'할 수 있게 하는 **자기 능력**(self-capacities)을 방해하거나 파괴한다고 주장한다(1990a, 21). 이러한 자기 능력은 다음과 같은 것을 포함한다.

- 심리적으로 붕괴되거나 사로잡히지 않고 정서적인 반응의 전체 범위를 경험하는 것
- 혼자 있을 수 있는 능력과 혼자서도 편안하게 있을 수 있는 것
- 스트레스 상황에서 스스로를 달래고 편안하게 있을 수 있는 것
- 자신의 가치를 손상시키지 않고 비판과 부정적인 피드백을 받아들이는 것

현재 진행되고 있는 연구들은 자기 자신에 대한 관점이 타인에 대한 관점을 어떻게 만드는지와 이 관계의 자기 강화적 본능에 대한 가정을 시작으로 건설적인 자기 발달 이론의 여러 가정을 지지한다(Ali et al. 2002; Black & Pearlman 1997; Giesen-Bloo & Arntz 2005). 예를 들어, 아동기 트라우마의 생존자는 성인이 된 후의 피해에 특별히 더 취약하고(Messman-Moore & Brown 2004; Street et al. 2005) 안정 애착을 형성하는 데 어려움을 경험하는 경향이 있다(Waldinger et al. 2006).

또한 성인기 트라우마에 노출되는 것과 신뢰 체계의 붕괴 사이의 관계는 입증되었다(Mechanic, Resick, & Griffin 1998). 더 나아가서, McCann과 Pearlman이 제시한 것처럼, 아동기 트라우마의 생존자는 그러한 경험에 노출되지 않은 개인보다 더 다른 사람에 대한 왜곡된 지각을 가지고 있고, 감정을 조절하는 데 어려움을 겪기 쉽다(Cloitre et al. 2005; Cooper et al. 1998; Deiter, Nicholls, & Pearlman 2000; Kolts et al. 2004; Lewis et al. 2003; Ponce, Williams, & Allen, 2004; Smith et al. 2004; Wenninger & Ehlers 1998).

문화가 인지적 왜곡에 미치는 영향 개인의 트라우마 경험은 문화의 힘으로부터 큰 영향을 받는다(Genero 1998; Phillips 1995). 예를 들어, Bernard는 인종차별의 상황에서 아

동 학대가 발생했을 때, 이것은 부정적 영향이 심해지게 만드는 것뿐 아니라, 개인의 회복을 위한 노력까지 위태롭게 만든다고 주장했다(2002). 예를 들어, 내 내담자 케이(Kay)는 아동기 성적 학대로 분투하였고 그녀가 겪은 일에 대하여 침묵하라고 강요당했다. 케이는 1960년대에 높은 지위의 아프리카계 미국인 가정에서 성공한 두 전문가인 부모 밑에서 자랐다. 그녀는 백인 사이에서 살아남기 위해 완벽해야 했기에, 언제나 그녀의 가족에게는 약점이나 결점의 여지가 없다는 것을 알고 있었다고 보고했다. 그리고 그녀는 성폭행 사실은 그녀를 완벽하지 않게 만든다는 것을 알았다.

대부분의 문화에서, 남성 내담자들은 특히 성적 학대를 포함한 경우, 피해를 당했다는 사실을 인정하는 것을 어려워한다. 남성의 성적 피해 사실은, 남성에게 문화적으로 기대되는 남성의 정의를 위반한다(Hunter 1990; Watkins & Bentovin 1992). 예를 들어, 롭(Rob)은 그가 10세 때 목사에게 성적 학대를 당했다. 그는 분명하게 이것을 인정하지 못한다. "저는 연약하거나, 피해를 당할 사람이 아닙니다. 저는 도움이 필요한 여자를 구해주는 '빛나는 갑옷을 입은 기사'여야 합니다." 나는 남성 성적 학대 생존자의 집단 상담 회기가 시작되기 전에 그들이 접수처에서 기다리는 것 대신에 건물 밖에 모이기 시작한 것을 보고 비슷한 혼란과 부조화를 알아차렸다. 나는 무슨 일인지 물었고 그들은 부모와 아이들과 함께 기다리는 장소에 앉아있는 것이 불편해지기 시작했다고 설명했다. 그들은 다른 내담자들이 그들을 성적 학대의 피해자가 아닌 가해자라고 볼 것이라고 생각했다.

역경 후 성장과 회복력

나는 심신을 약화시키는 아동기 트라우마의 장기적인 영향으로부터 결론적으로는 긍정적인 결과로 발전할 수 있는 데 집중하는 계획적인 변화로 이 장을 마무리하고자 한다. 분명, 아동기 트라우마의 내력이 있는 내담자는 힘든 여정을 거쳐야 하며, 우리가 그들에게 도움을 주려면 그들과 함께 도전을 바로 마주할 준비가 되어있어야만 한다. 그러나 우리가 내담자의 경험에 대한 부정적이고 긍정적인 모든 측면을 제대로 인식해야 내담자에게 도움이 될 수 있다. 이것은 트라우마에 대응하여 개인이 **역경 후 혹은 외상 후 성장**(adversarial or posttraumatic growth) 같은 것을 경험할 수 있을 때, 그들은 더 잘 해내고, 더 건강하고 생산적인 방법으로 적응한다는 연구들과 일치한다(Calhoun & Tedeschi 1998; Linley & Joseph 2004).

몇몇 연구에서 트라우마에 노출된다고 해도 그 속에 사람들을 긍정적이고 강력하게 바꾸는 잠재력이 있다는 증거가 나타나고 있다. 즉, 개인의 아동기 피해로부터 앞에서 논의된 많은 해로운 점들과 균형을 잡아주는, 유익한 효과를 얻을 수 있다는 것이다. 이는 우리가 내담자가 과거 경험을 어느 정도까지는 자율적으로 재구성하도록 도와야 한다는 것을 암시한다.

트라우마의 내력을 가진 소수 내담자들은 그들 자신을 생존자로 보거나, 그들에게 일어난 일로부터 얻은 것이 있다고 본다. 그러므로 우리 조력자들은, 존재하지만 탐색되지 않은 강점과 긍정적인 특징을 기반으로 치료하고 그것들을 찾아내는 데 있어 수많은 어려움을 균형 있게 돌보고 인정하는 법을 배워야 한다.

> 트라우마는 대대적인 손상과 회복탄력성에 관한 것이다. 가장 많이 피해를 입은 생존자가 우리의 기대를 뛰어넘는 강점을 보일 수 있다. ……그러한 개인은 다른 사람들보다 회복탄력성이 뛰어나다고 말할 수 있다. 우리가 외상 후 성장을 증상 점검표로 측정하거나, 성장과 장애가 완전히 반대인 것이라고 가정한다면, 우리는 심각한 증상을 가지고 있지만 대단한 강점 또한 가지고 있는 많은 사람들을 간과할 수 있다.…… (Saakvitne et al. 1998, 281-282)

연구자들과 이론가들은 부정적인 상황(예: 자연적 혹은 사람이 만든 재난, 전쟁, 건강 문제 대인 간 폭행)에서 강점을 이끌어낼 수 있다는 것을 얼마 전부터 인정하기 시작했고 회복력에 기여하는 징후와 요인을 찾으려고 노력해왔다(Bonanno 2004; Connor et al. 2003; Fraser 1997; Harvey 1996; Linley 2003; Linley & Joseph 2004; McMillen 1999; Tedeschi & Calhoun 2004; Werner & Smith 1992). 여러 잠재적인 강점이 관찰되었지만, 구체적인 연구 결과는 광범위하게 다양하며, 놀랍지 않게도 어떻게 질문이 쓰였는지에 따라, 그리고 스트레스 사건의 성질에 따라 큰 영향을 받았다.

스트레스 면역력(stress inoculation)이라는 용어는 높은 자기효능감과, 개인이 역경에 노출되어 자주 경험하는 어려움에 대처할 수 있는 향상된 능력을 설명하기 위해 쓰여왔다. McMillen은 "당신을 죽이지 않는 것은 당신을 더욱 강하게 만든다"(1999)고 말했다. 트라우마에 노출되고 이로부터 살아남는 것은 개인에게 자신의 우선순위를 평가하고, 영성을 형성하거나 향상시키며, 개인이 삶을 더 충만하게 살 수 있는 기회를 제공한다. 역경은 또한 개인이 다른 사람에게 더 공감하고 세심해지도록 만들 수도 있다.

아동 학대는 다른 종류의 트라우마 사건보다 긍정적인 강점이 더 적게 나타난다. 아동기 트라우마의 빈번한 결과인 왜곡된 생각은 굉장히 심각해질 수 있고, 모든 것을 덮어버려 트라우마 후 성장이 일어나는 것을 막거나, 적어도 흐려지게 만들 수 있다. 따라서 트라우마 후의 긍정적인 결과는 개인이 적은 노력을 기울여도 다소 자동적으로 발생하지만, 아동기 트라우마를 경험한 개인의 경우 임상가의 도움으로 고의적으로 긍정적인 강점을 찾아야만 그것들을 알아차릴 가능성이 높다(Saakvitne et al. 1998).

역경 후 성장의 개념은 아마 이것을 경험한 개인의 설명을 통하여 가장 잘 이해될 수 있을 것이다. 이 장의 초반에 설명한 베티는 대부분 말기 암 환자들과 일하는 간호사다. 환자를 위한 열정과 환자의 투쟁에 대한 깊은 경의, 삶이라는 선물에 대한 그녀의 인식은 모두 아동기 학대라는 자기 경험의 일부로부터 기인하였다. 또 치료가 거의 끝나가고 있던 또 다른 한 내담자는 비록 그 누구에게도 그녀에게 일어난 일이 일어나기를 바란 적은 없지만, 그녀는 그 일이 그녀라는 사람을 만들었다는 것을 깨달았다고 말했다. 그녀는 심지어 점점 자신이 좋아지고 있다고 인정했다.

해리성 정체감 장애 진단을 받았던 린다(Linda)는 신체적 건강 문제와 어린 딸의 성적 학대, 파산 위험과 결혼 문제 또한 다루고 있었다. 그러나 그녀는 여전히 그녀가 성적 학대 생존자라는 것을 '감지한' 십대 이웃의 친구가 되어주는 시간을 가졌다. 린다의 예감은 옳았고, 린다의 관심과 지도로 어린 아가씨는 치료받기 시작했다. 린다는 감춰져 있는 성적 학대에 대한 '육감'만을 소유한 것이 아니고 그녀가 다른 사람들에게 도움을 줄 수 있게 해주는 탁월한 통찰력과 세심함 또한 소유하고 있었다.

전문가는 내담자가 피해 사실에 두는 특별한 의미의 진가를 알아보아야 할 뿐만 아니라 그들에게 힘을 주는 준거 틀을 만드는 것을 도와야 한다. 예를 들어, 내가 내담자와 처음 만났을 때, 나는 반드시 공개적으로 그들의 투쟁과 어려움을 인정하며 그 순간에 그들은 그들에게 있었던 일로부터 살아남았다는 것을 말해준다. 더 나아가, 그들이 현재와 미래의 어려움을 마주할 때면, 나는 그들에게 '나는 나의 아동기로부터 살아남았다. 내가 그것으로부터 살아남을 수 있었다면, 나는 그 어떠한 것으로부터도 살아남을 수 있다'라고 그들 자신을 격려하라고 상기시켜준다.

보호 요인

트라우마의 충격은 경감시키고 회복력을 촉진함으로써 개인을 '보호하는' 요인을 조사하는 연구가 점점 더 진행되고 있다. 특히 치료의 초기 단계에서, 역경 후 성장은 항상 분명하지만은 않다. 그러므로 내담자가 내적, 외적, 그리고 근원적 자원을 인식하도록 돕는 것은 아동기 트라우마의 부정적인 영향을 중재할 수 있으며, 힘을 돋우고 더 긍정적이고 도움이 되는 방식으로 내담자의 경험을 구성하는 또 다른 방법을 제공할 수 있다.

역경의 측면에서 바라본 회복탄력성에 대한 문헌들은, 거의 오로지 트라우마 노출의 부정적인 문제에 집중된 연구 결과의 과잉에 대응하여 발전되었다고 할 수 있다. 이러한 문헌들은 병리학만을 강조하고 있었다. 역설적이게도, 이러한 병리학적 강조는 심지어 트라우마에 뒤따르는 문제의 부재마저도 또 다른 병리의 징후로 보는 결과를 낳았다(Bonanno 2004). 운 좋게도, 계속해서 확장되고 있는 일부 연구는 트라우마에 성공적으로 대처한 사람들에 중점을 두고 있다. Bonanno는, "…… 이러한 증거는 회복탄력성이 보편적이고 회복의 과정과는 구분되며, 다양한 방법으로 도달할 수 있다는 것을 제시한다"(2004, 25)고 언급했다.

이와 관련된 일부 연구는 아동기 트라우마의 덜 부정적이고, 더 긍정적인 결과와 연관되는 반응 요인에 초점을 맞춘다. 연구 결과는 피해 기간과 그 후의 개인적, 사회적 수준에서의 **지지적인 관계**(supportive relationships)의 중요성을 강조한다(Banyard & Cantor 2004; Feinauer et al. 2003; Morris et al. 1996; Ruggiero et al. 2004; Turner & Butler 2003; Twaite & Rodriguez-Srednicki 2004; van der Kolk 1996; Whiffen & Macintosh 2005).

지지적인 관계의 가치는 다차원적이다. 그리고 그중 하나의 유익한 측면은 피해당한 사실 자체에 대한 타인의 반응을 포함한다. 예를 들어, 피해 사실을 공개하고, 사람들이 이를 믿어주고, 미래에 다가올 피해로부터 보호된 아이는 보통 장기적으로 적은 문제를 경험한다. 비슷하게, 아동기 트라우마를 공개한 성인의 경우, 이해와 인정의 반응을 경험했을 때 회복의 과정이 가속화된다.

또한 지지적 관계의 본질은 일반적으로 타인이 그 사람에게 어떻게 반응하는지를 포함한다. "긍정적인 대처 능력이 지지되고, 인정되고, 모범되는, 진실하고, 긍정적이고, 낙천적인 관계는 강인함이 발전할 수 있는 환경을 만들어준다"(Feinauer et al. 2003, 75). 관계가 개인의 자아존중감, 자기효능감, 자기가치를 보살피면, 이러한 특성들 자체가 트라우마의 장기적인 효과를 조정한다고 드러났으므로 역경으로부터 회복하는 개인의 능력이 향상된다(Benight & Bandura 2004; Bonanno 2004).

요약

이 장은 뒤따라올 장들에서 설명될 아동기 트라우마 성인 생존자의 개인, 집단 치료의 접근 방법의 이론적, 경험적 기반을 제공한다. 이 책은 아동기 대인 간 폭행과 착취를 겪은 내담자가 임상 서비스를 찾거나 필요로 할 가능성이 높기 때문에 그들에게 중점을 두고 있다.

아동기 트라우마 노출의 장기적인 영향은 상호의존적이며 많은 경우 자기 강화적이다. 신체적인 문제는 결과적으로 사고의 왜곡 및 관계의 두절과 연관되어 있으며, 이를 유지시키는 정서적, 정신적 문제를 반영하거나 강화시킨다.

아동기 트라우마를 안고 살면서 마주치는 문제의 범위 사이의 관련성은 잘 기록되어 있다. 아동기 트라우마에 노출된 성인은 보통 외상 후 스트레스 장애(PTSD)와 연관된 증상을 경험하지만, 아동기 트라우마 생존자에게 이 진단을 적용하기에는 제한이 있다. 심신을 쇠약하게 만들고 독특한 특징을 가진 이런 종류의 트라우마를 고려하기 위해 복합 외상 후 스트레스 장애와 같은 대체 진단이 제안되었다. 아동기 트라우마의 내력은 또한 점점 더 트라우마로부터 유발된 질병이라고 보이는 경계선 성격 장애와 관련이 있다.

　해리성 정체감 장애(DID)와 아동기 트라우마의 연관성을 지지하는 경험적, 이론적 뒷받침이 있다. 하지만 해리성 정체감 장애와 아동기 트라우마의 관계와 이 진단의 다양성과 실용성을 둘러싼 논란이 존재한다. 또한 아동기 트라우마와 억압된 기억 사이의 연관성과 관련해 의문이 제기되어왔다. 그러므로 임상가는 논란을 염두에 두되 개인의 피해를 망각하거나 '분리되는 것'에서 비롯되는 보호적 기능을 이해해야만 한다.

　아동기 트라우마는 개인의 자기와 타인에 대한 인식과 의미 있는 관계에 참여하는 능력에 엄청난 영향을 미친다고 알려져 있다. 트라우마 생존자의 핵심 신념은 보통 그들의 타인을 향한 불신과 상실감과 무력감을 반영한다. 더 근본적으로, 성인 생존자의 감정을 통제하고, 일관되고 안정적인 자아감을 습득하고 유지하는 능력이 크게 손상되었을 수 있다.

　전문가는 아동기 트라우마 성인 생존자가 경험하게 될 만한 어려움을 예측하는 방법을 배워야만 한다. 덧붙여, 우리는 개인의 피해 사실에 미치는 문화의 역할을 이해하고, 내담자가 부여하는 의미를 이해할 수 있어야 한다. 또한 도움을 주는 우리의 능력은 내담자의 역경 후 성장을 위한 잠재력과 어떻게 보호 요인이 아동기 트라우마를 완화시키는지를 인지하는 능력에 달려있다.

개인 작업에서의 조력 관계

도입

아동기 트라우마 생존자들은 보통 희망과 두려움을 가지고 조력자에게 다가간다. 그들은 변화가 가능하고 현재의 어려움으로부터 일종의 안도감을 얻을 수 있다는 것을 믿고 싶어 한다. 하지만 긍정적인 결과가 나오기 쉽지 않다는 것 또한 믿는다. 그들은 전문가에게 실망하게 될 것이라고 예상한다. 최악의 경우, 그들은 과거 경험처럼 도와줄 것이라 생각했던 사람들에게 착취당하고 상처 입게 될 것이라고 가정한다.

앞에서 언급한 것처럼, 이 책은 도움을 주기 위한 방법으로 상호작용적 접근법을 사용한다(Shulman 2006). 이 접근법은 내담자와 조력자 간 관계를 가장 중요하게 여기고, 관계 자체를 작업의 수단으로 간주한다. 특히 아동기 트라우마의 내력이 있는 성인의 경우, 내담자가 전문가를 신뢰할 수 있는 사람으로 간주하므로 작업의 관계가 치료 단계에서 가치 있는 요소가 될 수 있다. 전문가가 내담자의 안녕을 위해 걱정하고 배려하는 것을 기본으로 그들을 대하는 사람이라는 것을 알게 되면, 내담자는 그들과 타인에 대한 왜곡된 인식을 고치는 첫걸음을 내딛을 수 있다. 전문가와 전문적인 관계를 시작하는 것은 회복을 위해 중요한, 필수적인 단계이다. 이 장에서 우리는 의사와, 아동기 트라우마 성인 생존자 사이의 일대일 작업 관계의 본질에 초점을 맞출 것이다.

Shulman의 연구는 내담자와 조력자 사이의 관계는 필요하지만 변화를 가져오기에 충분한 조건은 아니라고 결론지었다(2006). 그의 결론은 '치료적' 혹은 '작업' 동맹은 전문가의 이론적 성향, 훈련, 그리고 내담자의 성격과 치료 욕구와는 상관없이 치료의 결과에 영향을 미친다는, 다양한 배경에서 산출된 다른 많은 연구들로부터 지지를 받았다(Barber et al. 2000; Catty 2004; Martin, Garske, & Davis 2000; Orlinsky, Grawe, & Parks 1994).

작업 관계의 정의

라포르(친밀한 관계), 신뢰와 돌봄

내담자가 자발적으로 전문적인 도움을 찾아왔든 아니면 필요에 의해 찾은 것이든, 내담자는 전문가를 자기 '편'에 있는 협력자로 보아야 한다. 내담자의 편이 되는 것은 무엇을 의미하는가? 이것은 내담자가 행동에 책임을 지지 '않는' 것을 의미하는 것이 아니다. 오히려 Shulman의 연구는 긍정적인 작업 관계, 예를 들어 내담자의 편이 되는 작업 관계는 세 개의 요소로 이루어져 있다고 제안한다.

- 첫째, 전문가와 내담자 사이에 **라포르**(rapport, 친밀한 관계)가 존재해야만 한다. 즉, 내담자가 조력자와 함께 있을 때 '사이가 좋다는' 느낌을 받아야만 한다.
- 둘째, 내담자는 임상가에게 **믿음**(trust)이 있어야만 하고 생각, 감정, 실수, 실패를 솔직하게 공유하는 데 있어 충분한 안정감을 느껴야만 한다.
- 셋째, 내담자는 조력자가 내담자의 안녕에 **관심**(cares)을 가지고 있고 내담자가 중요하다고 여기는 문제들을 돕고 싶어 한다는 것을 느껴야 한다.

여러 연구자들의 다양한 연구 결과는 내담자가 우리를 협력자로 보고 우리가 그들처럼 세상을 보는 능력이 있다는 것을 느껴야 한다는 생각에 큰 신빙성을 더해주었다(Busseri & Tyler 2004; Horvath 2000; Joyce & Piper 1998; Serran et al. 2003).

전문가가 마주하게 되는 어려움은 내담자가 그들에게 제공되는 도움을 받아들일 수 있게 하는 친밀한 관계, 신뢰, 관심의 세 가지 조건을 어떻게 만드는지에 있다. 역설적이게도, 우리가 의도적으로 준비하는 것보다, 우리가 처음에 어떻게 내담자와 소통하는지가 좋은 작업 관계를 형성하게 한다. Shulman은 다음과 같이 언급했다.

······나의 연구는 작업의 예비 단계에서 내담자가 말하지 않은 감정과 걱정거리를 분명하게 알아내고 표현하는 전문가의 능력이 긍정적인 작업 관계의 수립에 기여한다는 것을 제시한다. 사실, 상담의 시작 단계에서 사용되는 내담자의 감정을 다루는 것을 돕기 위한 모든 기술은 작업 관계에 긍정적인 영향을 미친다고 밝혀졌다. 이것은 사전 공감의 중요성과, 간접적인 단서에 직접적인 반응을 하는 전문가의 능력을 강조한다. (2006, 63)

첫 만남의 중요성

조력자와 내담자 사이의 좋은 작업 관계는 작업이 이루어지는 상황에 따라서 달라진다. 하지만 배경에 상관없이, 내담자와의 첫 만남, 특히 아동기 트라우마 내력이 있는 내담자와의 만남은 대단히 중요하고 친밀한 관계, 신뢰, 관심을 수립하는 데 가장 좋은 기회를 만들어준다. 다음의 사례는, 법원 명령으로 약물 남용 치료를 받는 상황에서 내담자와 전문가의 상호작용이 한 번의 회기로 제한되어 있음에도 불구하고, 전문가가 어떻게 하면 긍정적인 작업 관계를 만들 수 있는지 보여준다.

팀(Tim)은 40세 때 음주 운전으로 두 번째 유죄 판결을 받았기 때문에 90일 동안 약물 프로그램 통원 치료를 받아야 했다. 그는 자신이 약물중독 문제가 없으며, 단지 즐거운 시간을 가졌을 뿐이라고 고집하며 체포된 것은 단지 운이 좋지 않았기 때문이라고 주장했다. 그는 음주가 기분 전환용이라고 설명했지만, 일주일에 몇 번 정도 코카인을 흡입하고 매일 최소 여섯 묶음의 맥주를 마시는 것을 인정했다. 팀은 폭력적인 가정에서 자랐다. 그는 알코올 의존자인 어머니로부터 신체적 학대를 당한 사실을 기억해냈다. 또한 그는 아버지가 다른 여자들을 집에 데려와 그와 어머니 앞에서 성교를 한 것을 기억한다. 팀이 십대가 되었을 때, 그의 아버지는 팀에게 집에 데려온 여자들과 성교하도록 강요하기 시작했다.

팀의 접수 단계 상담자이자 이십대 중반의 젊은 여성인 캐시는 이러한 과거에 대하여 전혀 몰랐다. 그녀가 아는 것은 오직 그가 프로그램에 참가하도록 법적 명령을 받았다는 것이었다. 하지만 그녀는 내담자가 첫 번째 만남에서 어떤 감정을 느낄지에 대해 예측하는 Shulman의 기술인 **준비된 감정이입**(preparatory empathy. 자세한 설명은 6장 참고)을 사용하도록 교육받았다. 캐시는 팀의 입장에서 프로그램에 참가하는 것에 대해 그가 어떤 감정을 가지고 있을지 상상해보았다. 또한 캐시는 그녀 자신이 첫 번째 만남에서 어떤 감정을 느낄지 생각해보는 시간을 가졌다. 이것이 팀을 '이해'하고 그를 효과적인 관계로 끌어들일 수 있는 유일한 기회라는 것을 깨달았다. 그녀는 무반응이나 선입견이, 치료 계획을 위해 필요한 정보를 수집하는 그녀의 능력을 방해하지 않게 하려고 노력했다. 다음은 캐시가 자신을 소개하고 팀과의 만남을 시작하기로 결정한 방법이다.

안녕하세요, 팀 씨. 저는 캐시라고 합니다. 저는 접수 단계의 상담자이며, 오늘 저의 역할은 당신이 저희와 함께 보내는 시간 동안 어떻게 당신을 도울 수 있을지에 대해 잘 알기 위해 당신에게서 약간의 정보를 얻는 것입니다. 또한 저희의 프로그램에 대해 질문이 있으시면 답변해드리도록 할 것이며, 앞으로 저희와 함께할 다음 몇 달 동안 어떤 일이 일어날지에 대해 설명드리도록 하겠습니다. 당신은 아마, '도대체 이 여자가 나에게 도움이 될 만한 어떤 말을 해줄 수 있겠어?'라고 생각하고 계실 겁니다. 더 중요한 것은, 당신은 여기에 있을 필요조차 없다고 생각하고, 어떠한 도움도 필요 없기 때문에 제가 아무런 도움이 되지 않을 것이라고 생각할 수도 있다는 것입니다.

언뜻 보기에, 캐시의 언급은 너무 직접적이라 건방져 보일 수 있다. 그러나 이것은 사실 그녀의 도움이 필요한지 필요하지 않은지에 대한 확신이 없는 내담자에게 손을 내미는 굉장히 사려 깊고 능숙한 방법이다. 캐시는 팀이 치료 기관에 대한 질문과 관심뿐 아니라 그녀에 대한 질문과 관심도 가지고 있을 가능성이 높다는 것을 인지했다. 그녀는 팀보다 훨씬 어리고, 게다가 권위적인 위치에 있는 여성이었다. 캐시는 그와 그의 상황을 이해하는 그녀의 능력과 그녀가 도움이 될 수 있는지에 대하여 팀이 일리 있는 질문을 할 것이라는 것을 예상했다. 내담자가 그녀와 일하는 것에 대해 가지는 생각, 감정, 의문을 명백하고 직접적으로 그리고 그녀가 예상하기에 그가 사용할 것 같은 어투로 설명함으로써, 그녀가 그를 이해하고 따라서 도움을 줄 수 있는 사람으로 볼 수 있도록 길을 열게 된다.

시작부터 그녀의 역할과 목적에 대해 설명하고, **내담자의 감정에 도달함으로써** (Shulman 2006), 캐시는 치료진이 정말로 유용한 치료 계획을 수립할 수 있도록 돕기 위해 필요한 정보를 수집할 가능성을 높인다. 불행하게도, 다음과 같은 캐시의 첫 언급에 대한 팀의 응답처럼 우리의 아주 숙련된 노력이 성공적일 것이라는 보장은 없다.

이봐요, 저는 여기에 있어야 하기 때문에 있는 겁니다. 판사에게 저에게 아무런 문제가 없다고 이야기했지만, 달라지는 건 없었습니다. 저는 여기에 왔고, 주어진 시간을 채우자마자 이곳에서 나갈 거예요. 저기, 당신의 이름이 무엇이든지 간에, 제가 판사에게 정확히 뭐라고 했는지 말씀드릴게요. 저는 친구들과 좋은 시간을 보내고 쉬기 위해 맥주를 조금 마시러 갑니다. 여기에 와야만 한다는 것을 제외하면 저는 아무런 문제가 없습니다.

캐시가 그 다음 어떻게 내담자의 이런 무례함을 다루었는지 살펴보자.

캐시: 그래요, 팀. 할 말을 다 한 것처럼 보이는군요. 그렇지 않나요? 여기에 오는 것에 대해 당신은 진절머리가 나는 것처럼 보이는군요. 선택의 여지가 없는 상황에 놓여서 힘들겠어요. 이 프로그램을 선택하든 징역을 살든 둘 중 하나예요, 맞죠?

팀: 네, 정확해요. 저는 도움이 필요하지 않다고 말해보려 했어요. 당신 혹은 그 누구도 나조차도 모르는 것에 대하여 말할 수 없어요. 게다가 당신은 바에 들어갈 수도 없어 보여요. 스무 살 정도 되었나요?

캐시: 저는 스물다섯 살이에요. 저는 당신이 어떻게 스물다섯 살밖에 되지 않은 사람이 당신의 입장에서 생각하고 이해할 수 있을지 궁금해할 것이라고 생각해요. 당신을 불편하게 만들 수도 있겠죠. 그러니 당신의 입장으로 사는 것이 어떤 것인지 저에게 말해주지 않을래요?

팀: 이미 말했던 것처럼, 할 말이 별로 없어요. 저는 친한 친구들과 술을 마셔요. 그게 어떻다는 겁니까? 저는 구할 수 있을 때면 코카인을 조금 하지만 그건 별일이 아닙니다. 제 말은, 저는 오랫동안 이 짓을 했지만, 아무런 해를 입지 않았어요. 저는 직장

이 있고, 자녀 양육비를 냅니다. 남는 시간에 제가 무엇을 하는지는 당신이 상관할 바 아니에요. 어쨌든, 저는 일생 동안 이 짓을 봐왔어요. 어머니는 항상 술에 취해 있고, 누나는 약물중독자예요. 누나는 작년에 약물 과다복용으로 쓰러졌어요. 젠장, 그녀는 아무런 변화가 없어요. 아직도 약물을 사용해요. 인생은 원래 이래요.

캐시: 당신이 힘든 시간을 보낸 것처럼 들리네요. 우리 프로그램을 통해 나아지는 것이 어렵다고 생각하는 것을 저는 이해해요. 당신은 아마도 이것이 노력할 만한 가치가 있는 일인지 궁금할 거예요. 어머니의 취한 모습과 누나의 약물 과다복용을 계속해서 보며 자란 것 말이에요. 나아지는 것에 대해 생각하는 게 힘들 수밖에 없겠어요.

팀: 맞아요, 힘들어요. (그는 잠시 멈추어 자기 손을 바라보았다.) 음, 무엇하러 제가 애를 써야 하나요? 저는 술을 못 마시게 하는 사회복지사들이 어머니를 내버려두고 떠나게 하려고 어머니가 일부러 술을 마시지 않겠다고 거짓 맹세하는 것을 보았어요. 어머니는 절대 약속을 지키지 않았죠. 어머니는 그저 곧바로 우리를 개 패듯이 팼어요.

치료에 참석하라고 요구받았다는 것에 대한 내담자의 감정을 알아내려는 캐시의 끈기는 마침내 성과를 냈다. 그녀가 계속해서 팀의 내원에 대한 감정을 상상하고 형용하려고 노력함으로써, 캐시는 간접적으로 솔직하게 걱정거리를 말하는 것이 괜찮다고 말하고 있다. 처음에는 팀이 캐시에 대한 의혹으로 우려하더라도 말이다. 그가 가지고 있던, 캐시의 경험과 자신을 이해하는 능력에 대한 의심과 같은 불편한 주제에 대해 이야기 나누려는 노력을 보여줌으로써 그녀는 긍정적인 작업 관계의 발전을 위한 장을 만들었다. 그들의 만남은 계속되었다. 팀이 어머니에 대한 이야기를 공개한 것에 대한 반응으로, 캐시는 성장 과정에 대해 더 이야기하도록 격려하였고, 그가 그녀에게 얼마나 솔직한지에 따라 그에게 도움이 될 수 있는 치료 계획을 추천하는 것에 영향을 미친다고 반복해서 말했다.

전문적인 역할 내에서의 작업

팀과 캐시와의 친근감은 그가 매우 힘들고 외로웠던 어린 시절에 대해 공개하고, 말할 정도까지 커졌다. 또한 그가 경험한 부모님에 대한 두려움을 인정했다. 그리고 심지어 무감각해지기 위해 술과 마약을 사용하는 것일 수도 있다는 생각까지도 허용했다. 그 한 번의 회기가 끝날 때쯤, 캐시는 팀이 성적 학대를 당한 사실을 포함한 적절한 치료 계획을 만들 때 매우 유용하다고 여겨질 많은 양의 정보를 습득할 수 있었다. 그녀가 젊다는 사실과 상대적인 경험 부족에도 불구하고, 캐시는 팀이 (1) 그녀와 친밀한 관계를 경험하는 것이 가능했고, (2) 그가 확실하게 캐시를 신뢰할 수 있다고 믿고, (3) 캐시가 그에게 무슨 일이 있었는지 관심을 가진다고 믿는 성공적인 관계를 발전시켰다.

팀과 인터뷰한 후에, 캐시는 불안해했고, 지도를 요청하기로 결정했다. 내 과거 학생으로서, 그녀는 우리가 이것에 대하여 이야기해주기를 요청했다. 그녀는 '성적 학대에 대해 아무것도 모르기' 때문에 자신이 팀에게 도움을 줄 능력이 있는지에 대해 걱정하였다. 캐시는 잘못된 것을 말하는 것을 두려워했고, 심지어 팀의 아동기 트라우마에 대해 이야기한 것이 옳은 일인지에 대한 의문을 가지고 있었다. 어쨌든, 캐시는 약물 중독 치료의 접수 단계를 맡고 있었다. 많은 전문가들이 이 주제에 관하여 우려를 표했고, 나는 다양한 치료 환경에서 우려에 대해 자주 들었다. 그러나 캐시는 팀의 약물 남용뿐만 아니라 내재된 아동기 피해 사실과 관련해, 그를 돕기에 이상적인 위치에 있었다.

캐시는 팀의 과거 트라우마와 현재 삶의 태도 사이의 연관성을 알아야 했고, 어떻게 접수 단계 상담자로서 도움이 되는 응답을 할 수 있을지 알아야 했다. 그녀는 효과적으로 팀과 좋은 작업 관계를 확립했고, 그 결과 팀은 민감한 정보를 나누는 데 있어서 편안함을 느낄 수 있었다. 그 다음에, 상담자의 실질적인 어려움은 그 정보로 무엇을 할 것인지 아는 것이다. 단순히 그녀가 팀에게 들은 것을 그에게 전달함으로써, 즉 그의 경험과 우려를 증명함으로써, 그녀는 팀에게 가치 있는 도움을 제공했다. 이 정보를 통해, 그녀와 그녀의 프로그램은 술과 마약을 멀리하여, 팀이 자신과 그의 행동에 대한 통제감을 느끼도록 돕기에 좋은 위치에 있을 것이다. 아동기 트라우마 내력이 있는 내담자를 돕는 것은, 트라우마 자체만을 다루는 것이 아니다. 사실 대부분 혹은 많은 경우, **현재 시점에서 그들에게 힘을 주는 것**은 그들에게 부족한 자기 수용력을 강화시키기 때문에 작업의 필수적인 측면이다.

관계의 장애물

2장에서 논의한 것처럼, 아동기 트라우마의 내력이 있는 성인은 보통 그들 자신과 타인, 그리고 그들이 사는 세상에 대하여 왜곡된 시각을 가지고 있다. 이런 변화된 인지는 그들이 기능적이고, (아마 특별히) 전문가와의 작업 관계를 맺는 능력을 포함하여 다른 사람들과의 기능적이고 건강한 관계를 형성하는 것을 방해한다. 하지만 팀과 캐시처럼 아주 짧은 시간이라 할지라도 지지적이고 배려하는 관계를 발전시키는 경험은 내담자에게 누군가 자신에게 귀를 기울이고, 수용하고, 이해해주는, 교정적인 정서적 경험을 제공할 수 있다. Courtois는, "(아동기 트라우마 생존자와의) 치료적 관계의 발전은 목적이고 과정이다(2001b, 481)"라고 말했다.

트라우마의 내력을 가진 성인 내담자는, 조력자를 그들이 피해를 당했던 **과거의 관계들의 시각을 통해** 보는 경향이 있다(Elz, Shirk, & Sarlin 1994; Paivo & Patterson 1999). 예를 들어, Courtois는 특별히 아동기 성적 학대 생존자와 일하는 것의 어려움들에 대하여 쓰며 다음과 같이 말했다. "트라우마가 없는 환자들에게는 쉽다고 할 수 있는 과정인, 치료 관계의 발전은 보통 대인관계에서 피해를 입은 사람에게는 벅찬 과정이다. 치료자는 두려워해야 하고, 요구하고, 시험하고, 멀리해야 하고, 격노하는 대상이거나 성적 대상 등으로 지각될 수 있다. 혹은 치료자는 신뢰할 수 없고 폭력적인 권위자의 대리인이나 열망하던 좋은 부모 혹은 매달리고, 따르고, 보살핌을 받을 수 있는 구원자로 지각될 수 있다"(2001b, 481).

또한 아동기 트라우마 내력이 있는 내담자는 우리에 대한 기대를 도움이 전혀 되지 않았던 이전 조력자와의 만남에 근거하여 가지고 온다. 연구 결과에 따르면 이러한 내담자는 여러 번 치료를 받은 경험이 있고 도움이 되지 않았던 것뿐만 아니라 몇몇의 경우 심지어 역효과를 불렀던 경험을 보고한다(Beutler & Hill 1992; Eisikovits & Buchbinder 1996; Palmer et al. 2001; Schachter, Stalker, & Teram 2003). 특별히 도움이 되지 않았던 전문가들의 반응의 유형으로는 내담자의 경험의 수용 혹은 이해의 부족을 보이고, 그들에게 미친 경험의 영향을 축소시키는 것이 있다. 이러한 반응은 다음을 포함한다.

- 트라우마의 공개에 대해 불편함을 보인다.
- 트라우마를 불신하거나 축소한다.
- 트라우마에 대한 논의를 피한다.
- 피해 사실의 세부 사항, 특히 성적 학대 사례에 대해, 부적절하거나 과도한 관심을 보인다.

특히 우려되는 연구 결과는 성적 학대를 당한 개인은 심리치료자에게 성적 피해를 입을 위험이 높다는 것이다(Broden & Agresti 1998; Regehr & Glancy 1997). 성적 학대의 내력이 있는 내담자는 권위를 가진 사람에게 싫다고 말하는 한계를 정하는 데에 어려움을 가지고 있고, 또한 그들은 돌봄, 배려와 성관계에 대한 관심을 쉽게 혼동한다. 이는 심리치료자들의 착취적인 접근에 대한 그들의 특별한 취약성을 설명하는 것으로 보인다.

다음의 예시들은 전문가의 반응이 어떻게 내담자의 고립감을 심화시키고, 내담자가 미래에 다른 전문가들을 찾아갈 가능성을 저해시키는지 보여준다.

카렌

카렌(Karen)은 아동기 시절 후반부터 청소년기까지 아버지로부터 성적 학대를 당했다. 그녀는 구강성교와 질 삽입을 당했으며, 그는 만약 카렌이 협조하지 않거나 조용히 있지 않으면 어린 여동생 또한 성폭행하겠다고 협박했다. 카렌이 이십대가 되었을 때, 18세의 여동생은 아버지를 죽이려고 시도하고, 그녀를 성폭행한 사실을 알리려 했다. 그 결과, 여동생은 검사를 받기 위해 정신병원에 수용되었다. 카렌도 검사를 진행하는 정신과 의사를 만났고, 그녀는 자신의 학대 사실과 아버지의 협박 사실을 공개했다. 정신과 의사는 이에 놀란 듯했고, 다음과 같이 말했다. "왜 알리지 않았나요? 만약 알렸다면, 이 모든 일은 일어나지 않았을 거고, 당신의 동생은 감옥에 갈 필요가 없었을 겁니다."

마이클

마이클(Michael)은 우울증과 금주를 유지하기 위해 상담을 받고 있었으며, 알코올 의존자 갱생모임에 다녔다. 그는 아동기 시절부터 어머니로부터 성적 학대를 당했다. 어머니는 그에게 구강성교를 하도록 요구했고, 마침내는 성교를 갖도록 요구했다. 마이클은 이것을 상담자에게 공개했다. 상담자는 "남자아이가 어떻게 어머니와 그런 일을 할 수 있어요?"라며 놀라움을 표현했고, 그가 남성이기 때문에 이것이 과연 성적 학대인지 확실하지 않다고 말했다.

패트리샤

패트리샤(Patricia)는 정신과 의사로부터 우울증 치료를 받고 있었다. 그녀가 아동기에 '힘든 시간'을 보냈다고 정신과 의사에게 여러 번 언급함으로써 성적으로 그리고 신체적으로 학대를 당했다는 암시를 주었다. 심지어 그녀의 삼촌이 '나쁜 짓을 했다'라고 말하기까지 했다. 패트리샤에 따르면, 정신과 의사는 절대 그녀에게 더 자세하게 묻거나, 그 사건을 알아보는 데 관심을 보이지 않았다고 한다.

이 예시들은 조력자의 다양한 반응이 생존자의 현실감각을 무가치한 것으로 치부하고 무효화하고 작업 관계를 구축하는 기반을 약화시킬 수 있다는 것을 보여준다. 어떤 경우에 조력자는 내담자의 개방에 무슨 말을 해야 할지 모른다. 경우에 따라 조력자는 공개한 내용에 대하여 전문가가 불편함을 느낄 수도 있다. 어떤 이유에서든지, 이런 경우 전문가는 내담자와 긍정적인 작업 관계를 수립할 기회를 잃게 되는 결과를 낳게 된다.

이전에 인용했던 일부 연구는 아동기 트라우마의 내력이 있는 내담자에게 도움이 되는 전문가의 다양한 대응 또한 확인하였다. 특히 그중 한 연구는, 관계에서 친밀한 관계와 신뢰를 형성하는 조력자로서의 태도에 대한 유용한 통찰력을 제공한다. Palmer와 그 동료들(2001)은 가장 도움이 된 전문가의 반응이 **공감적 경청**과 함께 그들의 피해 사실과 관련된 감정에 대처하는 것을 도와주는 것이라고 전한 아동기 트라우마 생존자들을 조사하였다. 또한 개인적 판단을 피하고, 이해하며, 내담자의 자아존중감을 구축하고, 다른 생존자들과 그들을 연결해주고, 내담자의 경험을 인정해주는 것을 통해 힘을 북돋아준다면 전문가가 도움이 될 수 있을 것이다.

다음의 아동복지에 대한 예시는 전문가가 역할이 매우 제한적으로 정의되어 있다 하더라도 어떻게 하면 도움이 되는 대응을 할 수 있는지 잘 보여준다. 로라(Laura)는 소아방치로 양육권을 빼앗긴 두 아이의 어머니인 데이비스(Davies)와 일하도록 배정된 위탁양육 가정 관리자이다. 데이비스는 약물중독자이다. 그녀는 다섯 살과 일곱 살인 아이들을 몇 번이나 집에 혼자 두고 마약을 사러 나갔다. 또 어떤 때에는, 약에 취해 아이들이 돌아다니다가 길을 잃어버린 것을 알아차리지 못했다. 그녀는 고정된 직장을 유지할 수 없었고, 월세가 밀려서 쫓겨날 처지에 처해 있었다.

그들이 만났을 때, 아이들은 위탁 가정에 6개월 동안 있었고, 데이비스는 4개월 동안 마약을 하지 않았다. 그녀가 정부 기관에 동의한 것에 따라, 데이비스는 약물중독자 모임과 부모 교육에 참여했다. 그녀는 아이들을 되찾고 삶을 전환시키고자 하는 강한 의지를 보였다. 로라는 데이비스가 어떻게 지내고 있는지 확인하고, 그녀가 얼마나 나아졌는지를 기록하기 위해 그녀의 집에 매달 찾아갔다. 어느 날 월별 회기가 끝날 때쯤 다음의 대화가 오고 갔다. 당시 저녁이었고, 로라는 그날 가정 방문을 한 번 더 가야 하는 상황이었다.

로라: 음, 오늘은 이게 다예요, 데이비스 씨. 아주 잘 하고 계세요. 많이 발전하고 있고요. 지금처럼만 계속된다면, 조만간 아이들과 1박 2일의 시간을 보내는 것을 허락 받을 수 있겠어요. 혹시 다른 할 말 있으세요?

데이비스: 사실 할 말이 있어요. 이미 당신에게 이 이야기를 했는지 모르겠어요. 저희 아버지도 저처럼 약물중독자였어요. 그리고, 음, 제가 어린아이였을 때 아버지는 저를 매춘부로 팔아넘겼어요. 아버지는 직업도 없고 아무것도 가진 것이 없어서 저를 아버지 마약 값을 버는 데 이용했어요.

로라: 이런, 정말 끔찍한 이야기네요!

데이비스: 아버지는 저를 아버지 친구들에게 팔아넘기곤 했어요. 그들이 제게 원하는 건 무엇이든 하게 했고, 그들에게 돈을 요구했어요. 이게 믿기세요? 아버지는 그저 마약에 취하기 위해 친딸을 팔았어요. 아버지는 천하의 개자식이에요.

로라: 저는 전혀 몰랐어요. 제게 이것을 말하기 위해서 당신은 엄청난 용기가 필요했을 거예요. 그가 한 짓에 대해서 당신은 분노, 슬픔, 혼란 같은 많은 감정을 가지고 있을 거예요. 당신이 왜 약물을 사용하는지를 이해하는 데 큰 도움이 될 것 같아요. 그 모든 감정을 느끼지 않기 위해서였겠죠?

데이비스: 맞아요. 저는 아주 비참해요. 마약을 했을 때도, 제가 그 일을 기억하게 만드는 어떤 일이 생기곤 했어요. 머릿속에서 그 일이 계속해서 떠올라요.

로라: 당신이 아주 힘든 시간을 보내고 있다는 걸 알겠어요. 당신이 아주 어렸을 때 일어난 일이라는 것과, 그리고 지금 그 일에 대해 생각하지 않는 것은 어려운 일일 거예요. 제 일이 당신이 아이들을 되찾을 수 있도록 돕는 일이라는 것을 알고 계시죠? 저는 당신이 저에게 이 일을 말해준 것에 대해서 고맙게 생각해요. 당신이 제게 이 일을 이야기해준 것을 보았을 때, 당신이 누군가와 이 일에 대해서 이야기하는 것이 어떨까 하는 생각이 드네요. 그런 문제들을 해결하는 것을 전문으로 하는 사람들이 있잖아요, 알죠? 저는 당신이 그 일을 해결할 수 있도록 당신을 도와줄 수 있는 누군가에게 당신을 소개해주고자 해요. 이것에 대해 어떻게 생각하세요?

위탁 양육 가정 관리자로서 로라는 데이비스에게 도움을 주고, 역할에 맞는 방법으로 대응했다. 로라의 경험은 이 책의 가장 큰 주제 중 하나를 반영한다. 전문적으로 도움을 주는 사람으로서 우리는 우리가 일하는 환경이 어디든 간에 아동기 트라우마 내력이 있는 내담자와 만나게 된다. 어떤 상황에서는, 직접적으로 아동기 트라우마를 다루는 것은 전문가의 책임에 포함되지 않는다. 사실, 내담자가 가장 관심 있어 하는 것이 피해 사실 자체에 집중하는 것이 아닌 사례도 있다. 그러나 모든 도움을 주는 전문가가 수용해야만 하는 책임은 트라우마 생존자를 **인정**하고, 그들의 **힘을 북돋워주고, 그들의 왜곡된 생각에 대항**하는 방법으로 대응해야 한다는 것이다.

작업 관계를 형성하고 유지하는 것과 관련하여 고려할 점

작업 관계가 내담자에게 도움이 되려면, 전문가는 작업 관계를 만들고 유지할 때 드러날 가능성이 높은 어려움을 수용해야 한다. 아동기 트라우마 성인 생존자와의 작업 관계에는 고려되어야만 하는 일곱 가지 측면이 있다. 이 책의 나머지 부분들에서, 각각의 주제와 이전에 언급된 장애물 같은 것들이 앞으로 제시될 실무 모델과 그것들을 설명하기 위한 사례의 사용을 통해 분명해질 것이다.

경계

아동기 트라우마 성인 생존자와 전문가 사이의 관계에서 첫 번째로 두어야 할 가장 중요한 점은 전문가의 역할과 책임을 반영해야 한다는 것이다. 앞서 언급한 로라와 캐시에 대한 두 예시에서, 전문가는 내담자에게 전문적인 역할과 일치하고 유익한 방법으로 대응하였다. 어떤 전문적인 관계에서든, 특히 아동기 트라우마의 내력이 있는 내담자와의 관계에서, 조력자는 내담자가 할 수 있거나 할 수 없는 것이 무엇인지에 대한 감각을 분명하게 가지고 있어야 한다. 제공할 수 없는 도움을 제안하는 것은, 내담자가 필요로 하거나 원한다고 하더라도, 부정적인 기대를 강화시켜 내담자에게 실망을 주는 것과 같다. 그러므로 아동기 트라우마 성인 생존자와의 작업에서 **경계**(boundaries)와 관련해 가장 기초적으로 고려되어야 하는 것은 개인의 전문적인 역할 내에서 작업해야 한다는 점이다.

모든 전문적인 조력자들이 특정 상담 상황에 의해 대략적으로 정의된 한도 내에서 내담자와 고유한 관계를 만든다. 특히 트라우마 생존자와 일할 때, 전문가는 내담자의 필요에 즉각적으로 반응하는 경계를 세우고 유지하는 것을 염두에 두어야 한다. 연구들은, 어떤 작업 관계에서든지 전문가와 내담자 사이의 경계는 고착되어 있고 완전한 대신, 유동적이고 변화가 가능해야 한다고 밝혔다(Gabbard 1996; Lazarus 1994). 때로는 아동기 트라우마 생존자에게 조력자의 전문적인 역할에 적절한 임상가가 필요한 순간이 올 수도 있다. 예를 들면, 회기가 끝날 때쯤 로라가 떠나려고 준비할 때 일어난 데이비스의 성적 학대 경험 공개에 대한 로라의 대응 행동을 살펴보자. 이 '문 손잡이' 대화(Shulman 2006)는 그녀를 다소 곤란한 상황에 처하게 한다. 한편으로, 그녀는 데이비스에게 관심을 보이고 돕기를 원했지만, 다른 한편으로는 바쁜 일정 속에서 로라가 방문해야 하는 다른 가정이 있었다. 비록 로라는 데이비스 아이들의 위탁 가정 양육 가정 관리자라는 역할이 능숙한 전문가로서 데이비스와 '치료'를 할 수 없게 만든다고 느꼈지만, 아동기 학대 경험의 공개가 데이비스와 아이들을 돕기 위한 좋은 기회가 될 수 있다는 것을 깨달았다.

이 예시에서, 로라는 이 만남 전부터 그녀가 이미 아이들의 어머니와 긍정적인 관계를 만들어놓았다는 것을 깨닫지 못했을 수 있다. 그러나 명백하게, 데이비스는 그녀에게 편안하게 아버지와 무슨 일이 있었는지 말했다. 만약 로라가 물어보았다면, 데이비스는 자신에게 있었던 학대에 대하여 더 자세히 말했을 것이고, 그것과 관련된 감정들을 경험하기 시작했을 것이며, 이는 그녀가 해야 하는 작업이었다. 하지만 그때는 좋은 시간과 장소가 아니었을 뿐만 아니라 로라는 그녀를 돕기 위한 최적의 사람도 아니었다. 로라의 역할은 정확히 그녀가 한 것을 하는 것이었다. 그녀는 들었고, 공감적으로 대응했고, 데이비스가 그녀에게 공유한 것을 그녀의 역할에 맞게, 그리고 데이비스에게 힘을 북돋아주는 방법으로 자세히 분석하였다. 그녀는 내담자의 현실을 인정하고, 그녀에게 필요한 도움을 제공하였다. 전문적인 조력자가 데이비스에게 더 자세하고 솔직하게 또는 더 깊은 감정에 대해 이야기하도록 부추겼다면 아마 역효과를 가져왔을 것이다. 그당시 데이비스는 통제력을 잃지 않고 유지하도록 도움받는 것이 필요했다.

자기 능력 증진시키기

어떤 실무 배경에서든, 전문가는 내담자의 자기 능력과 강점을 촉진하는 것에 유념해야 한다(2장 참고). 다음의 사례는 전문가가 자신의 피해 사실에 대한 갑작스러운 회상과 악몽으로 고심하는 내담자와 어떻게 작업을 하는지, 그리고 동시에 내담자의 자기 효능감과 자제력을 어떻게 촉진하는지를 보여준다.

린다의 가장 힘든 몇몇 순간은 그녀가 공황 발작으로 잠에서 깨거나 특히 더 끔찍한 악몽을 꾼 후인 한밤중에 일어난다. 나는 회기 때가 아닌 평소에도 계속해서 그녀에게 도움이 될 수 있도록 나에게 한밤중에 전화를 하지 않고서도 내가 도움이 될 수 있는 방법을 찾아야 한다고 이야기했다. 우리는 린다가 나에게 연락을 취해야 한다고 느낄 때마다 그녀의 생각, 감정, 반응을 이메일로 보내는 것에 동의했다. 그녀가 원하거나 필요로 하는 것이 무엇인지에 따라 나는 그녀에게 전화 또는 이메일로 답변하거나 혹은 적어도 내가 그녀의 이메일을 수령했다는 사실을 알리기로 동의했다. 만약 이것이 충분하지 않고 그녀가 내 목소리를 들어야 한다면 그녀는 내 핸드폰에 전화를 걸어 음성 메시지를 남기기로 했다. 그렇게 그녀는 실제로 나와 말하지 않고도 나와 '이야기'할 수 있었다. 필요하다면 나는 그녀에게 답례 전화를 하고, 그렇지 않을 때는 다음 회기까지 기다리기로 했다.

이 사례에서, 내담자와 전문가의 사이는, 강력하고 압도적인 감정을 적절하게 다루기 위해 그 감정을 '쏟아내게' 하는 발산 수단인 **안아주는 환경**을 만든다. 우리가 바라는 것은 내담자가 비록 조력자가 그 당시에 직접적인 위안을 줄 수 없는 상황일지라도 조력자와 '접촉'함으로써 위안을 얻도록 하는 것이다. 전문적인 조력자가 마주하는 어려움은 이것을 내담자에게 힘을 북돋아주는 방식으로 해야 한다는 것이다. 즉, 조력자에 대한 의존성이 아닌 자아존중감과 자신감을 고양시키는 방법으로 해야 한다. 다음 예시는 전문가가 어떻게 말 그대로 안아주는 환경을 만드는지 보여준다.

로렌(Lauren)은 세 살 때부터 성적 학대를 당했다. 삼촌이 그녀를 추행하기 시작했을 때 너무 어렸기 때문에, 그녀는 자기에게 일어난 일을 말로 옮기는 데 늘 어려움을 겪었다. 때로는 그녀가 흐느껴 울고 엄지손가락을 빨며 앞뒤로 흔들거리는 동안 나는 그녀를 안아주며 회기 전체를 보내곤 했다.

내담자와 전문적인 조력자 간의 신체적 접촉은 치열한 논쟁거리가 되고 있다. 하지만 이 경우에는 내담자에게 적절하고 도움이 된다고 여겨진다. 임상가는 로렌이 그녀의 행동을 오해하거나 잘못 이해하지 않을 것이라고 믿었다. 그러므로 임상가는 그녀에게 어떻게 스스로를 진정시키는지 전문가가 그녀에게 알려줘야만 한다는 판단에 따라 신체적인 위안을 제공하는 의식적이며 사전에 동의를 받은 결정을 내렸다. 로렌에게 정말로 도움이 되는 방법으로 신체적 접촉을 하려면, 임상가는 먼저 로렌에게 위안을 주고 그녀의 고통을 없애고자 하는 자신의 바람을 알아야 한다. 이러한 감정은 완벽히 당연하지만, 내담자에게 신체적으로 위안을 주기 위한 정당한 이유가 아니다. 사실, 임상가는 로렌에게 신체적으로 다가가기 이전에 그녀와 어떻게, 그리고 왜 이것이 도움이 될 수 있는지 논의했고, 임상가의 행동이 불편해지면 그녀가 이야기할 수 있다는 확신을 주었고 그녀의 허락을 구했다.

우리는 아동기 트라우마의 내력이 있는 내담자의 자신에 대한 통제감과 그들의 사적 공간에 대한 욕구에 예민하게 반응해야 한다. 하지만 또한 우리는 우리의 역할에 맞는, 그리고 감당할 수 있는 방법으로 그들이 타인을 받아들이도록, 그리고 그들에게 일어난 일에 대한 감정에 대면하도록 도와야 한다. 이전에 언급했던 사례에서 위탁 양육 가정 관리자인 로라는 자기 역할의 경계 내에서 데이비스와 '함께 있으려고' 노력함으로써 꽤 효과적으로 내담자에게 민감하게 반응할 수 있었다. 그녀가 데이비스에게 성적 학대 사실에 대해 누군가와 이야기 나누는 것이 어떻겠냐고 물었을 때, 다음과 같은 대화가 오고 갔다.

데이비스: 저는 전혀 모르는 사람과 이 거지 같은 일에 대해서 이야기하고 싶지 않아요. 음, 제 말은, 창피하잖아요. 굴욕적이에요.

로라: 당신이 만나보지도 않은 사람에게 이 일에 대해 이야기하는 것은 두려울 수밖에 없을 거예요.

데이비스: 네, 보세요, 당신은 달라요. 당신은 저를 이해해요. 저는 당신이 저와 제 아이들에 대해 관심을 가지고 있다는 것을 알 정도로 당신을 오래 알고 지냈어요. (그녀가 울기 시작한다.) 제 인생은 정말 엉망이에요! 저는 너무 수치스럽고 제 자신이 더럽게 느껴져요. 아버지는 저에게 왜 그런 짓을 했을까요?

로라: (눈물을 글썽거리며) 데이비스 씨, 당신에게 일어난 일은 정말 유감이에요. 당신의 아버지는 당신을 아주 많이 다치게 했고, 당신의 이야기를 들으니 저도 슬프네요. 당신은 그저 어린 여자아이였어요. 저는 당신의 아버지가 왜 그런 짓을 했는지에 대해 설명해줄 수 없어요. 하지만 제가 아는 건, 당신 탓이 아니라는 거예요. 당신이 당신 탓을 하는 것 때문에 저는 당신 아버지에게 화가 나네요. 당신 탓이 아니에요. 당신이 한 어떤 일 때문도 아니에요. (그녀는 데이비스의 손을 쓰다듬는다.) 저는 당신과 당신 아이들에게 관심을 가지고 있고 당신이 저를 편안하게 생각한다는 게 기뻐요. 그래서 저는 당신을 도와줄 수 있는 사람에게 당신을 소개해주고자 하는 거예요.

데이비스: (여전히 울며) 맙소사, 이 일에 대해 이야기하는 건 쉽지 않은 일이 될 거예요, 그렇죠? 저는 보통 그 누구와도 제 사생활에 대해 이야기하지 않아요.

로라: 모르는 누군가와 이야기하는 것은 두려운 일이에요, 그렇죠?

이 대화는 5분 뒤 데이비스가 소개를 받겠다고 동의하며 끝이 난다. 로라는 자기 역할을 결코 망각하지 않았고 그녀의 다른 의무들에 대해 유념하고 있었다. 그러나 그녀는 아이들의 어머니가 공유한 내용에 대한 동정심과 감정 또한 주저하지 않고 보여주었다. 그녀는 데이비스의 감정과 경험을 인정해주었고, 따라서 그녀가 치료에 호의적일 수 있도록 북돋아주었다. 이 사건에 대해 이야기할 때, 로라는 자신이 눈물을 글썽였다는 사실이 창피하다고 말했다. 하지만 그 상황에서 로라의 인간적인 반응은 적절했을 뿐만 아니라 내담자에게 도움이 되는 '선물'이었다.

정서적 가용성

Shulman의 연구에 따르면, 가장 중요한 도움을 주는 기술은 내담자와 생각, 감정, 반응을 공유하는 전문가의 능력을 포함한다. 그는 **자기의 활용**(use of self)이라고 불리는 것에 대해 다음과 같이 설명한다.

우리는 우리의 전문직에 각자의 개인적인 스타일, 예술성, 배경, 감정, 가치, 신념을 도입한다. 우리는 이것들을 부정하고 억압하는 것보다, 상담 상황에서의 우리에 대해, 그리고 우리의 전문적 기능을 추구하는 데 우리 자신을 어떻게 사용할지 알아야 한다. 우리는 도중에 많은 실수들을 할 것이다. 나중에 후회할 말을 하고, 내담자에게 사과해야 하고, 실수들로부터 배우고, 고치고, 그리고 내가 쓰는 용어로, 더 정교한 실수를 할 것이다. 다른 말로 하면, 우리는 누군가가 그리는 완벽함의 상징이자 덕목의 귀감이 아닌 어려운 일을 최선을 다해 수행하는 현실적인 사람들이 될 것이다. (2006, 27-28)

다양한 다른 연구들은 작업 관계에서의 진실성의 가치를 지지하기도 한다(Knox & Hill 2003; Knox et al. 1997; Wzontek, Geller, & Farber 1995).

트라우마 생존자는 **현실적**이고 **진정성을 보일 수 있는** 전문가의 작업 경험으로부터 세 가지 혜택을 받는다. 첫 번째로, 전문가는 심지어 그 자신에게도 아직 말하지 못했던 내담자의 감정을 표현하게 해준다. 두 번째로, 전문적인 조력자는 감정을 다루는 방법의 모델이 되어줄 수도 있다. 세 번째로, 진정성 있는 사람이 되려는 전문가의 능력과 그들을 도우려는 마음이 아동기 트라우마의 내력이 있는 내담자를 안심시켜준다. 나의 내담자 중 한 명인 브루스(Bruce)는, "당신이 하는 말이 항상 듣기 좋지는 않지만 제가 당신을 신뢰할 수 있다는 것을 알아요. 당신은 항상 저에게 정직하다는 것과 진실을 말한다는 것을 알고 있어요"라고 말했다. 우리 관계의 이러한 특성은 브루스에게 그의 과거 경험으로 인하여 특히 더 중요했다. 그는 집에서 가장 귀여움을 받았던 큰형인 샘에게 성적 학대를 당했다. 브루스가 중학생 때, 그는 용기를 내어 샘이 자신을 학대한다는 사실을 어머니에게 말했지만 어머니는 "왜 샘에 대해서 그런 거짓말을 지어내니? 샘은 누구나 원하는, 세상에서 가장 좋은 큰형이야"라고 대답했고, "네가 샘을 화나게 할 만한 행동을 했겠지"라고 덧붙였다. 이러한 경험은 브루스가 스스로를, 그리고 그의 모든 것인 감정과 생각을 의심하게 만들었다. 그가 말했듯이, 그에게 있어 그가 나를 신뢰할 수 있다는 사실은 매우 중요하다.

전문적인 조력자는 생존자의 경험에 감정 이입을 할 수 있어야 한다. 적어도, 우리는 생존자에게 우리가 그의 말을 들었고 트라우마로 인해 겪은 고통과 괴로움을 이해한다는 것을 전달해야 한다. Saakvitne, Tenne, Affleck(1998)은 트라우마 생존자와 전문가 모두가 다른 임상 실무 상황과는 다르고, 훨씬 강력한 방법으로 그들의 감정에 접촉하는 '깊은 정서적 연결'을 만들 것이라고 말했다. 이는 우리가 아동기 트라우마 내력이 있는 내담자에게 감정적으로 가용 가능해야 하고, 내담자와 그의 경험에 대한 우리의 감정을 의식적으로 공유할 것을 요구한다. 이전에 언급했던 두 전문가인 캐시와 로라 모두 '트라우마 치료자'가 아니며, 내담자도 그들이 경험한 아동기 트라우마 때문에 그들을 만난 것이 아니었다. 하지만 두 상황 모두가 어떻게 전문가가 그들의 역할과 일치하는 방법으로 정서적으로 가용할 수 있는지 보여준다.

연구들은 내담자가 공개한 것에 대한 우리의 개인적인 생각과 감정을 배려 깊고 신중하게 공유할 때 가장 도움이 된다고 밝혔다. 내담자의 현실이 무시당하고 일생에 걸쳐 무효화된 사람과 작업할 때, 우리는 그들을 그들의 고독과 고통으로 내던지는 위험을 감수하기보다는 지나치다 싶을 정도로 '과하게 현실적'이어야 한다.

트라우마 이야기

모든 아동기 트라우마 생존자들은 할 이야기가 있지만 그들 대부분은 들어줄 사람을 찾지 못한다. 생존자의 이야기, 그들의 트라우마 이야기(trauma narratives)(Etherington, 2000)를 들어주고자 하는 전문가의 마음과 능력은 내담자에게 필요한 확언과 인정을 제공한다. 내담자의 이야기는 전문가가 내담자와 함께 또는 내담자를 위하여 적절한 치료의 방법을 결정하는 데 귀중한 단서를 쥐고 있다. 트라우마 이야기는 내담자가 왜곡하거나 추측하는 세상에 대한 관점을 바꾸는 것을 전문가가 더 잘 도울 수 있도록 정보를 제공하며, 과거 피해 사실과 현재의 어려움들 사이의 연결성을 보여주는 지도도 또한 제공한다.

조력 관계에서 필수적인 만큼, 이야기를 공유하는 과정은 전문가와 내담자 둘 모두에게 매우 고통스러울 수 있다. 예를 들어, 이야기들은 대부분 연결되어 있지 않고, 혼란스럽고, 공포와 잔인함으로 가득하기 때문에 Frank(1995)는, 이러한 공개를 "혼돈의 이야기(chaos stories)"라고 이름 붙였다. 앞으로 이 책에는 그러한 이야기들이 많이 등장할 것이다. 그중 두 개가 다음에 나와 있다. 첫 번째는 유치원 때 친할아버지에게 추행을 당했고 십대 때는 윤간을 당한 젊은 여성인 말린다(Malinda)의 이야기이다. 꽤 오랜 시간 동안, 이러한 경험에 대한 그녀의 기억은 분열되어 있었다. 다음은 그녀가 한 말이다.

> 저와 제 친구들은 졸업파티(senior week)를 위해 바닷가에 있었어요. 우리는 고등학교 졸업을 축하하고 있었어요. 어느 날 밤, 우리는 술을 마시러 나갔는데 저는 토할 것 같은 느낌이 들었고, 제가 어디에 있는지 몰랐어요. 저는 그 주 초반에 알게 된 남자와 마주쳤는데, 그가 집까지 데려다주겠다고 했어요. 그는 좋은 사람처럼 보였기 때문에 그를 믿고 따라갔어요. 어떻게 된 일인지 모르겠지만, 우리는 제 집이 아닌 그의 아파트에 도착했어요. 저는 제가 어디에 있었는지 잘 몰랐고 집에 어떻게 가야 할지 몰랐어요. 그는 저를 그의 아파트 안으로 데려갔고 맥주 같아 보이는 마실 것을 주었어요. 저는 몸이 좋지 않았기 때문에 누웠어요. 아마 맥주 같아 보이는 마실 것을 한두 병 정도 마신 것 같아요. 그리고 나서 저는 너무 토할 것 같았기 때문에 집에 가려고 했어요. 하지만 그가 보내주지 않았고, 저에게 키스를 하고 몸을 만지기 시작했어요. 그리고 그는 저를 바닥으로 밀쳤고 옷을 찢어버렸어요. 그리고 나서, 어떻게 된 일인지 모르겠지만, 그곳에 그의 룸메이트 같은 다른 남자들도 있었어요. 제가 그게 뭔지 알아차리기도 전에, 그중 한 명이 제 엉덩이에 무언가를 넣고 있었어요. 적어도 그렇게 느껴졌어요. 또 다른 남자는 그의 성기를 제 입안에 쑤셔 넣었고 저는 제가 토할 것이라는 걸 확실히 알았어요. 아마 네 명 정도의 남자들이 있었던 것 같아요. 그들은 번갈아가며 했어요. 어떻게 된 건지 모르겠지만 우리는 현관이나 계단 같은 데에 있었고, 위층에 사는 것 같은 사람들이 지나갔어요.

그들은 무슨 일이 일어나고 있는지 보았고, 그중 어떤 남자가 자신이 우리를 방해했다는 것처럼 "어, 미안해"와 같은 어떤 말을 했어요. 그와 다른 사람들은 그저 웃으며 지나갔어요. 그 사람들 중에 여자도 있었던 것 같아요. 그들은 저를 그곳에 그저 내버려두었어요. 언제 그 일이 멈췄고 어떤 일이 있었는지 기억나지 않아요. 제가 아는 건, 온몸이 아팠다는 거예요. 그 후에, 저를 그곳으로 데려갔던 남자가 제 아파트로 데려다 주었어요. 저는 화장실에 들어가서 문을 잠그고 나오지 않았어요. 저는 울고 또 울었고 샤워를 했어요. 제 생각에 항문에서 피가 나왔던 것 같아요. 제 룸메이트는 무슨 일이 있었는지 알고 싶어 했지만, 절대 말하지 않았어요. 그녀가 알았다고 생각해요. 아니면 알았다고 생각했어요. 제 말은, 그녀는 제가 그 남자와 자리를 떴다는 것을 알았으니 아마 제가 단순히 그 남자와 성관계를 가졌다고 생각했을 거예요.

이 내담자는 나에게 이야기하기 전까지 아무에게도 강간 사실에 대해 이야기하지 않았다. 나중에 밝혀진 것처럼, 그녀는 임신을 했지만 유산했다. 그녀는 이것에 대해서도 아무에게도 이야기하지 않았다. 대신, 그녀는 자살충동을 느꼈고, 난잡해졌고, 마약과 알코올에 중독되기 시작했다.

두 번째 이야기는 90일 거주형 약물 중독 요양 프로그램의 참가자인 내담자가 한 말이다. 이 이십대 초반의 젊은 남성은, 지난 30일 동안 일주일에 두 번 중독 상담자와 만남을 가져왔다. 상담자가 그의 이야기를 들려주었다.

회기 초반에 헨리(Henry)는 그의 아버지와 할아버지가 "그를 가지고 놀았다"고 말했지만, 그 시점에 그는 더 이상 말하려고 하지 않았어요. 최근 회기에서, 그는 어머니가 그를 "개처럼 패고", 너무 심하게 때려서 병원에도 여러 번 실려 갔다는 말을 하기 시작했어요. 그는 계속해서 어머니가 지팡이 같은 큰 막대기를 사용했고, 아직도 그 일로 생긴 흉터를 가지고 있다고 말했어요. 헨리는 어머니가 그를 때리지 않는 순간을 기억할 수도 없다고 했어요. 어머니는 자녀들을 모두 때렸는데, 그가 큰아들이고, 어머니보다 힘이 세지고 커졌음에도 불구하고 어머니가 여동생들과 남동생을 때릴 때 그녀를 막지 않았다는 것에 대해 죄책감을 가지고 있었어요. 그 후 헨리는 자신의 아버지도 그를 "다치게 했다"고 말했고, 저는 아버지가 그에게 어떤 짓을 했는지 물었어요. 그리고 그때, 그의 아버지가 밤에 모두가 잠든 사이, 그의 방에 와서 "내 엉덩이에 물건을 집어넣곤 했어요"라는 말을 했어요. 저는 그에게 그 물건들이 무엇인지 알고 있는지 물었고, 그는 아버지의 성기였을 것이라고 대답했지만, 무엇인지 확신하지 못하는 다른 물건들도 있었을 거라고 대답했어요. 그는 항상 눈을 감고 있었고, 자는 척했다고 말했어요. 그는 몇 번은 아침에 일어났을 때 침대에 피가 묻어있었다는 것을 기억했어요. 그의 어머니는 시트를 더럽혔다는 이유로 화를 내며 그를 때리곤 했어요.

또한 헨리가 초등학생 때, 이유는 기억나지 않지만 할아버지가 잠시 가족과 함께 살았다고 말했어요. 그는 그 이유가 비밀 같은 것이었고, 그가 추측하건대, 아마 법과 관련된 이유 때문일 것이라고 했어요. 헨리는 얼마나 오랫동안 할아버지가 집에 머물렀는지 기억하지 못했지만, 그가 머무는 동안 자주 헨리와 같은 침대에서 잤다고 했어요. 헨리는 할아버지가 그와 같은 침대에 들어와서 그를 자위시키고, 그도 할아버지를 자위시키도록 시켰다고 했어요. 그는 할아버지를 위해 구강성교를 했다고 기억하지만, 확신하지는 못했어요. 그는 커가면서, 할아버지가 이것을 시킬 때마다 '발기'했다고 회상했어요. 그는 첫 오르가즘의 대상이 할아버지였다고 생각해요.

나는 이 사례를 글로 읽기 어렵다는 사실을 알고 있으며, 우리는 이런 종류의 이야기들이 우리 조력자에게 미치는 영향에 대해 5장에서 논의할 것이다. 하지만 나는 여기서 이 이야기를 해야만 하는 작업이 얼마나 중요한지, 그리고 그것들이 작업 관계에 있어 얼마나 필수적인 요소인지에 대해 강조하고 싶다. 전문가가 트라우마 이야기 묘사의 세부 사항에 대해 얼마나 이끌어내는지는 전문적 상황과 내담자의 요구에 따라 달라진다. 하지만 다음과 같은 사실에서 벗어날 수는 없다. 그것은 **우리는 아동기 트라우마 내력이 있는 내담자에게 무슨 일이 있었는지 모른다면 그들을 도와줄 수 없다**는 것이다. 하지만 세부 사항에 대해 알게 되는 것은 우리가 고통스럽고 원초적인 감정을 내담자와 모든 과정을 함께 경험하도록 마음을 열게 한다.

흥미롭게도, 헨리의 상담자는 헨리가 자신의 피해 사실에 대해 대부분의 경우 거의 또는 아무런 감정도 없이 이야기했다는 사실에 당황했다. 이 사실은 헨리의 이야기에 대해 자신이 큰 영향을 받았다는 사실이 잘못되기라도 한 것처럼 상담자 자신이 '미쳤다고' 느끼게 만들었다. 하지만 이전 장에서 논의했듯이, 헨리의 태도는 충분히 이해할 수 있으며 해리적인 대처의 증상을 보인다(Michelson & Ray 1996).

하지만 전문가가 동일한 감정 상태에 있지 못하더라도 많은 내담자들에게 그 이야기는 많은 감정이 수반된다. 그런 상황에서 이야기하는 과정은 무감각한 내담자보다도 전문가에게 훨씬 더 혼란스러울 수 있다. 이전에 나왔던 위탁 양육 가정 관리자 로라와 데이비스의 사례에서, 아이들의 어머니는 자신이 어렸을 때 겪었던 일에 대해 공개할 때 속상해 한다. 이 회기에 대해 이야기할 때, 로라는 데이비스가 우는 것이 자신을 특히 더 속상하게 만들었다고 말했다. 어떤 경우, 내담자가 과거에 일어났던 일에 대한 감정을 표현하는 것은 내담자가 단순히 증인이 되는 것을 넘어설 수 있다. 전문적인 조력자는 트라우마에 대한 생존자의 반응에 마치 그 일이 현재에 일어나고 있는 것처럼 반응해야 할 수도 있다. 연구 결과에 따르면, 상담에서 트라우마에 대한 내담자의 재현은 분노, 절망, 죄책감과 같은 가장 강력한 감정들을 불러일으키며, 결과적으로 전문가가 강력한 반응을 하게 만든다(Knight 1997; Pearlman & Saakvitne 1995; Sexton 1999).

치료의 초점

전문가로서 우리의 행동이 우리의 전문적인 역할, 그리고 상담 상황과 일치해야 한다고 반복해서 말했다. 경계에 대한 결정과, 정서적 가용성, 그리고 내담자의 피해 사실의 세부 사항에 대해 탐색하는 정도 또한 내담자의 치료 욕구와 내담자가 치료 과정 중 어디에 위치해 있는지에 따라 정해져야 한다.

초기 트라우마 생존자의 치료 방법은 피해 사실에 맞서고, 정화 효과와 정화 반응에 관여하려는 그들의 욕구를 강조했다. 반면, 최근에는 트라우마에 초점을 둔 치료와 현재에 초점을 둔 치료를 구분하여 개념화한다. 그리고 감정과 경험의 안정과 정상화를 강조하는 현재에 초점을 둔 치료가 우선시되어야 한다는 것이 일반적으로 받아들여지고 있다(Classen et al. 2001; Courtois 2001b; Goodwin 2005; Keane 1998; Kepner 1995; Martsolf & Draucker 2005; Scott & Stradling 1997; van der Kolk, McFarland, & van der Hart 1996; Wright et al. 2003). McCann과 Pearlman이 말했듯이, 아동기 트라우마 생존자들 중 다수는 **기억 작업**(memory work)을 수행하기 전에 먼저 **자기 작업**(self work)을 수행해야 한다(1990a). 피해 사실과 그것과 연관된 화, 상실감, 무력감을 직접적으로 다루기 전에 내담자는 자신과 현재 삶에 대한 통제감을 느낄 힘이 있어야 한다.

전문가들 사이에서는 트라우마와 그 영향에 직접적으로 맞서는 것은 본질적인 치료 방법이 아니라는 것에 대한 합의가 이루어졌다(Solomon & Johnson 2002; van der Kolk, McFarland, & van der Hart 1996). 트라우마 생존자가 피해 사실을 건설적으로, 그리고 치유와 회복을 촉진하는 방법으로 다루려면, 그들은 특정 수준의 안정감과 자아 강도(ego strength)를 달성해야 한다(Courtois 2001b; Kepner 1995). 처음에는, 아동기 트라우마 내력을 가진 내담자가 현재의 어려움과 과거 피해 사실의 연결성을 이해하도록 도와야 한다. 하지만 그들이 어려움에 더 잘 대처하고 특정 수준의 정서적 안정감을 달성한 후에야 생존자들은 트라우마에 정면으로 맞서고 그것에 대한 그들의 감정을 다루는 것에 도전할 수 있다.

법원으로부터 약물 치료를 받도록 명령받은 내담자인 팀과 이 장의 초반에 언급했던 그의 접수 단계 상담자인 캐시가 했던 대화를 그의 치료 욕구의 관점에서 재검토해보면, 그녀가 그에게 필요했던 도움을 제공했다는 것이 더욱 분명해진다. 팀의 주된 초점이자 상담자의 초점은 그가 약물을 하지 않고 그렇게 유지하는 것이었다. 만약 접수 단계 상담자가 시간이 있었거나 다른 전문적인 위치에 있어서 그의 아동기 피해 사실에 대해 더 자세히 이야기하도록 부추겼다면, 그가 약물을 하지 않기 위한 첫 번째 단계의 기반을 약화시켰을 것이고, 따라서 그가 그의 삶과 중독 행동을 다스리는 능력을 방해했을 수 있다.

아동기 트라우마 성인 생존자에게 있어서 현실은, 과거와 현재는 불가분하게 연결되어 있다는 것이다. 그러한 내담자와 우리의 초점이 현재나 과거에만 있다고 추정하는 것은 우리에게는 비현실적이다. 심지어 내담자와의 우리의 작업이 간단하고 상대적으로 미리 정해져 있다고 하더라도 많은 경우 동시에 두 가지 모두에 집중할 때 우리는 가장 큰 도움이 될 수 있다. 그러므로 우리가 마주한 계속되는 도전은 내담자의 욕구에 즉각적으로 반응하고 우리의 역할과 목적을 반영하는 균형을 유지하는 법을 배우는 것이다. 때로, 우리는 내담자에게 무슨 일이 있었는지, 그리고 그 일로 인해 생긴 감정과 어려움에 대해 이야기하도록 그들을 부추길 것이다. 다른 때에는, 우리는 그런 감정을 억제하도록 도울 것이다. 이후 장들에서 바랐던 결과를 얻기 위해 사용하는 기술들과 함께 이 두 가지 모두가 다루어질 것이다.

전이

2장에서 논의했듯이, 아동기 트라우마의 유별난 악영향과 그러한 악영향이 잘 드러나지 않고 서서히 퍼지는 양상을 보이는데, 그것은 개인의 **가정적 세계**(assumptive world)를 어떻게 왜곡시키는지, 즉 그 자신이나 다른 사람을 어떻게 왜곡시켜서 보는지를 말한다. 이것은 이 장의 초반에서 아동기 트라우마 내력이 있는 내담자와 조력자 사이의 작업 관계가 왜 매우 중요하며 작업 관계를 수립하는 것이 대부분 왜 그렇게 어려운지를 설명하며 이미 언급했다.

전문적인 조력자와 아동기 트라우마 내력을 가진 내담자의 만남이 짧았다 하더라도 내담자의 분노, 의심, 그리고 타인에 대한 불신이 보통 무의식적이긴 하지만 직접적이고 강력하게 유발될 수 있다. 트라우마 생존자와 작업할 때, 이러한 전이(transference) 반응을 다루는 것이 어려운 이유는 그것이 일찍 혹은 강력하게 드러나는 경향이 있기 때문이다. 흔히, 전문가와 내담자 사이에 어느 정도의 상호간 신뢰와 이해가 쌓이기 훨씬 전에 드러난다(Pearlman & Saakvitne 1995). 다음에 나오는 가족복지 기관 소속 전문가의 예시는 이를 잘 보여준다.

> 처음부터, 마크(Mark)는 저에게 도발적이었어요. 어렵거나 대립을 불러올 만큼 성적이지는 않았어요. 예를 들어, 제가 저에 대해 소개했을 때 그의 첫 발언은 "그래서, 당신이 바로 그 유명하고 대단한 매들린 C(Madeline C)군요. 저를 치료할 수 있겠어요?"와 같은 말이었어요. 그는 제 혈압을 올리려는 듯 아주 비꼬면서 말을 했어요. 그리고 저는 그가 성공하고 있다는 것을 알아차렸어요. 저는 그 남자와 10분도 채 함께 있지 않았지만, 이미 방어적인 태도를 보이고 있었어요!

외상적 전이(traumatic transference)의 경우(Spiegel 1986), 전문적인 조력자는 내담자로부터 착취하고, 그들을 다치게 한 사람들과 그들을 보호하지 않거나 이해하지 않았던 사람들을 대변한다. 내담자를 향한 적대감과 거부와 같은 강한 정서적 반응을 견디는 임상가의 능력은 성공적으로 전이를 다루고, 내담자에게 도움이 되는(적절한) 방법으로 그것을 효과적으로 사용하기 위해 중요하다.

위의 예시에서, 매들린은 그녀에 대한 마크의 반응이 그가 경험한 어떠한 종류든, 피해 사실로부터 비롯되었다는 것을 거의 바로 알아차렸다. 비록 너무 이른 시점이라 그녀는 그 피해 사실이 어떤 것들로 구성되어 있는지 알지 못했지만, 그때는 첫 번째 회기였기 때문에 피해 사실과 그녀에 대한 마크의 반응의 연관성을 그에게 이야기하는 것은 마크에게 도움이 되지 않았을 것이다. 이런 내담자들이 타인과의 관계에서 겪는 문제를 우리에게 실연해 보임으로써 우리는 그들이 겪는 어려움과 우리가 어떻게 그들을 도울 수 있을지에 대한 귀중한 정보를 얻을 수 있다. 마크는 매들린에게 여성들과 있을 때 어려움을 겪고 위협을 느낀다는 것을 말하지 않아도 되었다. 그는 그녀에게 행동을 통해 보여주었다.

역전이

아동기 트라우마 생존자와 성공적으로 작업하기 위해 필요한, 강력한 전이, 그리고 트라우마 이야기 묘사와 결부되어 있는 공감대는 그와 동등하게 강력한 **역전이**(countertransference) 반응으로 이어진다. 역전이라는 용어는 전문가가 내담자와 작업할 때 자신의 마음의 짐을 들고 오는 것을 말하며 일반적으로 부정적인 의미를 내포한다. 하지만 정신적으로 안정되어 있는 전문가일지라도 아동기 트라우마 생존자와 작업할 때 작업과 관련된 요소와 과정 때문에 어려움을 겪는다(Cramer 2002; Etherington 2000; Sexton 1999; Wilson & Lindy 1994). 다소 역설적이게도, 우리가 더 능숙할수록 아동기 트라우마 생존자인 내담자와 작업할 때 더 깊이 영향을 받기 쉽다.

전문가의 반응은 극단에서 극단으로 온갖 정서적 표현을 다 포함한다고 알려져 있다. 회피, 불신, 혐오, 그리고 자신이나 자신의 경험에 대한 경멸을 포함한 **방어기제**(defensive responses)는 흔하게 나타난다. 대신, 생존자의 고통과 피해 사실은 내담자가 **과도한 동일시**(overidentification)를 하게 만들 수 있다. 이는 임상가가 구조자가 되어 내담자의 감정을 떠맡게 되는 상황을 말한다. 아동기 성적 학대 피해 경험이 있는 성인 생존자 모임을 진행했던 나의 경험은 이러한 상황을 보여준다.

> 나는 지난 회기 때 집단 구성원들이 그들에게 일어난 일에 대한 죄책감과 책임감에 대해 오랜 시간 동안 이야기했다는 것을 언급하며 시작했다. 나는 그들이 그렇게 느껴서는 안 되며, 책임감을 느껴야 하는 사람들은 그들을 다치게 하고 착취한 사람들이라고 단언했다. 집단 구성원들 중 한 명이 바로 나를 비난하며, 그들이 어떻게 느끼고 느끼지 않아야 하는지에 대해 내가 이래라 저래라 할 수 없다고 말했다. 그녀의 말이 맞았다. 나는 가해자들에게 너무 화가 나고, 집단 구성원들이 그들이 당한 일에 대해 그러한 수치심과 죄책감을 느낀다는 것에 불만을 갖는 바람에, 그들이 느껴야만 하는 감정을 느껴야만 하는 타이밍에 느끼지 못하게 했다는 것을 깨달았다.

트라우마 생존자와 작업하는 임상가 또한 가해자의 역할에 동일시할 위험이 있다. 즉, 내담자의 고통에 책임감을 갖는 것이다. 이런 감정을 다루려는 그들의 시도는 내담자의 이야기를 믿지 않거나 축소화시키고, 내담자의 행동을 역겨워 하고, 내담자의 이야기와 행동에 관음적 쾌락을 경험하는 것을 포함하는 등 다양한 방법으로 나타난다.

이 장의 초반에서 말했듯이, 내담자의 감정을 인정하고 내담자가 감정을 말로 표현하게 하기 위해 의도적으로 전문가의 감정과 반응을 아동기 트라우마 내력이 있는 내담자와 공유해야 할 수도 있다. 그들이 마음을 쓴다는 것을 보여주는 것이 내담자에게 정말로 도움이 되게 하려면 먼저 우리의 감정에 주의를 기울이고 잘 다룰 수 있어야 한다.

요약

트라우마 생존자와 작업하는 전문적인 조력자는 전문적인 역할, 그리고 상담 상황과 일치하는 작업 관계를 만들고 유지하는 방법을 알아야 한다. 특히 아동기 트라우마 생존자는 전문적인 조력자와 성공적인 관계를 맺을 때 경계를 지어버리는, 타인에 대한 불신과 의심으로 고심한다. 역설적으로, 바로 그 작업 관계가 그들에게 꼭 필요한 교정적 상호작용 경험의 근원이 된다. 그 관계는 도움을 주는 상황과, 도움에 있어서 중요한 특징 이 두 가지 모두의 수단이 된다. 그러므로 상담 상황에 상관없이, 임상가는 아동기 트라우마 생존자에게 도움이 되는 방법으로 작업 관계를 사용해야만 하고, 사용할 수 있어야 한다.

트라우마 생존자와 전문가의 작업 관계에 있어서 일곱 가지 특징에는 위압적인 어려움이 있다. 도움을 주는 전문가는 계속해서 **경계**에 주의해야 하고, 그들의 전문적인 역할의 한도 안에서 작업해야 한다. 또한 그들의 전문적인 역할과 내담자의 욕구에 대한 즉각적인 반응에 일치하는 방법으로, **정서적으로 가용할 수 있어야** 한다. 이때, 도움을 주는 전문가는 **치료의 초점**을 적절하게 선택해야 한다. 상담 상황에 상관없이, 도움을 주는 전문가는 내담자의 **자기 능력**을 고양시킬 수 있도록 해야 한다. 자기 능력의 고양을 위해, 아동기 트라우마의 내력이 있는 많은 내담자들은 과거 피해 사실에 대해 깊이 있는 탐색을 위한 어떠한 시도도 하기 전에, 안정을 얻는 것을 초점으로 유지하는 것이 필요하다.

도움을 주는 전문가는 내담자의 **트라우마 이야기**를 듣고 적절하게 반응할 수 있는 준비가 되어 있어야 한다. 이야기 묘사의 내용과 내담자가 그것에 대해 이야기하는 방식은 내담자와 도움을 주는 전문가 모두에게 고통스럽고 당황스러울 수 있다. 아동기 트라우마를 가진 성인 생존자와 임상가의 관계는 필연적으로 피해 사실의 결과로 자신과 타인에 대한 왜곡된 생각을 반영하는 **전이**를 낳는다. **역전이**는 작업 관계의 마지막 도전적인 측면이다. 도움을 주는 전문가는 내담자의 고통과 그 고통이 작업 관계에서 나타나는 방법으로 인해 필연적으로 영향을 받는다.

집단 작업에서의 조력 관계[1]

도입

집단에 참여하는 것은 자기감과 타인에 대한 신뢰, 그리고 건강한 관계를 형성하는 데 어려움을 겪는 아동기 트라우마 내력이 있는 성인에게 특히 도움이 된다. 수많은 문헌들이 이러한 아동기 트라우마의 악영향에 대한 대응책으로서 집단에 대한 실증적이고 이론적인 지지를 제공하는데, 이 장은 유사한 삶의 경험과 어려움을 겪은 타인과 단순히 함께 있는 것만으로도 얻어지는 효과로 시작하여 집단 치료에서의 작업 관계의 본질에 초점을 둔다.

상호협력

다른 형태의 개입들과는 대조적으로, 집단 치료의 가장 독특한 특징은 다수의 도움을 주는 관계로부터 만들어지는 상호협력이다. 동일한 목적을 위해 모인 집단 구성원(group membership)들은 서로 도움을 주고받는다. "집단은 다양한 방법으로 동일한 문제를 다루기 위해 모인 상호협력을 위한 단체이자, 서로를 필요로 하는 개개인들의 동맹이다. 중요한 것은 이것이 내담자가 전문가뿐만 아니라 서로를 필요로 하는 지원 시스

---

[1] 더 자세한 내용은 다음을 참고하라. Knight, C. (2006). Groups for individuals with traumatic histories: Practice implications for social workers. *Social Work*, 51, 20-30.

템이라는 것이다"(Schwartz 1974, 258). 집단 상담에 참여하는 본질적인 치료상의 이점은 구성원들 간의 상호 관계에 있다. 즉, 집단 치료는 집단 맥락에서의 개인 치료가 아니다. 집단 구성원의 치료상 이점은 개별 구성원과 지도자의 관계보다, 대부분 "같은 배를 타고 있는"(Shulman 2006) 타인과의 관계로부터 온다. 유사한 삶의 어려움들을 겪은 타인과 함께 있는 것은 힘을 북돋아주고 인정받는 느낌을 준다.

집단 지도자의 가장 중요한 의무는, 집단 내에 서로를 돕는 분위기를 조성하여 구성원들 간의 상호협력 과정을 가능하게 하는 것이다. "[지도자가] 가장 중요하게 여겨야 하는 과제는 구성원들이 서로를 이용하고, 서로의 강점을 발견하고, 그들의 경험에 대한 인식으로 서로를 인도하며, 그들이 함께하도록 만든 공통의 과제를 수행하는 것에 서로를 참여시키는 것이다"(Schwartz 1994, 579). 그러므로 집단의 지도자는, 항상 내담자 개개인과 전체로서의 집단이라는 두 내담자를 대하게 된다. 이 **두 내담자 패러다임**(two-client paradigm. Shulman 2006)은 전문가에게 두 가지 중요한 과제를 부과한다. 그것은 "개개인과 집단이 서로 효과적으로 영향을 주도록 돕고, 집단이 작업하는 방식에 있어 더욱 정교해져 상호협력을 위한 잠재력을 발휘할 수 있도록 돕는 것"(Shulman 2006, 281)이다.

집단 구성원은 다섯 가지 뚜렷한 치료상의 이점을 제공하며, 이들 각각은 아동기 트라우마 내력을 가진 내담자와 특별한 관련성이 있다.

1. **고립감을 감소시킨다.** 생존자가 '그들과 유사한' 다른 이들이 있다는 것을 알게 되면, 세상에 홀로 남겨진 듯한 느낌과 그들이 남들과는 다르다고 느끼던 감정이 사라지고, 현재의 어려움들에 직면하고 트라우마 사건 이후의 증상들을 건설적으로 다룰 수 있다.

2. **타인과의 유대감이 증가한다.** 집단의 구성원으로서, 아동기 트라우마의 내력을 가진 내담자는 타인과의 유대감을 개발할 수 있고, 이는 내담자의 자아존중감과 자부심을 높여준다.

3. **자기 통제감을 향상시킨다.** 집단 내에서 트라우마 생존자는 서로를 보며 배우고, 도움을 줌으로써 자기 통제감과 효능감을 향상시킨다.

4. **공유 학습의 기회가 커진다.** 집단에 소속되었다는 사실은 고유한 입장에 있는 타인에게 그들의 이야기를 공유할 기회를 주는데, 이것은 그들 자신을 이해하기 위한 것뿐만 아니라 그들의 실수와 성공들로부터 배우기 위한 것이다.

5. **왜곡된 인식을 바로잡을 기회가 증가한다.** 집단 구성원들이 오랜 기간 서로 상호작용하는 것은 사회적 관계에 대한 왜곡된 시각을 변화시킬 수 있으며, 타인과 자신에 대한 신뢰감을 회복시킬 수 있다. 이 집단 토론의 과정은 내용만큼이나 중요하다. 구성원들이 경험과 반응을 공유함으로써 그들은 동시에 타인과 관계를 형성해나가며 사

회적 상호작용과 깊은 유대감이 주는 안정감을 개발해나간다.

임상 인구의 다양한 연구 결과로는, 트라우마 생존자가 집단 구성원이 되면 치료적 이점이 있다고 한다. 집단에 참여하는 것은 여러 치료법들 중에서도, 외상 후 스트레스 장애(PTSD) 증상과 다른 스트레스 반응을 감소시키고, 자아존중감을 향상시키며, 우울증과 고립감을 감소시키고, 친사회적 행동을 촉진시키는 것으로 나타났다(Allen & Kelly 1997; Bradley & Follingstad 2003; Flannery, Perry, & Harvey 1993; Foy, Eriksson, & Trice 2001; Klein & Schermer 2000; Lubin et al. 1998; Lundquist et al. 2006; Marotta & Asner, 1999; Najavits et al. 1998; Schnurr et al. 2003; Wallis 2002; Wright et al. 2003). 그러나 이 연구에 내재되어 있는 집단의 형식, 집단 구성원의 기준, 그리고 결과에 대한 구체적인 기준과, 통제 집단의 부재 등의 방법론적인 문제는 각별한 주의와 지속적인 실증적 연구가 필요하다는 것을 암시한다.

Klein과 Schermer(2000)는 집단 상담 참가자들이 네 가지 구체적인 방법으로 정신적 외상의 충격을 최소화할 수 있다고 결론지었다. 첫 번째, 집단 구성원이 되는 것은 외상 후 스트레스 장애 증상들과 **스트레스 반응을 정상화**(normalize stress reactions)시킬 수 있다. 구성원들은 서로에게 일상생활에 지장을 주고 거슬리는 증상들을 조절하고 대처하기 위한 실용적이고 도움이 되는 방법들을 제공할 수 있으며, 집단 상담 외의 상황에서 서로가 도움의 원천이 될 수 있다. 두 번째, 집단의 구성원이 됨으로써, 그들의 가정적 세계의 변화를 달성할 수 있다. 집단 회기 중에 전이 현상이 발생함에 따라, 구성원들은 그들 자신과 타인에 대한 왜곡된 인지를 깨닫고 변화시킬 수 있는 기회를 가진다. 세 번째, 집단 참가자들은 **자기감**(sense of self)의 변화를 이끌 수 있다. 왜냐하면 그들의 감정과 경험은 '이것을 이해하는 사람들'과의 환경에서 인정되기 때문이다. 마지막으로, 집단 구성원들은 트라우마 생존자로서 겪는 정서 장애, 자살 충동, 그리고 약물 남용과 같은 여러 어려움에 대처해나감으로써 서로에게 **지지와 이해**(support and understanding)를 제공한다.

내가 몇 년 전에 진행한 집단 상담의 서로 다른 두 회기의 예시는 이러한 여러 장점들을 보여주고 집단에 소속되는 것이 아동기 트라우마 내력이 있는 내담자에게 제공하는 고유한 혜택을 설명한다. 또한 이러한 예시들은 상호협력을 부추기는 지도자의 역할을 강조한다. 이 20회기 집단 상담은 여성과 남성 모두가 참여했고, 참가자는 아동기 성적 학대의 생존자들이다. 두 예시 모두 집단 작업의 중기에서 일어난 것이다. 따라서 구성원들은 서로에게 익숙해지는 단계에 있었고 그러므로 서로에게 솔직하고 정직하게 말할 수 있었다.

8회기
데니스는 자주 집단 구성원들에게 "저는 다시는 아무도 저를 가지고 놀지 못하게 할 거예요"

라고 말하며 항상 자신이 냉담하고 강인한 사람이라고 표현했다. 그녀는 아동기와 청소년기에 걸쳐서 그녀의 아버지에게 가학적으로 강간당하고 폭행당했다. 또한 아버지는 그가 보는 앞에서 그녀를 강간하도록 그녀의 오빠들을 강압했다. 데니스는 집단 회기에서 의견을 매우 강경하게 밝히는 구성원 중 하나였고, 다른 여성들과는 다르게 그녀를 학대한 사람들에 대한 화를 매우 잘 표현하는 능력이 있었다. 여덟 번째 회기에서, 집단 구성원들은 그들에게 특별한 존재였던 사람들의 죽음을 포함하여, 슬픔과 상실에 집중하고 있었다. 나는 데니스가 불편해 보인다는 것을 언급하였고, 처음으로 나는 그녀가 보통 보였던 감정인 화가 아닌 다른 것을 본 것 같다는 의견을 제시하였다. 데니스는 "이것에 대해 한 번도 말한 적이 없는데, 지금 이야기하고 싶어요"라고 대답했다. 그녀는 집단 구성원들에게 청소년기에 남자 친구가 있었다고 말했다. "저에 대해 신경 써주고 또 제가 신경을 쓰는, 세상에 유일한 한 사람이었어요." 그런데 그녀가 15세가 되던 해, 이 남자 친구와 통화하고 있는 도중에 남자 친구는 권총 자살을 하고 말았다고 했다.

데니스의 고백은 집단 구성원들에게 강한 영향을 주었다. 왜냐하면 이 시점까지 그녀는 너무나도 냉정하고 화가 나있는 구성원이었기 때문이다. 그녀가 발언한 뒤 잠깐의 침묵이 흘렀다. 어떤 구성원들은 눈물을 보였고, 어떤 이들은 불안해했다. 데니스 자신도 눈에 눈물이 고였다. 마침내, 데니스 옆에 앉아있던 재닛(Janet)이 눈물이 고인 채 말을 꺼냈다. "오, 데니스, 참 유감스럽군요. 제가 당신의 기분을 나아지게 할 수 있으면 좋겠어요. 당신의 이야기는 나, 당신, 그리고 우리 모두의 마음을 아프게 하네요." 이 말과 함께, 재닛은 그녀에게 티슈를 건네주며 손으로 데니스의 어깨를 쓰다듬었다.

다른 구성원들도 자신들의 고통과 상실감에 대한 이야기와 자신들을 압도하는 깊은 외로움에 대한 이야기를 공유하기 시작했다. 회복 중인 헤로인 중독자이면서 약물 중독 상담자이기도 하며, 집단 회기 중에 다른 이들에게 조언과 의견을 제공하지만, 보통 자신의 감정은 잘 나누지 않는 피터(Peter)가 울기 시작했다. 그는 다음과 같이 말했다. "가끔 고통이 저를 압도하는 것을 느껴요. 데니스, 당신의 이야기를 듣는 것이 정말 어렵네요. 당신이 냉정해지고 싶어 한다는 사실이 저를 두렵게 만들어요. 제 모습과 같아서 저를 두렵게 만들어요. 당신은 '무서운 여자'의 가면 뒤에 숨어있어요. 저는 제 직업 뒤에 숨어있어요. 그러나 우리는 여전히 엄청 무서워하고 있어요. 모든 사람과 모든 것들을요."

12회기

데니스는 또 그녀가 다시는 상처받지 않을 것이라고 말하고 있었다. "저는 제가 건강하다고 생각하는 대로 살 거예요. 다른 사람들은 다 엿이나 먹으라 그래요." 밥은 데니스를 쳐다보지 않고 있었으며, 손이 긴장한 것처럼 움직이고 있었다. 다른 어떤 여성이 말했다. "이봐요, 밥. 당신 속상해 보여요. 무슨 일이에요? 데니스 때문이에요?" 밥이 인정했다. "그녀가 입을 열 때마다 저는 그녀에게 화가 나요. 그녀의 헛소리에 신물이 나요. '난 신경 안 써'라는 식의 헛소리는 제 신경을 아주 많이 거슬리게 해요." 밥의 이런 폭발은 매우 평소답지 못했다. 그러나 그는 차갑고 무정하다고 설명한 자신의 어머니에 대한 감정을 솔직히 털어놓았다. 이전 회기에서 그는 울먹이며 소리쳤다. "저는 쉰다섯 살이에요. 그런데 제 일생 동안 한 번도 어머니가 저에게 키스하거나 저를 만진 것을 기억할 수가 없어요, 단 한 번도. 심지어 저는 어머니가 저를 바라본 것조차 기억나지 않아요! 지금까지 어머니는 저에게 말할 때 저를 보지 않았어요."

집단의 다른 구성원이 데니스에 대한 밥의 분노에 대해 다음과 같이 말했다. "데니스가 당신에게 어떤 감정을 불러일으켰군요, 그렇죠? 그녀가 누구를 상기시켰나요? 그녀가 차갑고 매정하듯이, 당신이 어머니를 그렇게 생각하는 것 아니에요?"

데니스는 집단 회기에서 그녀가 아는 유일한 방법으로 그녀 자신을 보여주었다. 오토바이를 타는 강인한 여자, 이 페르소나는 그녀를 보호해주었고 다른 사람들과 어느 정도 거리를 둘 수 있게 해주었다. 그러나 그녀는 극심하게 외롭고 전혀 행복하지 않다는 것을 인정하였다. 그녀는 다른 사람과의 친밀감과 접촉을 원했지만, 어떻게 해야 하는지 알지 못했다. 게다가, 그녀의 행동은 사람들과의 관계를 방해하는 것만이 아니라, 반감을 사고 그들을 화나게 했다. 그래서 아동기 트라우마 내력이 있는 다른 많은 내담자처럼, 그녀는 자신의 무가치함과 깊은 고독감을 영속시키는 자멸적인 악순환에 빠져 있었다.

피터 또한 자멸적인 악순환에 사로잡혀 있었다. 그러나 그의 경우, 그가 집단 작업에서 보여주는 사회적 페르소나는 그가 항상 타인에게 베풀 준비가 되어있는 조력자라는 사실로 이루어져 있어서, 무언가를 받을 자격이 없는 사람이라고 간주되어 다른 사람들로부터 무언가를 받지 못한다고 또는 받지 않으려고 한다. 피터와 비슷하게, (성공적인 사업가인) 밥은 깊은 자기혐오와 외로움을 느낀다고 말했다. 재닛의 상황은 더욱 심각했다. 그녀는 그녀를 함께 강간하자고 친구들을 초대한 그녀의 오빠로부터 강간을 당했고, 또한 작은 장난감과 사탕으로 그녀를 침묵하게 하였다. 재닛은 그녀 자신을 '완벽한 실패자'로 보았다. 그녀는 굉장히 슬프고 외로운 여성이었고, "이 세상 그 누구에게도 나는 의미 있는 존재가 아니다"라고 자주 말했다.

개개인들과 전체로서의 집단은 8회기에서 설명된 강력한 상호작용의 방법들로부터 혜택을 얻는다. 가장 기본적으로, 집단 구성원들은 피터의 유창한 발언이 나타낸 것처럼, 그들의 투쟁 속에서 그들이 혼자가 아니라는 사실을 아는 것을 확인하고 인정받았다. 이 대화는 또한 재닛에게 매우 유익했다. 그녀가 데니스에게 손을 내밀 수 있었던, 그녀의 일생 동안 처음 보인 이 역량은, 그녀도 누군가에게 도움을 줄 수 있다는 것과 누군가에게 가치 있는 존재가 될 수 있다는 것을 느끼게 했다. 그녀가 유감이라고 말한 것과, 데니스에게 티슈를 건넨 간단한 행동은 그녀에게 강한 의미를 가진다. 이것은 또한 집단에 있어서, 미래에 다른 이의 고통에 비슷한 방법으로 응답하도록 그들에게 본보기가 되어준다.

12회기에서 데니스는 타인과의 관계에서 그녀가 어려움을 겪는다는 것을 말할 필요가 없었다는 사실을 생생하게 보여준다. 그녀는 행동을 통해 사람들에게 보여주었다. Shulman(2006)이 말한 것처럼, 집단 구성원들의 상호작용은 그들이 집단 상담에 찾아온 이유를 반영하는 **소사회**(microsociety)가 된다. 데니스의 친화력은 자기 자신이 세웠던, 주위의 벽을 천천히 허무는 그녀의 역량에 달려 있었다. 이 점에서, 그녀가 십대 시절 남자 친구에 대해 공개함으로써 구성원들로부터 받은 확신과 위안은 특히 더 도움이 되었다. 그녀에 대한 밥의 명백한 분노 또한 동일하게, 아니 아마도 더욱 도움이 되었다. 왜냐하면 이것은 그녀가 타인과 관계할 때, 피해 사실에 대해 갖고 있는 화 자체가 어떻게 영향을 미치는지 자신에게 정확하게 보여주었기 때문이다.

소사회로서 집단이 주는 혜택은 또한 데니스에 대한 밥의 반응에서 잘 나타난다. 밥은 어머니를 향한 강한 분노의 감정으로 어려움을 겪었다. 한편으로 그는 어머니로부터 버려지고 거부되었다고 느꼈고, 그리고 어머니가 그에게 관심이 없었기 때문에 자신이 성적 피해를 당했다고 믿었다(정확히 말하자면). 그러나 다른 한편으로는, 그는 그의 욕구에 대한 어머니의 무관심 때문에 격분하였다. 그가 데니스에 대한 분노를 표현한 것처럼, 동시에 어머니에 대한 분노를 표현했다. 집단의 다른 구성원 중 한 사람이 날카롭게 언급한 것처럼 말이다.

이 두 개의 예시들은 상호협력의 분위기를 만드는 데 있어 지도자의 역할의 중요성을 보여준다. 데니스가 남자 친구가 자살한 이야기를 하는 것을 보고 들었을 때, 나는 마음이 너무 아팠다. 나는 어떻게든 그녀에게 도움의 손길을 뻗어 그녀를 위로해주고 싶었다. 그녀가 개인적인 내담자였다면, 나는 그렇게 했을 것이다. 그러나 집단에서 내담자와 작업할 때는 '두 내담자 패러다임'이 우선시되어야 한다. 나의 의무는 데니스와 집단 전체에게 동시에 있었다. 그러므로 나는 집단에 도움을 받도록 데니스에게 용기를 북돋아주고, 그 다음에는 집단이 그녀에게 반응하도록 할 때, 내담자들 개개인과 집단 전체에게 가장 크게 도움이 될 수 있었다. 예를 들어, 만약 내가 개입했더라면 재닛은 타인에게 자기가 수단이 된다는 것을 느끼고 긍정적으로 기여하는 경험의 기회를 박탈당했을 것이다.

이 집단에서 상호협력의 분위기는 12회기에서 더 분명히 나타난다. 데니스를 향한 밥의 분노를 피하는 것 대신에, 구성원들은 이것을 직접적으로 마주하게 할 능력이 있었다. 그리고 밥의 어머니를 향한 분노와 데니스를 향한 반응의 연관성을 지적한 것은 구성원들, 바로 그 자신들이었다. 회기 초반, 나는 다른 구성원들의 서로 유사한 행동을 관찰하고 전이가 드러났을 때 이를 짚어냄으로써 집단이 이 행동을 본보기로 삼을 수 있게 했다. 12회기가 되었을 때, 구성원들은 서로에 대해 충분히 편안함을 느꼈고, 그들 스스로 이러한 과정을 할 수 있을 만큼 서로에 대해 충분히 안정적이었다. 그리고 이것은 모두에게 힘을 북돋아주었다.

집단 치료에서 작업 관계를 발전시키고 유지하는 것과 관련된 고려 사항

트라우마 생존자 집단에서 작업 관계의 몇몇 측면들은 독특한 상황과 집단을 이끄는 전문가에게 특정 어려움을 제시한다. 우리가 이전 장에서 내담자 개인/전문가 관계의 7가지 측면을 알아본 것과 같이, 여기서 우리는 동일한 관계의 측면을 집단 맥락에서 살펴볼 것이다.

경계

집단과 집단 지도자의 관계　전문가와 내담자 개인 사이의 작업 관계의 복잡한 경계를 고려해볼 때, 경계 문제는 집단 치료 배경의 작업 관계를 발전시키는 데 가장 중요하다고 볼 수 있다. 개인과 작업할 때처럼, 전문가는 구성원들의 치료 요구에 즉각적으로 반응해야 하며, 자신의 역할과 일치하는 집단을 진행하고 이끌어야 한다. 다음의 예에서 볼 수 있듯이, 이는 항상 쉽지만은 않다.

나의 학생이었던 테드(Ted)는 약물 중독자를 위한 단기 거주형 요양 시설에서 분노 조절 집단 상담을 진행했다. 옳지 않은 행동이나, 폭력적인 행동을 한 내력이 있는 내담자는 시설에 머무르는 동안 일주일에 두 번씩 집단 상담에 참석하도록 요구받았다. 보통, 집단은 대부분이 남성으로 이루어져 있으며 8~10명으로 구성되어 있었다.

6개월 동안 집단 상담을 진행한 후, 테드는 집단을 둘러싸고 있는 공통의 주제를 찾았다. 거의 모든 구성원들이 어떤 종류든지 아동기에 정신적 외상을 경험한 것이다. 규칙적으로 참가한 7명의 일원들 중 3명의 여성들은 아동기 때 성적 학대를 당했고, 한 남성은 아동기 때 심각한 신체적 학대를 당했다. 그리고 또 다른 남성은 아주 어렸을 때, 그의 아버지가 어머니를 살해하는 것을 보았다. 놀라울 것도 없이, 구성원들이 어려움들로 인한 분노를 다루는 것에 대해 이야기할 때, 학대받았던 아동기 시절의 문제가 수면 위로 올라왔다. 테드는 이 정보들로 무엇을 어떻게 할 것인지에 대하여 어려움을 겪었다. 그는 몇몇 구성원들은 아동기 트라우마의 내력을 가지고 있지 않았기 때문에, 몇몇 집단 구성원들의 트라우마 경험에 과하게 초점을 맞추는 것은 모든 집단 구성원들에게 도움이 되는 집단의 역량을 저해할 것이라는 것을 (적절하게) 인지했다. 테드는 또한 만약 모든 구성원들이 아동기 트라우마로 고통을 받았다고 하더라도, 그것에 초점을 두는 것이 얼마나 생산적인지에 대한 의문을 가졌다. 이 집단의 내담자들은 매우 다양한 종류의 트라우마를 겪었고, 약물을 멀리하는 데 고통을 겪고 있었다.

테드의 우려는 타당한 것이었다. 그의 실무적 배경인 거주형 약물 중독 치료와 현재 만들어진 집단의 본질인 분노 조절을 고려했을 때, 구성원들에게 아동기 트라우마에 대해 말하도록 부추기는 것은 역효과를 낳을 수 있으며 어느 구성원에게도 도움이 되지 않는다. 상호협력은 **경험의 공통성**(commonality of experience)에 달려 있으며, **적절한 집단 구조**(appropriate group structure)로 뒷받침되어야만 한다. 집단의 창조와 구성 요소의 문제는 7장에서 자세히 논의될 것이지만, 이 시점에서 나는 간단하게 아동기 트라우마의 내력이 있는 내담자와, 자기 실무의 한도 내에서 머무르고 반영하는 집단 상담을 진행하는 것이 전문가에게 얼마나 중요한지를 되풀이하고자 한다.

전문가들 또한 집단 전체 또는 각 집단 구성원들과의 관계의 상황에서도 경계에 주의를 기울여야 한다. 지도자는 집단 구성원들이 다른 구성원들과 연결되기 위하여 도움이 필요할 것을 예상해야만 한다. 예를 들어, 이것은 전문가가 고의적으로 집단 밖의 개인들에 대한 자신의 이용 가능성을 제한한다는 것을 의미한다. 나는 집단 모임을 진행할 때 집단 구성원들에게, 만약 나에게 고민을 이야기하기를 원한다면 듣겠지만, 나는 또한 그들이 나머지 집단과 고민을 나누는 방법을 배우기 위해 나의 도움을 원하고 필요로 한다고 생각할 것이라고 처음부터 이야기한다. 상황을 이렇게 틀 잡아 놓는 것은, 구성원들이 서로에게 도움을 받고 자신의 개인 능력을 촉진시키기 위한 용기를 북돋아준다. 내가 작업한 한 집단에서 가져온 다음 예시는 이것이 어떻게 작동하는지를 보여준다.

집단 회기가 끝났을 때, 루크(Luke)는 나에게 잠시 따로 이야기할 수 있겠는지를 물었다. 나는 내가 그와 이야기하고 싶어 한다는 것을 상기시켜준 뒤, 그가 집단에 직접적으로 고민에 대해 말하는 것을 돕고 싶다는 것을 이해해야 한다고 말했다. 그는 이해한다고 말했지만, 여전히 '그의 마음에 있는 짐을 털어놓을 필요'가 있었다.

루크는 아내와 점점 더 '발기'가 되지 않는 것에 대한 어려움을 가지고 있다고 밝혔다. 그의 얼굴에는 당황스러움이 나타났다. 그러나 그는 계속해서 말했다. "저도 모르겠어요. 제가 섹스에 점점 더 흥미를 덜 가지게 되는 것 같아요. 아내는 이 문제로 나를 힘들게 해요. 그녀는 제가 이전에는 아무런 문제가 없었다며 계속해서 집단 상담이 저에게 안 좋다고 이야기해요."

나는 루크에게 이런 민감한 주제에 대해 말하기 창피했을 것이라고 말하며, 나에게 이런 이야기를 한 것을 칭찬해주었다. 그는 동의했고 성에 대해서 이야기하는 것이 그에게는 어려운 일이라고 말했다.

나는 문제를 짚어냈다. "있잖아요, 이 모임에서 성과 관련하여 어려움을 겪고 있는 사람이 당신 혼자만이 아닐 확률이 높아요. 만약에 당신이 다음 집단 회기 때, 이 문제를 꺼낼 생각이 있다면, 집단의 나머지 사람들이 모두들 말하기 원하지만 이야기하기를 두려워하는 이 주제에 대해 말할 수 있도록 제가 도울게요." 나는 루크에게 그가 이 문제를 꺼내기 위해 내가 무엇을 도울 수 있는지 물었고, 그는 아무것도 생각나지 않는다고 말했다. 나는 "다음 회기에 참석할 수 있나요?"라고 물었다. 그는 그럴 것이라고 나를 확신시켰다.

루크는 다음 회기에 참석했다. 이전 집단 회기에 대해 요약해준 후에, 나는 개인적으로 루크와 내가 생각할 때 모두와 관련되어 있지만 이야기하기 어려운 중요한 문제에 대해 이야기를 나누었다고 모두에게 이야기했다. 그 다음에 나는 루크에게 그에게 무슨 일이 있었는지 말해줄 수 있는지를 물었다. 약간의 망설임과 당황스러움을 보이며, 루크는 결혼 생활에서 성행위와 관련된 문제를 가지고 있다고 말하기 시작했다. 그의 자기 개방은 엄청난 지지를 이끌어냈고, 내가 예상했던 것처럼, 대부분의 구성원들은 곧이어 그리고 열심히 자신의 성행위와 관련된 문제에 대한 이야기를 나누었다.

이 이야기는 지도자가 집단 구성원 중 개인이 집단 밖에서 이야기를 나누고 싶어 할 수도 있는 여러 종류의 고민들을 기대할 수 있다는 것을 나타낸다. 금기시했던 주제를 집단 구성원들과 나누려 할 때 루크의 망설임은 당연한 것이지만, 그가 이것을 할 수 있어야만 그의 참여에 대한 진정한 치료상의 혜택을 깨달을 수 있다. 루크의 감정과 생각을 나누는 역량은 그의 자기효능감을 증가시켰다. 게다가 더 중요한 것은, 그의 자기 개방에 대한 집단 구성원들의 반응은 그에게 그의 문제를 정상화시켰고, 그를 효과적으로 안심시켰다. 마찬가지로 중요한 것은, 루크의 개방은 다른 이들이 그들 자신과 관련한 비슷하고 당황스러운 주제를 나눌 수 있는 길을 만들었다. 그로써, 그들의 작업, 즉 개인과 집단 모두의 작업과 상호협력의 과정을 심화시켰다.

집단 구성원들 간의 관계 아동기 트라우마 성인 생존자는 그들 자신과 다른 이들의 거리를 조절하는 데에 어려움을 보인다. 그러므로 집단의 지도자는 트라우마의 내력이 있는 구성원이 다른 이와 관계를 잘 할 수 있도록 주의를 기울여야 한다. 이 점에서 생존자가 겪는 어려움과 경계와 관련된, 다음에 소개하는 두 가지 어려움은 서로 관련이 있다.

첫째로, 지도자는 구성원들이 집단 밖에서 서로 연락을 취하는 것을 어떻게 다룰지 생각해야 한다. 어떤 경우, 구성원들은 사회적 부적응을 줄이기 위해서 집단 상담 외에도 서로 접촉하도록 장려된다. 그러나 때로는 역효과를 낳고 (무엇보다도) 하위 집단이 형성되는 경우가 있다. 이것은 일부 집단 구성원들의 거절당했다는 느낌과 버려졌다는 느낌을 완화시키는 것이 아니라 심화시킬 수 있다. 어떤 집단이든 집단 경험의 목적 중 하나가 사회적 상호작용에 대한 안정감을 증가시키는 것임에도 불구하고, 모든 경우에 지도자는 집단 상담 밖에서의 집단 구성원들의 관계가 집단 상호협력의 잠재력을 저해시킬 수도 있다는 것을 감지하고 있어야 한다.

트라우마 생존자 집단 구성원들의 경계와 관련된 두 번째 어려움은 구성원 개개인들이 타인의 감정과 자신의 감정을 구분하는 데 있어 도움이 필요하다는 것이다. 집단 구성원이 되는 것의 혜택 중 하나는 다른 이의 이야기와 경험을 듣는 것은 타당하고 확증적이라는 것이다. 그러나 집단 지도자는 **집단 전염**(group contagion)이라고 불리는 위험성을 감지하고 있어야만 한다(Alonso & Rutan 1996; Bernet 1993). 다음은 내가 진행했던 아동기 성적 학대 여성 생존자 집단의 예시다.

제인(Jane)은 그녀의 아버지가 그녀에게 물건을 삽입하고, 사진을 찍었다는 것을 공개했다. 또한, 아버지는 제인이 그와 성관계를 한다고 할 때까지 어린 여동생(제인보다 열네 살이나 어렸기 때문에, 제인은 자신이 여동생의 어머니라고 느꼈다)을 고문했다. 다른 때에는, 만약 그가 다가오는 것을 제인이 방어하면, 그는 제인을 높고 둥근 의자에 배가 아래로 향하도록 묶은 다음, 그녀를 강간하고 손잡이가 있는 도구들을 그녀에게 삽입했다. 제인이 이것을 말할 때, 집단 구성원들은 역겨워했고, 슬퍼하고, 눈물을 흘리는 등의 반응을 보였다.

다른 구성원인 수(Sue)는 그녀가 아주 어렸을 적에, 다리에 문제가 있어서 목발을 짚어야 했다는 이야기를 했다. 그래서 그녀의 아버지는 자주 그녀를 데리고 다녔다. 그녀는 아버지가 어떤 장례식에서 그녀를 안고 있었을 때, 그녀 안에 손가락을 넣은 것을 기억했다. 수는 그녀가 울고 있었고, 아버지와 이야기하던 사람들이 그녀에게 울지 말라고 말하며 그녀가 어리광을 피운다고 말한 것을 기억한다고 했다.

수가 말한 뒤, 케이가 그녀의 질 부분에 어떤 신체적인 감각을 느끼기 시작했고 아버지가 보인다고 말했다. 케이는, "그(그녀의 아버지)는 내 안에 그의 손가락을 넣었어. 그는 손가락이나 손가락 같은 것을 내 안에 넣었어!"라고 소리쳤다.

이 인용은 한 구성원의 개방이 다른 구성원들에게 엄청난 영향을 미치는 것을 보여준다. 이 여섯 명의 여성 집단에서, 세 명이 물체를 삽입하는 것을 포함한 성적 학대를 상기시켰다. 케이의 경우, 그녀의 회상은 그녀가 제인과 수가 자신의 경험을 설명할 때 그에 대해 들으면서 자동적으로 떠올랐다. 나는 이 세 여성의 회상이 객관적 '사실'이라고 믿는다. 그들이 보인 강력한 정서적 반응을 고려했을 때, 그들의 주관에서 회상들은 확실히 실제였다. 집단 지도자는 2장에서 논의한 온전하고 화합된 자아감의 부족은 아동기 트라우마 내력이 있는 내담자가 보통 취약하거나 존재하지 않는 개인적 경계를 가지고 있다는 것을 의미함을 인지하는 것이 중요하다. 그러므로 그들은 다른 이들의 경험과 반응으로부터 특히 더 영향받기 쉽다.

2장에서 이야기했던 것처럼, 집단 구성원이 자신의 경험을 사실 그대로 말하지 않는다 하더라도, 회상과 관련된 감정은 사실일 가능성이 높다. 비록 집단 전염이 집단에 부정적인 작용을 줄 수 있다고 하더라도, 이 또한 구성원들에게 그들의 피해 사실과 그들이 아직 의식하지 못한 피해 사실에 대한 반응을 알아차리도록 하는 기회를 제공할 수 있다.

정서적 가용성과 자기 능력의 증진

전문가가 개인 치료에서 내담자와 작업할 때처럼, 지도자는 집단 상담에서 경험, 표현, 감정을 조절하는 능력을 모두 제각각 가지고 있는 집단 구성원들과 정서적으로 교류해야 한다. 또한 지도자에게는 다른 이와 정서적으로 교류하도록 구성원들을 돕는 과제가 주어진다. 지도자는 집단 구성원의 감정을 인정하고 수용과 이해를 표현하기 위해 빈번하게 정서적 반응을 공유해야 할 수도 있다는 것을 예측해야 한다. 전문가의 행동은 감정을 조절하는 적합한 방법의 본보기를 제공하고, 구성원들에게 전문가처럼 하도록 위험을 감수할 용기를 북돋아준다.

앞에서 설명한 '두 내담자 패러다임'과 일치하게, 집단 지도자는 집단 전체뿐만 아니라 집단 구성원 개개인의 안녕을 위해 노력해야 한다. 그러므로 구성원들과 지도자가 정서적으로 교류할 때, 지도자의 반응이나 개방이 집단 구성원들 간 상호협력을 이끌어 내기 위해 필요하다는 판단을 기반으로 하고 있어야 한다. 내가 집단 구성원인 데니스의 고통스러운 이야기(남자 친구가 그녀와 통화 도중에 자살한 이야기)에 반응하지 않기로 선택함으로써, 구성원들이 서로에게 다가갈 수 있는 기회가 되었던 예시는 이것의 요점을 보여준다. 다른 집단 구성원을 위해서 집단의 지도자가 누군가의 감정을 공유하지 않는 것은 많은 경우에 일어날 수 있는 일이다.

다음 예시는 어떻게 집단 지도자가 집단 구성원 개개인과 집단 전체에게 유익한 방법으로 구성원의 이야기에 감정을 공유하고 반응해야 하는지 보여준다. 약물 중독자임과 동시에 아동기 성적 학대 생존자인 여성들을 위한 교육에 초점이 맞춰져 있는 외래 집단 상담이 배경이다. 중독 상담의 자격이 있는 지도자가 총 10회기 중 5회기에서 발생한 대화를 설명하고 있다.

이전 회기들에서, 우리는 여성들이 어렸을 때 경험한 성적 학대와 관련한 고통의 탈출구로서 약물 중독이 어떤 영향을 미쳤는지에 대해 말해왔다. 지금까지, 집단 구성원들은 그들에게 어떤 일이 실제로 있었는지에 대해 보편적인 설명만 했을 뿐이고, 우리의 목적은 집단 구성원들이 약물을 멀리하도록 돕는 것이었다.

나는 구성원들에게 약물이나 중독 대신에, 그들의 고통을 이겨낼 방법에 대하여 생각해보라고 요구하며 회기를 시작했다. 마우라(Maura)는 다음과 같이 말했다.

"저는 제정신으로 있기가 너무 어려워요. 저는 그 기억들로부터 도망치고 무감각해지기 위해 코카인을 찾는다는 것을 깨달았어요. 지금 단지 제가 할 수 있는 것은 저에게 무슨 일이 있었는지 기억하는 것뿐인 것 같아요"라고 처음으로 말하였다. 팸(Pam)은 동의하며, "저는 당신이 무슨 말을 하는지 알아요. 저는 항상 울기만 해요. 아니면 저는 매우 짜증이 나거나 누군가를 죽이고 싶어요. 전 매우 화가 나 있어요. 저는 뭘 어떻게 해야 할지 모르겠어요."

루이스(Louis)가 머리를 끄덕이고 있었고, 나는 그녀도 화를 조절하는 것에 관해서 어려움을 겪는지 물었다. 그녀는 대답했다.

"제가 기억할 수 있는 동안 내내, 저는 아버지와 삼촌들(그녀를 학대했던 사람들)에게 화가 나 있었지만 아무 말도 할 수 없었어요. 그들이 저를 성추행하고 있을 때에도, 저는 누군가를 다치게 하고 싶었던 것을 기억해요. 그렇지만 저는 무서워서 그러지 못했어요. 저는 아버지가 처음 저를 성적으로 학대할 때, 밤에 제 방에 들어와 구강성교를 하게 했을 때, 고작 여덟 살이었어요. 그리고 제가 할머니 집에 있을 때, 삼촌들도 거기에 있었어요. 그들은 저를 더듬었고, 저의 손을 그들의 가랑이에 넣고 저를 향해 웃었어요. 모든 친척들은 거기에 있었고, 그 누구도 말리지 않았어요. 그들이 안다는 것이 절 미치게 만들곤 했어요. 제 말은, 이 세 남자들은 그 일을 모든 사람 앞에서 했어요! 저는 할머니에게 삼촌 레니(Lenny)가 저를 침실로 데려가려 했다고 말했는데 할머니가 '오! 삼촌은 장난치는 것뿐이야'라고 말했던 것을 기억해요. 이게 무슨 거지 같은 상황이에요? 저는 제가 더 컸을 때를 기억해요. 아마도 열세 살 정도였고, 아버지는 저를 지하실로 데려갔어요. 삼촌들이 거기에 있었고, 그들은 각자 저와 교대로 했어요. 그들은 술을 마시며 웃고 있었어요. 그리고 누군지 기억은 나지 않지만 그중 한 명이 비디오카메라를 꺼내서, 이것을 모두 찍기 시작했어요. 저는 그중 한 명이 제가 정말 섹시하기 때문에, 이 비디오 영상으로 많은 돈을 벌 수 있을 것이라고 말했던 것을 기억해요. 저는 그를 죽이고 싶었어요! 저는 그 순간 바로 그곳에서 그를 너무나도 죽이고 싶었어요. 하지만 그 대신에 저는 맥주를 마실 뿐이었어요."

이 시점에서 루이스는 울고 있었고, 나는 집단의 다른 이들이 눈물을 보이는 것을 볼 수 있었다. 아무도 아무 말을 하지 않았다. 그리고 모두가 먹먹해 보였다. 나는 루이스의 학대자에게 혐오감과 화를 느꼈다. 그리고 나는 이것을 집단과 나누었다. 나는 그녀의 이야기가 정말 마음을 아프게 한다고 그들에게 말했다. 그리고 나는 그들이 이것과 정말 관련이 되어 있기 때문에 그들에겐 더욱 어려울 것이라고 덧붙였다. 또한, "루이스, 당신이 고통을 다루는 방법으로 약물과 술을 택한 것은 놀랍지 않아요"라고 말했다.

나중에, 이 상담자는 루이스의 자기 개방에 자신이 개인적인 반응을 보인 것이 옳은 일이었던 것인지에 대한 의문을 가지며, 자신의 반응이 적절하지 않았을까봐 걱정했다. 그러나 상호협력의 관점에서 보았을 때, 그녀의 언급은 아주 적절했다. 왜냐하면, 그 언급은 다른 집단 구성원들의 감정과 반응을 말로 나타내주었을 뿐만 아니라 루이스의 감정을 인정했기 때문이다. 이러한 상황은 아동기 트라우마 내력이 있는 내담자와의 집단 상담에서 자주 있는 일이다. 루이스의 경우와 같은 강력한 개방은 침묵을 불러일으키지만, 이것은 단지 그 개방이 가슴에 아주 크게 와 닿았기 때문이다. 또한, 구성원들은 아직 서로를 어떻게 위로하고 무슨 말을 해야 할지 모를 수 있다.

이 집단의 지도자에게 닥친 어려움은 자신의 감정을 집단과 나누어야 하는지 말아야 하는지가 아니었다. 대신, 집단의 목적과 단기간이라는 본질에 맞게, 그리고 특히 그들이 약물을 멀리하는 자기 능력을 증진시키는 어떤 방법으로 어떻게 할 것인지가 문제였다.

트라우마 이야기

집단 맥락에서 경계와 정서적 가용성에 대한 논의가 내포하고 있는 것은, 트라우마 이야기의 강력한 역할이다. 이 장에서 나왔던 이전의 예시들이 보여주듯이, 아동기 트라우마의 내력이 있는 내담자를 포함한 집단은 불가피하게 고통스럽고 심각한 자기 개방을 거치게 된다. 집단 구성원들은 그들의 이야기를 해야 하지만 집단의 목적, 구성원들의 욕구, 상담 상황과 어느 정도 일치하는 경우에만 그러하다.

트라우마 이야기는 집단 치료에서 일어날 때 특별히 어려울 수 있는데, 왜냐하면 각각의 구성원들은 할 이야기를 가지고 있지만, 또한 다른 사람의 고통스러운 이야기도 들어야만 하기 때문이다. 지도자와 구성원들 모두에게 구성원 개인의 이야기를 참고 듣는 것은 중요하다. **이야기를 하는 것**(telling)은 생존자와 집단의 구성원들에게 더 현실적으로 다가오게 만든다. **이야기를 듣는 것**(hearing)은 이해와 수용을 수반하는데, 이들은 모두 중요한 치료의 과정이다. 또한 이야기를 하는 것은, 집단 구성원들 모두에게 힘을 북돋아준다. 그러므로 개인을 치료할 때처럼, 집단 구성원들이 그들의 이야기를 다른 이와 나누는 과정은 이제껏 이야기한 것처럼 매우 중요하다. 또한 개인을 치료할 때와 비슷하게, 집단의 지도자는 한편으로는 솔직한 개방을 북돋아주되, 다른 한편으로는 구성원 개인 또는 집단의 대처 능력이 압도되는 것을 피하며 균형을 맞추어야 한다. 이것은 지도자가 집단 치료의 초점을 명확하게 하는 것의 중요성을 강조한다.

치료의 초점

아동기 트라우마 생존자를 위한 집단은 구성원들의 치료 욕구에 따라 연속선상에서 존재하는 것으로 보여야 한다(Foy et al. 2001; Klein & Schermer, 2000; McCann & Pearlman 1990a; Wolfsdorf & Zlotnick 2001). 트라우마 생존자를 위한 집단 치료의 효과에 대한 연구들은 대부분 특정 모집단의 내담자로 이루어진 집단들에 초점을 맞춘다 (예: 아동기 성적 학대의 내력이 있는 개인이나, 정신병 진단을 받음과 동시에 아동기 트라우마 생존자인 내담자). 개인 치료에 관한 문헌들에서 제시된 사례들처럼, 집단 치료의 환경에 대한 연구 결과들은 지도자가 현재에 초점을 맞춘 집단과 트라우마에 초점을 맞춘 집단을 구분 짓고, 집단의 목적을 명확하게 하고, (가능하다면) 구성원을 선발할 때 이 초점과 일치하도록 선발하는 것의 중요성을 강조한다(Bisson 2003; Classen et al. 2001; Hazzard, Rogers, & Angert 1993; Martsolf & Draucker 2005; Speigel et al. 2004). 치료의 초점과 아동기 트라우마 성인 생존자를 포함하는 집단 구성과 관련된 고려사항은 7장에서 자세하게 논의될 것이다.

시간제한이 있고, 명확한 교육적 요소를 가지고 만들어진 집단들은 치료가 처음이거나, 기능을 안정적이게 하는 것이 첫 번째 목표인 사람들에게 가장 적합하다. 이 장의 앞부분에 나온 두 개의 예시들은 모두 중독 관련 배경과 이것과 비슷한 종류의 배경에서 가져왔다. 또한 이런 종류의 집단은 타인과 상호작용하는 능력이 특별히 취약하거나, 제한되어 있는 사람들에게 적합하다. 이런 종류의 **심리교육적**(psycho-educational) 집단에서는, 감정이 인식되고 인정되지만, 또한 의도적으로 억제되기도 한다. 이러한 집단들은 구성원들의 경험을 일반화시키고, 그들의 고립감과 '이질감'을 감소시킨다. 강조점은 아동기 트라우마의 경험 자체와 마주하고 경험과 관련된 감정을 느끼게 하는 것 대신에, 아동기 트라우마가 주는 영향을 이해하는 것 위에 있다.

구조화된 심리교육적 집단은 다양한 종류의 아동기 트라우마를 겪은 구성원들의 특정 진단이나 삶의 문제를 위주로 형성될 수 있다. 예를 들어, 외상 후 스트레스 장애,

해리성 정체감 장애, 약물 중독, 또는 분노 조절 장애 등이 있다(Allen & Kelly 1997; Buchele 1993; Flannery, Perry, & Harvey 1993; Fournier 2002; Turnbull et al. 2002; Williams & Gindlesperger Nuss 2002). 이런 구조화된 집단 속에서, 아동기 트라우마의 경험과 짝을 이룬 공통된 현재 증상들이 집단 작업의 초점이 된다. 이전 예시에서 본 것처럼, 강조점은 그들이 이런 증상들과 내재되어 있는 아동기 트라우마 사이의 연결성을 발견하고 이것을 다루는 것을 돕는 것에 있다. 지도자가 정한 초점에 상관없이, 연구 결과에 따르면 구조화된 형식이 제공하는 안전함 때문에 많은 트라우마 생존자에게 이러한 집단에 참여하는 것은 적절한 시작점이 되어준다(Foy, Eriksson, & Trice 2001; Marotta & Asner 1999).

트라우마 반응에 대해 기본적인 이해를 하고 조금 더 안정된 기능을 하는, 치료 경험이 있는 사람들은 아동기 트라우마 자체와 트라우마로 인한 감정적 반응 모두에 초점을 두는 덜 구조화된 집단의 참가자로 적절하다. 이러한 집단 구성원들은 자신의 이야기를 공유하도록 격려받고, 그로 인한 강렬한 감정을 마주하고 다루는 데에 도움을 받는다. 카타르시스와 정화 반응이 격려되고, 구성원들은 과거 트라우마와 트라우마로 인한 현재 감정 모두에 대처하는 새롭고 더 효과적인 방법들을 배우는 데 도움을 받는다(Bemak & Young 1998; Foy et al. 1997; Shaffer, Brown, & McWhirter 1998; Wolfsdorf & Zlotnick 2001).

비록 사건을 둘러싼 상황과 구성원들이 대처하고 적응한 방식에 따라 다양한 차이가 존재하겠지만, 이러한 '지금 여기(here and now)'의, 그리고 과정 중심(process-oriented)의 상호협력 집단에서, 모든 집단 구성원들은 아동기 트라우마의 내력을 가지고 있다. 또한 이런 집단들은 계속되거나, 시간제한이 있을 수 있다. 그래도 그들은 구성원들이 정서 작업을 하기 위해 필요한 친밀감과 편안함을 발전시킬 시간이 필요하기 때문에 전형적으로 구조화된 집단보다 오래 지속된다. 구성원들의 필요와 집단이 진행되는 이유에 대한 상황에 따라서, 이러한 집단은 확장될 수 있지만, 지도자는 빈번한 구성원들의 변화는 역효과를 낳거나 집단의 치료적 잠재력을 제한할 수 있다는 사실을 알아야만 한다.

트라우마 생존자가 대인관계에서 어려움을 겪는다는 것을 고려하면, 구성원들이 서로 간 관계를 검토할 기회를 제공하는 집단은 그들에게 특히 더 도움이 된다고 알려져 있다(Bonney, Randall, & Cleveland 1986; DeJong & Gorey 1996; Hazzard, Rogers, & Angert 1993; Klein & Schermer 2000; Neimeyer, Harter, & Alexander 19911). 상호협력은 구성원들이 자발적으로 다른 이들과 교류할 수 있게 하기 때문에 느슨하게 구조화된 집단에서 조성된다. 지도자는 어느 트라우마 생존자 집단이든지, 구성원에게 현시점에서 그들이 서로와 어떻게 상호작용하는지 검토할 기회를 제공하는 것은 트라우마와 관련한 과거 경험을 다루는 것만큼 도움이 된다는 것을 알아야 한다. 사실, 아동기 트라우마 생존자를 포함한 많은 집단은, 구성원들 간 관계를 포함한 현재에 집중하는 것과, 과거, 그리고 트라우마 경험 자체에 집중할 것이다.

전이와 역전이

앞서 몇 개의 상황에서 논의한 것과 같이, 아동기 트라우마의 생존자는 그들에 대한 다른 집단 구성원들의 반응에서 이미 그들이 경험했던 배신, 유기, 거부의 기색을 보게 되고, 과거에 실제로 그들을 다치게 했던 사람들에 대한 동기, 생각, 감정을 다른 집단 구성원들에게 부여할 준비가 아주 잘 되어 있을 것이다. 이런 전이와 역전이의 반응이 일어나고 인지될 때, 집단 구성원들은 어떻게 그들의 과거 피해 사실이 계속해서 그들의 현재 세계관, 그리고 타인과의 경험에 영향을 미치는지를 직접적으로 마주하게 된다.

　개인 치료의 상황과 비교해서, 집단 맥락에서 전이될 가능성은 무수히 많고 특히 복잡하다. 예를 들어, Ziegler와 McEvoy는 다음과 같이 말했다. "치료자는 구성원 개개인의 과거, 트라우마적 경험이나 트라우마 반응에 대해서 소량의 정보만 노출된 환경에서 안정과 신뢰를 구축해야 한다"(2000, 120). 전이는 집단 전체, 지도자, 집단 구성원들에 대한 반응을 포함할 수 있다. 이러한 역학 관계의 본질은 트라우마에 따라서 달라질 수 있지만, 특별히 보편적인 징후는 **투사적 동일시**(projective identification)이다(Klein & Schermer 2000). 또한 구성원들의 배신과 착취의 경험에 대한 분노는 집단의 구성원 한 명 혹은 여러 명, 특히 지도자와의 호전적인 상호작용에서 드러나고 분명해지기 쉽다.

　역전이는 전이 반응의 범위, 강도, 복잡성 때문에 집단 맥락에서 특별히 더 일어나기 쉽다. 또한 집단 전체의 전이는 지도자를 겨냥할 가능성이 높다. 3장에서 말했던 것처럼, 개인 치료를 하는 임상가의 일반적인 반응은 내담자를 구제하려고 시도하거나 보호하는 것이다. 집단 배경에서, 이것은 감정 표현을 억제하려는, 혹은 집단 구성원들을 '지지하기' 위한 방법으로 민감한 정보를 드러내려는 전문가의 직접적인 혹은 미묘한 시도에 반영된다. 다음 사례는 이 요점을 보여준다.

　실라(Sheila)는 자살 시도를 한 뒤 정신병원에 입원되었다. 그녀는 매일 집단 회기에 참석하도록 요구받았다. 한 회기에서, 집단 지도자는 왜 그들이 시설에 오게 되었는지 물었다. 실라는 어렸을 적에 그녀에게 일어난 일에 대한 고통을 더 이상 견딜 수가 없었다고 말했다. 그리고 아버지, 삼촌, 그리고 몇 명의 이웃들로부터 강간당한 이야기를 설명했다. 그녀는 또한 포르노 비디오를 찍고, 다른 아이들, 어른들과 함께 포르노 사진을 찍기 위해 자세를 취하라고 강요당했다는 이야기를 꺼냈다. 집단 지도자는 실라에게 일어난 일에 대해 매우 유감이라고 표현했지만, 실라가 "지나간 일은 잊어버리고" 그녀가 갈 길을 가기 바란다고 말했다.

　실라의 고통스러운 개방에 대한 지도자의 응답은 적절한 치료의 초점을 유지하는 것과 관련한 어려움을 어느 정도 반영한다. 즉, 구성원들이 새로 들어오기도 하고 나가기도 하며, 모든 구성원들이 아동기 트라우마의 내력을 가지고 있는 것이 아닌 집단에서, 지도자는 사실 감정을 깊게 탐구하도록 하기보다 억제하도록 해야 한다. 그러나 지도자의 발언에는 회기가 흘러가는 방향에 대한, 지도자의 불쾌감이 반영되어 있었을 가능성도 있다. 있다. 두 내담자 패러다임의 시각으로 봤을 때, 이 전문가의 피드백은 모두에게 피해를 주었다. 지도자의 반응은 실라의 경험과 감정을 무효화시켰으며 또한 집단의 다른 구성원들이 그들이 병원에 입원하게 된 솔직한 이유에 대해 논의하는 것이 허락되지 않는다고 느끼도록 하였다.

요약

이 장은 아동기 트라우마 성인 생존자가 '같은 배를 탄' 다른 사람들과 함께할 때 오는 유익함에 대해 알아보았다. 상호협력을 경험하는 기회는 트라우마 생존자에게 꼭 필요했던 인정, 그들의 감정과 반응의 보편화, 그리고 그들의 이질감과 고립감을 감소시킨다. 집단 치료는 치유의 주요한 원천인 집단 구성원들 간의 관계에 의존한다.

아동기 트라우마 성인 생존자를 포함한 집단을 진행하는 임상가는 모든 구성원들과 작업 관계를 수립하고 유지하는 것에 내재된 어려움을 인식해야만 한다. 전문가는 집단 치료에서의 작업 관계와 관련된 7가지 서로 관계가 있는 고려사항들을 의식하고 있어야한다. 집단 맥락에서의 **경계** 문제는 집단 구성원들 간 서로, 그리고 지도자와의 관계와 집단 작업을 위한 적절한 초점을 수립하는 것을 중심으로 돌아간다. 집단 지도자는 구성원에 대한 그들의 **정서적 가용성**에 주의해야만 한다. 비록 구성원의 자기 개방에 대한 지도자의 반응이 그들을 인정해주는 방법이 되고, 효과 있는 대응 방식의 본보기가 될수 있다고 하더라도 구성원들은 또한 그들의 **자기 능력**을 증진시키는 방법으로 서로에게 다가가고 서로와 연결되는 데 도움이 필요할 수 있다.

트라우마 이야기는 집단 맥락에서 특별히 중요한 부분을 차지한다. 구성원들의 보편적인 경험은 진실성 있고 고통스러운 개방으로 이끌며, 지도자의 지지와 안내를 필요로한다. 어떤 집단들에서는 **치료의 초점**, 즉 상호협력의 기반이 내재되어 있는 아동기 트라우마에 있을 수 있다. 다른 경우는 구성원들이 현재 마주하는 어려움들에 있으며, 이경우 감정을 억제하고 경험을 보편화시키고 인정하는 것을 강조한다. 집단 구성원들 자신들과, 집단 구성원 개개인과 지도자 사이에 존재하는 다수의 관계들을 고려했을 때, **전이와 역전이** 또한 집단 치료에서 특별히 중요한 부분을 차지한다. 아동기 트라우마 성인 생존자의 왜곡된 생각 또한 작용하여, 특별히 복잡한 전이 현상을 만들어낸다.

간접 트라우마: 직업상의 위험[1)]

도입

몇 년 전에, 나는 아동기 트라우마 성인 생존자와 작업하는 나의 일에 대해 더 자세하게 알고 싶어 하는 동료와 편지를 주고받기 시작했다. 처음에 나는 나의 내담자의 경험, 다양한 치료 기술, 그리고 어려움에 대하여 썼다. 나는 작업의 '기술적인' 부분에 중점을 두었다. 그러나 얼마 가지 않아 나의 개인적인 반응, 생각, 감정에 대하여 적고 있는 나 자신을 발견했다. 나와 나의 동료 모두에게 나의 일이 나에게 영향(가슴 아픈 잔인한 이야기를 반복해서 듣고, 나의 내담자의 고통을 몇 번이고 다시 목격함으로써 내가 어떤 영향을 받았는지)을 미치고 있다는 사실이 점점 더 분명해졌다. 다음 두 예시는 우리의 대화에서 가져온 것으로, 아동기 트라우마 내력을 가진 내담자와 작업하는 일로부터 우리가 빈번하게 깊은 영향을 받았다는 사실을 분명하게 보여주기 때문에 편집하지 않고 그대로 놔두었다.

예시 1

케이티(Katy)는 사랑스러운 26세 여성이다. 나는 그녀에게 많은 애정을 가지고 있다. 그녀가 18개월일 때(고작 18개월 말이다!), 그녀의 어머니는 입원하게 되었다. 그녀의 아버지가 일을 하고 병원에서 어머니와 시간을 보내는 동안, 이모와 이모부 조는 케이티와 여동생을 돌봐주

[1)] 더 자세한 내용은 다음을 참고하라. Knight, C. (2006). Working with survivors of childhood trauma: Implications for clinical supervision. *Clinicial Supervisor, 23*, 81 – 105.

러 왔었다. 케이티의 부모님은 다정하고 친절한, 훌륭한 분들이었다.

어머니가 병원에 있는 동안, 조는 케이티와 여동생을 학대했다. 케이티는 아기 침대에 있었을 때를 기억한다. 조는 성기를 아기 침대 기둥 사이에 넣었고 그녀는 그것을 빨아야 했다. 그녀가 이것을 회상해냈을 때, 숨을 쉴 수가 없었고, 입 안이 가득 차 있는 느낌을 받았다. 그녀는 실제로 토했다. 이를 바라보는 것은 매우 버거웠고 고통스러웠다. 그녀는 말로 설명하기 위한 언어를 몰랐기 때문에, 그녀와의 작업은 대부분 미술을 통해서 이루어졌다. 어느 날 우리는 가까운 공원을 걸었다. 그날은 아름다운 날이었다. 우리는 아이들을 관찰할 계획이었다. 그녀는 조의 성기를 빠는 것에서, 왠지 모르겠지만 위안을 찾았다는 사실을 극복하지 못하고 있었기 때문에 나는 그녀가 18개월 된 아이를 보기를 원했다. 우리는 그 나이 또래의 몇몇 아이들을 관찰했다. 우리는 둘 다 울었다. 그들은 아주 어리고 작았으며, 방어할 능력이 없었다. 가슴 아프게도 몇 명은 공갈 젖꼭지를 빨고 있었다.

내가 그녀에 대해 생각하고 있게 된 이유는 우리 양쪽 집에 사는 모든 이웃들이 젊은 가족들이며 각각 그 나이 또래의 딸들이 있었기 때문이다. 나는 케이티에 대한 생각을 배제한 채 그들을 본 적이 한 번도 없다. 그들은 매우 어리고 순수하지만 나는 그들의 모든 것이 한 순간에 바뀌게 될까봐 두렵다. 또한 나는 삶의 근본적인 불공평함에 대하여 생각하는 내 자신을 발견하게 되었다.

예시 2

카렌의 학대는 가족 구성원 중 거의 모든 남성들로부터 당했기 때문에 더 끔찍했다. 그리고 거기에는 또 다른 역겨운 것들이 포함되어 있었다. 그녀의 어머니는 그녀가 생리할 때 생리대나 탐폰을 사용하지 못하게 했다. 그래서 그녀는 헝겊을 사용해야만 했다. 불가피하게 그녀는 피를 흘려야 했고 조롱거리가 되었다. 내가 어려움에 봉착한 부분은 그녀 어머니의 학대였다. 그녀의 어머니는 그녀의 생식기와 가슴을 '검사'하곤 했다. 그녀는 카렌의 가슴을 애무했고, 카렌이 처녀라는 사실을 확인하는 방법으로 그녀의 손가락을 카렌 안으로 삽입했다. 물론 그녀는 처녀가 아니었다. 왜냐하면 그녀는 적어도 세 살 때부터 학대당해왔기 때문이다.

그녀가 세 살 때(그리고 네 살 때, 그리고 또 다시 다섯 살 때), 카렌은 며칠 동안 미아가 되었다. 보호자는 그녀의 실종에도 신고하지 않았다. 매번, 그녀는 다른 삼촌들과 나타났고 모두들 그들이 '그녀를 찾았다'고 말했다. 카렌은 처음 두 사건들은 기억하지 못하지만 세 번째 사건은 희미하게 기억하고 있었다. 그녀는 피 묻은 속옷을 입고, 다리에 피를 흘리면서, 엉덩이와 그녀의 질 부분에 멍이 든 채로 집에 돌아왔다. 그녀가 지각하기에 가슴은 담뱃불에 덴 것 같았고 상처가 아직도 그곳에 있었다. 모두들 삼촌들에게 그녀를 찾아준 것을 고마워했다. 지금까지도, 가족들은(이제는 정말로 변화한 그녀의 어머니를 제외하고) 그 세 명의 삼촌들을 훌륭한 '구조자'로 생각한다.

최근에 카렌은 그녀와 어머니가 침대에 있었을 때를 기억해냈다. 어머니는 '아팠고', 카렌은 어머니를 돌보는 일을 맡았다. 어머니는 카렌이 구강성교를 하게 했고 그리고 나서 카렌이 반응할 때까지 카렌에게 똑같이 했다. 이것은 그녀의 첫 번째 오르가즘이었다. 그녀는 12세였다. 그녀가 이것을 기억해냈을 때, 그녀는 메스꺼워했고 사무실에서 거의 토할 뻔했다. 그녀는 나에게 왜 그녀의 어머니가 이런 일을 했는지 물었다. 나는 대답할 수 없었다. 나는 여전히 답할 수 없다. 나는 불공평한 세상에 대해 분노를 느끼는 나 자신을 발견했다. 나는 한 명의 아이만 낳을 수 있었는데, 어떻게 그런 괴물 같은 사람들이 아이들을 여러 명 낳을 수 있을까?

작업에 대한 우리의 개인적인 반응은 내담자의 피해 사실에 대한 그들의 반응을 반영한다. 아동기에 외상을 겪었지만, 그 사건으로 인해 심각하게 영향을 받지 않은 내담자와 일하는 것은 실현 불가능하다. 사실, 만약 우리가 영향을 받지 않는다면, 우리는 아마 애초에 이 작업을 하지 않아도 될 것이다.

우리 각자에게 닥친 어려움은, 작업에 영향 받는 것을 회피하지 않고, 대신에 이 영향을 최소화하고, 앞서 주도하는 것이다. 작업의 결과로부터 살아남는 것뿐만 아니라, 더욱 발전하기 위해서 우리는 우리의 감정과 반응을 인지하고 말로 표현할 수 있어야 한다. 그러므로 이 장에서는 내담자를 통해 트라우마에 노출되는 것이 우리에게 어떤 영향을 미치는지, 그리고 우리의 감정과 반응을 조절하기 위해, 우리가 어떤 단계를 거쳐야 하는지 알아볼 것이다.

아동기 트라우마 성인 생존자와의 작업은, 우리가 내담자의 감정에 집중하는 것과 동시에 우리의 감정에 집중할 것을 요구한다. 이는 불행히도 우리 다수가 전문적으로 교육받은 내용에 반대되는 것이다. "상담 과정에서 정서적인 것과 영적인 것보다 지적인 것을 강조하는 경향은 우리가 주로 하는 것에 반대된다. 더 나아가, 우리 자신에 대한 전문적인 객관성과 '중립성'에 대한 비현실적인 기대는 …… 작업에서 두려움과 고통에 대한 진실한 자기 개방을 막는 수치심이라는 장애물을 만들 수 있다. …… 우리는 단어들 대신에, 감정의 언어로 대화할 준비가 되어있어야 하며, 분석적 서술 대신, 의심과 두려움을 표현할 수 있어야 한다"(Saakvitne 2002, 446).

평행적 과정: 조력자의 반응

임상가 자신의 감정과 반응은 보통 그들의 내담자의 감정과 반응을 반영하며, 이러한 현상은 **평행적 과정**(parallel process)이라고 불린다(Fox 1998; Wall 1994). 내담자와의 작업에 대한 반응으로 우리의 감정을 알게 되고, 이를 인지함에 따라, 우리 또한 내담자의 어려움으로부터 무엇인가를 배운다(Shulman 2006). 비슷하게, 우리의 내담자가 그들의 경험과 현재 마주하고 있는 어려움들에 대하여 어떻게 느끼고 생각하는지 이해하게 될 때, 우리가 비슷한 감정과 반응을 가졌다고 해도 놀라지 말아야 한다. 아동기 트라우마 성인 생존자와의 작업에 대한 전문가의 반응은 평행적 과정이 일어나고 있다는 특히 더 강렬하고 중요한 증거이다. 우리는 내담자를 통해서 아동기 피해 사실에 노출되고, 그 결과 많은 비슷한 감정과 반응을 경험하게 된다. 이 장에서 알아볼 것은, 간접적 트라우마는 역전이와 같은 것이 아니라는 것이다. 대신에, 이것은 내담자의 고통스러운 경험을 참고 목격해야 하는 것에 대한 불가피하고 자연스러운 결과이다.

Stamm은 "조력하는 것으로부터 초래된 트라우마에 대한 엄청난 논쟁이 아직 일어나진 않았지만, 일어난다면 우리는 이것을 뭐라고 부르면 좋을까?"(1997, 5)라고 말했다. 사실, 아동기 트라우마 생존자와 작업하는 것이 도움을 제공하는 전문가에게 미치는 영향을 설명하기 위한 다양한 용어들이 사용되어왔으며 자주 혼란을 빚어왔다. 이 장은 가장 자주 사용되는 세 가지 용어에 집중한다. **이차적 외상 후 스트레스**(Secondary Posttraumatic Stress Disorder: SPTSD), **대리 외상**(Vicarious Traumatization: VT), **공감 피로**(compassion fatigue) 또는 감정 이입이 그것이다. 이 용어들은 서로 대체 사용이 가능하다. 그러나 비록 아동기 트라우마에 대한 **간접적 노출**(indirect exposure)이라고 부르는 것의 특징들과 관계가 있다고 해도 사실은 다르다(Bride 2004; Jenkins & Baird 2002). 평행적 과정의 개념과 일치하게, 이 세 가지는 함께 두고 보면, 아동기 트라우마 생존자가 직접적인 피해 사실의 결과로 경험하는 반응의 범위를 보여준다.

이차적 외상 스트레스

2장에서 논의한 것과 같이, 전형적으로 아동기 트라우마 성인 생존자들은 피해 사실로부터 비롯된 일상생활에 침습적인 영향을 미치는 무수한 증상들로 인해 고통을 겪는다. 매우 유사하게, 그 내담자들과 일하는 전문가들도 이와 비슷한 어려움을 경험할 수 있다. 실제로 트라우마 생존자들의 조력자들이 경험하는 것은 트라우마 생존자들의 고통과 유사점이 있어서『정신질환의 진단 및 통계 편람(DSM-5)』에 **이차적 외상 후 스트레스 장애**(Secondary Posttraumatic Stress Disorder: SPTSD)라는 진단명으로 제시되어 있다(하지만 아직 수용되지는 않았다)(Figley 1995b). Stamm은 제안된 이 증후군이 "한 사람이 경험한 트라우마 사건에의 노출이 두 번째 사람에게 트라우마 사건이 된다는 것을 제외하면, 외상 후 스트레스 장애(PTSD)와 거의 동일한 증상"이라고 말한다(1999, 11).

아동기 성적 학대 성인 생존자와 일하는 임상가에 대한 나의 연구를 포함하여 최근 부상하고 있는 일부 연구들에 따르면, **이차적 외상 스트레스**(Secondary Traumatic Stress: STS)의 흔한 증상들에는, 회기 밖에서도 내담자에 대한 생각으로 사로잡힘, 내담자의 트라우마를 회상과 꿈을 통해 재경험, 수면 장애 혹은 과민 반응 등의 지속되는 과다각성 상태 등이 있다(Brady et al. 1999; Chrestman 1995; Danieli 1988; Follette, Polusny, & Milbeck 1994; Gillian 2000; Knight 1997; Meldrum, King, & Spooner 2002; Nelson-Gardell & Harris 2003; Schauben & Frazier 1995; Straker & Moosa 1994; Wasco & Campbell 2002). 외상 후 스트레스 장애 진단과 일치하는 다른 흔한 증상들은, 내담자와 작업할 때 부정, 불신, 거리감, 친밀한 관계의 단절과 중단, 내담자의 트라우마를 상기시키는 것들에 대한 회피 혹은 무감각 반응을 통해 트라우마와 거리를 두려는 조력자의 시도를 반영한다.

이 장의 첫머리에서 나왔던 개인적인 고찰은, 우리가 아동기 트라우마를 경험한 내담자에게 얼마나 사로잡힐 수 있는지를 보여준다. 개인 진료를 하는 전문가의 다음과 같은 언급은 우리의 개인적인 삶에 내담자에 대한 생각이 얼마나 강력하게 침투될 수 있는지 더 분명하게 보여준다.

> 나는 우리의 회기 외에도 내담자 샌디(Sandy)에 대하여 자주 생각하고 있는 나 자신을 발견했다. 특히 내 배우자와의 성적인 관계를 가질 때 그러했다. 우리가 성관계를 하는 매 순간마다, 나는 샌디에 대해, 그녀의 아버지가 그녀에게 한 일에 대해 생각하게 되고, 이는 배우자에게 집중하는 것을 힘들게 한다.

이차적 외상 스트레스의 더 극적인 예시는 내가 아동 복지 공무원들을 위해 주최한 워크숍에 참여했던 전문가 '조'가 나에게 설명했던 것이다. 그는 10년 정도 이 분야에서 일하고 있었고, 최근 5년은 대도시 관할 구역의 아동 학대와 방치 혐의를 수사하는 데 기여했다.

> 내 아이가 생기니, 내 담당 아이들에 대해 생각하지 않는 것이 더 힘들어졌다. 나는 최근 4세 남자아이를 성적으로, 그리고 신체적으로 학대한 혐의를 포함하고 있는 수사를 마쳤다. 아이 어머니는 약물 중독자였고 자주 노숙을 했다. 듣자 하니, 그녀는 계속해서 남자 친구들에게 자기 아들을 맡겼다. 이 아이에게는 반복적으로 항문성교를 당한 흔적이 있었다. 또한 엄청나게 많은 신체적 부상이 있었다. 나는 다섯 살 먹은 아들이 있다. 내 아들을 보면, 이 어린 남자아이와 수년간 내가 보아왔던 다른 모든 아이들 생각이 날 수밖에 없다. 내 아들은 행복하고 근심 걱정이 없다. 그 어린아이는 이미 수많은 일을 겪었다. 그는 초점 없는 눈빛을 가졌다. 내 아들을 볼 때마다 그의 초점 없는 눈빛이 보인다.

언뜻 보기에, 조가 설명하는 것은 단순한 역전이의 예시처럼 보일 수도 있다. 아이가 생김에 따라 내담자들의 욕구와 흥미에 더 민감해지게 된 것은 충분히 있을 수 있는 일이다. 그러나 조의 반응은 그의 개인적인 상황과 그가 설명한 특정 내담자로부터 비롯된 것만은 아니다. 사람들이 아이들에게 얼마나 잔인한 짓까지 할 수 있는지 직접 목격한 것 또한 그에게 영향을 미쳤을 것이다.

대리 외상

아동기 트라우마 내력이 있는 그들의 내담자처럼, 그들과 일하는 전문가는 세상을 의심에 찬 눈으로 바라보며 개인적 취약함을 강화시킬 수 있는 위험성을 가지고 있다. 트라우마에 대한 간접적 노출은 직접적 노출이 그러하듯이, 세상은 안전하고 예상 가능하다는 것에 대한 가정을 산산조각 내버릴 수 있다. McCann과 Pearlman이 원래 개념화한 것처럼(1990b), **대리 외상**(VT)은 2장에서 논의했던 구성주의적 자기 개발 이론(CSDT)에 근거하여, 자신과 타인을 보는 임상가의 관점의 변화에 중점을 둔다. 대리 외상은 "내담자의 트라우마 소재에 감정이 이입이 되는 것의 결과로 발생한 치료자의 내적 경험에서 누적되는 변화"(Pearlman & Saakvitne 1995, 31)이다.

이 장의 도입 부분에서 소개된 케이티와의 작업에 대한 나의 언급은, 아동기 트라우마의 내력이 있는 내담자와의 접촉에 대한 결과로 세상을 보는 우리의 관점이 어떻게 변화하는지를 보여준다. 나는 이웃에 사는 어린아이들의 안전에 대하여 염려를 표현하며, 순식간에 동심이 사라질 수 있다고 말했다. 나는 "나는 누구든 무엇이든 할 수 있는 능력이 있다고 믿는다"라는 말을 자주 듣는다. 나는 또한 위험으로부터 안전하거나 전혀 영향을 받지 않는 사람은 없다고 믿는다. 나는 정말로 나쁜 일들이 좋은 사람들에게도 일어날 수 있고, 일어난다고 믿는다. 나는 다른 이들의 동기에 회의적이고, 그들의 최악을 가정할 모든 준비가 되어있다. 객관적으로, 나는 어린아이가 피해를 당할 위험성이 상대적으로 작고, 대부분의 사람들이 타인에게 피해를 끼칠 의도를 가지고 있지 않다는 것을 알고 있다. 그러나 주관적으로, 세상을 보는 나의 관점(만약 내가 조심하지 않으면 의심 없이 사실로 받아들일 수 있는 것)은 의심과 운명론으로 특징지어질 수 있다.

내가 주최한 워크숍에 참석했던 동료인 '난(Nan)'의 경험은 우리의 직업으로 인해 우리의 사회적 현실이 얼마나 왜곡될 수 있는지 더 분명하게 보여준다. 성폭행 관련 기관에서 일했으며, 수년 동안 집단을 운영해온 '난'은 갑자기 무언가 깨달았다고 말했다. 무엇을 깨달았는지 설명해달라고 부탁했을 때 그녀는 이렇게 말했다.

> 저는 왜 제 딸을 과잉보호하는지 전혀 이해하지 못했어요. 제 딸은 이제 16세이고, 저는 제가 항상 최악의 상황을 고려하고 있다는 것을 깨달았어요. 딸이 걸을 수 있을 때부터, 저는 딸에게 어떤 안 좋은 일이 일어날 것이라고 확신하고 있었어요. 저는 딸이 추행당할 것이고 납치당할 것이라고 확신하고 있었어요. 저는 말도 안 되는 소리를 하고 있다고 스스로에게 말하곤 했어요. 남편은 제가 과잉보호를 하고 있다고 말했어요. 그러면 저는 남편에게 '순진해서 세상에서 일어나는 위험한 일들에 대해 잘 모른다'고 말했어요. 딸이 나이가 들었음에도, 저는 여전히 모든 것에 대해 걱정해요. 저는 딸이 더 독립적일 수 있도록 노력하고 있지만, 매일 큰 어려움을 겪어요. 이 워크숍을 통해 저는 한 치의 의심도 없이 제 아이에게 안 좋은 일이 일어날 것이라고 믿었다는 것을 깨달았어요. 지금 생각해보니, 내담자로부터 들은 이야기들이 세상을 보는 제 관점을 왜곡시켰다는 사실이 저를 너무나 화나게 해요.

최근 부상하고 있는 일부 연구들은 전문가의 대리 외상에 대해 조사한다. 일부 연구들은 이차적 외상 스트레스의 침투적인 증상을 포함한 더 포괄적인 정의로 대리 외상을 사용했지만, 그들 자신과 타인을 보는 전문가의 관점에 미치는 간접 외상의 부정적인 영향은 대부분 입증되었다(Birck 2001; Cunningham 2003; Dutton & Rubinstein 1995; Gillian 2000; Pearlman & MacIan 1995; Sabin-Farrell & Turpin 2003; Schauben & Frazier 1995; van Deusen & Way 2006). 그러나 일부 연구들은 결정적이지 못하거나 일치하지 않는 결론을 도출하였고, 대부분의 연구들은 방법론적 제약들이 고려되어야만 한다(Baird & Kracen 2006; Kadambi & Ennis 2004; van Deusen & Way 2006).

공감 피로

연구자들과 이론가들은 가끔 '공감 피로'라는 용어를 이차적 외상 스트레스 또는 대리 외상과 같은 의미로 사용한다. 그러나 공감 피로는 두 용어들과 구분된다. 이차적 외상 스트레스와 대리 외상은 트라우마 생존자와의 작업을 통한 간접적 노출로부터 비롯되고, 공감 피로는 노출이 임상가 자신에게 미치는 영향을 의미한다. **공감 피로**는 내담자의 정신적 고통에 노출되는 것에 대한 반응으로 일어날 수 있으며, 내담자에게 감정 이입하는 조력자의 능력을 저해시킨다(Collins & Long 2003; Stebnicki 2000). 어떤 면에서, 공감 피로는 "직업의 다양한 측면에 대한 부정적이거나, 냉담하거나, 극도로 분리된 반응"을 포함하는 탈진과 유사한 것으로 보일 수 있다(Collins & Long 2003, 421). 그러나 이것은 또한 타인과 관계를 맺고 연락을 하는 데 어려움을 겪는 내담자와 작업할 때의 어려움들을 의미한다. 보통 이러한 내담자는 의심과 적대감을 가지고, 도움을 주는 전문가를 찾는다(Chu 1992).

몇몇 연구 결과는 공감 피로는 트라우마 생존자와 일하는 전문가에게 흔히 발생한다고 제시하였다(Conrad & Kellar-Guenther 2006; Figley 1995a; Figley & Kleber 1995). 또한 몇몇 연구 결과들은 함께 작업하기 어려운 내담자와 작업할 때, 그리고 내담자가 자신에게 제공되는 도움을 감사히 여기지 않을 때 공감 피로가 특히 더 발생하기 쉽다고 제시한다(Blankertz & Robinson 1996; Corrigan et al. 1997; Gomez & Michaelis 1995).

전문가('수잔')의 반응은 분노하는 내담자와의 작업이 그들과 관계를 맺고 연락을 취하는 조력자의 능력에 어떻게 영향을 미치는지에 대한 전형적인 모습을 보여준다. 수잔(Susanne)은 위탁 가정 관리소에서, 특히 아이들과 생물학적 부모의 재결합을 목적으로 하는 상황에서 생물학적 부모들과 일한다. 그러므로 수잔이 부모들과 연결되어 그들이 아이들과 떨어지게 만든 어려움으로부터 그들을 돕는 것이 중요하다. 당연하게도, 부모들은 보통 아이들과 떨어지게 된 것에 대해서 화가 나 있다. 대부분은 아닐지라도 많은 부모들은 어린 시절에 트라우마를 경험했고, 수잔에 대한 관점과 반응은 불가피하게 그들의 경험을 반영한다.

수잔이 특히 더 힘든 사례에 대해 논의한 것으로 보아, 그녀는 인내심이 부족한 것이 분명했다. 이 생물학적 어머니는 아이들을 찾기 위해 요구된 조건들 중 몇 개의 과제들을 따르지 않았다. 그녀의 조급함에 대해 지적했을 때, 수잔은 다음과 같이 말했다.

> 이것에 대해서 한 번도 생각해본 적이 없지만, 당신이 맞는 것 같아요. 나는 그 여자(생물학적 어머니)에게 정말 화가 나요. 당신도 알다시피, 다 뻔한 얘기였어요. 그녀는 힘든 아동기를 보냈고, 성적 학대를 당했고, 그녀의 어머니는 그녀를 학대했고, 어쩌고저쩌고. 나는 내가 이런

식으로 느끼지 않아야 한다는 것을 알지만, 이 일을 오래 하고 나니, 누가 상관이나 한답니까? 난 확실히 안 해요.

수잔은 그녀가 매우 전문적이지 못한 말을 한 것 같다며, 그녀의 언급에 대해 큰 죄책감을 표현하였다. 그러나 수잔의 반응은 비정상적인 것이 아니었고, 나는 그녀의 정직함과, 감정을 인정한 것에 대해서 칭찬하였다. 사실, 그녀가 함께 작업하는 내담자와 일의 본질을 고려했을 때, 그녀의 반응은 이해할 만했다. 우리처럼 수잔은 인간이고, 불가피하게 내담자와 하는 일들로부터 영향을 받는다. 문제는 우리의 내담자와 우리의 작업에 대해서 우리가 어떻게 느끼는가가 아니다. 문제는 이러한 감정들을 어떻게 할 것인가이다. 놀랍지 않게도, 그녀에게 내담자와 일에 대한 그녀의 반응에 대해 누군가와 이야기한 적이 있는지 물었을 때, 수잔은 놀라워했다. "나의 슈퍼바이저가 신경 쓰는 것은 내가 날짜에 맞추어서 서류 작업을 끝내는 것뿐이기 때문에 나는 그녀에게 말하지 않을 거예요. 게다가, 내가 내 감정에 대해 이야기하면 그녀는 내가 일을 잘하지 못한다고 생각할 것 같아요. 가끔 나는 몇몇 동료들과 이야기하지만 그들은 모두 나처럼 매우 바쁘고 불만을 느끼고 있기 때문에 크게 도움이 되지 않아요."

우리의 내담자처럼, 우리는 일에 대해서 목소리를 내어 생각과 감정을 말하는 것이 필요하다. 그렇게 해서, 우리는 개인적인, 그리고 전문적인 삶에 지장을 주는 간접 외상의 힘을 감소시킨다. 불행하게도, 수잔의 기관에서의 경험은 너무 흔한 일이다. 아동기 트라우마 생존자와 작업하는 전문가는 그들의 작업에 대한 반응이 보편적이라는 사실을 알 필요가 있다. 예를 들어, 그들이 내담자에게 화가 나거나 짜증이 나는 것은, 그들이 '비전문적'이기 때문이 아니라는 것이다. 우리가 이런 종류의 감정을 관리하고 효과적으로 작업하려면, 고립이 아닌 인정이 필요하다.

간접 외상의 위험 요인과 간접 외상에 대한 보호

다양한 연구들은 간접 외상의 위험성을 고조시키거나 완화시키는 변인들을 찾기 위해 노력해왔다. 불행하게도 이차적 외상 스트레스, 대리 외상, 공감 피로라는 용어는 애매모호한 용어 사용으로 인해 모순되는 결과를 낳는 많은 연구들에서 자주 상호 호환되어 사용되었다. 그러나 연구 결과들은, 서로 관련이 있는 이 간접 외상의 세 가지 측면들이 비슷한 위험과 보호 요인으로부터 영향을 받는다고 제안한다.

여러 연구들은 전문가의 나이, 훈련, 전문적인 경험이 간접 외상에서 한몫을 한다고 제시하였다. 예를 들어, 비교적 적게 교육받은 젊고, 일을 처음 시작한 전문가일수록 간접 외상의 위험이 더 높으며 더 많은 증상이 나타난다(Arvay & Uhlemann 1996; Baird & Jenkins 2003; Ghahramanlou & Brodbeck 2000; Steed & Bicknell 2001). 비록 경험의 기간과 간접 외상 위험의 관계에 대한 연구 결과들은 일관성이 없지만, 연구 결과에 따르면 트라우마 생존자와 가장 많거나 적은 작업 경험을 가진 전문가가 가장 영향을 많이 받는다(Chrestman 1995; Meyers & Cornille 2002; Pearlman & MacIan 1995; Steed & Bicknell, 2001).

또한 일부 근거는 여성 임상가가 남성들보다 간접 외상의 징후를 경험할 가능성이 높다는 것을 제시하긴 하지만 이것은 여성 임상가가 반응을 더 잘 인정하려고 하기 때문일 수도 있다는 주장도 있다(Birck 2001; Cornille & Meyers 1999; Kassam-Adams 1999). 또한 이것은 여성들이 아동기 트라우마를 경험하기 쉽기 때문에, 더 취약하다고 제안되었으며, 많은 연구에서 이는 간접 외상의 위험을 증가시킨다고 밝혔다(Baird & Kracen 2006; Follette, Polusny, & Milbeck 1994; Kassam-Adams 1995; Nelson-Gardell & Harris 2003; Pearlman & MacIan 1995). 하지만 적어도 두 개의 연구가 전문가의 개인적 아동기 트라우마 경험과 그들의 간접 외상에 대한 취약성 사이에 아무런 연관성도 찾지 못했다는 것을 염두에 두어야 한다(Benatar 2000; van Deusen & Way 2006).

연구 결과에 따르면, 다른 어려움을 가진 내담자와 일하는 것보다, 트라우마 생존자와 일하는 임상가가 간접 외상을 경험할 가능성이 더 높다(Arvay & Uhlemann 1996; Brady et al. 1999; Chrestman 1995; Cunningham 2003). 게다가 연구 결과들에 따르면, 다른 종류의 트라우마를 가진 내담자와 일하는 것보다, 아동기 트라우마 생존자와 일하는 전문가가 간접 외상을 경험할 가능성이 더 높으며, 이는 전문가가 아닌 생존자가 성적 학대를 경험했을 때 특별히 더 적용된다(Brady et al. 1999; Horwitz 2006; Kassam-Adams 1999; Schauben & Frazier 1995). 흥미롭게도, 아동기 트라우마의 내력이 있는 내담자와 작업하는 것은 전문가의 정신적인 안녕감과 직업에 대한 만족도를 향상시키는 잠재력이 있다는 증거 또한 있다(Brady et al. 1999; Ortlepp & Friedman 2002).

조직의 상황과 관련이 있는 요소들은 간접 외상의 위험 요소들과도 관련이 있다는 결과가 존재한다. 놀랍지 않게, 전문적으로 고립되어 있다고 느끼거나 작업 환경에서 지지받지 못한다고 느낀다고 설명한 사람들은 더 큰 위험에 노출되어 있는 반면, '작업에서 지지받는다'고 느낀다고 보고한 전문가는 간접 외상의 증상을 더 적게 경험하였다(Ortlepp & Friedman 2002; Schauben & Frazier 1995). 적어도 하나의 연구는 직업적 지지를 받는 것은 전문가가 간접 외상을 겪을 위험성에 영향을 미치지 않는다고 밝혔다(Horwitz 2006).

간접 외상과 역전이

분명히, 아동기 트라우마 성인 생존자와 일하는 전문가는 그들의 일로부터 깊게 영향을 받게 될 것이다. 그러나 3장에서 언급했던 것처럼, 우리는 역전이를 개인의 해결하지 못한 문제에서 온 '이상(abnormal)' 반응으로 보아서는 안 된다. 그 대신에 우리는 이것을 작업과 관련한 어려움과 내담자의 고통스러운 자기 개방에 대한 매우 인간적이고 이해될 만한 반응으로 보아야 한다. 또한, 이 장의 제목처럼, 간접 외상은 아동기 트라우마의 내력이 있는 성인과의 작업에서 불가피한 현상이다. 하지만 역전이와 간접 외상 둘 다 임상가의 개인적인 반응을 나타내는 것들이지만 같은 것은 아니다.

역전이는 특정한 내담자에 대한 전문가의 반응을 포함하며, 트라우마의 내력이 있는 내담자에게 제한되지 않는다(Etherington 2000; Pearlman & Saakvitne 1995; Sexton 1999). 간접 외상의 정의에 따르면, 간접 외상은 아동기 트라우마의 내력이 있는 내담자와의 작업에서 유래되며, 한 명의 구체적인 트라우마 생존자와의 접촉의 결과가 아닌, 여러 번 접촉한 결과이다. 역전이는 내담자와의 작업 관계, 특히 감정을 이입하는 우리의 능력을 방해할 수 있기 때문에 특히 더 관심의 대상이 된다. 간접 외상은 반대로, 우리의 개인적, 전문적 삶을 무너뜨린다.

비록 서로 다른 개념이지만 간접 외상과 역전이는 서로 연결된 현상이며 자기 강화적일 수 있다. 예를 들어, 임상가가 간접 외상의 증상으로부터 그들 자신을 방어하려는 시도는 회피, 내담자와의 과한 동일시, 가해자와의 동일시와 같은 다양한 역전이 반응을 만들 수 있다(Collins & Long 2003; Cramer 2002; Fox & Carey 1999; Neumann & Gamble 1995). Pearlman과 Saakvitne(1995)는 그들이 **역전이-대리 외상 순환과정**(countertransference – vicarious traumatization cycle)이라고 부르는 것을 설명하며, 대리 외상이 치료자의 역전이 반응의 형태를 만든다고 주장하였다. 대리 외상이 증가함에 따라 전문가가 역전이의 징후를 알아차리지 못하여 이를 다루지 못하게 될 가능성 또한 함께 증가하게 된다.

한 내담자와의 나의 작업에 대한 다음의 예시는, 특히 자기 개방과 경계의 영역에서의 대리 외상과 역전이의 상호의존성과, 상호의존성이 전문가의 행동에 미치는 영향에 대해 보여준다.

매 회기마다, 성적 학대에 대한 키스(Keith)의 개방은 더욱 더 솔직해지고 충격적이었다. 내가 상황이 이보다 더 나빠질 수는 없다고 생각할 때마다 그는 더 잔인한 무언가를 나에게 말했다. 가장 최악이었던 것은 그가 모델이었던 포르노에 관한 이야기였다. 그의 삼촌은 그가 가해자 집단의 남성 중 한 명과 함께 가지각색의 생생한 자세들을 취하게 한 뒤 사진을 찍었다. 키스는 아직도 그 사진들의 일부를 가지고 있었다. 그는 그것들을 '증표'라고 불렀다. 그는 나에게 그중 일부를 보여주고 싶다고 말했다. 나는 그것들을 보고 싶지 않았지만, 내가 그 사진들을 봄으로써 그것이 실제로 일어난 일이라는 것을 인정해주길 바라는 것이 분명했다. 나는 그 사진들을 보았지만, 사진들을 보는 데 많은 시간을 쓰지 않았다. 나는 그와, 그와 같은 다른 사람들, 그리고 당시 여섯 살이었던 내 아들을 생각하자 눈물이 고였고, 화가 났다. 키스도 눈물을 글썽였다. 이 회기는 아주 의미 있었다.

키스와 나는 그가 그 사진들을 버릴 수 있게 되는 것을 목표로 작업하기로 동의했다. 나는 그가 그 사진들을 한 번에, 그리고 전부 버릴 준비가 될 때까지 나에게 맡기길 간절히 바랐다. 상징적으로, 이것은 사진을 버리기 위한 첫 번째 단계가 되었을 것이다. 그는 사진들을 맡길 준비가 되지 않았기 때문에 그렇게 할 수 없다고 말했다. 나는 실망했고, 농담으로 그가 그 사진들을 멋진 상자에 포장해서 그의 삼촌에게 크리스마스 선물로 보내라고 제안했다. 키스는 이 생각을 무척 좋아했고, 그가 정확히 그렇게 할 것이라고 했다. 나는 그에게 단지 농담이었을 뿐이라고 말했다. 하지만 그는 그렇게 하고 싶다고 말했다. 그는 결국 사진들을 "내가 잊지 않았다는 것을 당신이 알았으면 좋겠어요"라고 적은 메모와 함께 예쁘게 포장해서 삼촌에게 크리스마스 선물로 보냈다. 다음 회기에서 키스를 만났을 때, 그는 그렇게 했다는 사실에 기분이 좋고 후회하지 않는다고 말했다.

약 한 달 후에, 키스는 화가 나고 우울한 모습으로 나를 만나러 왔다. 그의 삼촌은 키스가 그에게 보낸 종이에 메모를 적어 보냈다. 악의에 찬 냉정한 억양이었다. 삼촌은 "그 기억들에 대하여 고마움을 전한다. 좋은 시간이었어. 그렇지 않니?"라고 말했다. 키스는 엄청난 충격을 받았다. 나는 삼촌과 다른 가해자들에 대한 나 자신의 분노가 이 모든 일이 일어나게 한 것을 깨달았기 때문에 죄책감을 느꼈다.

내가 키스를 본 지 수년이 지났지만, 나는 우리의 작업 관계에서 이 단계를 생생하게 기억할 수 있다. 나는 그때 아동기 트라우마 성인 생존자와 작업했던 경험이 매우 적었고, 어린아이들에게 내가 들은 것과 같은 행동들을 사람들이 할 수 있다는 사실에 회의적이었다. 키스의 경험은 나를 특히 더 속상하게 만들었는데, 돌이켜 생각해보면 그 작업에 두 가지 영향력이 있었던 것 같다. 첫째, 나에게는 어린 아들이 있었다. 나는 아들과 함께 있을 때, 키스와 그에게 일어난 일을 생각하는 나 자신을 발견했다. 그리고 나는 키스와 작업할 때 아들을 자주 생각했다. 지금 생각해 보면, 나는 이차적 외상 스트레스를 경험한 것이었다. 둘째, 나는 키스의 피해 사실이 마치 내가 이미 귀에 딱지가 앉을 정도로 많이 들어본 내용이라고 느껴질 정도로 소진된 시점에 도달해있었다(물론 그 후에도 나는 더 심한 이야기들을 많이 보고 들었다). 나는 화가 나 있었다. 단지 키스의 가해자에게뿐만 아니라, 내가 만나고 알게 되어 마음을 많이 쓰는 내담자를 다치게 한 모든 가해자에게 화가 나 있었다. 또한 나는 나 자신에게 화가 나있었고 무기력하다고 느꼈고, 내가 줄 수 있는 도움이 제한되어 있다는 사실에 좌절감을 느꼈다.

키스와 나는 이 경험을 이겨냈고, 우리 둘에게 아주 귀중한 시간이었다는 것이 드러났다. 비록 의도했던 결과는 아니지만, 그의 삼촌의 냉소적인 응답은 그가 피해 사실에 대한 격렬한 분노를 직면하고 풀어나갈 수 있게 해주는 강력한 자극제가 되었다. 나는 평행적 과정의 역동에 대해 직접적으로 배울 수 있었다. 나의 감정과 반응에 대해 말하는 것과, 나의 감정과 내담자의 감정적 반응을 구별하는 것이 나에게 얼마나 중요한 일인지 배웠다.

나에게 무슨 일이 일어나고 있는지 계속해서 관찰하고, 주도적으로 내 자신을 돌보는 것이 얼마나 중요한지를 깨달았기 때문에 이 사건은 나에게 전환점이 되어주었다. 나는 항상 나의 동료들에게 내담자와의 작업에 대하여 상의해왔다. 하지만 이 경험의 결과로 내가 더 의도적으로 하게 된 것은, 내 일에 대한 개인적인 감정을 표출하는 방법으로 동료 슈퍼비전을 사용하고, 나의 개인적인 삶에 일이 침투하는 것을 최소화하는 방법을 개발하기로 한 것이다. 이 장의 다음 부분에서는, 간접 외상의 효과를 최소화하기 위하여 우리가 사용할 수 있는 전략들에 대해 알아볼 것이다.

슈퍼비전의 영향

아동기 트라우마 성인 생존자와 일하는 것은 어렵다. 그리고 전문가가 효과적이게 되려면 이 일을 혼자 할 수 없다는 사실을 인지해야만 한다. 우리에게는 동료들의 지지, 조언, 충고가 있어야만 한다. 그러나 많은 실무 환경과 상황에서, 이러한 지지가 제공되지도 권장되지도 않는다는 것은 불편하지만 명백한 사실이다(Gabbard 1996; Wells, Trad, & Alves 2003). 예를 들어, 내가 최근에 주최한 간접 외상에 대한 워크숍에서, 경험이 풍부한 한 사회복지사(그의 내담자는 주로 집이 없는 약물 중독자들이다)가 다음과 같이 말했다.

저는 한 번도 내담자에 대한 저의 감정에 대해 말하는 것이 용인되는 일이라고 생각해본 적이 없어요. 저는 정말로 제가 하는 일을 좋아합니다. 오해는 하지 마세요. 하지만 저의 내담자 대부분은 함께 일하기가 쉽지 않아요. 그들은 수년간 중독자였고, 보통 그들은 마지막 수단으로 우리에게 와요. 그러나 그들 모두가 약물 중독으로부터 벗어나려고 노력하는 것은 아니에요. 그들은 단지 선택의 여지가 별로 없을 뿐이에요. 그들은 바닥을 친 상태예요.

그들은 모두 끔찍한 이야기들을 가지고 있어요. 저는 그들이 제 도움을 원치 않는다는 사실에 좌절하는 것으로 시작해서 그들의 상황과 부족한 자원에 화가 나고, 그 다음엔 그들의 가족이 그들이 어릴 때 어떻게 인생을 망쳤는지에 대해 분노해요.

얼마 전에, 저는 임상 감독(clinical director), 엄밀히 말하자면 제 슈퍼바이저이지만, 저에게 아무런 도움이 되어주거나 지도해주지 않는 그에게 최근에 교도소에서 나왔고, 믿을 수 없을 정도에 잔인한 어린 시절을 보낸 제 내담자 중 한 명을 다루는 데 어려움을 겪고 있다고 말했어요. 이 내담자는 그의 아버지와, 아버지와 함께 마약을 하는 동료들로부터 반복적으로 강간당했어요. 그는 마약을 위한 자금을 마련하기 위해서 매춘부가 되었고, 감옥에서 시간을 보냈어요. 그리고 물론, 그곳에서 항문 강간을 당했어요. 정말 끔찍한 이야기예요. 이 이야기는 저를 많이 괴롭혔어요. 임상 감독은 제 이야기를 거의 무시했고, 저에게 내담자의 과거 인생에 들어가지 말고 현재에 집중해야 한다고 말했어요. 그녀는 또한 저에게 제가 전문가가 되는 것이 어떤 의미인지를 기억할 필요가 있다고 말했어요. 우리의 직업에 감정을 끌어들이지 않는 것이 좋다고 말하면서요. 한편으로, 저는 제가 그녀의 말대로 하지 말아야 한다는 것을 알고 있었지만, 저는 계속해서 제 전문성에 대해 죄책감을 느끼고 의문을 가지게 되었어요.

이 전문가의 경험은 많은 실무 환경에서 매우 보편적인 일이다. 왜냐하면 임상적 슈퍼바이저의 역할에 대한 명확성이 부족하기 때문이다. 사실, 연구들은 일관적으로 모든 종류의 임상 감독에게 도움 전문가가 특히 실수와 두려움, 그리고 내담자에 대한 개인적인 반응에 대해 이야기할 때 완전히 정직해지기 힘들어한다는 것을 밝혔다(Ladany et al. 1996; Webb & Wheeler 1998; Yourman 2003). "임상가가 슈퍼바이저에게 감추게 되는 (임상가의) 생각, 감정, 혹은 행동의 양상이야말로 개방적으로 논의되어야 할 주제들이다"(Gabbard 1996, 317).

모든 상담 상황에서, 슈퍼바이저는 감독하는 사람의 내담자와의 작업의 기술적 측면뿐만 아니라 일에 대한 개인적인 반응 또한 다룰 준비가 되어 있어야 한다. 왜냐하면, 이 둘은 서로 관계가 있고 연결되어 있기 때문이다. 이것은 작업의 본질과 간접 외상의 위험성을 고려해볼 때, 아동기 트라우마 성인 생존자와의 작업에서 특히 더 중요하다(Etherington 2000; Fontes 1995; Walker 2004). 슈퍼바이저들은 감독하는 사람들을 '상담'하기 위해 존재하지 않는다. 대신에 슈퍼비전의 적절한 초점은 슈퍼비전에서 이것들이 논의되고 드러날 때의 전문가의 반응을 포함하는 (이전에 설명한) 평행적 과정이다(Morrissey & Tribe 2001; Mothersole 1999). 우리가 우리의 일, 내담자, 그리고 그들의 상황과 이야기에 대해 어떤 감정을 갖는지는, 내담자의 감정과 경험이 그러하듯이, 슈퍼비전의 적절한 초점이다.

Shulman(2006)은 그의 상호작용 실무 모델에서, **감정-행동 연관성**(feeling-doing connection)이라고 부르는 것을 설명하며, 내담자가 느끼는 감정이 행동에 영향을 미치고, 그들이 하는 행동이 감정에 영향을 미친다고 주장한다. 이 감정-행동 연관성은 내담자와의 작업과 관련이 있으므로 추후에 다른 장에서 논의될 것이다. 하지만 (평행적 과정의 다른 예시에서) 우리가 우리의 일과 내담자에 대해 느끼는 감정이 우리가 전문적 실무 상황에서 하는 행동에 영향을 미치고, 우리가 실무 상황에서 하는 행동이 우리의 감정에 영향을 미친다. 슈퍼비전에서의 관계는 우리가 개방적이고 건설적이게 우리의 감정을 논의할 수 있는 장소가 될 수 있으며, 그렇게 되는 것이 좋다(Coburn 1997; Follette & Batten 2000).

앞서 설명했던 상황에서 임상 감독은 이 연관성을 인정하지 않는다. 그리고 사실, 이 임상 감독이 전문가의 감정을 축소시키고, 그런 감정을 가지는 것은 '비전문적'이라고 말하는 것은 특히 더 도움이 되지 않는다. 이 전문가는 자신의 감정이 일반적이고 이해

가능하다는 것을 알 필요가 있었다(그녀의 내담자가 그러하듯이). 감정을 말로 표현하는 것은 내담자와 관계를 맺는 능력과 개인적인 삶을 방해하는 그들의 힘을 감소시켜 준다. 불행하게도, 이 특정 예시에서 임상가는 간접 외상이 심해지게 만들었던 죄책감, 혼란, 고립감을 느끼게 되었다.

  슈퍼비전의 첫 번째 목적과 목표는 간접 외상을 완전히 없애는 것이 아니라, 간접 외상의 영향을 최소화시키는 것뿐만 아니라, 전문가가 임상가 자신을 주도적으로 돌보도록 돕는 것이다. 이것은 슈퍼바이저와 감독을 받는 대상 모두 감독을 받는 대상의 개인적이고 정서적인 반응과, 내담자와 전문가 사이의 관계에 계속해서 관심을 가져야 한다는 뜻이다.

전문가의 개인적 반응 다루기

나를 포함한 대부분의 사람들은, 전문적 실무 상황에서 우리의 감정이 들어설 자리는 없다고 배웠다. 그러나 실제로 우리의 감정은 내담자와 작업할 때 항상 존재한다. 불행하게도, 몇 개의 연구 결과들이 밝힌 것처럼, 우리의 훈련은 이런 반응을 '금기' 또는 '비전문적인 것'으로 보게 만든다(Ladany et al. 1996; Webb & Wheeler 1998; Yourman 2003). 그러므로 슈퍼바이저가 그들에게 직접적으로 접촉하고 임상가가 그것에 대해 논의하도록 용기를 북돋아주지 않는 이상 가장 중요한 논의 주제는 표면적으로 드러나기 어렵다.

  슈퍼바이저는 임상가의 감정과 반응이 어떤 감정과 반응이든지 간에 일반적이고, 예상되며, 이해될 만하다고 보이는 분위기를 만들어야 한다. 이런 감정들의 존재에 대해 물어보는 것만으로도 슈퍼바이저는 전문가에게 감정을 갖는 것이 '괜찮다'는 강력한 메시지를 보낸다.

  슈퍼비전의 정기적인 한 부분으로서의 **정서적 점검**(affective check-in)은 임상가의 감정을 더욱 일반화시키고 타당화시킨다. 점검은 사고와 감정이 임상가의 개인적인 삶에 침범했는지 아닌지에 대한 질문을 포함한다. 이런 종류의 질문은 경계를 위반하는 것이 아니라, 작업과 관련된 거슬리는 증상을 다루고 대처하는 방법을 발전시키도록 임상가를 도울 수 있게 하는 대화가 시작될 수 있게 한다. Etherington(2000)은 슈퍼바이저에게 감독을 받는 사람들이 특정 내담자나 일반적인 작업에 대한 그들의 반응에 나타나는 변화를 기록하게 하라고 제안한다. 전문가의 반응들은 그들과 작업하는 특정 내담자뿐만 아니라 그들의 삶의 변화에 대한 반응에 따라 다양해질 것이다. 그러므로 임상가의 감정과 반응을 알아보는 것은 계속되어야 하며 계속해서 변화하는 슈퍼비전의 측면일 것이다. 개방적 논의의 장점은 다음의 예시에서 분명하게 드러난다. (내담자 수가 계속해서 바뀌는) 정신 병동 입원 환자 상담자가 내담자들 중 한 명에 대한 자신의 반응을 다음과 같이 설명한다.

> 저는 이 병원에 온 지 일주일 정도 된 태머라(Tamara)라는 한 환자에 대한 생각을 멈출 수가 없었어요. 저는 그녀가 어린아이였을 때 그녀에게 일어난 일에 대해 계속해서 생각했어요. 그 일(의례적인 성적 학대)은 역겹고, 비상식적인 일이었어요. 저는 제 남편이 저에게 손대는 것을 원치 않게 되었어요. 저는 환자가 생각나서 성관계를 가지는 것은 생각도 할 수 없었어요. 슈퍼비전에서 이것에 대해서 말할 생각은 전혀 없었습니다. 그런데 어느 날, 슈퍼바이저 그웬(Gwen)은 저에게 생존자와 작업을 하는 것에 대한 결과로 친밀한 관계를 가지는 데 방해가 되는 증상을 경험한 적이 있다고 말하며, 나에게도 그런 일이 일어난 적이 있는지 물었어요. 저는 그 질문에 놀라기도 하고 안도하게 되었어요. 저는 마침내 이것에 대해 말할 수 있게 되었고, 우리는 함께 우리가 할 수 있는 일을 알아볼 수 있었어요. 이것은 제가 이런 감정과 반응을 가지는 사람이 저 혼자가 아니라는 것과 제가 내담자에게 그들이 가지고 있는 거슬리는 생각들을 어떻게 다루어야 하는지 가르쳤던 것들을 제 인생에도 적용할 수 있다는 사실을 깨달을 수 있도록 도와주었습니다.

이 예시는 아동기 트라우마 내력이 있는 내담자와 일하는 전문가를 위한 효과적인 슈퍼비전의 중요한 측면을 보여준다. 임상가의 감정과 경험에 대한 논의는 Shulman이 "목적 추구의 감정"(2006)이라고 부르는 것을 반영해야만 한다. 슈퍼비전에서 전문가의 감정에 대한 논의는 목적이 있어야만 하고, 그들과의 작업에 대한 반응을 다루는 데 도움이 되도록 조직되어야 한다(Follette & Batten 2000; Walker 2004).

간단히 말해서, 내담자나 그들의 조력자가 감정을 무분별하게 표출하는 것은 본질적으로 도움이 되지 않는다. 치료의 초점에 대한 앞선 논의들은(3장과 4장을 참고하라), 내담자가 과거에 대한 감정과 반응을 직면하도록 북돋아주기 전에 내담자가 현재에 어느 정도의 안정감과 자기 통제감을 달성하였다는 실무 원칙을 강조하고, 트라우마 또는 현재에 초점을 맞춘 치료로 구분되었다. 우리가 과거에 내담자에게 일어난 일이나 그에 대한 결과로서 현재 겪는 어려움들에 대한 감정을 표현하도록 북돋아주려면, 그에 맞는 적절한 이유가 있어야 한다. 우리가 내담자에 대해 이야기하든, 아니면 감독하는 대상에 대해 이야기하든, 감정에 대한 논의는 목적의식이 있어야 한다.

나의 워크숍에서 한 참가자가 슈퍼비전에서 목적의식 없이 감정에 대해 논의할 때 발생하는 일에 대하여 설명했다.

> 한 달에 한 번 정도 우리는(그녀의 동료들은) 우리의 사례들에 대한 이야기를 나누기 위해 만나요. 나는 요점이 무엇인지 잘 모르겠어요. 우리는 우리가 얼마나 짜증나고, 힘들고, 피곤한지에 대해 말해요. 하지만 그래서 어쩌라는 거죠? 도대체 요점이 뭐죠? 이런 만남은 상황을 변화시키거나 개선해주지 않아요.

앞선 예시에서, 입원 환자 시설 슈퍼바이저 그웬은, 전문가에게 다른 비슷한 내담자들과 작업할 때 그녀가 보이는 반응을 이해하고 받아들임으로써 자신의 일에 대한 반응을 또한 이해하고 받아들이라고 북돋아주었다. 감독 관계에서 이 **감정의 일반화** (normalizing feelings)라는 기술은 아동기 트라우마 성인 생존자인 내담자와 전문가 간의 작업 관계를 위해 그 자체만으로도 아주 중요하다. 그웬이 슈퍼비전을 해주었던 정신 병동 입원 환자 상담자가 말한 것처럼 작업에서 방해가 되는 요소들에 대하여 말하는 것 자체만으로 그녀가 그녀의 감정과 반응에 더 잘 대처할 수 있도록 도왔다. 그웬이 그녀가 슈퍼바이지(감독받는 사람)에게 작업의 거슬리는 측면을 축소시키는 것에 대한 구체적인 제시를 한 사실은 더 중요하면 중요했지 덜 중요하지는 않다. 슈퍼바이지가 말했듯이(평행적 과정이 반영된 또 다른 모습), 내담자가 거슬리는 생각과 증상을 다루는 것을 돕는 것과 같은 기술들은 우리가 일에 대한 반응에 대처하도록 우리 스스로를 도울 수 있다.

같은 예시에서 드러나는 또 다른 문제는 임상가가 항상 자신의 감정을 밝히고 싶어 하지 않을 수도 있다는 것이다. 그래서 슈퍼바이저들은 '노력'하고 '슈퍼바이지의 감정을 말로 표현할' 준비가 되어있어야 한다(Shulman 1992). 3장과 4장에서 논의한 것처럼, 전문가는 내담자의 감정과 반응을 현실화시키고 타당화시키기 위하여 이것들을 말로 표현하게 해주어야 한다. 같은 방법으로, 슈퍼바이저들은 임상가의 감정을 밝혀주어야 한다. 이 과정에서 임상가의 전문적, 개인적 삶을 방해하거나 간섭하는 감정의 힘이 줄어들 수 있다.

슈퍼비전에서의 전이와 역전이

많은 경우, 내담자와의 작업에 대한 전문가의 반응은 슈퍼바이저와의 상호작용과 슈퍼바이저의 반응에서 가장 뚜렷하게 드러날 수 있다. 슈퍼바이저와 슈퍼바이지의 상호작용은 대부분 전문가와 내담자 사이에 존재하는 상호작용을 반영한다. 평행적 과정의 이러한 측면은 슈퍼바이저에게 슈퍼바이지와 내담자의 관계를 보여주는 창과 임상가의 작업을 지지할 수 있는 강력한 기회를 제공한다(Etherington 2000; Fox 1998; Mothersole & Tribe 2001; Shulman 1992; Wall 1994; Walker 2004). 하지만 도움이 되기 위해서는, 전문가가 내담자와의 작업에서 전이의 존재와 중요성을 인지해야 하는 것처럼, 슈퍼바이저는 이 역동을 인지할 수 있어야 한다.

아동기 트라우마 생존자와 일하는 동료들과 동료 슈퍼비전에 참가한 이 임상가의 논평과 의견은 이 요점을 보여준다.

최근 몇 번의 [동료 슈퍼비전] 회기에서, 메리(Mary)는 아주 잔인한 학대를 당한 두 명의 내담자에 대한 많은 이야기를 했습니다. 두 명 다 악마 같은 의식, 고문, 강간을 포함하고 있었어요. 매우 참혹한 일이었습니다. 그 이야기를 듣고 있자니, 저는 역겹고 메스꺼웠으며 점점 더 화가 났고, 가해자를 향해 참기 힘든 분노를 느꼈습니다. 저는 메리가 거의 감정 없이 이야기한다는 것을 분명하게 느꼈어요. 처음에, 저는 제가 과잉반응을 하고 있다고 생각했습니다. 그러나 저는 곧바로 제가 과잉반응을 하는 것이 아니라, 메리가 느껴야 할 감정을 제가 대신 느끼고 있다는 것을 깨달았습니다. 저는 그녀와 함께 제 감정에 대해 이야기했고, 그녀는(그리고 결국 우리 모두는) 울기 시작했습니다. 그 순간에 우리 모두는 우리가 하는 일이 얼마나 고통스럽고 어려운 일인지 깨달았던 것입니다.

이 예시에서 특별히 주목할 만한 것은 메리의 모든 내담자는 전형적이고 심각한 해리의 증상을 보였다는 것이다. 그들의 과거에 대해 설명할 때, 그들은 거의 아무런 감정도 보이지 않았다. 이것은 메리가 동료 슈퍼비전 집단에서 한 이야기와 유사하다. 내담자와 메리의 관계에서 유발된 역동과 같은 역동이 동료 슈퍼비전에서의 관계들에서 유발되고 있었다. 또한 이 예시는 우리의 내담자처럼, 아동기 트라우마 생존자와 일하는 우리에게 그들의 상실뿐만 아니라 우리의 순수함, 안전감, 그리고 안정감의 상실을 슬퍼할 기회가 필요하다는 것을 보여준다.

적절히 전문적인 경계 유지하기

전문가는 그들의 결정, 행동, 개입을 지도하는 전문적인 실리를 계속해서 재고해야 한다. 3장과 4장에서 논의한 것과 같이, 이것은 경계의 영역에서 더욱 필요하다. 이상적으로 우리가 정한 경계는 우리 전문가의 역할과 내담자가 그들 자신의 능력을 향상시키기 위해 무엇이 필요한지에 대한 우리의 평가, 두 가지 모두를 반영한다. 하지만 전이, 역전이, 간접 외상은 우리의 판단과 행동에 불가피하게 영향을 미칠 것이다. 이러한 현상들이 파괴적인 영향이 될 가능성은, 임상가가 슈퍼바이저에게 솔직하게 말할 수 있는 관계를 발전시킨 환경에서 줄어든다.

트라우마 작업에서 경계에 대한 결정들은 거의 대부분 뚜렷하거나 명확하지 않다. 그러므로 감독의 대상이 내담자에게 전문적인 역할과 일치하고 도움이 되는 방법으로 작업할 수 있도록 돕는 슈퍼바이저들의 역할은 중요하다. 이는 슈퍼바이저들의 트라우마와 트라우마의 영향, 그리고 트라우마 생존자의 치료 필요성에 대한 확실한 이해를 필요로 한다(Pearlman & Saakvitne 1995). 임상가가 어떻게 내담자(린다)와 음성메시지와 이메일을 통해 계속해서 소통을 하였는지 설명했던 3장의 예시는, 슈퍼비전의 가치를 반영한다. 임상가는 슈퍼바이저와 이메일과 음성메시지를 통한 소통의 장단점(또한 도덕적 그리고 법적 함의)에 대한 논의를 한 뒤 결정을 내린 것이었다. 전문가의 결정은 린다가 자신을 진정시키는 자기 능력을 발전시키도록 부추기는 동시에, 자신과 계속해서 만나도록 할 수 없기 때문에 린다에게 지지를 제공하고자 하는 그녀 자신의 욕구에 대한 이해를 반영했다.

처음에 전문가가 슈퍼비전에서 린다를 언급한 이유는 린다가 그녀에게 점점 더 자주 전화를 걸었기 때문이었다. 전문가는 린다에게 유난히 더 힘든 순간, 자신이 필요할 때 그렇게 해도 된다고 말했었다. 전문가가 슈퍼바이저와 함께 이 결정을 내릴 때, 그녀는 몇몇 대안을 찾았다. 그녀는 그녀의 개인적인 삶에 방해되지 않고, 린다가 스스로를 돌보는 능력을 약화시키지 않는, 그녀가 항상 직접적으로 만나는 방법이 아니고도 계속해서 소통하는, 더 도움이 되는 다른 방법들이 있다는 것을 깨달았다. 놀랍지 않게, 슈퍼비전의 추가적인 초점은 린다를 '구조'하고자 하는 전문가의 열망과 그녀를 '버리는 것'에 대한 그녀의 죄책감(두 가지 모두 아동기 트라우마 내력을 가진 내담자와의 작업에 대한 흔하고 이해할 만한 반응들이다)이 그녀의 치료 관련 결정에 영향을 미쳤는지에 맞춰졌다(Fox & Carey 1999; Neumann & Gamble 1995; Vesper 1995). 이 임상가와 그녀의 슈퍼바이저에게 또 다른 중요했던 논의는, 린다로 인해 그녀의 개인적인 삶이 침해되는 것에 그녀가 매우 화가 났다는 사실을 스스로 인정할 수 있었다는 것이다. 또한 애초에 상황이 그렇게 되도록 만든 그녀 자신에게 화가 났다.

단체와 조직에 미치는 간접 외상의 영향

현대의 실무 현실은 아동기 트라우마 내력을 가진 내담자와 작업을 하든 아니든, 임상가가 슈퍼비전에서 얻는 것이 대부분 거의 없다. 그러므로 우리가 개인적인 상담을 하는지 아니면 기관에서 상담을 하는지에 따라 우리는 상호협력의 문화(4장의 논의를 참고하라)가 만들어지는 **동료 슈퍼비전**(peer supervision groups)을 형성하고 참여할 준비가 되어있어야만 한다(Clemans 2004; Counselman & Weber 2004).

이전의 예시에서 언급한 동료 슈퍼비전 집단은 전문가가 상호지원, 상담, 지도의 필요성을 느꼈기 때문에 그들 스스로 만든 것이다. 구성원들 중 세 명은 사회 복지 기관에 의하여 고용되었다. 이 셋 중 두 명은 가족 복지 단체에서 일하며, '전문가'로 여겨져서 가장 어려운 사례와 가장 심각한 트라우마를 가진 내담자를 소개받는 경향이 있고, 나머지 한 명은 '트라우마 작업'을 전문적으로 한다. 이 집단 구성원들 개개인들은 사실 기관을 통해 감독을 받았지만, 트라우마 생존자와의 작업에서 지지를 받는다는 느낌을 아무도 받지 못하였다. 그들의 슈퍼바이저가 트라우마 작업에 대한 구체적인 지식이 부족했거나 그들을 만날 시간적 여유가 없었다. 동료 슈퍼비전 집단의 나머지 두 구성원들은 개인적으로 상담을 하고 있었으며 트라우마 생존자와 작업하는 것을 전문적으로 하고 있었다.

기관, 슈퍼바이저, 그리고 전문가는 아동기 트라우마 생존자와의 작업에서 그들을 지원하기에 부족한 자원을 창의적으로 활용할 수 있는 사람이 되어야 한다. 예를 들어, 이장 초반에서 언급했던 연구 결과에 따르면, 일을 처음 시작하는 어린 전문가가 특히 더 간접 외상을 경험하기 쉽다고 한다. 그러므로 경험이 풍부한 임상가로부터 경험하지 못한 부분을 지도받을 수 있도록 확실히 해야 한다(Baird & Jenkins 2003; Stebnicki 2000). 새로운 전문가를 위한 작업 사전 교육 또는 준비는 '스트레스 예방'을 돕는다는 증거들 또한 존재한다. 이것은 그들이 스스로를 주도적으로 돌보게 하고 작업의 부정적인 영향을 줄이는 능력을 향상시킨다(Dane 2000). 마찬가지로, 아동기 트라우마 생존자와의 전문적인 작업 경험이 있는 슈퍼바이저와 이 일을 하는 임상가를 감독하는 특별한 훈련을 받은 사람들이 감독하는 사람들에게 더욱 도움이 될 수 있다는 것은 합리적인 사실이다(Wells, Trad, & Alves 2003).

언급했던 것처럼, 증거들에 따르면 전문가의 고립은 간접 외상의 위험성 또한 높인다. 이러한 고립은, 예를 들어 다양한 범위의 내담자를 다루는 기관에서 임상가가 일반적인 담당 건수로 시작하여, 점점 더 '트라우마 전문가'의 역할을 단순히 아동기 트라우마의 내력을 가진 몇몇 내담자를 담당하는 사람 정도로만 간주하는 결과를 낳을 수 있다(Fontes 1995; Stebnicki 2000). 임상 슈퍼비전이 부족한 상황일지라도 조직적인 분위기는 전문가들이 상담에 대한 그들의 감정을 일반화시켜줄 수 있으며 논의와 지지를 위한 건설적인 배출구를 제공해준다. 이것은 몇몇 임상가에게 가장 어려운 사례들이 편중되지 않게 하고, 한 명의 직원에게 한 번에 너무 많은 아동기 트라우마의 내력을 가진 내담자가 편중되지 않도록 적당하고 (최대한) 균형 잡힌 담당 건수의 보장을 강조하는 것을 포함한다.

Moylan(1994)은 기관들이 직원들의 안녕에 투자하지 않는다면, **조직적 감염**(organizational contagion), 즉 집단 역전이의 위험성이 극적으로 증가할 것이라고 주장한다. 이것은 기관들이 공동 지원과 현장 교육을 용이하게 하기 위해 (필요하다면) 외부에서 아동기 트라우마와 그것이 조력자에게 미치는 영향에 대해 잘 알고 있는 전문가를 데려올 준비가 되어있어야만 한다는 것을 말한다. 외부 자문과 지지는 작업에 색다르고, 새로운 관점을 제공한다. 또한 직원들에게 특히 더 어려운 반응과 감정에 대해 비위협적인 방법으로 이야기하고 다룰 수 있는 방법을 제공한다.

전문가를 위한 자기관리 전략

궁극적으로, 아동기 트라우마의 내력을 가진 내담자와 일하는 우리 각자는 스스로를 돌보고, 주도적으로 간접 외상의 조짐, 증상, 징후를 알아차리고 대처할 책임이 있다. 우리는 우리의 일의 피해자가 아닌 수혜자가 되려고 노력해야만 한다. 아동기 트라우마 성인 생존자와의 만남의 결과로서 우리는 더 강해지고 더 지혜로워져야 한다. 이것은 우리가 내담자에게 원하는 것과 아주 유사하다. 우리는 그들이 그들의 피해 사실을 딛고 일어서서 생존자가 되는 것이고, 결과적으로 역성장하기를 바란다.

여러 저자들이 아동기 트라우마 성인 생존자와 일하는 전문가를 위한 자기관리 전략들에 대하여 논의하고, 일에 대한 우리의 감정을 '가지는 것'과 동시에 그것으로부터 벗어날 수 있는 경험과 활동을 찾는 것에 대한 필요성을 강조한다(Bell, Kulkani, & Dalton 2003; Clemans 2004; Cunningham 2004; Danieli 2005). 예를 들어, Saakvitne는 "우리는 '내가 어떻게 하고 있나?'라는 질문을 스스로에게 규칙적으로 물어볼 필요가 있다"고 말했다(2002, 447). 간접 외상은 영구적이거나 고정적인 상태가 아니다. 우리는 그 순간에 우리의 개인적, 전문적 삶에 어떤 일이 일어나고 있는지뿐만 아니라, 함께 작업하고 있는 특정 내담자에 따라 더 심한 혹은 약한 강도로 간접 외상의 영향을 경험하게 될 것이다.

이전에, 나는 역전이와 간접 외상의 순환에 대한 실례로 키스와 나의 작업을 인용하고, 내가 그 당시에 어린아이를 키우고 있었기 때문에 그의 사례에 특별히 더 영향을 받았다고 언급했다. 그 당시에 내 인생에서 일어나고 있던 다른 사건들은(아버지의 죽음과 나의 가까운 친구를 잃은 것과 같은 일들) 내가 간접 외상의 영향을 받기 쉽게 만들었다. 보다 최근에, 나는 내가 진행한 집단에 의하여 깊은 영향을 받게 되었는데, 이것은 나의 개인적 삶에서 일어난 일 때문이 아니라, 특정 집단 구성원들의 아동기 경험과, 이 집단에서 나온 강력하고 고통스러운 대화 때문이었다.

Saakvitne는 또한 우리가 우리의 직무로부터 벗어날 기회가 필요하다는 조언을 해 주었다.

> 외상은 항상 상실감과 고통에 대한 것이기 때문에, 우리는 즐거움과 감각적 쾌락을 위한 시간을 내고 균형을 잡을 수 있는 방법을 찾아야 한다. 우리는 또한 벗어나기 위한 방법을 찾아야 한다. …… 증인으로서 감당해내야 할 부담으로부터 균형을 유지하기 위해, 우리는 힘든 현실에서 벗어나 공상, 상상, 예술, 음악, 창의성, 순수한 어리석음으로 도망가고 외면할 수 있게 해주는 기회가 필요하다. (2002, 448)

나는 내 자신에게 내담자에 대하여 생각하지 않도록 허락한다. 항상 성공적이지는 않지만, 나는 유익하지 않거나 불편할 때 그들에 대하여 생각하거나 느끼지 않는 방법을 터득했다. 나는 내가 내담자에게 사용하도록 권유한 방법을 나의 삶에 같은 원칙으로 적용한다. 감정을 느끼는 시간과 느끼지 말아야 하는 시간이 나누어져 있다. 비생산적인 상황일 때, 나는 내담자나 그들의 경험에 대한 그들의(그리고 나의) 고통에 대하여 생각하지 않아도 된다. 만약 내가 내담자에게 제안하는 전략들이 그들에게 쓸 만하다면 그것들은 나에게도 확실히 쓸 만한 것이다.

우리는 우리의 개인적인 관계를 돌보아야 하고 우리의 개인적, 전문적 삶을 구분 지어야만 한다. 나는 비록 내가 일 때문에 힘이 들어도 나의 친구들과 내가 사랑하는 사람들에게 나의 일에 대하여 거의 이야기하지 않는다. 이는 내가 그들을 믿지 않아서가 아니다. 이는 또한 내가 내담자의 사생활을 보호하기 위해서도 아니지만 나는 그렇게 한다. 나는 개인적인 관계들이 내가 웃고, 사랑하고, 사랑받을 수 있는 곳이 되고 위안의 원천이 되기를 원하기 때문에 나의 일에 대해 이야기하지 않는다. 나는 또한 내담자와의 작업 이외에 불필요한 트라우마에 노출되는 것을 피하려고 특별히 애를 쓴다. 그래서 나는 아동기 트라우마와 관련된 영화, 책, 그리고 새로운 이야기들과 같은 것들을 멀리한다. 사실 나는 고의적으로 나를 웃게 하고 일로부터 벗어날 수 있게 해주는 영화, 책, 여가 시간을 만든다.

나는 나에게 도움이 되는 자기관리 전략을 개발했다. 이 책을 읽는 독자들도 똑같이 해야 한다. 사실, 어떤 연구는 문헌들에서 자주 나타나는 간접 외상과 자기관리와 같은 활동에 참여하는 것 사이에 아무런 관련성도 발견하지 못했다(Bober & Regehr 2006). 하지만 연구 결과들은 이런 활동들이 불필요하다고 주장하지 않고, 우리는 각자의 개인적, 전문적 안녕을 책임져야 하고, 이것이 일생 동안 계속되는 절차라는 사실을 깨닫는 것이 얼마나 중요한지를 강조한다.

요약

간접 외상은 불가피하며, 아동기 트라우마 성인 생존자와의 작업에 항상 존재한다. 이런 사람들과 작업하는 전문가는 **평행적 과정**의 역동과 존재를 인지해야만 하고, 그들이 내담자가 느끼는 감정과 반응을 동일하게 경험하게 될 것을 예상해야만 한다.

간접 외상은 아동기에 피해를 입은 내담자에게 반복적으로 노출된 후, 시간에 걸쳐 발달된다. 간접 외상은 세 가지 방법으로 나타난다. 이차적 외상 스트레스, 대리 외상, 공감 피로. **이차적 외상 스트레스**는 내담자로 인해 경험하는 외상 후 스트레스 장애와 유사한 거슬리는 증상을 말한다. 또한 도움을 주는 전문가는 **대리 외상**을 경험하게 될 것이다. 즉, 그들의 사회 세계에 대한 그들의 관점이 왜곡될 것이며, 내담자의 왜곡된 생각과 같은 특징의 왜곡들을 반영할 것이다. 임상가는 또한 아동기 트라우마 성인 생존자와의 작업 관계를 형성하고 유지하는 것과 관련된 어려움들의 결과로서 **공감 피로**를 경험할 수 있다.

간접 외상의 영향을 최소화하기 위해 임상가는 그들의 감정을 표현할 수 있어야 한다. 조력자의 경험을 보편화하고 타당화시키는 슈퍼바이저와의 관계와 조직의 분위기는 간접 외상을 성공적으로 다루기 위해 중요하다. 슈퍼비전은 이중 초점을 유지해야만 한다. 전문가의 내담자와의 작업에 대한 기술적인 측면과, 전문가의 작업에 대한 개인적인 반응과 감정이 그 두 가지이다. 도움을 주는 전문가는 또한 그들의 반응을 다루는 것과 일에 대한 해소 수단인 **자기 관리** 활동을 주도적으로 해야 한다. 이것들은 우리 자신과 우리의 개인적 관계들을 돌보는 것, 감정을 표현하는 방법을 찾는 것, 그리고 내담자의 삶과 경험들의 현실과 우리의 일로부터 벗어나는 방법을 찾는 것을 포함한다.

개인 작업의 시작 단계[1)]

도입

아동기 트라우마 성인 생존자와의 작업에서 시작 단계는 특히 더 중요하다. 이때가 바로 내담자를 성공적으로 치료적 관계에 참여시키는 데 필요한 기술을 가지고 있어야만 하는 시점이다. 치료 기간과 무관하게(특정 내담자와의 작업이 한 번의 짧은 회기이든 제약 없이 장기간에 거쳐 진행되든 상관없이) 우리의 도움이 되어주고 임무를 완수하는 능력은, 그 임무가 무엇이든 간에 우리가 내담자와 얼마나 빨리 연결고리를 만드는지에 달려있다(Busseri & Tyler 2004; Horvath 2000; Joyce & Piper 1998; Serran et al. 2003). 이것은 내담자가 가지고 있을 수 있는 두 개의 중점적인 질문을 직접적으로 다루는 것을 포함한다. 이 사람은 누구인가? 그리고 이 사람이 나를 어떻게 도울 수 있는가? Shulman(2006)은 **역할과 목적을 명확히**하는 기술은 모든 내담자와의 성공적인 교류를 위해 중요하다고 주장하였다. 그러므로 우리가 이런 질문에 대해 답할 때까지, 그리고 우리가 질문에 답하지 않는 이상, 내담자는 우리가 제공하고자 하는 어떠한 도움도 받으려 하지 않을 것이다.

아동기 트라우마의 내력이 있는 내담자는 도움이 될 수 있는 우리의 능력뿐만 아니라, 또한 도움을 받을 수 있는 그들의 역량에 대해서도 특히 더 의문을 가진다. 2장에서 논의

[1)] 더욱 자세한 논의를 보려면 다음을 참고하라. Knight, C. (2006). Integrating solution-focused principles and techniques into clinical practice and supervision. *The Clinical Supervisor, 23.*

한 것과 같이, 아동기 트라우마의 장기적 영향은 심신을 쇠약하게 만들고 만성화될 수 있다. 게다가, 아동기 트라우마의 내력이 있는 내담자 중 다수는 도움이 되지 않았던(혹은 심지어 해가 되거나 상황을 악화시켰던) '조력자'와의 경험을 가지고 있다. 과거의 만남은, 아동기 트라우마 성인 생존자에게서 흔히 나타나는 왜곡된 자기와 타인에 대한 시각이 결부되어 내담자가 작업 관계를 형성하는 것을 특히 더 어렵게 만들 수 있다 (Courtois 2001b; Elz, Shirk, & Sarlin 1994; Paivo & Patterson 1999).

사전 공감

조력을 위한 상호작용적 접근은 내담자와의 첫 만남 이전에 전문가가 사용하는 기술과 과제로 시작한다. 전문가는 내담자의 염려 사항을 알아차리고 질문에 응답하기 좋은 위치에 있기 위해 내담자가 첫 만남에 대해 어떻게 느낄지 예상할 수 있어야 한다. 또한 그들 스스로가 특정 내담자와의 만남에 대해 어떻게 느끼는지에 대해서도 생각해보아야 한다.

내담자 생각과 감정 알아차리기

효과적으로 도움을 주기 위해 가장 중요한 두 개의 기술은 이 작업의 준비 단계에서 처음 마주하게 될 것이다. **생각과 감정 알기**와 **간접적인 단서에 직접적으로 반응하기** (Shulman 2006). 생각과 감정 알기는 전문가가 "첫 회기에서 내담자의 간접적인 의사소통에 더 민감하게 반응할 수 있도록 조력 상황에서 내담자의 잠재적인 감정과 관심사에 접촉하고자 하는 전문가의 노력을 포함한다"(Shulman 2006, 57 - 58). 내담자가 첫 만남에서 말하기 원하고, 말해야만 하는 것은 대부분 간접적으로 표현될 것이다. 사실 어떤 경우, 이 초기 단계에서 내담자는 자신의 감정 상태가 어떤지 모르고 있을 수 있다. 그리고 반면 어떤 경우에는, 내담자가 자신의 감정을 알고 있지만 평가받거나 부정적인 반응을 얻게 될까봐 공유하기 두려워할 수도 있다. 그러므로 내담자가 행동, 어조, 몸짓 언어를 통해 우연히 드러내는 것은 직접적, 언어적으로 말하는 것보다 훨씬 더 중요할 수도 있다.

이 예시는 내가 아동기 성적 학대 성인 생존자와 형성한 집단에 참여하도록 소개된 한 내담자와의 첫 번째 대화이다. 안나(Anna)를 만나기 전에 나는 그녀가 지역 정신 건강 클리닉에 있었다는 것과 성적 학대 생존자라는 사실을 제외하면 그녀에 대해 거의 아는 것이 없었다. 나는 집단의 목적을 알리고, 그녀의 간략한 사회적 정보를 수집하고, 그녀의 준비 상태 및 집단에 적합한지 알아보기 위해 전화로 개인적으로 만날 약속을 잡아 그녀와 이야기했다.

캐럴린: (손을 내밀며) 안녕하세요. 제 이름은 캐럴린 나이트(Carolyn Knight)예요. 만나서 반가워요.

안나: (나의 손을 무시하며) 백인이네요?

캐럴린: (미소 지으며) 아……, 저에 대한 질문이 좀 있는 것처럼 들리는데, 혹시 제가 당신에게 도움이 될 수 있을지가 궁금하신가요?

안나: 당신은 분명히 비싼 보석 같은 것들을 많이 가지고 있겠죠. 당신은 돈이 많을 거예요. 저는 돈이 없어요. 저는 저와 제 아이들을 위한 돈을 벌기 위해 일을 찾고 있어요. 아무도 저를 고용하지 않으려고 해요. 저는 고등학교 졸업장도 가지고 있지 않아요. 읽고 쓰는 것을 거의 못해요. 정신 건강에도 문제가 있어요. 쉽게 짜증내고 울기도 해요.

캐럴린: 당신에게 정말 힘든 일이 많은 것처럼 들리네요.

안나: 저는 가끔 제가 이렇게 계속 살 수 있을지 확신이 없을 때가 있어요. 너무 힘들어요. 그렇지만 제 아이들을 위해서 저는 계속 살아야만 해요. 저는 제 아이들을 사랑해요.

캐럴린: 당신이 아이들을 사랑한다는 걸 잘 알겠어요. 제가 아동기에 성적으로 학대당한 여성들을 대상으로 집단 상담을 시작한다는 것을 알고 있죠? 그리고 그 집단은 당신이 비슷한 경험을 가진 다른 사람들에게 이런 것들을, 그리고 얼마나 힘든지를 이야기 나누고, 서로를 통해 배우고 지지를 받는 장소가 될 거예요.

놀랍지 않게, 안나가 나에 대한 질문(나에 대한 염려뿐만 아니라 집단이 어떻게 그녀에게 도움이 될 수 있을지에 대한 질문)을 가지고 있을 것이라는 예상은 했지만, 나는 그녀가 나에게 처음으로 한 말에 깜짝 놀랐다. 아동기 트라우마의 내력이 있는 많은 내담자처럼, 안나가 나에게 가장 처음으로 물어보았던 것은 "어떻게 당신 같은 사람이 저와 같은 사람을 이해하고 도움을 줄 수 있겠어요?"이다.

그녀의 말은, 뿌리 깊게 박혀 있고 매우 이해할 만한(내가 알아차리고 나니) 타인에 대한 의심을 드러냈다. 내가 위에 언급했던 첫 인터뷰와 추후 집단 회기에서 알게 된 안나의 아동기 피해 사실을 고려했을 때, 나는 내가 그녀에게 도움을 줄 수 있을지에 대하여 의문을 갖는 것이 크게 놀랍지 않다. 그녀는 시골에서 자랐고 중학교 2학년을 마친 후 가족의 농장 일을 돕기 위해 중퇴했다. 그녀가 유치원생이었을 때 그녀의 아버지가 그녀를 강간하기 시작하였다. 그녀는 몇 명의 오빠가 있었는데, 아버지는 오빠들에게 그녀를 강간하도록 강요했다. 그녀가 점점 나이가 들자 아버지는 자기 친구들도 그녀를 강간하도록 허락했다. 마침내, 안나는 아버지가 친구들을 초대해 두 가족의 수컷 개들이 그녀 뒤에 올라타 성기를 삽입하도록 강요하고 함께 그 모습을 보며 웃고 환호했다는 것을 기억해냈다. 성적 학대뿐만 아니라, 안나와 그녀의 남매들은 두 부모에게 신체적 학대를 당했다. 예를 들어, 그녀는 마실 물 조금 외에는 아무것도 없이, 농장 건물의 마구간에 사슬로 묶여 몇 시간씩 있어야 했다는 것을 회상해냈다. 성인이 되어서, 안나는 불안과 우울을 포함한 많은 정신 건강 문제로 고통받았으며, 수년 동안 치료를 받으러 이곳저곳을 오갔다. 또한 그녀는 어린 두 아들의 어머니였다. 그리고 그녀는 아동보호기관에 아동방임으로 조사받고 있는 상태였다.

비록 나는 안나와의 첫 번째 만남에서 이런 것에 대해 아무것도 알지 못했지만, 내담자를 처음 만나면 다들 그러하듯이, 안나가 나에 대해 그리고 내가 그녀에게 제공하려는 도움에 대해 질문을 가지고 있을 것이라는 사실은 알고 있었다. 특히 아동기 외상을 경험한 사람들은 더욱 이런 질문을 할 가능성이 높다. 안나가 처음에 나에게 언급한 말은 선물과도 같았다. 왜냐하면 그녀가 의심하고 불신하고 있다는 것을 확실하게 드러나게 해주었기 때문이다. 나에 대한 그녀의 의구심을 미리 예상하고 있었기 때문에, 나는 방어적인 태도 없이 그녀의 걱정에 직접적으로 다가가고 반응하기 좋은 위치에 있을 수 있었다.

내담자가 우리에게 갖는 불안감을 말로 표현하는 것의 요점은 무엇일까? 내담자가 감정을 말로 표현하게 함으로써, 우리는 그들에게 우리가 그들의 시각으로 세상을 이해하고 싶어 한다는 것을 전달할 수 있다. 우리는 또한 우리와 성공적인 작업 관계를 맺는 능력을 방해하는 그들의 감정의 힘을 감소시킬 것이다.

도움을 제공하는 전문가는 사전 공감이 시간이 오래 걸리고, 대부분의 경우 공급이 부족한 자원이라고 생각한다. 그러나 사실 생각과 감정 알기는 적은 시간이 든다. 정말 중요한 것은 우리가 내담자가 우리와 만나는 것에 대해 느끼는 감정을 고려하는 데 충분히 오랜 시간을 들이는 것과, 알고 있는 가용한 모든 지식을 활용하는 것이다.

다음의 사례 예시는 워크숍 참가자였던 브라이언(Brian)이 해주었는데, 다가가기 어려운 내담자와의 작업에 대한 이야기이다. 브라이언은 정신 질환이 있는 성인을 위한 임시 주거지원 프로그램(transitional housing program)에서 일하면서 베티의 담당자가 되었다. 그는 그녀가 임시 거주지에서 머무는 60일이 지난 후에 살 영구적인 거주지를 찾아야 했다. 다음은 그들의 첫 만남 이전에 브라이언이 내담자에 관하여 알고 있었던 것이다.

> 39세인 베티는 부모님의 아파트 10층 베란다에서 뛰어내리겠다고 협박한 이후로 타의적으로 정신병동 기관에 입원된 환자였다가 퇴원한 상태였다. 베티는 예정된 3일 후에 기관에서 나올 수 있었다. 그녀는 어디에도 갈 곳이 없었다. 왜냐하면 부모님이 그녀가 집으로 돌아오는 것을 거부했기 때문이다. 그리고 두 자매를 포함한 다른 친척들 또한 그녀를 돌보는 것을 거부했다. 베티는 지난 10년 동안 부모님과 살았으며, 실업자였고, 심각하게 술을 마셨다. 그녀는 20대 초반에 우울증 진단을 받았으며 그때부터 약을 복용했다 끊었다 하고 있었다.

우리의 워크숍에서 브라이언은 베티와의 첫 회기에서 겪은 어려움 때문에 이 사례를 자진하여 논의를 요청했다. 그가 설명한 것처럼, 그의 인터뷰 목적은 베티와 친해지고, 프로그램과 그녀에게 제공되는 서비스에 대해 설명하고, 프로그램 기간 동안 그녀가 선택적으로 받을 수 있는 몇 가지 서비스를 결정하기 위한 것이었다. 브라이언의 좌절감은 그가 베티의 '저항'과 그녀가 그와 이야기 나누고 싶어 하지 않는다는 것을 설명할 때 뚜렷하게 드러났다. "그녀는 제가 하는 질문에 대답하지 않았어요. 그녀는 왜 그녀가 병원에 있었는지조차 말하려 하지 않았어요! 저는 주거지원 프로그램이 끝난 뒤 그녀의 목표는 무엇인지, 그리고 프로그램 기간 동안 그녀가 성취하고자 하는 것이 무엇인지에 대하여 물었어요. 하지만 아무런 대답도 하지 않았어요."

나는 모든 워크숍 참가자에게 2분 정도 시간을 가지고 베티의 관점에서 이 상담자와 처음 만나는 것이 어땠을지에 대해 생각해보라고 말했다. 2분 정도 지난 뒤에 참가자들은 베티가 경험했을 법한 반응과 느낌을 가능한 한 많이 다음과 같이 이야기했다. 두려움, 부모님, 병원, 그리고 이 남성 상담자에 대한 분노, 그녀의 상황에 대한 혼란, 버림받는 것, 상처, 그리고 그녀의 문제에 대한 창피함……. 브라이언은 이 목록을 들으면서 베티가 반응을 잘 하지 않은 이유를 이해하기 시작했다. 베티의 상황을 알게 되고 그녀의 행동을 상호작용적으로 이해하고 나니 워크숍 참가자 모두가 그녀가 상담자를 처음 만났을 때 언어로 소통하고 싶어 하지 않았던 것을 그녀의 감정과 걱정에 대한 강력한 간접적 의사소통으로 보기 시작하였다.

여태까지는 베티의 아동기 트라우마 경험에 대한 언급이 없었다. 사실 다른 많은 실무 환경에서도 그러하듯이, 브라이언은 첫 면담에서 그녀의 아동기나 가족 관계에 대하여 아는 것이 전혀 없었다. 우리가 내담자의 배경에 대해 얼마나 많이 알고 있는지와 관계없이 우리는 내담자가 앞서 밝힌 적어도 두 가지 근본적인 질문에 대한 대답을 필요로 하고 원한다는 것을 예상할 수 있다. '**이 사람은 누구인가?**' 그리고 '**어떻게 나를 도와줄 수 있는가?**' 만약 이 질문에 빠르고 직접적으로 대답해주지 않는다면 우리는 내담자가 이 질문에 스스로 대답하는 위험을 감수해야 될 것이다. 그들 스스로 찾은 답은 정확하지 않을 뿐더러 역효과를 낳을 수 있다. 이 질문에 대하여 우리가 직접 대답하지 않는다면 시작부터 우리가 그들에게 관심을 가지고 있으며 그들을 이해할 능력이 있다고 전달할 수 있는 귀중한 기회를 잃게 될 것이다.

브라이언은 사실 사전 공감을 위한 상당히 많은 정보를 가지고 있었음에도 이에 대한 중요성을 재고하기 위해 시간을 가질 생각을 한 번도 하지 않았다는 것을 인지했다. 그 첫 번째 매우 불만족스러웠던 만남 이후에 그는 베티에 관한 더욱 세부적인 기록을 입수했다. 그래서 그녀가 아동기 때 가족과 친했던 사람으로부터 성적 학대를 당했다는 서류화된 증거가 있다는 사실을 알게 되었다. 기록에 의하면 가해자는 고소를 당했지만 학대에 대해 유죄를 선고받지 않았다. 베티의 부모님은 학대에 관한 조사에 협력하지 않았고 그들의 친구는 아무런 죄가 없으며, 베티가 '이야기를 꾸며낸다'는 입장을 고수했다. 이런 추가적인 정보를 통해 브라이언은 왜 베티가 그와의 만남을 꺼려하는지 이해할 수 있었다.

현재 약물 중독, 가정 폭력, 정신 질환과 같은 문제를 가지고 있는 내담자와 일하는 도움 전문가는, 항상 내담자가 아동기 트라우마 생존자일 수 있다는 사실을 고려해야 한다. 그러나 3장 등에서 언급했던 것처럼, 내담자의 아동기 트라우마 경험의 영향을 인지하는 것이 우리가 자동적으로 작업의 중점을 이곳에 두어야 한다는 것을 의미하지는 않는다. 현 논의의 맥락은 내담자의 이전 경험이 내담자가 우리, 우리가 제공하는 도움, 그리고 도움을 주는 관계 자체를 바라보는 관점을 어떻게 만드는지를 우리가 이해하는 데 있다. 아동기 트라우마에 대한 특별한 지식이 없다고 하여도, 도움을 주는 우리의 능력에 대하여 가질 수 있는 내담자의 의혹을 알게 되고, 직접적으로 응답함으로써 사실 우리는 아동기 트라우마 생존자가 타인에 대한 왜곡된 생각의 결과로써 가지기 쉬운 많은 의혹에 응답하는 것이다.

실수로부터 배우기

다행스럽게도, 우리가 원했던 만큼 성공적이지 못했다고 하더라도, 우리는 두 번째 기회를 가지게 된다. 상호작용적 관점에서 봤을 때, 내담자와 우리의 실수와 오류에 대해 다시 논의할 기회를 가지는 것은 굉장히 유익하다. 이것은 강력한 방법으로 전달되는데, 예를 들어 많은 내담자들이 우리처럼 그들도 완벽하지 않아도 괜찮으며, 우리처럼 그들도 실수로부터 성장할 수 있다는 것을 알 필요가 있다. 예를 들어, 이전의 사례로 돌아가서 브라이언은 베티와 다시 만날 약속이 잡혀 있었기 때문에 그는 베티에게 더 도움이 되고, 그들 사이에 좋은 관계를 만드는 데 도움이 되는 대화를 어떻게 시작할지에 대하여 워크숍에서 함께 논의하였다. 집단과 함께 브레인스토밍을 한 후 브라이언은 다음과 같이 베티와의 다음 인터뷰의 시작을 마음속에 그렸다.

> 안녕하세요, 베티 씨. 다시 만나서 반가워요. 지난 시간에, 첫 만남부터 우리의 관계가 꼬인 것 같아서 사과하고 싶어요. 당신은 아마 저에 대해서, 왜 당신이 이곳에 있는지, 그리고 제가 어떻게 당신에게 도움이 될 수 있을지에 대한 질문이 있었을 거예요. 추측하건대, 당신은 아마 그리고 어쩌면 지금도 두렵고, 심지어 이곳에 있는 것에 대해 화가 나 있을 것 같아요. 당신이 필요하지 않다고 생각하는데도 병원에 보내지고, 게다가 부모님과 다시 함께 살 수 없게 되어서 굉장히 힘들었을 것이라고 생각해요. 당신이 여기서 시간을 보내는 동안 제가 당신을 어떻게 도울 수 있을지에 대해 이야기해 주는 걸로 시작하는 게 어떨까요? 그리고 거기서부터 계속할까요?

브라이언이 사용한 정확한 단어들은 이 가상의 시나리오에 포함된 세 가지 기술보다 덜 중요하다. 그는 내담자가 이미 알고 있는 사실을 인정하는 것으로 시작하였다. 그들의 첫 번째 만남이 만족스럽지 않았다는 사실 말이다. 또한, 그는 그녀를 돕는 능력과 그에 대한 질문을 포함한, 내담자가 느끼고 있을 법한 감정을(비록 그녀가 아직 인정하지 않았음에도 불구하고) 언어로 표현했다. 또한 이 임상가는 그의 역할이 무엇인지 내담자에게 설명해주었다. 이런 기술을 쓰는 것이 성공을 보장하지는 않지만 우리가 첫 만남에서 내담자의 가장 중요한 걱정거리를 다룬다면, 특히 아동기 트라우마 내력이 있는 내담자의 참여를 더 확실히 할 수 있다.

당신은 브라이언이 준비한 다음 인터뷰 때의 시나리오에서 그가 그녀의 과거 성적 학대에 대해 언급하지 않는다는 것을 알아차렸을 수 있다. 그녀가 성적으로 학대당했다는 사실은 확실히 중요한 정보이며, 브라이언이 이것을 감지하고 있었던 것은 그에게 도움이 되었다. 그는 심지어 워크숍 중에, "그녀가 왜 저와 작업하기 싫어했는지 완벽히 이해가 돼요. 그녀는 남자에게 학대당했고, 저도 남자잖아요"라고 말했다. 그러나 베티는 그녀의 성적 학대 경험 때문에 그의 프로그램에 보내진 것이 아니었다. 따라서 베티가 프로그램이 필요하다고 느끼도록 만든 문제와, 그와의 만남으로 인해 그녀가 겪을 것이라고 예상한 문제로 작업을 시작하기로 결정한 것은 옳은 결정이었다. 베티의 성적 학대 사실은 언젠가 드러날 것이고, 그는 그것을 다룰 준비가 되어 있어야 한다. 하지만 베티와의 작업의 초기 단계에서 유용했던 것은 그녀가 당장 직면한 문제에 민감하게, 그리고 최선을 다해 반응하는 것이었다.

개인적인 관계에서의 권위와 관련된 주제

내담자가 우리와 직접적, 간접적 두 가지 방법으로 대화하듯이 우리도 그들과 직접적, 간접적 두 가지 방법으로 의사소통한다. 그러므로 우리에 대한 내담자의 우려를 언어로 표현할 때, 우리는 우리가 그들에게 중요한 것들에 대해 개방적이고 정직하게 이야기할 준비가 되어있다는 것을 알리게 된다. 내담자와 우리의 첫 만남은, Shulman(2006)이 정의한 **권위 관련 주제**(authority theme)를 포함한다. 많은 경우, 내담자는 우리에게 도움받을 것을 외부로부터 요구받기 때문에 그들은 우리를 향해 억울한 마음을 품을 수 있고, 그들의 인생에 우리가 침입한 것으로 받아들일 수 있다. 내담자가 자원해서 우리에게 온 경우에도 그들은 우리에 대한 양면적인 감정을 경험하고 우리를 외부인으로 간주할 가능성이 높다. 즉, 그들처럼 트라우마를 경험해보지 않은 사람이기 때문에 그들의 인생이 어땠을지 전혀 이해하지 못할 것이라고 생각하는 것이다. 이전의 다른 도움을 주는 전문가와의 만남은 단지 이 믿음을 강화시켰을 뿐일 것이다. 그러므로 권위와 관련된 주제는 그들이 우리가 그들을 지배한다는 생각(실제로 그리고 상상 속에서)에 기반을 둔, 우리에 대한 내담자의 의구심, 적대감과 관련이 있다.

권위 관련 주제는 나와 안나가 주고받은 대화 중, 나의 인종과 액세서리에 대한 그녀의 말에서 분명하게 드러난다. 비록 그녀와 나는 둘 다 백인이지만, 내가 어떤 옷을 입고 그 자리에 나타났는지에 근거하여 안나는 내가 자기를 안 좋게 판단할 것이고 자기보다 더 높은 위치에 있다고 생각할 것이라고 추정했다. 그녀가 나중에 얘기해준 사실이지만, 처음에 나를 '건방지고' '돈 많은 창녀'라고 생각했다고 말했다.

또한 권위 관련 주제는 브라이언과 베티의 첫 번째 회기에서도 분명하게 드러났다. 내담자, 특히 아동기 트라우마 생존자는 그들을 이해하고 도와줄 수 있는 전문가가 존재하지 않는다고 믿고 싶어 한다. 내담자와 임상가 사이의 문화, 민족, 성별, 인종적 차이(실제로 그리고 주관적으로 받아들인 것 모두)은 전문가에 대한 내담자의 두려움을 강화시킬 수 있고, 교류하는 데 있어 심각한 장애물이 된다(Chung & Bernak 2002; Lum 1996). 이것은 우리의 차이에 대한 내담자의 두려움과 질문을 개방적이고 방어적이지 않은 태도로 인정하는 것의 필요성을 강조한다(Burkard et al. 2006; Cardemil 2003; Seeley 2005). 이러한 논의는 문화적 차이가 만드는 간극을 연결하기 시작할 뿐만 아니라, 내담자의 사회적 현실을 공유하도록 격려한다는 점에서 그들에게 힘을 북돋아준다.

우리는 우리가 누구이고 무엇인가에 관계없이, 아동기 트라우마 내력이 있는 내담자는 최선의 경우, 혼란과 양가감정을 가지고 우리에게 접근할 것이라고 추정해야만 한다. 그리고 최악의 경우, 억울함과 분노 섞인 감정을 가지고 있을 것이다. 이러한 감정의 충격을 최소화시키기 위하여 손을 뻗는 것은, 내담자가 아닌 우리의 일이다.

자기 생각과 감정 알아차리기

이 논의의 발단에서 사전 공감은 내담자와 우리 자신의 감정과 생각을 알아가는 것을 포함한다는 요점을 짚고 넘어갔다. 브라이언이 베티와의 작업에 대해 논의했던 나의 워크숍에서 나는 참가자에게 베티와 그녀가 느꼈을 법한 감정뿐만 아니라 그들이 그녀를 처음 만났다면 어땠을지에 대해 생각해보라고 했다. 똑같이 중요하게 참가자에게 만약 그들이 베티를 두 번째, 불만족스러웠던 첫 번째 만남 이후에 만난다면 어땠을지에 대해 고려해보라고 했다. 그들은 그들이 경험했을 법한 긴장감, 분노, 조급함과 죄책감을 포함한 여러 가지 감정을 빠른 시간 안에 이야기할 수 있었다.

우리가 5장에서 논의한 것처럼, 도움을 주는 전문가가 만약 자신의 감정을 예상할 수 있고 따라서 관리할 수 있다면 내담자가 정말로 하고자 하는 말이 무엇인지 듣고 효과적으로 반응하기 좋은 입장에 있게 될 것이다. 이는 이 장에서 설명했던 평행적 과정이라고 할 수 있다. 베티의 감정을 말로 표현하는 브라이언의 능력은 그의 자발성과 그 자신의 감정을 말로 표현하는 능력에 달려있다.

첫 번째 만남: 내담자 개개인으로부터 적절한 정보 모으기

1장에서 언급한 것처럼, 이 책은 트라우마 관련 일의 최전방에 있는 전문가를 위한 책이다. 즉, 내담자가 아동기 트라우마 성인 생존자인 환경에서 일하는 현장 전문가들에게 찾아오는 내담자들은 트라우마 자체보다, 삶에서 직면하는 문제로 찾아올 가능성이 높다. 이러한 실무 환경에서 많은 경우, 조력자는 아동기 트라우마 성인 생존자와 일하게 될 것이지만, 그 사실에 대해 알지 못하거나 조력자가 내담자가 아동기 트라우마의 내력이 있다는 것을 알거나 의심하지만 이 정보를 가지고 어떻게 해야 할지 모를 것이다.

지금부터 우리는 도움을 주는 전문가가 어떻게 트라우마 생존자를 알아보고, 그 정보를 사용하여 작업 관계를 발전시킬 것인지에 대하여 논의할 것이다. 이에 대한 목적은 전문가가 아동기 트라우마 내력이 있는 내담자에게 도움이 되는 방법으로 응답하게 하면서도 그들의 전문적인 경계를 유지하는 데 도움을 주기 위함이다.

트라우마 중심 초점 채택하기

현재 직면한 어려움과 증상이 약물 중독, 우울증, 정신 건강 관련 문제들, 법 집행과 관련된 패턴 등과 같이 아동기 트라우마 생존자에게 전형적으로 나타나는 모습과 유사한 내담자들과 작업할 때 우리는 그들이 트라우마 생존자일 가능성을 고려해야만 한다. 비록 도움을 주는 전문가가, 존재하지도 않는 아동기 트라우마가 있다고 예측할 위험이 있지만, 대부분의 경우 트라우마 내력이 있는데도 인지하지 못하는 경우가 훨씬 많다. 트라우마가 존재하는 데도 불구하고 인지하지 못하는 것은 이러한 치료 관계에 있는 사람들의 성공적인 참여를 심각하게 방해한다.

이처럼 어떻게 **트라우마 중심 초점**(trauma-sensitive focus)을 채택하는지는 아동기 트라우마 경험을 입증하는 정보를 언제 꺼낼지, 그리고 꺼낼지 말지를 결정하는 것을 포함하는 작업의 시작 단계와 관련이 있는 중요한 문제이다. 전문가는 여섯 가지 기본적인 원칙을 준수한다면 이 문제를 더 성공적으로 처리할 수 있을 것이다. 이 중 일부분은 모든 유형의 내담자에게 사용될 수 있지만 나머지는 아동기 트라우마 성인 생존자들을 위한 모든 특별한 치료의 필요성을 반영한다. 이 여섯 가지 기본적인 원칙은 다음과 같다.

1. **트라우마의 증명을 위한 시각의 필요성:** 전문가는 내담자의 증상과 현존하는 문제가 결정적인 증거 없이 아동기 트라우마 경험을 시사한다는 것을 인지해야만 한다. 게다가 피해 사실에 대한 내담자의 기억은 최선의 경우, 단편적이기 때문에 아동기 트라우마의 존재 여부에 대한 불충분한 근거가 된다. 우리가 이 장에서, 그리고 8장에서 또 다시 논의하겠지만, 내담자에게 도움이 되는 전문가의 능력은 명백한 트라우마의 증거를 입수하는 것에 의존하지는 않지만 이러한 증거는 치료 제공자로서의 법적 의

무에 중요한 의미를 가진다.

2. **적절한 정보를 끌어내는 것의 필요성:** 실무 환경과 내담자 경험에 상관없이, 임상가는 특정한 개인과의 작업에서 오로지 도움이 되는 정보에 집중하고, 모으기 위해 시도해야만 한다. 그러므로 그들의 질문은 목적이 있어야만 하고, 전문적인 역할을 반영해야만 한다. 내담자의 아동기 트라우마 경험은 비밀들로 가득 차 있는 옷장과도 같다. 한 번 그 문을 열면 다시 닫기 굉장히 힘들다. 그러므로 우리는 내담자의 과거를 신중하게 의도적으로 조사하고 우리의 전문적인 역할의 범위 내에 머물러야 한다.

3. **솔직한 논의를 촉진하는 것의 필요성:** 만약에 내담자와의 작업에서 드러난 정보가 유용하려면 전문가는 어느 환경이든지, 어느 내담자와 작업하든지 간에, 내담자가 정직할 수 있도록 격려하는 분위기를 만들어야만 한다. 간접적인 단서를 알아내고 직접적으로 반응하는 기술은 이와 관련하여, 우리의 역할과 목적을 분명히 하는 기술만큼이나 매우 유용하다. 이처럼 우리 임상가가 아는 것, 할 수 있는 것과 할 수 없는 것, 우리가 물어본 질문들의 이유에 대해 정직해진다면 정확하고 적절한 정보를 얻을 수 있는 가능성을 높일 수 있다.

4. **감정 억제의 필요성:** 사전 심사 단계에서 전문가는 감정적 반응을 탐색하는 것이 아닌 정보를 수집하는 것에 강조를 두어야 한다는 것을 확실히 해야 한다. 3장과 4장에서 논의했던 것처럼, 임상가는 내담자가 감정과 반응을 조절하는 것을 지속할 수 있도록 도움을 줄 때, 아동기 트라우마 내력이 있는 내담자에게 특히 더 도움이 될 수 있다. 이 초기 단계에서는 감정을 표현하는 것보다 억제하는 것에 초점을 두어야 한다. 우리의 전문적 역할이 트라우마의 깊은 탐색을 도울 때만 우리는 내담자들이 감정과 반응을 탐색하도록 격려해야 한다.

5. **내담자의 강점을 확인하는 것의 필요성:** 실무 환경이나 내담자의 유형에 상관없이 배경 지식을 모으는 것은 내담자의 강점, 특히 내담자의 상황이 좋았을 때에 대한 설명에 반영된 강점에 대한 설명을 포함하고 있어야만 한다. 임상가는 내담자가 치료를 받게 만든 문제를 경험하지 않았던 때가 있었다는 암시를 포착할 수 있어야 한다. 즉, 문제가 존재하지 않았거나, 덜 심각했거나, 덜 강력했던 예외적인 상황 혹은 시간에 대한 이야기를 들을 수 있어야 한다. 이 정보는 전문가와 내담자 모두가 현재의 문제를 해결하기 위한 해결책으로 인도하고 내담자의 자기 능력을 향상시킬 수 있는 방법을 제시할 것이다. 2장에서 논의했던 것처럼, 아동기 트라우마 내력을 가진 내담자가 치료를 받게 만든 구체적인 문제는 만성적인 무력감과 깊게 자리 잡은 무능력감과 어느 정도 관련이 있을 가능성이 높다. 내담자가 가장 성공적이었던 시간으로 주의를 집중시키는 것은 얻을 수 있는 정보 때문뿐만이 아니라 그들이 사실 변화를 위한 능력과 가능성을 보유하고 있다는, 전문가가 내담자에게 전달하는 간접적인 의사소통

이기 때문에 도움이 된다.

6. **과거와 현재를 연결할 것의 필요성:** 가능하다면, 내담자는 현재의 어려움과 과거 피해 경험 사이에 연관성이 있다는 것을 인지하도록 격려받아야만 한다. 많은 아동기 트라우마 성인 생존자는, 현재 겪고 있는 문제로 인해 치료를 받으러 왔을 가능성이 높기 때문에 기저에 깔려있는 트라우마(내담자 문제의 근본)는 간과되거나 다루어지지 않는다. 전문가가 트라우마 자체를 짚고 넘어가지 못했다 하더라도, 내담자가 과거 트라우마가 현재 인생에 어떻게 영향을 미치는지 인지하도록 돕는 것은, 꼭 필요했던 인정을 받게 해주고 내담자의 경험을 보편화한다. 이것은 또한 기저에 깔려있는 트라우마에 온전히 집중할 수 있는 추가적인 치료를 소개받도록 할 수 있다.

아동기 트라우마의 존재 여부 결정하기

어떤 내담자는 그들이 제시하는 문제 자체만으로도 전문가가 아동기 트라우마의 내력을 알아차리기 충분할 것이다. 다른 경우에는, 트라우마 경험은 작업 과정 속에서 제시된 문제가 내담자가 스스로 말하거나 혹은 분명하게 드러나는 다른 어려움, 증상과 결부될 때 밝혀진다. 아동기 트라우마의 장기적인 영향에 대한 연구 결과와 이론은(2장 참고), 전문가가 아동기 트라우마 생존자일 법한 내담자를 규명하는 데 특히 도움이 될 수 있다. 다음은 전문가가 경계해야 할 '위험 신호'에 대한 간략한 소개이다.

공식적인 외상 후 스트레스 장애 진단(PTSD)의 여부와 상관없이 이 진단과 관련된 증상을 보이는 내담자는 아동기 트라우마 생존자일 수 있다는 생각을 항상 가지고 있어야 한다(Briere 1997; Flack et al. 2002; van der Kolk, van der Hart, & Burbridge 2002; Zerbe et al. 1998). 이와 유사하게 도움을 주는 전문가는 경계선 성격 장애, 해리성 정체감 장애와 같은 정신 의학적 진단을 받은 내담자도 약물 남용과 자살 사고를 가졌던 경험이 있는 사람들처럼 아동기 트라우마 생존자일 가능성이 있다고 추정해야 한다(Bremner, Vermetten, & Mazure 2000; Cloitre, Miranda, & Stovall-McClough 2005; Garno et al. 2005; Giesen-Bloo & Arntz 2005; Langeland 2004; Leverich & Post 2006; Nemeroff 2004; Read & Ross 2003; Read et al. 2001; Schumacher, Coffey, & Stasiewicz 2006; Spence et al. 2006).

일반적으로 말하자면, 전문가는 내담자가 어린 시절에 대해 부분적이거나 소수의 기억만을 가지고 있다면 언제든 아동기 트라우마의 가능성을 고려해야 한다(Diseth 2005; Geraerts et al. 2006; Ghetti et al. 2006). 또한 현재 해리 증상을 보이는 내담자, 예를 들어 감정이 없거나 아주 조금 있는 내담자는 섭식장애, 자해, 다양한 건강 문제, 그리고 특히 만성 통증과 피로를 보이는 내담자처럼 아동기 트라우마 생존자일 가능성이 높다(Mulvihill 2005; Randolph & Reddy 2006; Watson et al. 2006).

트라우마 중심 질문 많은 경우, 전문가는 접수 단계 중 새로운 내담자들의 아동기 및 가족에 대한 배경 정보를 수집하도록 요구된다. 또 다른 경우, 내담자가 보이는 문제가 내담자의 배경에 대하여 좀 더 자세히 물을 필요가 있게 만들 수 있다. 전문가는 항상 내담자에게 직접적으로 '당신은 아동기에 학대나 폭력을 경험한 적이 있습니까?'라고 물어볼 수 있다. 이 질문에 대한 대답은, 특히 작업의 시작 단계에서 질문하기에 적절하다고 하더라도, 별로 실용적 가치가 없을 것이다. 내가 이전 장에서 논의했던 것처럼, 트라우마 경험이 있는 내담자는 그 경험을 기억해내지 못할 수도 있다. 게다가, 그들이 기억할 수 있는 상황이라 하더라도, 몇몇의 연구 결과가 밝힌 것처럼 그들 스스로 인정하는 것을 망설일 수 있다(Anda et al. 2001).

조력자는 딜레마를 마주하게 된다. 내담자가 아동기 트라우마 생존자라는 사실을 알게 되는 것은 내담자가 작업 관계를 형성하는 것과 알맞은 치료 계획을 수립하는 데 도움을 줄 수 있지만, 내담자의 과거가 내담자를 실무 환경으로 이끈 삶의 문제에 부차적인 요소라면 내담자의 아동기 경험에 대해 묻는 것은 전문가의 역할, 그리고 의무와 일치하지 않을 수 있다. 많은 전문가들이 겪는 어려움은, 그렇다면 어떻게 내담자의 과거에 대한 정보를 그들의 역할에 알맞고 도움이 되는 방법으로 모을 수 있는가이다. (우선, 우리는 이 장의 초반에서 논의한 여섯 가지 실무 원칙과 일치하는 방법으로 정보를 수집하는 것에 대해 집중할 것이다. 입수한 정보로 무엇을 할 것인지, 그리고 전문가의 역할과 일치하는 방법으로 어떻게 이것을 사용할 것인지와 관련된 어려움은 이 장의 후반부에 논의할 것이다.)

전문가가 아동기 트라우마 경험 여부를 결정하는 것을 돕기 위한 믿을 수 있고 타당한 여러 개의 측정 방법이 개발되었다(Carlson 1997; Bremner et al. 2000; Hyman et al. 2005; Roy & Perry 2004). 이 중 몇 개의 측정 방법은 질문에 '예/아니요' 방식이나, 전혀, 가끔, 보통, 종종, 항상 등의 리커트 방식(Likert-type scale)으로 글로 써서 응답한다(예를 들어 Bernstein et al. 1994; Scher et al. 2001을 참고하라). 아동기 트라우마 설문지(Childhood Trauma Questionnaire: CTQ)는 이런 종류의 척도를 대표한다(Bernstein et al. 1994). 아동기 트라우마 설문지는 정서적 학대, 신체적 학대, 성적 학대, 정서적 방임과 신체적 방임의 다섯 가지 유형의 학대에 대한 28개의 문항으로 이루어져 있다.

다른 측정 방법은 임상가가 내담자의 트라우마 노출에 대한 정보를 습득하기 위해 일련의 질문을 하도록 한다. 이런 측정 방법 중 하나는 신체적 학대, 정서적 학대, 성적 학대, 일반적인 트라우마, 네 개의 서로 다른 아동 학대 분야에 대한 56개의 질문으로 이루어져 있는 초기 외상 척도(Early Trauma Inventory: ETI)이다(Bremner et al. 2000).

두 개의 접근 방법(구조화된 인터뷰와 자기보고 측정) 모두 이들이 내담자의 능력과 그들의 과거 경험을 공개하고자 하는 마음에 의존한다는 점에서 고유한 제약을 가지고 있다. 초기 외상 척도와 같은 구조화된 인터뷰 접근의 이점은, 내담자의 아동기 트라우마 가능성에 대한 보편적인 개방형 질문이 사용되고 내담자의 응답이 긍정적이면 더 구체적인 질문이 덧붙여진다는 것이다. 게다가, 임상가는 내담자의 비언어적인 행동을 관찰할 수 있어 내담자가 간접적인 의사소통을 알아차리고 응답할 수 있게 한다. 그러나 아동기 트라우마 설문지와 같은 자기 보고 측정 방법의 이점은 내담자가 최대한 정직하게 개인적인 질문에 응답할 수 있다는 것이다.

많은 치료 환경에서 이 척도 중 하나만 온전히 사용하는 것은, 전문가 업무의 본질과 초점에 따라 실현 불가능할 수 있다. 측정 도구를 변형해서 사용하는 것(내담자가 어떻게 질문을 받고 또 어떻게 질문을 하는지)은 신뢰도와 타당도에 영향을 미친다(Corcoran & Fischer 2000). 그러나 사용 가능한 측정 도구는 최소한, 임상가에게 내담자가 아동기 트라우마 생존자일 가능성이 있는 내담자에게 할 수 있는 질문의 종류를 알려줄 수 있다. 전문가는 내담자가 아동기 피해 사실을 인지하고, 경험에 대해 더 상세하게 말하고, 초기의 자기 개방을 명확하게 하도록 격려하는 질문을 할 준비가 되어있어야만 한다(Allen & Huntoon 1999; Bartlett 1996; Carlson 1997; Corcoran & Fischer 2000; Durrett, Trull, & Silk 2004; Weichelt et al. 2005).

매우 다른 두 개의 실무 환경에 대한 다음의 예시는 앞에서 언급한 여섯 가지 실무 원칙을 명확하게 보여주고, 전문가가 어떻게 트라우마에 초점을 맞추고 작업 관계와 적절한 치료 계획을 수립할 때 귀중한 질문을 할 수 있는지 보여준다. 첫 번째 예시는 성인의 가석방과 보호관찰과 관련된 일을 하는 숀(Shawn)의 이야기로, 새뮤얼(Samuel, 32세)이 불법 약물 소지로 체포되어 그녀에게 배정받았다. 그는 불법 약물 소지로 5년간 복역한 뒤 석방될 예정이다. 그녀는 그에게 석방 조건에 대해 확실히 하기 위해 그가 석방될 시기에 새뮤얼과 한 번의 만남을 가졌다. 그녀는 또한 그가 어디에서 살 것인지, 그리고 취업과 관련하여 어떻게 할지도 알아보아야 했다. 새뮤얼은 그 후 매달 한 번씩 3년간 그녀를 만나 검사받도록 요구받았다. 보통, 전문가와 내담자의 첫 번째 만남은 한 시간 정도 소요되고 이후의 만남은 15~20분 정도 소요된다.

새뮤얼을 만나기 전에 숀은 그의 범죄 기록을 검토할 기회가 있었다. 그녀는 그가 초등학교 시절에 마약을 한 경험이 있음을 알아냈다. 그는 이전에 두 번의 불법 마약 소지로 유죄 선고를 받은 적이 있었으며, 한 번의 복역을 했었다. 그녀는 또한 그가 청소년기 초기에 정신 질환이 있었다는 것을 발견했지만, 폭력이나 공격적인 행동의 기록은 없었다는 것을 알아냈다. 그가 아동기 시절에 어머니의 약물 중독 때문에 외할머니 손에 자랐다는 것 이외에 다른 과거 정보는 거의 없었다.

새뮤얼을 만나자마자 숀은 자신을 소개하고 자신의 역할과 만남의 목적에 대하여 설명했다. 숀은 또한 그들의 차이를 고려했을 때(그녀는 25세의 백인 여성이었고 새뮤얼은 그녀보다 7세 많은 아프리카계 미국인이었다), 새뮤얼이 그녀와 그녀의 도움 능력에 대한 의심을 가지고 있을 것이라고 직접적으로 인정했다. 새뮤얼은 정중했지만, 손에게 정보를 잘 제공하지 않으려고 했고 무관심하고 지루한 것 같았다. 나중에, 그녀는 새뮤얼의 동기 부족과, 보호 관찰 기간 동안 요구된 것에 대해 그가 이해하지 못하고 있다는 사실에 좌절감을 느끼고 있다는 것을 알아차렸다. 다음은 회기가 40분쯤 지났을 때의 대화이다. 그때는 그녀가 그가 다시 지역 사회로 돌아갈 수 있도록 어떻게 도울 수 있는지에 대해 그녀와 새뮤얼 모두의 이해를 촉진시키는, Shulman이(2006) "**힘든 작업 (demanding work)**"이라고 정의한 기술을 사용하고 있던 시점이었다.

손: 제가 다른 내담자를 만나기 전까지 우리에게는 20분밖에 남지 않았어요. 저는 정말로 당신이 문제들과 감옥으로부터 멀리 할 수 있도록 돕고 싶어요. 하지만 당신이 제게 정직해야만 당신을 더 잘 도울 수 있어요. 예를 들어, 당신이 출소 후에 무엇을 하고 어디서 살 계획인지 말해준다면 저에게 도움이 될 거예요. 그 문제에 대해 생각해 본 적이 있나요?

새뮤얼: 저는 할머니와 살면 되겠다고 생각했어요. 하지만 수감된 이후로 할머니는 더 이상 저와 엮이고 싶어 하지 않으세요. 그렇지만 할머니는 좋은 사람이에요. 그리고 할머니는 저를 올바르게 키우려고 노력하셨어요. 적어도 제가 자리를 잡기 전까지는 할머니가 저를 데리고 있어주실 것 같아요. 제가 앞으로 무엇을 할지는 확실하지 않아요. 저는 고등학교 졸업장을 땄고 배관 작업에 대해 배우고 있어요. 배관 수리공이 될 수 있을 것 같아요.

손: 음, 알았어요. 도움이 되는 정보네요. 할머니는요? 정말로 다시 돌아가서 할머니와 한동안 머무를 수 있을 거라고 생각해요? 당신이 안정감을 느낄 수 있고 근처에 마약이 없는 장소가 있다는 것은 정말 중요해요. 그래야 당신이 마약을 멀리하기 훨씬 쉬울 거예요.

새뮤얼: 음, 저희 할머니는 선하신 분이에요. 그래서 제가 어린아이였을 때, 저를 돌보게 되신 거예요. 어머니와 지내던 집에서 일어나고 있었던 일은 정말 거지같았어요.

손: 당신이 무슨 말을 하고 있는지 잘 모르겠어요. 그 거지 같은 일이 뭐죠? 당신에게 일어났던 일을 말하나요?

새뮤얼: 그러니까 어머니는 집에서 어울리는 여러 명의 남자 친구가 있었어요. 제가 무슨 말을 하는지 이해하실지 모르겠지만요. 그들은 온갖 종류의 이상한 짓을 했어요. 저는 엄청 많이 봤어요. 그들은 제 바로 앞에서 어머니를 개 패듯이 때리고, 어머니와 성관계를 가졌어요. 어머니는 항상 약에 취해있었기 때문에 신경 쓰지 않았어요. 어머니는 코카인 중독자였어요. 할머니는 제가 더럽게 지내고 학교에 가지 않은 것을 보실 때면 굉장히 화를 내셨어요. 정확하게 기억은 나지 않지만, 아기였던 제 남동생

이 죽은 후 저는 할머니와 살게 되었어요.

숀: 당신의 남동생이 어떻게 죽었는지 기억해요?

새뮤얼: 어머니의 친구 중에 한 사람이 남동생을 마구 때려서 동생이 죽어버렸어요. 남동생은 세 살 정도였고, 저는 아홉 살 정도였어요. 할머니는 저를 데리고 가셨고, 제게 다시는 어머니와 살게 되지 않을 거라고 말씀하셨어요. 저는 어머니가 저를 보았을 때 울고 소리 질렀던 것을 기억해요. 그 남자들 중 한 명이 저를 마구 때렸기 때문에 저는 심하게 다쳐있었어요. 그들은 항상 저를 때렸어요. 제 생각에 그들은 어머니가 어린아이를 데리고 있다는 사실이 마음에 들지 않았던 것 같아요.

숀: 저런, 새뮤얼, 당신은 힘든 아동기를 보냈군요. 그렇지만 과거에 당신이 할머니를 필요로 할 때 할머니가 당신 곁에 있어주던 것처럼 들리네요. 지금은 당신 할머니가 당신 곁에 있어주시고, 당신이 취직을 해서 사회에서 자리 잡을 수 있도록 도와주실 수 있겠네요. 당신의 기록을 보니 당신은 약물을 아주 오랜 시간 동안 사용한 것처럼 보이네요. 당신이 아주 어린아이였을 때부터요. 당신이 견뎌야 했던 것(상처 받고, 형제의 죽음을 경험하고, 어머니는 항상 약에 취해 있는 것)을 고려했을 때, 당신이 왜 약물을 사용했는지 알 것 같아요! 당신은 두 번 정도 병원에 입원했었군요. 당신은 약물 치료를 받은 적이 있나요? 저는 당신이 이제 약물을 멀리할 수 있도록 정말로 돕고 싶은데, 그러기 위해서는 당신이 약물 프로그램에 참가해야 해요. 어떻게 생각하세요? 그리고 제가 당신의 할머니를 만나서 당신이 함께 지내는 것에 대한 가능성을 알아보는 것은 어때요?

　새뮤얼의 배경과 성인이 된 후의 문제들은 아동기 트라우마 경험을 명백하게 보여준다. 이와 같은 전형적인 상황에서 숀은 내담자의 과거가 현재의 어려움과 어떻게 연결되어 있든 깊은 논의를 하는 것이 불가능한 제한적으로 정의된 역할을 가지고 있었다. 그녀는 새로운 내담자를 만났을 때 그녀에게 주어진 한 번의 회기를 효율적으로 사용해야 한다. 새뮤얼은 출소 후의 삶에 대하여 어느 현실적인 계획이나 구조 없이 풀려난 전형적인 많은 내담자 중 하나였다. 그의 과거를 고려해볼 때, 그녀는 그가 약물을 멀리하는 것과 약물 문화로부터 벗어나도록 하는 것에 특히 집중해야 했다.

　사실 숀의 내담자 중 대부분이 아동기 트라우마 경험을 가지고 있기 때문에 새뮤얼의 자기 개방에 숀은 놀라지 않았다. 숀의 위안은, 새뮤얼이 가질 법한 걱정을 직접적으로 다루려는 그녀의 의지와 더불어, 아동기에 대한 사실적인 개방을 위한 길을 닦아주었다. 새뮤얼은 숀이 그에게 어떻게 도움이 될 수 있는지 더 잘 이해하기 위하여 그녀에게 많은 정보를 제공하지 않아도 되었다. 그녀는 그의 피해 사실의 세부 사항을 알거나 그에게 일어났던 일에 대한 그의 감정을 검토하도록 그에게 강요할 필요가 없었다. 새뮤얼은 그의 아동기 시절에 대한 기억을 공유한 것에 대해 조금, 혹은 전혀 감정을 보이지 않았다. 새뮤얼이 민망해하는 모습을 찾는 대신에, 숀은 분열 능력이 이 시점에서 적응적이며 필요하다고 이해했다.

새뮤얼의 개방은 그의 보호관찰 공무원에게 그의 과거와 현재 사이의 연관성을 짚어내고, 그가 문제를 멀리하도록 도울 수 있는 자원을 제안할 기회를 제공했다. 그녀는 새뮤얼이나 다른 내담자 누구에게도 그들이 원하지 않거나 준비가 되지 않은 일을 하도록 강요하지 않았다. 그러나 단지 그의 아동기 시절에 대하여 그녀와 공유한 것의 중요성을 인정하는 것만으로 그녀는 그가 그에게 현재 제공된 도움을 이용할 가능성을 증가시켰다.

두 번째 예시는 상담자가 보통 내담자와 4개월까지 작업할 수 있는 강간 위기 관리 센터의 이야기이다. 내담자는 보통 성폭행을 당한 이후에 기관을 찾아오거나 지역의 법집행기관의 추천을 받는다. 많은 경우, 내담자는 아동기에 성적 학대를 당한 경험 또한 가지고 있다. 바버라(Barbara)는 그녀의 5세 딸이 22세 양아들에게 성폭행을 당해왔다는 사실을 발견하고 기관을 찾아왔다. 도움을 제공하는 전문가인 마리안(Marian)과의 첫 번째 인터뷰에서, 바버라는 딸의 학대가 10년 전 그녀가 겪었던 강간에 대한 기억을 다시 되살렸다고 말했다. 그녀는 그 당시에 짧은 상담을 받았으며 5년 동안 불안과 우울증으로 약을 복용했다고 했다. 바버라는 첫 회기에서 마음 놓고 울었고, 딸의 피해 사실에 대하여 강한 죄책감, 수치스러움, 후회를 표현했다. 마리안은 강간 위기 관리 센터에서 제공하는 서비스에 대해 설명했고, 바버라에게 그녀가 마리안을 어떻게 생각하는지 그리고 어떻게 도움을 줄 수 있을지에 대하여 물었다. 그 후, 다음의 대화를 나누었다.

바버라: 잘 모르겠어요. 전 멜리사(Melissa)에게 일어난 일 때문에 아주 화가 나요. 저는 맷(Matt)이 그랬다는 것을 믿을 수가 없어요. 저는 그에게 어머니와 같았어요! 그의 친어머니는 주정뱅이에 음탕한 여자예요. 믿을 수가 없어요. (그녀는 울며 코를 푼다.) 너무 혼란스러워요! 저는 맷이 멜리사에게 한 짓 때문에 맷을 증오해요. 그렇지만 이로 인해 그가 감옥을 가게 될 수도 있다는 것 때문에 죄책감을 느끼고, 또 저는 제가 죄책감을 느낀다는 것 때문에 죄책감을 느껴요! 그런데 그것보다도 설상가상으로, 저는 예전에 남자가 저를 강간했던 일에 대해 계속해서 생각해요.

마리안: 당신이 아들로 여겼던 이에게 딸이 강간을 당했다니, 당신이 상상할 수 없을 만큼 힘들 것 같아요. 비록 사실이 아니더라도, 당신이 당신의 잘못이라고 생각하고 죄책감을 느낀다는 것이 이해가 가네요. 그리고 물론, 이 모든 것이 당신에게 일어났던 일을 상기시킨다는 것도요.

바버라: 그런 것 같아요. 저는 심한 죄책감과 무거운 책임감을 느끼고 굉장히 창피해요. 저는 이 일이 일어나는 것을 막았어야 해요. 저는 멜리사를 보호할 수 있었어야 했어요. 제 딸은 저보다 나은 삶을 살 자격이 있어요. 저는 패배자이고, 제 인생은 망했어

요. 이런 일이 일어날 만도 하죠. 제 인생은 항상 이런 식이었어요. 저는 아무것도 제대로 할 수 없지만, 최소한 제가 멜리사를 안전하게 지켜줄 수 있다고 생각했어요. (다시 운다.)

마리안: 바버라, 당신이 겪고 있는 상황을 고려했을 때 그런 감정을 느끼는 것은 당연해요. 그렇지만 저는 당신에게 질문을 하나 하고자 해요. 먼저, 저와 함께 작업하는, 강간을 당했던 많은 여성들도 어렸을 때 성적 학대를 당했다는 것을 이야기하며 시작할게요. 또한 그 내담자 중 일부는 성적 학대를 당한 아이들을 키우고 있고, 그들은 그들의 학대 사실과 아이들의 학대 사실을 다루어야 하기 때문에 훨씬 더 힘든 상황에 처해 있어요. 혹시 어렸을 때 당했던 성폭행과 같은 또 다른 피해를 경험한 적이 있나요?

바버라: 음, 잘 모르겠어요. 저는 어린 시절에 대한 기억이 많지 않아요. 단편적인 기억은 조금 가지고 있지만, 많이 기억나지 않아요. 저는 할아버지가 저를 만지는 것과 같은 희미한 기억을 가지고 있어요. 할아버지가 저를 무릎 위에 앉게 했던 것과, 역겨움을 느꼈던 것, 그리고 저를 혼자 내버려뒀으면 좋겠다고 생각했던 것을 기억할 수 있어요. 지금도 그를 생각하는 것만으로도 저는 역겨워요. 속이 찝찝해져요.

마리안: 그러니까 당신은 구체적인 것은 기억하지 못하지만 할아버지가 당신을 만졌을 수도 있다고 생각하는 거예요?

바버라: 음, 맞아요. 사실, 할아버지를 생각하는 것만으로도 저는 속이 토할 것만 같이 메스꺼워요. (운다.)

마리안: 알겠어요, 바버라, 이 일에 대해 말하는 것이 당신을 매우 불편하게 만든다는 것이 보이네요. 당신은 확실히 멜리사의 상황을 다루는 것만으로도 충분히 힘들겠어요. 그리고 당신이 강간과 관련해서 아직도 많은 감정을 가지고 있는 것처럼 보여요. 당신의 머릿속에서 당신에게 일어났던 일에 대한 감정이 온통 섞이는 것 같아요. 그래서 멜리사에게 발생했던 일에 대해 죄책감을 느낄 때, 당신은 강간에 대한 부정적인 감정도 느끼는 것 같아요. 그 후엔, 당신의 할아버지가 당신에게 정말로 무슨 일을 했다면, 그것이 멜리사에 대해 느끼는 죄책감에 더해져요.

바버라: 맞아요. 말이 되네요. 저는 제가 매우 나쁜 사람이고, 난잡한 여성이고, 그리고 악마가 된 것만 같아요.

이 대화는 우리가 아동기 트라우마의 내력을 가진 것으로 보이는 내담자로부터 정보를 수집할 때 유지해야 하는 섬세한 균형을 보여준다. 한편으로 마리안은 바버라가 아동기 트라우마를 겪었을 가능성을 알아보아야 했고 알아보고 싶어 했다. 왜냐하면 만약 그녀가 아동기 트라우마를 겪었다면 그 사실이 딸의 학대를 어떻게 받아들이고 반응하는지와 큰 관련이 있을 것이기 때문이다. 사실 바버라의 반응은 마리안에게 바버라가 아동기에 피해를 당했다는 강한 인상을 주었다. 예를 들어, 나중에 마리안은 멜리사의 피해 사실에 대한 바버라의 반응은 이해가 가면서도 마치 '다른 무슨 일이 있나' 싶을 정도로 '지나치게 강렬했다'고 말했다.

그러나 다른 한편으로, 바버라에게는 그녀의 상황을 통제할 수 있다고 느끼는 것이 중요했다. 그녀의 아동기 시절 성적 학대 사실의 가능성을 제기한 것은 도움이 되었으나, 이 이른 시점에 그 사건에 대하여 조사하는 것은 경솔했을 것이며, 바버라가 현재 마주하고 있는 어려움에 대처하는 그녀의 능력과 역량을 약화시킬 것이었다. 여러 연구가와 이론가가 이러한 접근을 지지하는 목소리를 냈다(Classen et al. 2001; Courtois 2001b; Goodwin 2005; Keane 1998; Kepner 1995; Scott & Stradling 1997; van der Kolk, McFarland, & van der Hart 1996; Wright et al. 2003). 바버라가 딸의 학대 사실에 대한 감정을 이야기함에 따라, 그녀 자신의 강간 사실에 대한 감정이 다소 예상치 못하게 떠오를 가능성이 높다. 비슷하게, 바버라가 어렸을 때 성적 학대를 당했다면(그리고 그녀에게 그런 경험이 확실하게 있어 보인다), 그 경험에 대한 그녀의 감정과 그것과 관련이 있는 기억 또한 드러날 가능성이 높다.

마리안은 바버라가 이 시설에 오게 만든 문제에 초점을 맞출 때 가장 도움이 된다. 그리고 그 초점은 바버라가 과거와 관련된 감정로부터 현재의 감정을 구분하도록 돕는다. 바버라가 현재를 통제한다고 느낌으로써, 그녀는 과거 그녀의 피해 사실을 다루기 더 좋은 위치에 있게 될 것이다. 8장은 어떻게 전문가가 아동기 피해 사실이 있는 내담자의 기억을 적절하게 작업하는지에 대해 자세히 밝히고 있다.

강점 지향 질문하기 조력하는 전문가로서, 우리는 내담자가 우리에게 오게 만든 문제에 집중하도록 교육받아왔다. 이는 상황이 순조롭지 않아서 그들이 자발적으로 혹은 비자발적으로 우리에게 오기 때문에 놀랍지 않은 사실이다. 그러나 2장에서 논의한 것처럼, 사람의 인생에 이런 부정적인 측면은 내담자의 참된 역량의 일부분만 반영한다. 많은 내담자들은 역경 후 성장을 경험했고 큰 회복탄력성을 소유하고 있다. 그리고 처음 내담자를 만날 때 이런 강점에 집중함으로써, 우리는 내담자에게 어떻게 하면 그들에게 최대한 도움을 줄 수 있을지 배울 수 있다. 해결 중심 개입은 내담자가 가지고 있을 법한 긍정적인 변화의 기반이 되는 강점과 대처 능력으로 전문가를 인도한다(Knight, 2006).

해결 중심 실무의 원칙 아동기 트라우마 성인 생존자와의 작업할 때 사용 가능한 해결 중심 실무의 다섯 가지 원칙이 있다.

1. **개입은 현재에 중점을 두는 것이 좋다.** 전문가의 노력은 내담자가 과거의 문제를 해결하는 것보다 현재에서 변화를 이루도록 돕는 것에 집중되어 있다. DeShazer는 해결 중심 실무에서 세 가지 강조점을 정의했다. 망가지지 않았다면 고치지 말라. 원하는

효과를 내는 방법을 알았다면 그 방법을 계속 사용하라. 그리고 그 방법이 효과가 없다면 다시는 사용하지 말고 다른 방법을 사용하라(1900, 93 - 94).

2. **개개인들은 모두 자신의 문제를 해결할 자원과 능력을 가지고 있다.** 문제 자체를 깊이 있게 탐구하는 것보다는 문제의 해결책을 찾는 데에 신중하게 주의를 두어야 한다. 작은 변화가 동기부여를 하고 내담자를 발전시키기 때문에 극적인 변화보다는 점진적인 변화에 강조점을 두어야 한다.

3. **내담자의 현실은 사회적, 언어적으로 구성되어 있다**(O'Hanlon & Weiner-Davis 1989; Psychotherapy Letter, 1994). "문제에 대한 내담자의 인식은 회기에서 문제가 어떤 식으로 이야기 나누어졌는지에 따라서 강하게 영향을 받는다"(Lawson 1994, 245). 전통적으로, 전문가와 내담자는 병리학과 기능 장애에 초점을 둔다. 그러나 해결 중심 실무에서는 행동과 생각하는 방식을 보편화하는 것뿐만 아니라, 내담자의 강점과 자원을 밝히는 방식으로 상황과 태도를 재구성하는 것에 강조를 두어야 한다(Fleming 1998). 예를 들어, 임상가는 내담자와 함께 내담자가 과거에 대처하기 위해 기울였던 노력을 탐구하고, 내담자의 상황이 더 좋았던 시간을 강조한다(그들에게 좋았던 시간이 있었는지 없었는지에 대한 강조가 아니다). 전문가가 내담자에게 내담자 현재 상황을 되돌아보라고 요청할 때, 대화는 '상황이 개선된다면'이 아니라 '상황이 개선되었을 때'의 틀에 맞춰져야 한다. 임상가의 질문과 개입은 내담자의 문제해결 능력에 대한 신뢰뿐만 아니라 미래에 대한 낙관적인 관점을 전달한다.

4. **내담자는 내담자 인생의 '전문가'이다.** 전문가와 내담자의 작업 관계는 협력적인 모험이다. 내담자는 해결책과 강점을 드러내는 방법으로 그들의 경험이 '재구성'되도록 도움을 받는다(Brun & Rapp 2001). "부정적인 경험들의 존재 자체는 …… 부정되지 않지만, 그 사건이나 경험에 부여되는 의미와 그러한 경험이 내담자에게 미치는 영향은 수정될 수 있다. 문제가 가득했던 삶의 이야기 속에서 잃어버린 강점들이 다시 보이게 된다"(Kelley 1995, 350).

5. **도움을 요청하는 행동은(아니면 도움을 받도록 요구되는 것은) 내담자 자신의 문제해결 능력을 활성화시킬 수 있다**(Gutterman 1998). 사실 몇몇 연구 결과에 따르면, 만약 질문을 하면 많은 내담자들은 조력자가 특별히 물어보지 않더라도 첫 번째 회기 이전에 이미 바람직하게 변화한다(Allgood et al. 1995; Johnson, Nelson, & Allgood 1998; Lawson 1994).

질문의 전략: 예외, 대처 메커니즘, 치료 전 변화 해결 중심 개입의 결정적인 기술 중 하나인, 예외에 대해 질문하는 것은 다섯 가지의 가정을 반영하며 아동기 트라우마 성인 생존자와 작업할 때 특별히 도움이 된다. 이 전략은 내담자의 강점과 문제의 해결책을 밝히기 위하여 특별히 제작되었다. 가장 단순한 형태로, 전문가는 내담자에게 내담자가

현재 마주하고 있는 문제가 존재하지 않았던 시기를 떠올려보라고 부탁한다. 전문가의 전형적인 질문은 다음과 같다. '당신을 이곳에 오게 한 문제가 존재하지 않았던 시간으로 돌아가 보세요. 그 시기에 당신에게 무슨 일이 일어나고 있었나요? 누가 또는 무엇이 거기에 있거나 혹은 없나요? 어떤 것이 존재했고 또는 존재하지 않았나요?'

임상가가 찾아내고 강화하는 것은 '차이를 만드는 차이이다'(DeShazer 1998; 1991). 내담자, 특히 아동기 트라우마 성인 생존자는 그들이 전문가를 찾아가게 만든 문제에 에너지가 집중되어 있기 때문에 스스로 상황을 판단하기 매우 힘들다. 임상가는 내담자의 어려움을 무시하거나 그들이 중요시하는 것을 축소시키지 않는다. 하지만 해결 중심 관점으로 작업할 때, 전문가는 내담자의 현재 문제의 해결책이 과거와 내담자의 대처를 위한 과거의 노력에서 발견될 수 있다는 것을 인지한다. 아동기 성적 학대 성인 생존자를 위한 집단을 위해 진행했던 내담자와의 접수 단계 인터뷰에 대한 다음의 예시는 이러한 요점을 보여준다.

> 메건(Megan)은 자살 충동, 심각한 우울증, 거식증으로 지난 8년 동안 12회 입원했다고 보고했다. 그녀는 매 입원 당시 병원에 머무른 기간과, 입원한 이유에 대한 목록을 만들기 시작했다. 나는 그녀가 매우 힘든 시간을 보냈다는 것을 알아차렸고, 다음과 같이 말했다. "저는 당신이 지난 몇 년 동안 자주 병원에 입원했었다는 것을 알아요. 하지만 그래도 당신이 병원에 있었던 시간보다 병원 밖에서 지낸 시간이 더 많다는 사실이 눈에 띄네요. 당신이 병원에 있지 않았을 때 당신에게 무슨 일이 있었는지 알고 싶어요. 병원에 들어가지 않기 위해 어떤 노력을 했나요?"

메건은 그녀의 과거 입원 사실과 무엇이 입원을 촉발시켰는지에 대하여 이야기할 준비가 되어있었고, 심지어 이야기하고 싶어 했다. 그러나 그녀는 설득을 받아 힘을 북돋아 주는 방식으로 그녀의 과거를 재구성할 수 있었다. 이것은 오랫동안 지속되었다. 그녀의 첫 번째 대답은 모른다는 것이었다. 내가 다시 어떻게 병원을 멀리할 수 있었는지 물었을 때, 메건은 사실 병원을 떠날 준비가 되지 않았지만, 그녀의 보험이 만료되었기 때문에 선택의 여지가 없었다고 대답했다. 다음은 그 다음에 주고받은 대화이다.

캐럴린: 저는 당신이 떠날 준비가 되지 않았다고 느꼈음에도 불구하고 떠났다는 것이 대단하다고 생각해요. 또, 당신은 병원에 입원하지 않고 잘 지냈어요. 어떻게 그럴 수 있었어요? 어떻게 병원을 멀리할 수 있었죠?

메건: 음, 저는 처방받은 대로 약을 먹었어요. 그리고 바쁘게 지냈고 어머니 정원에서 일했어요. 저는 친구들과 계속 연락했고 그들과 한 번씩 외출했어요.

반복해서 물었을 때 메건은 병원을 멀리할 수 있도록 힘을 준 전략과 자원을 인식할 수 있었다. 아동기 성적 학대 성인 생존자로서 그녀는 자살 충동과 섭식장애로 증명되었듯이 무력감과 무가치함으로 일평생 고통스러워하며 지내왔다. 메건이 제시한 '해결책'은 아마 언뜻 보기에는 매우 간단한 것처럼 보일 것이다. 혹자는, '만약 메건이 그녀에게 이런 것이 도움이 된다는 것을 알았다면, 그녀는 왜 실천하지 않았나?'라고 질문할 수도 있다. 현실적으로 비록 이런 전략이 도움을 줄 수 있어도 메건은 인생을 통제하지 못하는 느낌에 익숙해져 있기 때문에 도움이 된다는 사실을 깨닫지조차 못했을 가능성이 높다.

예외적인 상황에 대해 물어보는 의도는 내담자가 과거에 사용했던 긍정적인 전략을 인지하고, 그것을 의도적이고 의식적인 통제하에 더 많이 두게 하기 위해서이다. 메건의 사례에서, 자살 위험성이 증가했거나 섭식장애가 심각해졌다면, 그녀와 나는 주도적으로 반응하기 더 좋은 위치에 있었을 것이다. 과거에 그녀에게 무엇이 도움이 되었는지 밝힘으로써 우리는 그녀가 현재와 미래에 감정을 조절하도록 자기효능감을 높였다.

메건처럼 많은 내담자들은 문제가 존재하지 않았거나, 지금보다 상황이 좋았을 때를 찾는 데 있어 어려움을 겪는다. 전문가는 문제가 덜 심각했을 때, 그리고 덜 빈번하게 발생했거나 적은 기간 동안 발생했던 시기에 대하여 물을 수 있다. 내담자가 예외적인 상황을 찾을 수 있는 능력이 있더라도, 그들은 자주 자신이 아닌 다른 요소가 기여한 것으로 보고 자신의 노력을 축소시킨다. 다음 예시가 보여주는 것처럼, 전문가는 상황이 지금보다 좋았을 때 내담자가 그들의 역할이 무엇이었는지 찾을 수 있도록 도움을 줄 수 있다. 즉, 임상가는 내담자가 스스로에게 '긍정적인 책임을 돌리도록' 도움으로써 내담자가 설명한 순조로운 상황을 내담자의 직접적인 통제하에 두게 한다(Fleming 1998).

42세의 벤(Ben)은 약물로 인해 유발된 정신병을 경험하고 2개월 동안 정신 병동에 입원한 후, 외래 치료 프로그램으로 이전되었다. 이곳은 그가 약물로 인한 정신병으로 들어간 곳이다. 그는 폭력적인 행동뿐만 아니라 약물과 알코올 의존증의 오랜 이력을 가지고 있다. 벤은 아버지가, 어머니가 거의 죽을 때까지 목을 조르던 것을 목격하였고(그 시절에 제출된 보고서에 따르면), 그러한 가정에서 자랐다. 벤의 아버지는 또한 그와 남매들을 신체적으로 학대했고 그 결과, 아이들은 몇 년 동안 위탁 시설에서 지냈다. 벤의 위탁 가정은 집과 다를 바가 없었다. 그 기간 동안 그는 신체적으로 여러 번 학대당했다. 외래 병동에서의 그의 첫 번째 인터뷰에서 상담자 마이클은 벤이 그의 성질과 약물 중독을 조절하기 위해 기울인 과거 노력에 대해 물어보았다.

마이클: 당신의 분노를 더 잘 조절할 수 있을 때 기분이 어떤지 말해줄 수 있나요? 어떻게 화를 조절할 수 있었죠?

벤: 글쎄요, 잘 모르겠어요. 저는 항상 이 문제를 가지고 있었어요. 그러니까 화가 나고 누군가에게 상처 주는 것으로부터 저 자신을 멈출 능력이 없는 그런 문제 말이에요.

마이클: 음, 저는 이것에 대해서 당신이 잘 생각해봤으면 좋겠어요. 화가 났지만 마구 화

를 내지 않았거나, 스스로 자제할 수 있었던 때에 대해서요. 당신이 병원에 있었을 때처럼, 저는 당신이 어떤 이유로든 짜증났던 시간이 있었을 거라고 확신해요. 하지만 저는 당신이 문제를 일으킨 기록을 찾아볼 수가 없어요. 그래서 그땐 어떻게 화를 조절했나요?

벤: 음, 저는 독방 같은 곳은 가고 싶지 않았어요. 그리고 저는 제가 그곳에 있어야만 하는 기간보다 더 오랜 시간 그곳에 머무르고 싶지 않았어요. 저는 사람들이 단지 저를 혼자 내버려두었다고 생각해요. 그들은 저를 귀찮게 하지 않았고, 저도 그들을 성가시게 하지 않았어요.

마이클: 그렇군요. 그러니까 당신은 독방에 가고 싶지 않았군요. 이해가 되네요. 그렇다면, 당신이 화가 나지 않도록 사람들이 당신을 성가시게 굴지 못하게 한 정확한 방법이 뭐였어요?

벤: 모르겠어요. 그냥 혼자 있었던 것 같아요.

마이클: 그러면, 당신이 혼자 있었을 때는 화가 나거나 하지 않았나요? 당신이 혼자 있었다는 말은 무슨 뜻이죠? 저에게 설명해줄 수 있나요? 예를 들면, 무언가가 당신을 괴롭히기 시작했는데 당신이 화를 내지 않고 그저 혼자 있었던 때가 있다면 그때에 대해 말해 줄래요?

벤: 네, 알겠어요. 병동에는 다른 남자가 있었어요. 그는 미친 사람이었어요. 항상 혼잣말을 하고, 사람들 앞에 불쑥 나타났어요. 그는 우리가 모두 악마라고 생각했어요. 그래서 그는 저에게 다가와서 소리 지르곤 했어요. 저는 정말 그를 두들겨 패고 싶었어요. 하지만 그는 미친 사람이었기 때문에 그를 없는 사람으로 여기고 제 갈 길을 갔어요.

마이클: 아, 그러니까 당신은 당신의 얼굴에 소리 지르는 이 남자를 만났고, 그를 단지 무시하고, 그에게 주의를 기울이지 않을 수 있었다는 거군요. 굉장히 좋은 방법이네요! 그 방법은 당신의 화를 조절하기 위한 굉장히 좋은 방법이에요. 당신이 의도적으로 그 방법을 사용해서 누군가 혹은 무언가가 당신을 성가시게 할 때, 그리고 당신이 화가 난다고 느낄 때, 당신이 그저 그들을 무시할 수 있도록, 그래서 스스로에 대한 통제력을 되찾고 문제에 휘말리지 않을 수 있도록 노력해봅시다.

아동기 트라우마의 내력이 있는 많은 내담자들과 같이, 벤의 배경은 폭력으로 점철되어 있으며 약물 중독, 정신 질환, 폭력적인 행동으로 평생 고생해왔다. 마이클과 벤에게는 벤이 경험한 모든 문제에만 그들의 에너지를 집중하는 편이 더 쉬웠을 것이다. 그러나 그렇게 하는 것이 얼마나 생산적일 수 있었을까? 대신에, 마이클은 가장 연관성이 높은 배경 정보를 모으려고 노력했다. 예를 들어, 벤이 이복형제로부터 성적 학대를 당했다는 사실을 알아차렸다. 하지만 또한 벤에게 그가 화를 잘 조절할 때 어땠는지 설명하도록 요구함으로써 전문가는 현재의 벤을 돕는 데 사용될 수 있는 가치 있는 정보를 모았다. 해결 중심적 관점에서 전형적인 일이지만, 마이클의 질문은 사실상 그가 조절할 수 있었던 때가 있었다는 것을 벤에게 강조했다. 이것이 비결이다. 전문가는 만약 내담자가 올바른 질문을 한다면 문제에 대한 해결책과 내담자의 대처 능력이 밝혀질 것이라고 믿어야만 한다. 마이클은 끈질기게 벤의 응답을 재구성함으로써 대체로 밝혀지지 않았던 선천적인 대처 매커니즘을 밝혀냈다.

이와 관련된 해결 중심 기술은 내담자가 삶에서 예외적인 상황을 찾는 것에 어려움을 겪을 때나, 그들이 마주하는 도전이 특히나 벅찰 때 도움이 된다. 대처에 대한 질문은 내담자의 상황을 재구성함으로써 결함이 아닌 강점을 밝힌다. 이것의 가장 간단한 형식으로, 전문가는 내담자에게 '당신은 상황이 이렇게 나쁘다는 것을 고려했을 때 그동안 어떻게 대처할 수 있었나요?' 또는 '당신은 어떻게 상황이 더 나빠지지 않도록 유지하나요?'라고 질문한다.

또 다른 대처 질문의 변형은 내가 동료로부터 개인 치료를 위해 소개받은 토냐(Tonya)라는 이름의 내담자와의 첫 번째 회기에서 발생한 다음 대화에서 나타난다. 토냐는 아동기 성적 학대의 경험을 가지고 있는 젊은 성인으로, 우울증과 외로움으로 힘들어하고 있었다.

토냐: 저는 자주 울어요. 저는 공부를 하고 학교 과제인 리포트를 끝내려고 노력하지만 도저히 집중할 수가 없어요. 저는 항상 결국에는 이유 없이 울게 돼요.

캐럴린: 요즘 당신이 정말로 힘든 것처럼 보이네요. 그렇지만 저는 당신이 어떻게 하루하루를 견디는지에 대하여 생각해봤으면 좋겠어요. 왜냐하면 당신은 견뎌내고 있기 때문이에요, 그렇죠? 당신은 학교에 가고 직업을 유지할 수 있을 정도로 상황을 모면하고 있어요. 그렇다면 당신이 정말로 슬플 때 어떻게 그 슬픔에서 빠져 나오나요?

토냐: 글쎄요, 잘 모르겠어요. 한 번도 생각해본 적이 없어요. 제가 하루 종일 울지는 않는 걸 보니 무슨 방법이든 사용하고 있겠죠.

캐럴린: 맞아요. 당신이 기분 나쁘지 않도록 하는 일을 찾는 것을 돕는 데 도움이 될 것 같아요. 왜냐하면 저는 당신이 필요할 때 그것을 더 의식적이고 의도적으로 할 수 있길 바라기 때문이에요. 그래서 슬프고 우울하지 않기 위해 어떤 일을 하나요?

토냐: 음, 저는 음악 듣는 것을 좋아해요. 노래를 들을 때면 기분이 나아져요. 제가 얼마나 비참한지에 대한 생각이 들지 않아요.

캐럴린: 아주 좋아요! 어떤 종류의 음악이 기분을 나아지게 하나요?

이 정보는 토냐와의 작업에서 아주 귀중한 정보였다. 그녀는 그녀를 달래주고, 진정시키거나, 주의를 딴 데로 돌려주는 스타일의 노래와 몇 명의 예술가를 찾을 수 있었다.

나는 우리가 다음에 다시 만나기 전에 그녀가 필요할 때 항상 들을 수 있도록, 그녀가 좋아하는 곡들로 사운드트랙을 만들어보는 것이 어떻겠냐고 제안했다. 다시 한 번, 나는 해결 중심 기술을 사용하는 것이 내담자가 우리에게 가지고 온 문제를 무시하는 것이 아니라는 것을 강조하고자 한다. 대신에, 내담자와 함께 그들이 상황을 개선시키기 위해 보통 자신도 모르게 스스로 사용해왔던, 우리와 그들의 작업의 기반을 제공해주는 전략을 탐색한다는 것을 의미한다. 토냐의 경우, 우리는 그녀의 아동기 피해 사실을 두고 많은 작업을 해야만 했으며, 그녀가 현재 자신의 우울함과 외로움을 통제할 수 있는 전략을 가지고 있다고 느낀 이후로 작업을 하는 것이 그녀에게 더 쉬워졌다(그리고 그녀는 그녀에게 일어났던 일과 관련된 감정을 통제할 수 있다고 느꼈다).

내담자는 전문가와의 첫 번째 만남 이전에 스스로 완전하게 인지하지 못할지라도, 긍정적인 변화를 불러오기 시작했을 것이다. 첫 번째 회기가 시작할 때, 전문가는 내담자에게 내담자의 상황에 이미 발생했거나 발생하고 있는 긍정적인 변화에 대하여 생각해보라고 부탁한다. 말이 씨가 된다는 속담처럼, 질문은 어떤 변화가 이미 일어났는지에 대한 것이다(그러한 변화가 일어났는지 일어나지 않았는지 묻는 것과 반대로). 앞의 예시처럼, 마이클은 벤이 입원해있는 동안, 그가 화를 조절하는 데 문제가 없었다고 생각했을 때 이 기술을 변형하여 사용했다.

치료 이전의 변화에 대하여 묻는 것의 이점은 3장에서 소개했던 팀과 캐시에 대한 다음의 계속되는 사례에서 명확하게 드러난다. 내담자인 팀은 음주 운전으로 두 번 체포를 당한 후, 약물 남용으로 입원 치료를 받으라는 법원의 명령을 받았다. 3장에서 설명된 상담자 캐시와의 인터뷰의 일부분에서 팀은 마약과 술에 대한 문제를 인정하는 것에 대해 양면적인 반응을 보였다. 그렇지만 인터뷰가 진행되면서, 그는 마지못해 마약과 술이 그의 인생을 통제하고 있었다는 사실을 인정했다. 하지만 중독에 집중적으로 초점을 맞추는 것 대신에, 캐시는 팀에게 해결 방법에 대해 물어보는 기회로 사용하였다.

캐시: 있잖아요, 사람들이 도움을 구할 때 많은 경우, 그들이 강요받았든 아니든, 사실은 그들이 처음으로 누군가를 만나기 이전부터 긍정적인 변화가 일어나기 시작해요. 당신에게 제가 궁금한 게 바로 그거예요. 오늘 당신이 이곳에 온 후에 혹은 그 전에 술을 많이 마시지 않는다거나 하는 것과 같이 올바른 방향으로 나아가고 있었는지 말이에요.

팀: 음, 저는 지난 몇 주 동안 코카인을 하지 않았어요. 단지 하고 싶다는 생각이 들지 않았어요. 돈이 부족하거든요.

캐시: 좋은 시작이네요. 저는 당신이 단지 돈이 없어서라고 말했지만, 만약에 당신이 정말로 취하길 원했다면 어떠한 방법이든 찾았을 거라고 생각해요, 맞죠? 또 어떤 옳은 방향으로 변화했나요?

팀: 다른 건 잘 모르겠어요. 저는 지난 며칠 동안 두 잔의 맥주를 마셨어요. 바빠서 여가 시간이 별로 없었어요.

　이전 예시들은 모두 해결 중심의 질문이 내담자와 전문가 모두에게 내담자의 자기효능감을 높이는 데 도움이 되는 구체적인 정보를 제공한다는 것을 보여준다. 사실, 내담자가 더 구체적일수록 임상가는 더 도움이 될 수 있다. Shulman은 특히 중요한 정교화 기술, 즉 내담자가 자신이 이야기한 것을 더 확장하고 분명히 하도록 돕는 것은 **보편적인 것에서 구체적인 것으로 들어가는 것**이라고 주장했다(2006). 내담자가 과거에 도움이 된 것에 대해 더 구체적으로 말할수록 우리는 현재와 미래에서 그들에게 더욱 도움이 될 수 있다. 내담자는 아마 현재에서 이전에 사용했던 전략이나 자원을 사용할 여건이 되지 않을지도 모른다. 그러나 내담자가 제공하는 정보는 계속해서 내담자와 전문가가 쌓아올릴 수 있게 해주는 토대를 제공할 것이다. 8장에서는 임상가가 내담자의 문제를 해결하는 능력을 높이기 위해서 초기에 내담자가 나눈 정보를 어떻게 사용할 것인가에 대해 최대한 심도 있게 다룰 것이다.

법적 의무와 윤리적 책임

　어떠한 실무 환경에서든 현장 전문가는 아동기 트라우마 생존자 성인과 관련된 법적 의무에 대하여 인지하고 있어야만 한다. 이것은 내담자 자신이나, 다른 사람을 해하려는 의도를 나타내는 사례를 포함한다. 게다가 만약 현장 전문가가 내담자가 아이를 위험에 처하게 하려는 것을 알거나 의심한다면 해당 기관에 보고할 의무가 있다. 아동기 트라우마 내력이 있는 내담자에게 특히 중요한 것은 몇몇 주(states)에서는 학대가 몇 년 전에 일어났다 하더라도 전문가가 성인 내담자의 어린 시절 학대를 보고해야 한다는 것이다.

　보고의 의무는 내담자, 조직, 그리고 전문적인 훈련에 대한 윤리적인 의무에 불리한 법적 의무를 감당해야만 하는 모든 현장 전문가에게 윤리적인 도전과 딜레마를 만든다. 그러나 사실은 이러한 권한이 아동기 트라우마 생존자인 내담자와의 작업을 격려하고 실제로 향상시키는 방법을 다룰 수 있다는 것이다. 보통 전문가는 내담자와 이야기 나눈 것에 기초하여 형식적인 보고서를 만들라는 요구에 한탄한다. 그러나 법적 의무는 무시될 수 없다.

　때때로 문제가 되는 것은 내담자에게 직접적이고, 빠르고, 분명하게 사전 동의 원칙과 일치하는 우리의 의무가 무엇인지 혹은 무엇일 수 있는지에 대해서 이해시키는 것으로 시작함으로써, 내담자에게 위험을 줄이는 방법으로 법적 의무를 지키는 것이다. 그 결과로써 내담자가 그들의 의견을 검열할 가능성이 있지만, 가장 큰 위험은 만약 내담자가 보고된 요구사항을 사전에 경고받지 못하고 적절한 기관과 공유되었어야 할 정보가 밝혀진다면, 배신감을 느낄 것이라는 점이다(올바르게 혹은 잘못되게). 임상가가 그들의 역할, 목적, 그리고 어떻게 내담자에게 도움이 될 수 있을지에 대한 문제를 초기에 논의해야만 하는 것처럼, 어떠한 법적 의무 때문에라도 비밀 보장의 제한에 대하여 설명할 때 솔직해야만 한다.

이것을 우리의 작업에 대한 부담스러운 침해로 보는 대신에, 우리는 이를 내담자와의 작업 관계를 구축하기 위한 추가적인 기회로 볼 수 있다. 다음의 예시는 어떻게 이를 수행할 수 있는지를 보여준다. 임상가인 사라는 가족 서비스 단체에서 운영하는 물질남용과 정신질환의 이중 진단을 받은 성인을 위하여 특화된 치료 프로그램을 진행하고 있다. 첫 회기에서 사라는 레베카(Rebecca)에게 자신을 소개하고, 그녀의 단체가 제공할 서비스에 대해 설명했으며, 레베카에게 그녀가 도움을 줄 수 있는 몇 가지 방법을 제시했다. 그리고 나서 그녀의 법적 의무에 대하여 설명했다.

사라: 많은 내담자에게 저희 프로그램이 필요한 이유는, 물질남용과 함께 우울증, 걱정과 같은 문제를 가지고 있는 이유, 어렸을 때 일어났던 일 때문이에요. 내담자의 대부분이 어떤 종류든지 학대를 경험했었어요. 구타당하거나, 누군가가 그들에게 성적으로 무언가를 했거나, 혹은 아이가 마땅히 받아야 할 사랑과 관심을 받지 못했어요. 만약에 이런 일이 레베카 씨에게도 일어났다면, 이에 대해 이야기해주시는 것이 저희에게는 굉장히 중요해요. 만약 어떤 학대를 경험하셨는지 말씀해주신다면 저는 사회복지기관에 이를 보고할 것이라는 것을 알고 계셔야 합니다. 저희 주(state)에서는 만약에 내담자가 어떤 종류든지 아동기 학대에 대하여 털어놓는다면, 반드시 이에 대해 보고해야 합니다. 저는 레베카 씨가 이로 인해 저에게 말하는 것을 머뭇거릴 수 있다는 것을 알고 있지만, 당신의 개인정보를 최대한 보호해드릴 것이라는 것은 확실히 말씀드릴 수 있어요. 제가 쓰는 것은 무엇이든지 모두 당신과 공유함으로써 당신은 제가 그들에게 보내는 것을 정확하게 알 수 있을 거예요.

레베카: 그들에게 꼭 말해야 하는 이유가 정확히 무엇인가요?

사라: 음, 당신이 제게 더 자세하게 말하기를 원하지 않는 이상, 저는 꽤 대략적으로만 말할 수도 있어요.

레베카: 말도 안 돼요! 저는 사람들이 제 일에 대해 아는 것을 원하지 않아요.

사라: 음, 확실하지는 않지만, 제 경험으로는 사회복지부에 계신 분들은 내담자의 개인정보를 존중해줍니다. 아이가 지금 학대를 당하고 있다고 생각하지 않는 이상, 누군가가 레베카 씨에 대하여 더 알아보는 일은 없을 거예요. 왠지 당신이 어렸을 때 어떤 일이 있었던 것처럼 들리네요.

레베카: 맞아요. 음, 저희 아버지는 제가 여덟 살 때부터 열여섯 살이 될 때까지 저를 성적으로 학대했어요. 저는 열여섯 살 때 도망 나왔어요. 그 이후로 저는 부모님을 본

적이 없어요. 어머니는 이 일에 대해서 알고 있었고, 이 일을 막기 위해서 아무것도 하지 않았어요.

사라: 세상에, 끔찍한 일이었겠어요. 유감이네요.

레베카: 그래서 이제 어떻게 되는 거죠? 이제 당신이 알게 된 정보로 어떻게 할 건가요?

사라: 그 외의 것을 제게 말하거나 더 많은 정보를 포함하길 원하지 않는 이상, 제게 방금 말한 것만 보고할 거예요. 그게 전부예요.

사라의 법적 의무와 그녀의 안전성은 내담자와 이에 대해 직접적으로 논의하면서 분명히 드러났다. 그녀는 그녀가 해야 하는 것을 분명히 밝혔고, 내담자의 질문에 정직하게 응답했다. 그녀는 레베카가 어떠한 민감한 정보도 나누지 않을 것이라는 위험을 감수한다고 하더라도, 보고해야 하는 정보는 기관에 공유된다는 것을 내담자가 사전에 아는 것이 훨씬 낫다고 보았다. 그렇지 않으면 내담자와 임상가가 관계를 형성하는 능력은 심각하게 손상될 수도 있다.

또한 현장 전문가는, 특히 아동기 트라우마와 관련된 기억이 한 번 회상되었을 때, 내담자의 아동기 외상 기억과 관련된 법적 의무와 윤리적인 영향을 고려해야만 한다. 2장에서 논의한 것처럼, 이런 기억의 타당성과 정확성에 대하여 많은 논쟁이 있다. Simon과 Gutheil(1997)은 '참인 것'과 '실제'적인 기억 사이의 유용한 차이를 밝혔다. 더 나아가서, 그들은 전문가의 세계와 법정을 구분했다. 우리의 직업에서 합법적인 초점과 관련한 주제 및 자세한 사항은(내담자에게 일어났던 것에 대한 내담자의 관점과 그 결과로 인한 장기적인 고통) 법률에 의한 엄격한 조사와 맞서지 않았을 것이다. 이것은 내담자가 우리에게 말한 것이 사실이 아니라는 뜻이 아니다. 이것은 단지 민사 혹은 형사 소송에 따라오는 단서를 검사하는 것이 매우 구체적이고 엄중하다는 것을 의미한다.

최근의 자료는 개인의 혐의가 제기된 가해자에게 손해배상 혹은 고소를 시도하는 것이 개인에게 힘든 싸움임을 꽤 분명하게 보여준다(Alison, Kebbell, & Lewis 2006; Murphy 1997; Zoltek-Jick 1997). 그러므로 현장 전문가는 내담자가 아동기 트라우마의 기억을 해결과 정의 추구의 이유로서 활용하도록 적극적으로 격려하는 것을 삼가야만 한다(Quirk & DePrince 1996; Vesper 1998). 보호 혹은 보고할 의무가 있는 상황을 제외하면 내담자가 전문가에게 털어놓는 것은 그들 사이에만 남아있는 것이다. 가해자에게 맞서서 법적 행동을 따를지 말지를 임상가가 아닌 내담자가 결정하는 것은 특히 더 중요하다. 나의 내담자들 중 한 명이 경험했듯이 아동기 트라우마의 혐의를 제기하고 법적으로 바로잡고자 하는 사람들은 스스로를 2차 피해에 노출시키게 되는 것이 현실이다.

28세인 콜린(Colleen)은 중학교 시절 남성 친척에게 학대당했다. 그녀는 한 번도 그 일을 잊은 적이 없지만, 그렇다고 완벽한 기억을 가지고 있지도 않았다. 그녀는 구강성교를 하도록 강요한 남자를 기억하고 있었고 생식기 부분에서 물리적인 감각을 경험했기 때문에 그가 그녀를 강간했다고 믿고 있었다. 콜린은 그녀의 가족에게 이 일에 대해서 한 번도 털어놓은 적이 없다. 일 년 전, 콜린의 언니가 콜린과 같은 친척에게 성적 학대를 당해왔다고 말하면서, 콜린 또한 그녀가 받은 학대에 대해 가족에게 털어놓게 되었다. 콜린의 부모님은 그 친척에 맞서서, 두 자매가 형사처벌을 하도록 용기를 주었다. (그 친척은 혐의를 부정했다.) 콜린의 언니는 관련 기관을 찾아가서, 그들이 받은 학대를 보고했다.

두 명의 피해자라고 주장하는 보고가 있었지만, 주(state) 검사는 충분한 증거가 없다고 믿었고 그 사건을 맡기를 꺼려했다. 가족들이 압박을 한 후에야 친척을 상대로 한 고소가 진행되었다. 콜린과 그의 언니는 각각 몇 차례 진술을 해야 했고, 이야기를 반복해야만 했다. 재판 날짜가 잡혔다. 친척의 변호사는 거의 일 년 동안 재판을 미루는 것에 성공했다.

그 기간 동안, 콜린은 나를 만나기 시작했다. 그녀는 불확실한 상태에 있다고 그녀 자신을 설명했다. 그녀는 인생에서 앞으로 나아갈 수 없는 느낌이라고 했다. 재판에서, 콜린과 언니는 공개 법정에서 그들의 이야기를 다시 하도록 요구받았고 반대심문을 하는 동안 강도 있고 당황스러운 심문을 당했다. 피고인 측 변호사는 그들을 번갈아가면서 거짓말하고, 정신이 온전치 않으며, 그들의 부모님과 친척 부모님 사이에서 가정불화를 일으키는 사람처럼 몰았다. 결국, 그 친척은 무죄를 선고받았다. 콜린은 완전히 무너졌으며 화가 났고 '모든 시스템으로부터 다시 강간당한' 것만 같은 느낌을 받았다.

전문가로서 상담자는 내담자가 법적 조치를 추구하면 그들이 마주하게 될 현실을 직시할 수 있도록 도와줘야 한다. 현실 직시의 일부분은 내담자가 이루기 원하는 것이 무엇인지 이해하도록 돕는 것을 포함한다. 누군가가 대가를 치르게 하는 것은 (대가를 치르게 할 수 있다 하더라도) 문제를 해결하고 종결을 짓는 것과 다르다.

감정의 억제

3장에서 논의한 것처럼, 과거의 외상보다 현재의 어려움에 집중하는 것은 내담자를 격려하고 내담자가 자신의 삶과 스스로를 조절하는 느낌을 형성하는 데 도움을 준다. 연구 결과들은 전문가가 첫 번째로 **안정화**에 초점을 두는 것의 가치를 지지하였다. 특별히 내담자가 혼란을 겪고 있는 사례에서 그러하다. 내담자가 안정화를 위해 분투하는 것은, 내담자와 전문가 모두가, 감정을 깊게 탐구하는 대신에 감정을 억제하거나 조절하도록 시작 단계에서 함께 일하는 것에 초점을 둘 것이다. 이 장에서(그리고 8장에서 더 자세하게) 우리는 이를 돕는 데 사용 가능한 전략에 대하여 알아볼 것이다.

이전에 소개했던 보호관찰관인 숀과 가석방된 새뮤얼에 대한 사례를 다시 살펴보자. 이 사례에서, 숀은 새뮤얼이 이미 사용한(비록 비의식적이라고 하여도) 방어 기술을 강화하고 활용하였다. 사실 새뮤얼은 아동기 학대 경험에 대해 공개했다. 이는 약물 중독과 그에 뒤따르는 수감 생활과 의심할 여지 없이 깊은 관계가 있었지만 그는 별다른 감흥을 보이지 않았다. 숀은 새뮤얼의 어린 시절에 대한 감정이 학대에 있는 것 같았지만, 새뮤얼이 어린 시절에 대한 느낌을 탐색하도록 격려하지 않았다.

내담자, 특히 아동기 트라우마의 과거가 있는 내담자는 방어할 자격이 있고 방어할 필요가 있다. 어떤 경우에 있어서, 전문가는 미래나 현재에 더 의도적으로 사용될 수 있도록 내담자가 사용하고 있는 방어 기능에 대해 짚어줄 필요가 있다. 다음의 두 예시는 이를 달성하는 다른 방법을 보여준다. 첫 번째 예시에 등장하는 전문가는 내담자가 스스로를 지킬 수 있도록 돕는 해결 중심 질문을 활용한 반면에, 두 번째 사례의 전문가는 과거 외상에 대한 내담자의 논의를 내담자의 감정과 경험을 보편화하고 타당화하며 그녀가 이를 수용하도록 돕는 방법으로 분명하게 제한하였다.

프랜시스(Frances)는 상담자로서 가족 서비스 단체에서 일한다. 그녀는 내담자 앨런(Ellen)과 두 번의 만남을 가졌다. 앨런은 우울함과 외로움 때문에 자발적으로 단체에 찾아왔다. 또한 앨런은 자신이 어린 시절 성적 학대를 겪은 트라우마 생존자라고 밝혔고, 그 일을 숨기고 싶은 바람을 표현했다. 첫 두 회기 동안, 프랜시스는 배경 정보를 수집하였고, 상담의 첫 번째 목적을 앨런이 현재 경험하고 있는 그녀의 직장, 가족, 폭력적인 남자 친구와 관련된 문제해결을 돕는 데 집중하기로 함께 결정하였다.

프랜시스: 그래서 앨런, 지난 한 주는 어땠어요? 가족 모임은 어땠나요?

앨런: 형편없었어요. 끔찍했죠. 제 삼촌이(그녀의 학대자) 거기에 있었어요. 저는 그가 거기 있을 거라고 생각하지 않았어요. 가족들은 삼촌이 저에게 한 일을 알고 있고, 제가 삼촌 주변에 있을 수 없다는 것도 알고 있었지만, 아무도 제게 어떤 말도 하지 않았어요. 마치 다들 저를 골탕 먹이려는 것 같았어요. 저는 가족들이 그가 저에게 한 일을 진짜로 믿는다고 생각하지 않아요. 저희 어머니는 어머니의 남동생이 저를 성추행했다는 사실에 힘들어하세요.

프랜시스: 정말 힘든 일이었겠네요. 충격적이에요.

앨런: 삼촌을 보는 것만으로도 그가 저에게 억지로 강요한 모든 것을 생각나게 했어요. 그를 본 이후에 화장실에 갔고 계속 토했어요. 저는 억지로 토했어요. 제 입 안에 성기가 있다는 생각을 멈출 수가 없었어요. 그리고 배도 아팠어요. 저는 먹지도 잠을 자지 못하고 있어요. 그냥 도망가고 숨고 싶은 것 같아요. 함께 일하는 남자들도 보고 싶지 않아서 회사에 하루 월차를 내야만 했어요. 저는 눈물이 날 것만 같아요. (앨런은 울며 떨기 시작했다.)

프랜시스: 이런 일이 일어난 것에 대해 매우 유감이에요. 정말 힘든 일이었을 것 같아요. 당신이 가족 모임에 가야 할지, 말아야 할지 확신이 없었다는 걸 알아요. 하지만 가기로 결심을 하고 최선을 다했어요. 그리고 당신은 그를 보았죠. 이 일이 당신을 무너지게 만든 것은 놀랍지 않아요. 매우 예상치 못한 일이었어요. 그가 당신을 학대했을 때 당신이 느꼈던 많은 감정들이 모두 올라온 것처럼 보여요. 그래서 더 이상 어린아이가 아님에도 불구하고, 당신은 여전히 어린아이처럼 느껴요. 그리고 또한 당

신은 예전에 가족들이 당신을 믿어주지 않았고 당신이 거짓말하고 있다고 생각했던 것으로부터 느꼈던 감정을 고스란히 느끼죠.

앨런: (울면서) 저는 정말 혼자예요. 제 가족은 제가 미쳤다고 생각해요. 제가 하는 모든 것을 비판하고, 제가 모든 부분에서 실패했다고 생각해요. 그들 말처럼, 저는 실패했어요. 저는 제 일을 못하겠어요. 남자 친구에게 의지도 못하겠어요. 저는 친구도 많이 없어요.

프랜시스: 당신은 미치지 않았어요, 앨런. 당신 삼촌은 당신을 성적으로 학대했고, 부모님은 알고 계시지만 이에 대해 모르는 것처럼 행동해요. 그가 체포되었을 때, 부모님은 그가 아닌 당신에게 화를 냈어요. 이거야말로 말도 안 되는 상황이지, 당신이 미친 게 아니에요. 우리가 함께 해나갈 것 중에서 당신에게 가장 도움을 줄 수 있는 한 가지는 현재 삶을 관리하는 능력을 그들이 방해하지 못하도록, 당신이 감정을 조절하고 있다고 더욱 느끼도록 돕는 거예요. 그래서 당신에게 이 질문을 하고 싶어요. 과거에, 지금처럼 감정을 통제할 수 없고 공황상태에 빠졌다고 느꼈을 때, 어떻게 했었나요? 어떻게 그런 기분을 다루었고 계속 지낼 수 있었나요?

앨런: 저도 모르겠어요. 저는 사실 정말 잘 지내지 못했어요. 제 말은요, 저를 보세요. 그야말로 엉망진창이에요.

프랜시스: 저는 당신의 상황이 좋아질 걸 알아요. 그리고 그렇게 될 거예요. 하지만 핵심은 당신이 감당해야 했던 모든 것에도 불구하고 잘 버텨왔다는 거예요. 상황이 정말로 안 좋았을 때 어떻게 했었나요?

앨런: 저도 몰라요. 저는 그냥 지냈어요.

프랜시스: 당신이 무엇을 했는지 알아낼 수 있도록 같이 생각해봐요. 스스로 자신의 감정과 인생을 조절할 수 있다고 느낄 수 있도록, 저는 그 기술을 당신이 지금 사용하기를 바랍니다.

앨런: 저는 방금 제 자신에게 저에게 있었던 일에 대해서 생각하지 말라고 말했어요. 저는 그 일이 일어나지 않았던 것처럼 행동하는 것 같아요.

프랜시스: 좋아요, 좋은 시작이네요. 당신이 이런 감정을 통제할 수 있다고 느낄 수 있는 한 가지 방법은 이러한 감정을 저 멀리 두는 것이네요. 직장에 있을 때처럼 불편한 상황에 처해 있을 때 당신 스스로에게 그런 감정을 느낄 필요도 없고 느끼지 않아도 된다고 말할 수 있어요. 또한 당신 자신에게 지금은 삼촌이 당신을 다치게 할 수 없다고 상기시키고 있어요. 그건 과거였고, 이게 현재예요. 그는 과거에 당신에게 상처를 주었지만, 지금은 그가 당신에게 상처를 줄 수 없어요. 두려움을 느끼고 공황상태인 당신을 발견했을 때, 저는 이 두 가지를 당신 자신에게 말하기를 원해요. 삼촌은 지금 당신을 다치게 할 수 없다고 당신 자신에게 말하세요. 그리고 감정을 느끼는 게

불편할 때에는 이런 감정을 느낄 필요도 없어요.

아동기 트라우마의 과거를 가진 내담자에게 필요한 것에 대한 프랜시스의 이해는 분명해 보인다. 비록 프랜시스는 내담자와 상대적으로 긴 시간 동안(6개월까지) 일할 역량을 가지고 있지만, 그녀는 내담자와의 이른 단계에서 앨런이 감정을 더 잘 조절할 수 있도록 도와야겠다고 깨달았다. 이렇게 함으로써, 앨런은 매일의 삶에서 더 성공적일 수 있었다. 앨런이 마주한 가장 중요한 실패와 부적응에 대한 만연한 감각과 같은 한 가지 문제를 다루는 것이다.

프랜시스의 해결 중심 문제는 앨런의 과거 감정이 그녀를 압도할 때 어떻게 대처하는지를 보여준다. 그리고 그녀는 앨런이 말해주었던, 그녀가 감정을 조절할 수 없게 되었을 때 사용할 수 있는 두 가지 매우 구체적인 전략을 재구성하였다. 그녀 자신이 과거는 과거일 뿐이라고 상기시키는 것과, 그녀 자신에게 감정을 비축할 수 있도록 허락하였다. 앞에서 논의한 것처럼(그리고 8장에서 다시 논의한다), 우리는 내담자가 감정을 조절하는 것을 도움으로써 문제를 잘 처리하도록 돕는다.

두 번째 예시는, 부모 지원 프로그램에서(지역 유아 보호 서비스 부서) 아동학대 이후 도움을 받으라는 명령을 받은 내담자와 일하는 레이첼(Rachel)이라는 이름을 가진 전문가에 대한 것이다. 레이첼은 보통 내담자의 집에서 내담자와 함께 일하는 부모 교육 훈련을 제공한다. 현재 레이첼은 두 명의 어린아이를 둔 22세의 싱글맘인 콜레트(Colette)를 상담하고 있다. 콜레트는 큰아들인 트로이(Troy)를 신체적으로 학대해왔다. 여섯 회기 중 두 번째 회기에서(해당 회기는 콜레트의 집에서 이루어졌다) 레이첼과 콜레트는 다음과 같은 대화를 나누었다.

레이첼: (콜레트 아이들의 사진을 보면서) 엄청 귀여운 사진이네요! 이 옷을 입은 트로이는 너무 귀여워 보여요!

콜레트: 그 아이는 크면서, 점점 더 애 아빠를 닮아갔어요.

레이첼: 당신의 말투에서 그게 좋은 일이 아니라는 것처럼 느껴지네요?

콜레트: 트로이의 아빠는 개자식이에요. 지금 마약 따위를 다뤄서 감옥에 있어요. 그는 저를 때리고, 성관계를 억지로 갖도록 만들었어요. 그래서 트로이가 태어났어요. 그와 함께 있을 때, 저는 미쳐있어야만 해요. 저는 그냥 아버지로부터 벗어나고 싶었을 뿐이었어요.

레이첼: 당신 아버지요? 당신이 벗어나고 싶었던 사람이⋯⋯?

콜레트: (말을 끊으며) 저희 아버지는 제가 지금의 트로이보다 더 어렸을 때부터 저를 폭행하기 시작했어요. 저는 최고의 어머니가 될 수는 없어도, 절대로 그렇게 제 아이들을 다치게 하지는 않을 거예요. 저는 제가 할 수 있는 최선을 다하고 있어요. 어머니

는 제가 겪고 있는 일에 대해 알고 있었어요. 어머니는 그저 아버지와 더 이상 성관계를 하고 싶지 않아서, 제가 이렇게 되도록 내버려둔 것 같아요. 어머니는 저를 때리고, 아버지는 저를 강간했어요. 제가 열네 살 때 집을 나와서, 트로이의 아빠인 리처드(Richard)를 만났어요. 리처드가 저를 임신시켰어요. 낙태하고 싶었지만, 리처드가 못하게 막았고 그렇게 트로이가 태어났어요.

레이철: 오, 콜레트. 몰랐어요.

콜레트: 저와 놀아난 아버지와 함께 있는 것이 최악인지, 저를 구타하는 리처드를 만난 것이 최악인지 잘 모르겠어요. (그녀는 울기 시작했다.) 저는 너무 많이 상처받았어요. 그가 저를 때리면서 생긴 상처가 아직도 남아있어요. 그렇지만 아버지가 제게 한 짓 때문에 마음에 더 큰 상처를 받은 것 같아요.

레이철: 당신에게 일어난 일은 정말 유감이에요. 당신의 아버지가 당신을 다치게 했고, 당신의 어머니가 당신을 다치게 했고, 그 다음 당신이 그들로부터 도망친 후에도 당신은 더욱 상처를 받았네요. 그리고 지금, 당신 아이와 함께 너무 힘들 거예요. 제 생각에 트로이를 볼 때 모든 상처가 생각날 것 같아요.

콜레트: (티슈로 눈을 가볍게 훔치며) 있잖아요, 저는 자랄 때 아무것도 가진 게 없었어요. 그래서 항상 제 아이는 뭐든 갖게 해주려고 노력했지만 트로이는 너무 버릇없게 행동해요! 그 아이는 자기가 원하는 모든 것을 다 가지고 버릇없이 행동해요.

레이철: 당신에게 일어나고 있는 모든 것에 대해 화가 난 것처럼 들리는군요. 조금도 이상하지 않습니다. 당신을 다치게 한 사람들에게 화를 낼 마땅한 자격이 있습니다. 아마도 당신이 트로이에게 화가 날 때, 다른 분노들이 올라오기 시작할 거예요. 우리가 함께 해나갈 것 중에 하나는 어떻게 당신이 트로이를 다치지 않게 하면서도 훈육할 수 있을 것인가 하는 것처럼 들리네요. 그리고 우리는 트로이가 당신을 화나게 만들었을 때 당신이 무엇을 할 수 있을지에 대해서도 말할 수 있겠네요. 만약에 당신이 누군가에게 과거에 당신에게 무슨 일이 있었고, 이것에 대한 당신의 감정을 말할 기회가 있다면 이것 또한 당신에게 도움이 될 수 있을 거예요. 제가 당신을 도울 수 있는 또 다른 것은 이것에 대해서 당신이 말할 수 있는 누군가를 찾는 거예요.

나중에, 레이철은 콜레트가 어린 시절과 아들의 출생에 관한 사실을 말했을 때 그것을 '무시'한 것이 잘한 것인지에 관해 질문했다. 사실 레이철은 이 중요한 정보를 모두 간과하지 않았다. 그녀는 내담자의 감정을 타당화하고 일반화시켰고, 그녀의 역할에 맞게 대응했다. 레이철은 콜레트의 과거와 현재 사이에 연결점을 만들었지만, 콜레트가 감정을 깊게 파고들도록 격려하지는 않았다. 사실 레이철은 콜레트가 모임에 오게 된 이유에 관한 문제(아들 학대)에 집중함으로써 그녀에게 가장 도움이 될 것을 명확하게 했다. 이로써 내담자가 감정을 억누르도록 돕는 기술을 분명히 보여주었다.

요약

작업의 시작 단계는 이후에 우리가 내담자에게 시도할 개입을 위한 기반을 만드는 것이다. 우리는 처음부터 관계를 잘 맺기도 하지만 잘 맺지 못하기도 한다. 만약 우리가 특별히 아동기 트라우마를 경험한 내담자가 어떤 것을 걱정하는지 예상하고, 그들에게 우리에 대해서, 그리고 우리가 도움을 줄 수 있는 능력에 대해서 **사전에 공감한다면**, 우리는 긍정적인 방향으로 상담을 시작할 가능성이 높다. 물론, 다음의 기술은 치료의 전 과정에서 유용하지만 이 시기에 우리에 대한 내담자의 질문이 내담자의 참여를 막을 때, **내담의 생각과 감정 알기**와 **간접적인 단서에 반응하기**와 같은 이 시기에 사용하는 기술은 초기에 내담자에게 큰 영향을 줄 수 있다. 또한, 아동기에 외상을 경험한 내담자의 성공적인 참여를 위해서 **우리 자신의 감정을 알아차리는 것**이 중요하다.

전문가로서 우리는 아동기에 트라우마를 경험한 내담자가 **권위와 관련된 주제**와 씨름하게 될 것이라는 것을 예상해야만 한다. 내담자가 우리에게 갖는 의구심은 이전에 도움이 되지 않았던 전문가와의 관계에서부터 비롯된 것일 수 있다. 아니면 내담자와의 문화, 인종, 성별 차이와 이러한 차이가 내담자에게 의미하는 무언가 때문일 수도 있으며, 내담자의 과거 피해 양상 때문일 수도 있고, 내담자가 우리에게 도움을 구하거나 우리를 만나도록 법적으로 강제된 상황 때문일 수도 있다.

아동기 트라우마의 과거가 있는 내담자는 **우리의 역할과 목적의 중요성**을 명확히 하는 것이 어떻게 도움이 될 수 있는지에 대해 빨리 그리고 분명하게 알 필요가 있다. 많은 경우, 전문가는 내담자가 아동기 트라우마의 생존자인지 아닌지 알기 어렵지만, 내담자의 현재 증상은 과거 아동기 트라우마의 가능성을 보여줄 수 있다. 이러한 이유에서, 임상가는 작업 관계를 맺기 시작할 때, **트라우마 중심 초점**을 유지해야만 한다.

아동기 트라우마의 과거(과거의 가능성)가 있는 내담자에 대한 정확한 평가는 **트라우마 중심과 해결 중심의 질문**의 균형을 요한다. 이처럼 우리의 전문적 역할에 맞게, 우리는 내담자가 현재의 도전을 해결해온 긍정적인 방향을 강조하면서, 내담자가 현재 마주하고 있는 도전과 연결되는 정도의 아동기 경험을 발견해야만 한다.

임상가는 내담자에게 적용되는 모든 **법적 의무**와, 내담자가 자신의 **윤리적 책임**을 깨달을 수 있도록 논의해야 한다. 아동기 트라우마 정보 공개에 대한 전문가의 대응은 그들의 역할로 인해 보고해야 하지만, 작업 초기 단계에서 강조되는 것은 **감정을 억제하고** 내담자가 치료를 받게 만든 현재의 어려움을 돕는 것이다.

집단 작업의 시작 단계

도입

4장에서 우리는 비슷한 문제와 경험을 가진 다른 사람들과 함께하는 것, 즉 '한 배를 타는 것'이 특히 아동기 트라우마 성인 생존자에게 어떻게 유익한지 알아보았다. 집단에서 전문가의 주된 역할은 상호협력의 과정을 조성하는 것, 다시 말해서 구성원들이 서로를 돕도록 돕는 것이다.

개인 치료에서도 그러하듯이, 집단 작업의 시작 단계는 특별히 중요하다. 집단에 어떤 사람들이 참여하기에 적절한지, 집단의 크기, 회기의 길이와 날짜에 대한 결정처럼 초기에 내려진 결정은 집단의 도움을 줄 수 있는 잠재력이 구축될 것인지 아닌지를 결정짓게 될 것이다. 그러므로 이 장에서는 전문가가 상호협력이 존재하는 집단을 발전시키기 위해 필요한 과제와 기술에 초점을 두었다.

상호협력을 위한 집단의 잠재력 구축하기

섭식장애를 가진 사람들의 지지 집단에서 공동 지도자를 맡고 있는 나의 동료가 그녀가 겪고 있는 문제에 대하여 나에게 조언을 구해왔다. 팸은 6개월 동안 집단 작업을 해온 반면에, 그녀의 공동 지도자인 마커스(Marcus)는 집단과 몇 년 동안 함께 작업해왔다. 팸의 주된 걱정은 들쑥날쑥한 출석률과 여러 회기 동안 집단 구성원들이 거의 아무 말도 하지 않았다는 사실이었다. 다음은 내가 팸에게 집단에 대해 말해달라고 했을 때 그녀가 제공한 정보이다.

통원 치료를 하는 섭식장애 집단은 일주일에 한 시간씩 만난다. 이 집단은 기간에 제약을 두지 않고 계속 진행되는 집단이다. 다른 임상가로부터 소개받았거나, 스스로 찾아오는 사람들이 집단에 참여할 수 있다. 현재, 이 집단에는 아홉 명의 여성과 한 명의 남성으로 총 열 명의 구성원이 등록되어 있다. 평균적으로 네다섯 명의 구성원이 회기에 참석한다. 공동 지도자는 여성인 팸과 남성인 마커스이다. 만약 누군가 집단에 참여하고 싶어 한다면, 그 개인은 집단에 대해 제대로 알기 위하여 사전에 마커스나 팸 둘 중 한 명과 만나 이야기한다. 집단 구성원이 되기 위한 기본적인 기준은 개인이 섭식장애를 가지고 있어야만 한다는 것이다. 구성원들은 그들이 원하는 기간 동안 참여할 수 있다. 규칙적인 참석이 권장되지만 의무는 아니다. 집단의 회기는 교훈적이고(지도자가 섭식장애의 유형과 원인과 같은 정보를 제공한다) 구성원들이 걱정거리에 대해 이야기를 나눌 수 있도록 느슨하게 구성되어 있다

대부분의 구성원은 30~40대지만 한 구성원은 스무 살이다. 일곱 명은 백인이고, 세 명은 아프리카계 미국인이다. 현재 열 명의 집단 구성원이 있다. 그중 일곱 명은 집단에 처음 들어왔을 때 혹은 초반에, 아동기에 성적 학대를 당한 적 있다고 밝혔다. 그 외 한 남성은 팸에게 그 또한 아동기 성적 학대의 생존자라는 사실을 암시했지만, 누구도 이것에 대하여 직접적으로 질문하지 않았다. 집단의 초점이 섭식장애이기 때문에 비록 지도자가 교육 목적으로 섭식장애와 아동기 성적 학대의 경험 사이의 관계에 대해 이야기하기는 했지만, 성적 학대에 대한 깊은 논의가 장려되지는 않았다.

팸이 설명하는 것은 일반적인 문제를 공유하는 사람들의 집단이지, 상호협력 집단이 아니다. 확실히 상호협력의 잠재력이 있지만 인식되지 않고 있다.

상호협력의 장애물

4장에서 언급한 것처럼, 우리는 집단을 효과적으로 운영하기 위해서 Shulman이 "두 내담자 패러다임"(2006)이라고 부르는 것을 인식해야 한다. 집단의 각 구성원이 내담자인 것처럼 집단 전체도 마찬가지이다. 그리고 개인이든 집단이든 상관없이 모든 내담자는 6장에서 논의한 것처럼 직·간접적으로 의사소통한다. 팸이 운영하는 집단은 비록 간접적일지라도 분명히 무언가가 잘못되었다고 말하고 있다. 전문가가 마주한 어려움은 잘못된 것이 무엇인지 정확하게 밝히는 것이다.

집단에서의 그들의 대화로부터, 팸은 각 구성원에 대해 꽤 많은 정보를 가지고 있다. 팸이 이 세 명에 대해 알고 있는 정보만을 통해서도 우리는 무엇이 잘못되었는지, 6장에서 논의한 내담자의 생각과 감정 알기 기술을 사용해서 이해할 수 있다.

모이라

모이라(Moira)는 22세의 독신 백인으로 4개월째 집단에 참여중인 대학생이다. 그녀는 그녀가 앓고 있던 거식증과 관련된 위험한 질병을 치료하기 위해 만나기 시작한 정신의학과 의사의 소개로 집단에 오게 되었다. 그녀는 우울증과 섭식장애로 치료받고 있다. 모이라는 초등학교

1학년 때부터 고등학생이 될 때까지 계속된 삼촌의 성적 학대에 대한 분명하고 일관된 기억을 가지고 있었다. 그녀는 개인 치료자를 만나기 시작했을 때 처음으로 성적 학대에 대하여 밝혔다. 그리고 그 후, 첫 번째 회기에서 그녀가 왜 집단에 참여하게 되었는지에 대해 질문을 받았을 때, 그녀는 섭식장애(그 당시에 그녀가 통제할 수 있었던)와 우울증으로 고통을 겪고 있다는 것과 성폭행에 대해 개방적으로 털어놓았다.

프레드

집단의 유일한 남성인 프레드(Fred)는 2개월 전에 스스로 집단에 찾아온 45세의 변호사다. 그는 결혼한 백인이며 두 명의 어린 자녀를 둔 아버지다. 그는 그가 통제할 수 없고, 통제할 수 없다는 사실에 매우 창피해 하는 일이 있다고 말했는데, 그것은 폭식하고 구토하는 일이 자주 일어난다는 것이다. 프레드는 아내가 그가 섭식장애를 가지고 있다는 사실을 모른다고 생각하긴 하지만, 그가 술을 너무 많이 마시고, 대부분 불법적으로 처방받은 약을 너무 많이 먹는다고 아내가 불만을 토로한다고 말했다. 프레드는 한 번도 직접적으로 성적 학대를 당했다는 것을 인정하지 않았지만, 몇 번 어머니가 그가 어렸을 때 '부적절한' 일을 했다는 것과, 성생활에 있어서 '한 번도 편안한 적이 없었다'고 말했다.

디나

디나(Deena)는 38세의 이혼한 아프리카계 미국 여성이다. 그녀는 정신병원에 3개월 동안 입원했고 퇴원 후 9개월째 집단에 참여하고 있다. 디나는 다량의 약을 삼키고, 면도칼로 손목을 그으려고 시도한 후 입원하게 되었다. 그녀는 자살 시도와 충동으로 인해 세 번째 입원된 것이었다. 디나는 부모님과 함께 살고 있었고, 의사의 사무실에서 시간제로 접수 담당자 일을 할 능력만 있었다. 그녀는 거식증 환자로 여러 번 폭식하고 토했다. 그녀는 아동기 시절의 기억을 거의 가지고 있지 않고, 아동기 트라우마 기억은 전혀 가지고 있지 않았다.

우리는 치료받는 사람들이 알고자 하는 것처럼 이 집단의 모든 구성원들도 다음과 같은 질문을 가지고 있을 것이라고 쉽게 예상할 수 있다. '**이 사람들은 누구인가?**' 그리고 '**어떻게 이 집단이 나를 도울 수 있는가?**' 우리가 이 집단에 대하여 말할 때 팸이 첫 번째로 깨달은 것 중 하나는 최소 6개월간 일하는 동안, 집단의 목적, 집단으로부터 구성원들이 기대할 수 있는 것, 그리고 팸과 마커스의 역할에 대해서 한 번도 명확하고 직접적으로 논의한 적이 없다는 것이었다. 이 기간 동안 모이라와 프레드를 포함한 두 명의 새로운 집단 구성원이 들어왔음에도 불구하고 이 논의는 이루어지지 않았다.

팸은 그녀와 마커스는 섭식장애를 지지하는 집단이라고 분명하게 이름 붙여졌기 때문에, 새로운 집단 구성원들이 집단의 목적이 무엇인지 알 것이라고 가정했다고 나에게 말했다. 사실, 현재 집단의 역할과 목적의 명확한 논의의 부재에 대한 각 구성원들과 두 지도자 각자의 12가지 다른 관점이 있다. 집단의 목적에 대한 보편적 이해와 공유의 부재는, 구성원들의 상호협력 시스템을 형성시키는 능력을 심각하게 저해한다.

이 특정 집단에서 구성원들은 무엇에 대하여 말하는 것이 '허락되는지' 혼란스러울 것이다. 지도자는 섭식장애와 아동기 트라우마, 특히 성적 학대 사이의 연관성에 대하여 논의했지만, 구성원들이 개인의 성적 학대 경험을 밝힐 때 지도자는 경험에 대한 깊은 탐색을 격려하지는 않았다. 구성원 중 일부가 집단을 수업이라고 부르는 것에 대해 팸이 불만을 가진다는 것은 흥미롭지만 놀랍지는 않은 일이었다. 그러나 구성원들의 관점으로 보았을 때, 집단에서 그들이 무엇을 얻어야 하는지가 명확하지 않다. 교육? 지지? 둘 다? 아니면 둘 중 아무것도 아닌가?

만약 이전에 언급한 세 구성원 각각의 문제에 따로 집중한다면, 우리는 팸이 설명한 문제를 이해할 수 있다. 예를 들어, 모이라는 개방적으로 자신이 아동기 성적 학대의 생존자라는 것을 이야기했다. 교훈을 주는 방식의 일부분으로 팸과 마커스는 성적 학대와 섭식장애 사이의 연관성에 대해 논의했지만, 그들은 구성원들에게 자신의 경험을 공유하도록 격려하지는 않았다. 모이라의 시각으로 보았을 때, 아동기 경험은 아마 금기시되는 논의가 금지된 주제로 느껴졌을 것이다. 이는 그녀의 경험을 보편화시키고 유효화시키는 것이 절실히 필요한 때에, 자신은 다른 사람과 다르고 혼자라는 그녀의 감정을 심화시킬 수 있다. 게다가, 모이라는 다른 이들보다 상당히 어렸고, 섭식장애는 현재 통제 가능한 것이었다(이 점은 그녀를 제외하고 대부분의 구성원들과는 다른 부분이다). 다른 이들이 섭식장애를 조절하는 데에 겪는 어려움에 대해 말하는 것을 듣는 것은 그녀를 더 위험하게 할 뿐이다.

마커스를 제외하고 집단의 유일한 남성이었던 프레드는, 다른 구성원들과 연관성을 만드는 데 좀 더 특별한 어려움과 마주한다. 그가 처음에 집단에 참여하기로 결심한 용기에도 불구하고, 그 또한 혼자라고 느끼고 다르다고 느낄 수 있다. 그는 보편적으로(하지만 잘못된) 여성의 문제라고 간주되는 문제로 집단에 참여하였다. 그가 겪었을 수 있는 아동기 성적 피해 사실은 그의 외로움을 더 악화시킨다. 이것 또한 보편적으로 여성의 문제로 간주되기 때문만이 아니라, 성적 학대를 밝힌 다른 구성원들과 다르게 그의 가해자는 여성이고 어머니이기 때문이다. 팸은 집단에서 프레드의 행동이 특별히 신경 쓰이고 그가 혼란스러워 한다는 것을 언급했다. 그는 번갈아가면서 침묵하거나 집단의 관심을 독차지했고, 그래서 그는 아는 체한다는 인상을 주었다. 그의 걱정거리를 고려했을 때 대인관계에서의 태도는 사실 이해가 된다.

또한 디나의 관점에서 집단을 보면 상호협력을 막는 장애물이 존재한다. 그녀가 성추행에 대해 아무런 기억이 없다고 하여도, 그녀는 아동기 트라우마를 경험한 성인과 일치하는 여러 증상을 나타냈다(예: 우울증, 자살 사고, 섭식장애). 그녀는 팸과 마커스가 제공한 섭식장애와 아동기 성적 학대 사이의 연관성에 대해 듣고, 구성원들이 경험에 대해 설명하는 것을 들으면서 그녀를 무섭게 하는 것이 무엇인지 정확하지 않았지만 혼란과 당혹감을 느꼈다. 또한 집단에 참여한 결과, 디나는 고립감이 줄어들기보다 더욱 심해졌다. 왜냐하면, 다른 구성원들과 달리 그녀는 독립적으로 살아가는 것과 스스로 잘 기능하는 것에 대한 어려움을 겪었기 때문이다.

　모이라, 프레드, 디나는 이 집단의 다른 구성원들 사이에서뿐만 아니라 보통의 아동기 트라우마 경험이 있는 내담자들 사이에서도 일반적이다. 그들 자신에 대한, 집단에 대한, 그리고 다른 참가자에 대한 그들의 걱정은 그들의 참여하는 능력과, 상호협력의 과정으로부터 혜택을 받는 것을 방해한다. 이것은 다른 기술 중에서도, 집단에서 구성원들이 상호협력의 문화를 발달시키게 하기 위해 생각과 감정을 알아보고, 간접적인 단서에 직접적인 반응을 하는 기술을 사용하는 팸과 마커스에게 달려있다. 이전의 장들에서 논의한 것처럼, 작업 관계가 집단이든 개인에 기초한 것이든지 간에, 내담자가 작업 관계를 형성할 때가 가지고 오는 걱정을 말로 표현할 때 우리는 그들이 우리가 제공하는 도움으로부터 혜택을 받기 위해 필요한 연관성을 만들도록 격려할 수 있다.

　이 집단 구조의 다른 측면은 성가시며 구성원 개개인의 우려를 악화시킴으로써 상호협력을 위한 능력을 저해시킬 수 있다. 예를 들어, 회기에 불참하는 사람이나 혹은 불규칙한 참석률에 대한 논의가 집단 전체와 함께 이루어지거나 탐구되지 않는다. 어떤 집단의 구성원이든지(심지어는 격식이 없는 책 동아리까지도) 왜 구성원들이 미팅에 참여하지 않았는지 공명히 알고 싶어 한다. 만약에 집단에 한 명이라도 아동기 트라우마 성인 생존자가 있다면, 그 사람은 자신이 한 행동이나 말이 그 구성원을 떠나게 했다고 생각할 확률이 높다. 또한, 집단 구성원들은 화가 나거나 유기된 느낌을 받거나 실망할 수도 있지만, 누군가는 예상대로 반응하지 않을 것이다. 집단 치료 환경에서 출석과 관련하여 정해진 기대치가 없다면, 구성원들이 다른 참가자들을 '버리거나' 지도자를 실망시키는 것에 죄책감을 느낀다 하더라도 구성원들은 집단 치료에 오는 것이 불편하거나 단지 원하지 않을 때 회기에 무단으로 불참하는 것이 용인되는 일이라고 간주할 것이다. 어떤 사례든지, 누가 참석할 것인지 알지 못하는 것은 상호협력의 과정에 참여하고자 하는 마음과 참여하는 것을 방해하는 장애물이 된다.

　이와 관련된 또 다른 문제는 현재 받아들여지는 것과 같이 집단의 개방된 구조이다. 한동안 집단에 참여해온 디나와 같은 구성원들은 아마도 새로운 구성원들이 집단에 참석하여 처음으로 되돌아가 다시 시작해야 한다는 사실에 불편해할 수 있다. 이것은 새로운 구성원이 참석함으로써, 지도자가 기존의 구성원들에게는 이미 친숙한 내용의 교육적인 소재에 초점을 둘 때 더더욱 그렇다. 새로운 구성원들을 적응시키고 빨리 따라올 수 있게 하려는 지도자의 노력에도 불구하고, 새로운 구성원들 역시 힘이 드는 것은 마찬가지이다. 새로운 구성원들은 관계를 맺는 데 있어 어려움을 겪을 수 있으며, 마치 본인이 한참 진행 중인 연극을 보러 들어간 것처럼 느낄 것이다.

　만약 팸과 마커스의 모든 집단 구성원들이 제시간에 참석하게 되고 회기가 한 시간 진행될 것으로 계획되어 있다면, 참여와 상호협력은 매우 힘들겠지만 불가능하지는 않을

것이다. 나와 그녀의 대화에서, 팸은 종종 회기가 너무 짧다는 것을 언급했다. 그 시간
은 구성원들이 서로 어색함을 풀기까지 시간이 걸리며, 서로 편안함을 느낄 때 즈음엔
회기가 끝날 시간이었기 때문이다. 비록 팸은 마커스와 그녀가 종종 구성원들을 말하게
만드는 것이 매우 힘든 일처럼 느껴질 때가 있다고 말하지만 그녀가 '사람은 너무 많고,
시간은 부족하다'고 느끼는 회기들이 있다.

집단과의 재계약

조력자는 직관적으로 집단 치료의 혜택을 이해하기는 하지만 이런 혜택을 깨닫기 위해
거쳐야만 하는 과정에 대한 이해가 부족한 경우가 비일비재하다. 기본적으로, 그들은
상호협력을 위한 방향으로 활동하지 않으며 그러한 방향으로 활동하는 것이 무엇을 의
미하는지 정확히 이해하지 못한다. 다행히도, 마커스와 팸과 같은 전문가가 '집단이 아
닌 집단'을 이끌고 있다는 사실을 발견했을 때 아주 희망이 없는 것은 아니다.

상호협력이 발생하기 좋은 문화를 만들기 위해서 팸과 마커스는 Shulman이 '재계약
(recontracting)'(2006)이라고 부르는 기술을 사용해야 한다. 즉, 구성원들과 함께 정확
히, 명확히, 개방적으로 어떻게 그들이 생산적일 수 있고, 상호협력을 위해 기여할 수
있는지 논의해야 한다. 이 장의 남은 부분은 팸과 마커스가 마주한 실수를 피하거나 최
소한 줄일 수 있도록, 상호협력의 분위기가 처음부터 확실히 조성되도록 하기 위해 전
문가가 할 수 있는 것에 대하여 논의할 것이다.

아동기 트라우마의 내력이 있는 성인을 포함한 집단의 구성

기관과 계약하기

아동기 트라우마의 내력을 가진 내담자를 돕는 모든 집단이 기관으로부터 제공되는 것
은 아니다. 하지만 그러한 경우, 도움을 주는 전문가가 수행해야 하는 첫 번째 일 중 하
나는 집단 구성원들에게 도움이 되는 집단 작업 서비스에 대한 기관의 지지를 확보하는
것이다. 이전의 예시들이 보여주는 것처럼, 단순히 아동기 트라우마의 내력이 있는 내
담자나 트라우마 내력이 있을 수 있는 내담자에게 집단을 제안하는 것이 그들에게 도움
이 된다는 것을 장담하지 않는다. 그러므로 도움을 주는 전문가는 기관 직원과 의뢰 기
관에 집단 참여의 혜택을 명확히 알려주고 그들이 이러한 혜택을 지지하기 위해 내릴 결
정에 대해 설명할 준비가 되어 있어야만 한다.

마커스와 팸이 진행하는 섭식장애 집단의 사례에서, 그들이 즉시 다루어야 하는 문제
는 집단의 목적과 목표를 확인하는 것이다. 몇 년 전에 집단이 처음 만들어졌을 때, 기
관 책임자와 경영진은 지역 사회의 충족되지 않은 요구에 대한 응답으로 섭식장애 집단

을 설립하는 것을 지지하였다. 지역 사회 전체에 최대한 즉각적으로 반응하고자 하는 바람으로, 집단은 기간에 제한을 두지 않고, 계속 진행되며, 그리고 아무 때나 새로운 구성원이 참여할 수 있도록 디자인되었다. 게다가, 관리자는 섭식장애에 온전히 집중하길 원했다. 왜냐하면 이 문제가 지역 사회에서 다루어지고 있지 않은 문제였기 때문이다. 마커스와 과거의 공동 지도자는 집단에 참여하는 구성원 중 대부분이 아동기 때 성적으로 학대당한 이들이라는 것 또한 금방 발견했지만, 지도자나 단체의 책임자 모두 이 현실을 고려하여 집단의 초점을 변경하거나 조정하는 단계를 밟지 않았다. 그 결과로 집단에 실제로 참석하는 사람들이 받을 수 있는 혜택이 위태로워졌다.

만약 집단이 변화한다면 팸과 마커스는 구성원들뿐만 아니라 기관의 관리자들과도 직접적으로 중재해야 한다는 사실이 팸에게 명확하게 다가왔다. 팸이 집단이 구성원들에게 최대한의 도움을 주기 위하여 어떻게 개선시킬 수 있는지에 대해 점점 더 명확해짐에 따라, 그녀는 변화를 위해 그녀의 상관에게 지지를 요청하는 데 더 나은 위치에 있게 되었다.

전문가와 그들의 기관은 자주 팸의 단체가 결국 마주해야만 했던 것처럼, 힘든 결정을 내려야만 한다. 우리는 가능한 한 많은 사람들에게 집단을 제공할 것인가? 또는 집단에 참여하는 사람들이 최대한의 성과를 낼 수 있도록 제약할 것인가? 가능하다면 언제나 우리는 두 번째 선택을 해야만 한다. 그러나 많은 경우, 전문가에게는 이러한 선택의 자유가 없으며 기관의 의무와 정책 같은 많은 요인으로 인해 제약받게 된다. 그 다음으로 전문가가 마주하게 되는 어려움은 집단 구성원들 사이에서 어떠한 제약이 존재하더라도 상호협력을 발전시키는 것이다.

우리는 4장에서 약물 남용자를 위한 단기 주거 치료 시설의 상담자로 일했으며 거주자들을 위한 분노 관리 집단을 운영했던 테드의 어려움에 대하여 논의했다. 그는 많은 구성원들이 아동기 트라우마 생존자라는 사실로 힘들어했고, 이 정보로 무엇을 할 수 있을지 확신하지 못했다. 집단이 아동기 트라우마 내력이 있는 이들을 포함한 모든 구성원들에게 도움이 되기 위해서, 테드는 집단의 구조와 '주어진 상황'을 고려하며 작업할 필요가 있었다. 주어진 상황 중 하나는 그 집단의 구성원이 지속적으로 변화한다는 것이다. 집단의 다른 측면은 테드와 그의 동료들이 몇몇 중요한 질문에 답한 후에야만 참여의 대상이 될 수 있다는 것이다. 지속적인 집단 구성원의 변화를 고려했을 때, 약물 남용자를 위한 이 집단의 목표는 무엇이어야 하는가? 목표를 여전히 분노 관리에 두어야 하는가? 아동기 트라우마 생존자이기도 한 약물 중독자를 위한 것이어야 하는가? 아니면 분노 그리고 아동기 트라우마 둘 다에 초점을 맞추어야 하는가?

사실, 이 결정들 중 어떤 것이라도 그것이 정당하다는 것을 입증할 수는 있지만, 어떠한 결정에 도달하든지 간에 집단의 초점이 지지되어야만 하고 결과에 반영되어야 한다.

예를 들어, 테드는 특별히 구성원의 아동기 트라우마 내력을 다루는 집단을 진행할 수 있다. 이 경우, 그러한 과거를 가진 내담자만이 집단에 소개될 것이다. 상호협력은 교육뿐만 아니라 감정의 일반화와 억제를 기반으로 한다. 이것은 구성원들이 술과 약물을 멀리하려고 노력하기 때문만이 아니라, 그들이 상대적으로 짧은 시간 동안 프로그램에 참여하기 때문이다.

만약 테드와 그의 동료들이 계속해서 분노 조절에 초점을 두기로 결정했다면, 더 넓은 범위의 구성원들이 포함될 수 있을 것이다. 그러나 테드는 집단의 모든 구성원들이 그러한 경험이 없다고 하더라도(혹은 기억하지 못하거나 공개하고 싶어 하지 않더라도), 공감할 수 있는 아동기 트라우마에 대한 자기 개방에 대처할 준비가 되어있어야만 한다. 테드가 어떤 결정을 내리든, 특히 그가 동료들로부터의 소개에 의존하기 때문에 그들도 동의한다는 것을 확실히 해야 한다. 또한 그가 집단의 구조에 가하려는 모든 변화들에 대한 기관 책임자의 지지가 필요했다. 그리고 그가 제안에 대한 확실한 근거를 보여준다면, 이 마지막 노력이 성공할 가능성이 더욱 높아진다.

집단의 구성 요소

4장은 아동기 트라우마 내력이 있는 성인들에게 적절한 여러 종류의 집단과 함께 그것의 사용 방법을 제시한다. 일반적으로, 구조적인 집단은 감정을 억제하고 조절하는 데에 도움이 필요한 내담자에게 적절하다(Foy et al. 2001; Marotta & Asner 1999). 구조적인 집단은 또한 교육적이고 현재 중심적인 방향으로 도움이 된다.

그보다 덜한 정도로 구조화된 집단은 구성원들이 다른 사람과 자발적으로 상호작용하는 것을 허용하며 감정을 개방적으로 표현하도록 장려한다. 그러므로 이런 종류의 집단은 내재되어 있는 트라우마와 구성원들의 '지금 여기', 그리고 집단 내에서의 서로의 관계에 초점이 맞춰졌을 때 적절하다(Bemak & Young 1998; Foy et al. 1997; Shaffer, Brown, & McWhirter 1998; Wolfsdorf & Zlotnick 2001).

현실에서, 아동기 트라우마 내력을 가진 성인을 위한 집단은 '순수한' 유형이 드문데, 즉 구조화되고 교육적이거나, 구조화되지 않고 트라우마에 초점이 맞춰져 있다. 그러나 전문가는 항상 다음의 두 문제에 대한 대답을 해야 할 것이다. (1) 집단이 감정의 표현이나 감정의 억제를 주로 강조할 것인가? (2) 집단이 주로 현재에 겪는 어려움에 초점을 두거나, 내재되어 있는 아동기 트라우마에 초점을 둘 것인가? 이런 중요한 구별은 집단 구성원을 선택하는 과정에서 지침을 제공한다. 왜냐하면 (가능한 범위까지) 집단 참여는 집단의 목적을 반영하고 통지되어야 하기 때문이다.

경험적 주의의 상당 부분은 성공적인 집단 참여와 관련된 변수를 확인하는 데 초점을 맞추었다. 때로 모순되는 결과가 나오기도 하지만 많은 연구 결과는 구성원들 사이에 화합이나 소속감을 증가시켜 집단 참여의 혜택을 증가시키고 중도 탈락의 위험을 줄이는 개인과 집단 변수를 제시하였다(Bond & DeGraaf-Kaser 1990; Cheung & Sun 2001; Connelly et al. 1986; Klein & Carroll 1986; Gitterman 2005; McCallum et al. 2002; Ogrodniczuk & Piper 2003; Shulman 2006; Roback & Smith 1987; Stone, Blaze, & Bozzuto 1980; Wierzbicki & Pekarik, 1993).

연구 결과에 따르면, 가장 중요한 것은 우리는 집단의 목적과 일치하는 방식으로 구성원들 서로가 비슷한 집단을 만들어야 한다. 게다가, 이질성(구성원들 간 차이)과 동질성(구성원들 간 유사성) 사이의 균형은 높은 확률의 구성원 유지와 만족감, 그리고 낮은 확률의 구성원 중퇴와 관련이 있다. 이 증거는 또한 우리가 '혼자뿐'이라고 느낄 수 있는 구성원을 포함시키지 말아야 한다는 것을 보여준다(Gitterman, 2005).

얼핏 보기에, 다른 사람들과 비슷한 구성원을 포함시키고, 비슷하지 않은 이를 배제하는 이 기준은 비교적 단순하게 보일 수 있지만, 다양한 실무 배경과 내담자를 대상으로 한 많은 연구 결과에 따르면 잠재적인 집단 구성원들 간 차이점, 그리고 유사점과 관련된 결정은 명확히 구분 짓기 힘들다. 그러므로 전문가는 집단이 어떤 방식으로 동질성, 이질성을 갖는지 결정짓는 데 모든 노력을 기울여야 한다. Gitterman은 귀중한 가이드라인을 제공한다.

> ……구성원들은 공통의 관심사와 걱정거리를 강력하게 경험할 때 주로 더 많은 다양성을 인내하고 사용한다. 그러므로 예를 들어, 저자는 유방암 말기로 인해 제한된 기대 수명을 가진 여성들을 위한 집단을 구성하였다. 그들의 확실한 공통점은 나이, 계층, 인종의 차이를 중요하지 않게 만들었다. 대조적으로, 인종이 혼합된 학교 집단의 어린이들은 학교의 교직원으로부터 문제가 있는 학생들이라고 알려졌다. 그들은 자신이 문제가 있는 행동을 한다고 느끼지 않았기 때문에, 집단의 필요성을 크게 경험하지 않고 있었다. …… 민족의 이질성은 …… 파벌주의와 누군가를 희생양으로 삼는 상황을 이끌었다. 이러한 내부적인 장애물은 집단이 목적에 따라 작업하지 못하게 했다 …… 따라서 구성원들이 공통적인 걱정거리와 관심사를 더 적게 인지할수록 집단의 구성은 더 동질적이어야만 한다. (2005, 81-82)

객관적인 현실에 상관없이, 내담자가 다수에 속하는지 아니면 소수에 속하는지에 대한 개인의 주관적인 느낌이 가장 중요한 것으로 보인다. 개인이 자신이 더욱 외부인이라고 느낄수록, 그리고 내담자가 집단에 있는 다른 사람들과 다르다고 느낄수록 중간에 포기하게 될 가능성이 높아진다. 이 가능성을 최소화하기 위해, Yalom은 우리가 '**노아의 방주의 원칙**(Noah's ark principle)'을 따른다고 말했다. 각 구성원은 최소 한 명의 다른 구성원과 함께 집단과 집단의 목적과 관련된 핵심 특징을 공유해야 한다(1995).

내가 진행했던 여성을 위한 성적 학대 집단의 구성은(4장에서 소개된) 이러한 원칙과 이질성, 그리고 동질성의 혼합을 보여준다.

달린(Darlene), 백인, 42세

- 아동기에 어머니에게 신체적, 정서적으로 고문당함.
- 다수의 사람들로부터 성적 학대를 당함.
- 집단 초기에 성적 학대에 대한 파편화되고 대략적인 기억을 가지고 있었음.
- 두 번의 결혼을 함.
- 세 명의 십대 아이들의 어머니.
- 해리성 정체감 장애 진단을 받음.
- 우울증으로 개인 치료를 받고 있으며 정신과 의사로부터 치료받고 있음.
- 스트레스를 많이 받는 영업직으로 일하고 있으며 정규직임.
- 대학교를 졸업함.

제인, 백인, 64세

- 16년 넘게 아버지로부터 질과 항문 강간, 물체의 삽입, 포르노를 찍는 것을 포함한 신체적, 성적 학대를 당했음.
- 아버지로부터 신체적으로 고문을 당함.
- 그녀를 학대한 것으로 아버지는 투옥되었지만 가족들은 그에게 헌신함.
- 아버지는 석방된 후 제인의 딸을 성폭행함. 가족들은 그녀가 만약 경찰에 신고한다면 '그가 죽을 것'이라며 신고하지 않도록 설득함.
- 집단이 시작하기 여섯 달 전에 죽어가는 아버지를 돌보도록 요구받는 것으로 인해 유발된 조증 삽화를 겪었음.
- 결혼을 두 번 했지만 현재는 혼자 살고 있음.
- 집을 떠나는 것을 두려워해서 일할 수 없음.
- 고등학교를 졸업함.
- 정신과 의사로부터 치료받으며 일주일에 한 번 상담자를 만남.

케이, 아프리카계 미국인, 52세

- 아동기와 청소년기에 거쳐 아버지에게 성적 학대를 당함.
- 5세부터 7세까지 이웃의 청년으로부터 성적 학대를 당함.
- 19세 때 폭력적인 강간을 당함.
- 학대나 강간에 대해 누군가에게 한 번도 말한 적이 없음.
- 집단 초기에 성적 학대에 대한 조각나고 대략적인 기억을 가지고 있었음(그러나 강간에 대한 기억은 온전했음).
- 우울증으로 정신과 의사의 도움을 받았지만, 그를 만나는 것과 약을 복용하는 것을 그만두었음.

- 남편과 별거하여, 1년 전에 가족의 친구로부터 성적 학대를 당했다고 밝힌 10세 된 딸과 함께 살고 있음.
- 우울과 불안으로 인해 일을 할 수 없는 상태임.
- 석사학위를 가지고 있음.

멜러니(Melanie), 백인, 48세

- 5세부터 13세까지, 그녀보다 17살 많은 오빠로부터 성적 학대를 당했음. 오빠는 그녀를 이곳저곳에 데려다주는 대가로 그와 성관계를 가지게 했음. 오빠의 친구들 또한 참여했음.
- 집단 초기에 성적 학대에 대한 파편화되고 대략적인 기억을 가지고 있었음.
- 오빠는 다른 아이를 성폭행한 것으로 고발당했지만, 한 번도 유죄 판결을 받은 적이 없음. 멜러니의 가족은 그녀가 18세 때 학대 사실에 대해 털어놓았을 때 그녀를 믿어주지 않았음.
- 우울과 불안으로 인해 정신과 의사의 도움을 받고 있음.
- 집단의 시작 8개월 전부터 공황 발작을 일으키는 조증 에피소드 때문에 일할 수가 없었음.
- 고등학교를 졸업함.
- 세 번째 결혼 생활을 하고 있으며 남편이 매우 지배적이고 정서적으로 학대적임.

수, 백인, 45세

- 3세부터 8세까지 아버지로부터 성적 학대를 당했으며 아버지와 어머니로부터 심한 신체적 학대를 당함.
- 신체적 학대의 결과로 여러 번 입원했음.
- 집단에 참가하기 1년 전까지 학대 사실을 털어놓거나 논의한 적이 없음. 그녀의 어머니나 남매들과 학대에 대해 한 번도 논의한 적이 없음(아버지는 사망함).
- 집단 초기에 성적 학대에 대한 파편화되고 대략적인 기억을 가지고 있었음.
- 일주일에 한 번 개인 치료를 받고 있으며 우울증 치료를 받고 있음.
- 외상 후 스트레스 장애(PTSD)와 연관된 거슬리는 증상으로 인해서 그녀는 집 밖에서 일할 수 없음. 집에서 컴퓨터로 일을 함.
- 고등학교를 졸업함.
- 결혼을 했으며 세 명의 십대 아이들이 있음.
- 남편은 그녀가 치료를 받는 것을 지지하지만 그녀는 결혼생활이 '공허'하다고 설명함.

완다(Wanda), 백인, 34세

- 초등학교 시절에 그녀의 오빠로부터 성적 학대를 당함.
- 어머니로부터 심각한 신체적 학대를 당함.
- 어른이 되어서 가족에게 성적 학대에 대해서 털어놓음. 아주 오래전에 일어난 일이니 '잊어버리라는' 이야기를 들음.
- 20대 때 형부와 그의 친구에게 강간당함. 형부는 언니에게 완다가 유혹했다고 말함. 완다는 언니가 있을 때 가족모임에 참석하는 것이 허락되지 않음.
- 15세 때 약물을 복용하기 시작함. 성매매를 통해 약물을 위한 돈을 벌었음.
- 3년 동안 약물을 하지 않음. 알코올 의존증 모임(AA)이나 니코틴 중독자 모임(NA)에 참가하지 않음.
- 가족의 주치의로부터 우울증 치료를 받고 있음. 불규칙하게 개인 치료를 받음.
- 결혼을 했으며, 5세 된 아들이 있음.
- 남편이 성적으로, 정서적으로 학대함. 그녀의 치료에 지지적이지 않음.
- 이전의 결혼은 이혼으로 끝남.
- 가업으로 풀타임 일을 하고 있음.
- 고등학교 졸업.

Gitterman의 지침에 따라, 이 집단의 구성원들은 집단 목적의 중심이 되는 여러 가지 쟁점에 대한 공통적인 긴박감을 느꼈다. 대부분의 경우 여러 가해자에 의한 성적 학대, 일상생활을 방해하는 정신의학적 문제, 신체적·정서적 학대, 가족 구성원들의 지지 부족, 친밀한 관계에서의 문제 등은 종종 결과적으로 이혼을 불러오게 된다. 또한, 중요한 점은 이러한 여성들은 타인을 이해하는 방법, 그리고 적응 능력, 대처 능력과 방식처럼 집단응집력을 강화시키고 중도 포기자를 줄인다고 알려져 있는 변인에서 비슷하다는 점이다.

다른 측면에서 보면, 이 집단의 구성원들은 서로 꽤 달랐다. 그들은 나이, 사회적 지위, 배경, 그리고 피해 사실의 특정 상황에서 서로 달랐다. 구성원들 중 두 명은 그들처럼 성적으로 학대당한 아이들이 있었고, 여성들 중 두 명은 강간당한 경험이 있다. 오직 한 명의 내담자만이 약물 남용의 내력을 가지고 있는 매춘부였다. 한 명의 구성원은 해리성 정체감 장애(DID) 진단을 받았고, 여러 개의 뚜렷한 자아를 가지고 있었다. 구성원들 중 한 명이 아프리카계 미국인이었고, 나머지 구성원들은 백인이었다. 이러한 차원에서 다른 사람들과 다르다는 이유로 특정한 구성원이 소외감을 느낄 수 있는 위험이 있었지만, 경험의 근본적인 보편성은 이런 가능성을 감소시켰다.

하지만 현실은, 우리가 경험의 보편성이 인지된, 그리고 실제 차이를 무시할 수 있을 만큼 크지 않은 경우도 있다는 것을 인식하게 만든다. 예를 들어, 이 집단의 유일한 남성은 그의 경험이 얼마나 유사한지와 상관없이, 다른 구성원들과 관계를 맺는 능력뿐만 아니라 서로 협력하는 집단 전체의 능력으로부터 경계를 만들었을 것이다. 반대로, 여성의 수와 남성의 수의 균형은 상호협력을 위한 강력한 원동력이 될 수 있다.

이 집단 구성원들의 나이 격차는 30년 이상이었다. 한 구성원은 60대였고, 다른 한 명은 30대 초반이었다. 그러나 모든 구성원들이 대부분 같은 발달상의 어려움을 공유했기 때문에 나이차는 크게 중요하지 않았으며 집단에 지장을 주지 않았다. 하지만 만약 한 명의 구성원이 아주 어렸고, 그렇기 때문에 발달상에서 매우 다른 위치에 있었다면 집단에 남성이 한 명뿐이었던 집단에 존재했던 어려움과 같은 어려움이 존재했을 수 있다.

잠재적 구성원 심사하기

전문가가 집단에 참여 가능한 사람과 그렇지 않은 사람을 통제할 수 있을 때, 그들은 이 통제력을 발휘해야만 하며 집단의 목적을 지지하기 위해 사용해야 한다. 특히 만약 집단의 작업이 아동기 트라우마 성인 생존자를 포함하고 있다면 더 그러한데, 왜냐하면 이 사람들은 이미 사회적 고립과 이질감으로 고통받고 있기 때문이다. 앞에서 논의한 팸과 마커스가 이끈 집단과 테드가 이끈 두 집단으로 돌아가 보면, 두 상황 모두 집단 참여의 경계가 엄밀하지 않고 불명확하게 정의되어 있었는데, 이는 발생하고 있는 문제의 원인이 되었다. 두 사례에서, 지도자는 집단을 '물려받은 것'이었기 때문에 변화가 가능하다는(혹은 필요하다는) 사실을 인지하지 못하고, 과거에 집단이 운영되던 방식 그대로 운영해왔던 것이다. 실제로, 두 사례 모두 구성원들을 심사할 수 있었고, 집단 참여자의 범위를 정할 수 있었지만 아무런 조치도 취하지 않았다.

비록 그들 각 집단의 상호협력 가능성을 높이기 위한 노력으로 각 사례에서 내려진 결정이 달랐지만, 테드와 팸은 집단 구성원을 더 뚜렷하게 정의하였다. 팸, 테드, 그리고 그들 각각의 동료들은 그들 고유의 환경, 그들이 돕는 내담자, 그리고 조금 전에 논의했던 집단 구성의 기초 원리를 반영하는 집단 참여의 기준을 만들었다.

테드는 분노 조절과 약물 중독자의 회복을 돕는 집단의 기존 초점을 유지하기로 결정하였다. 그는 만약 아동기 트라우마 경험을 공개했거나 분노 관련 문제를 가진 사람들로 집단이 제한된다면 집단을 계속 유지할 수 없을 것이라고 결론지었다. 우선, 그의 집단은 작은 프로그램이었다. 시설의 거주자가 30명이 넘었던 경우가 한 번도 없었으며, 테드는 이성적으로 생각하고 있었다.

그는 새로운 거주자들이 집단에 소개되었을 때, 몇 개의 일반적인 원칙을 따르기로 결정했다. 테드는 어떤 경우라도, 집단에 오직 한 명의 여성이 참여하는 것을 피하려고 하였다. 그는 또한 심각한 정신적 질병의 증상을 보이는 거주자들을 집단에 받아들이지 않기로 결정하였다. 만약 예비 구성원의 아동기 트라우마 경험이 사전에 알려지고 이를 직접적으로 다룰 필요가 있다면, 테드는 이 구성원을 집단에 받아들이지 않았다. 그렇더라도, 테드는 여전히 집단 회기 중에 나오는 아동기 트라우마에 대한 구성원들의 공개에 대하여 개인의 경험을 유효화하고 또한 모든 구성원들의 경험의 보편성을 강조하는 방식으로 반응할 준비가 되어 있어야 한다는 것을 인식하였다. 이것을 해내기 위해 요구되는 기술은 9장에서 논의한다.

팸과 마커스는 다른 종류의 결정을 내렸다. 그들은 섭식장애 집단을 해체하고, 섭식장애와 아동기 성적 학대의 경험을 모두 가진 이들로 구성된 새로운 집단을 만들었다. 기존의 집단 구성원들은 만약 그들이 기준에 부합한다면 새로운 집단에 합류할 수 있는 선택권을 가지게 되었다. 그렇지 않은 경우, 치료를 위해 다른 곳으로 소개되었다. 이 결정은 이 공동 지도자들에게 고통스럽고 어려운 결정이었지만, 그들은 최종적으로 집단의 목적이 재검토되고, 구성원들이 그에 맞춰 선택되는 것이 더 도움이 될 것이라고 결정했다. 그들은 남성과 여성 모두 모집하기로 했지만, 집단에 오직 한 명의 남성이 참여하게 되는 것은 피하고자 했다. 그들은 또한 집단을 비슷한 발달 과정의 어려움을 마주한 성인들로 제한하기로 결정했다. 심각한 정신적 문제를 보이는 사람들은 배제되었다. 마지막으로, 비록 예비 구성원은 아동기 피해 사실을 완벽하게 기억해낼 필요는 없었지만, 성적 학대에 대한 최소한의 어떤 기억은 할 수 있어야 했다.

앞에서 논의했던 것과 같이, 전문가가 집단의 구성 요소를 항상 통제할 수는 없을 것이다. 심사가 가능하지 않은 경우, 이 사실은 집단의 목적에 대한 전문가의 결정에 영향을 주어야 한다. 예를 들어, 4장에서 정신 병동 입원 치료 프로그램에서 일하고, 매일 병동에 있는 모든 환자들을 위해 집단을 진행하는 전문가에 대해 설명했던 상황이 있었다. 그 상황은 구성원들을 심사할 수 없는 상황이었다. 병동에 누가 있었든 간에 그곳에 있었던 사람이 회기에 참여하는 것이었다. 집단의 지도자는 집단 회기 중에 아동기에 성적 학대를 당했다고 밝혔던 실라라는 이름의 내담자(자살 시도로 기관에 입원)와 마주하게 되었다. 지도자는 공감하는 반응을 보이며, 실라가 인생을 앞으로 나아가기를 제안했다. 비록 나는 전문가의 반응은 실라 혹은 집단 그 누구에게도 도움이 되지 않았다고 주장했지만, 나는 지도자가 마주했던 딜레마를 이해한다는 것을 인정했다.

이와 같이 많은 내담자가 아동기 트라우마 내력을 가지고 있을 확률이 높은 환경에서, 이 가능성을 예상하고 있는 집단의 진행자는, 내담자가 모든 구성원들이 공유하는 공통적인 유대감과 현재에 맞춰진 초점을 유지하는 동시에 트라우마와 관련된 개인 구성원의 경험을 입증하는 방법으로 반응할 수 있다. 예를 들어, 입원을 하게 되고 통제력을 상실하는 것, 두려움과 분노를 느끼는 것, 향정신성 약물의 부작용을 다루는 것이 있다. 이 장에서 그리고 다시 9장에서 우리가 논의하게 될 것처럼, 구성원들의 보편성을 짚어내는 것과 쌓아가는 것은 상호협력을 발달시키고 지지하는 데 있어 중요하다.

구성원의 준비

비록 연구 결과들이 항상 일치하는 것은 아니지만, 연구에 의하면 집단을 위해 예비 구성원을 준비시키는 것은 집단응집력을 높이고 중도 포기의 위험을 감소시킨다(Bowman & DeLucia-Waack 1996; Bowman & DeLucia-Waack 1993; Klein & Carroll 1986; Lincoln et al. 2005; Meadow 1988; Peake 1979; Piper & Perrault 1989; Verinis 1996). 이 준비가 대면 인터뷰 또는 전화 연락을 포함하든지 하지 않든지 간에, 개인이 사전에 집단에 대하여 더 많은 정보를 가질수록 내담자가 열심히 참석하고 잘 따라올 확률이 높은 것으로 보인다.

새로운 집단을 시작할 때, 나는 항상 예비 구성원들과 최소 한 번 이상의 개인적 회기를 갖는다. 이런 인터뷰 중 하나가 6장에서 논의되었다. 안나는 내가 구성하고 있던 집단에 소개되었으며 우리의 첫 만남은 도움을 제공하는 나의 능력에 대한 그녀의 의구심을 명확하게 보여주었다. 이와 똑같이 중요하게, 그녀는 집단 상담과 그저 그녀와 비슷한 다른 사람들과 함께하는 것이 어떻게 그녀에게 도움을 줄 수 있는지에 대한 의문을 가지고 있었다. 안나는 다른 생존자와 함께하게 되는 것이 위안이 된다고 생각하는 대신, 그녀의 기분을 더 나쁘도록, 더 외롭고 고립되게 만들 것이라고 생각했다.

예비 구성원의 걱정을 직접적으로 다루기 기본적으로, 안나는 '오직 혼자'가 되는 것에 대해 크게 걱정했다. 또 다른 누군가가 그녀가 겪는 것과 같은 인생의 문제를 겪고 있을까? 또 다른 누군가가 완전히 미쳤고, 통제력을 상실했다고 느끼고 있을까? 아마 가장 기본적으로, 안나는 아버지와 오빠들에게 성적으로 학대당한 그녀를 아무도 절대 이해할 수 없을 것이라고 생각할 것이다. 의심의 여지없이, 그녀는 가족의 애완견들로부터 강제로 강간당한 사실에 대하여 다른 이들이 어떻게 생각할지에 대하여 궁금해했다. 그녀의 두려움과 걱정을 말로 표현함으로써, 나는 그녀에게 전문 용어를 사용하지 않고 직접적으로 그녀와 같은 다른 사람들과 함께하는 것이 어떻게 도움이 될 수 있는지에 대해 설명했다. 상호협력 과정에 대해 설명함으로써, 나는 그녀의 두려움이 그녀가 참여하는 데 있어 걸림돌이 될 확률을 감소시켰다. 집단 참가에 대한 안나의 걱정은 아동기 트라우마 내력을 가진 내담자가 가지는 전형적인 걱정이었다.

집단 모임에 앞서 오리엔테이션을 제공하는 것은 세 가지의 주된 장점을 가진다. 첫 번째, 집단 참여에 대한 내담자의 두려움과 걱정을 직접적으로 다룰 수 있다. 두 번째, 전문가는 내담자가 전문가와 어떻게 상호작용하는지 관찰할 수 있는데, 이를 통해 다양한 연구 결과들이 제시하듯이, 내담자가 집단 구성원들과 어떻게 상호작용할 것인지에 대한 정보를 얻을 수 있다(Klein & Carroll 1986; Lincoln et al. 2005; Meadow 1988). 세 번째로, 예비 구성원과의 개별적인 만남은 내담자가 집단과 연결 짓는 것을 도울 때 유용한 배경 정보를 모을 기회를 제공하며 전문가가 모든 구성원의 공통점을 밝힐 수 있게 한다.

파편화된 기억 다루기 집단의 예비 구성원 혹은 내담자 각각으로부터 배경 정보를 수집할 때, 그 점에 대해서 전문가는 설명되지 않았던 느낌, 생각, 감정이 있는지 질문할 수 있다. 연구와 이론은 특히 피해가 매우 어렸을 때 발생한 경우, 내담자의 피해 사실에 대한 기억이 기억 자체가 아닌 신체적 감각이나 **세포 기억**(body memories)으로 저장된다고 주장한다(Beaulieu 2005; Ford 2005; Randolph & Reddy 2006; Solomon & Heide 2005; Watts-English et al. 2006; Weber & Reynolds 2004).

예를 들어, 예비 구성원으로부터 배경 정보를 수집할 때(개인 내담자와 마찬가지로), 나는 '직감적으로' 그들이 회상해낸 것보다 더한 학대가 있었다고 믿는지, 또는 설명하지 않은 신체적 반응을 경험하는지에 대하여 질문한다. 이런 질문에 내담자가 그렇다고 대답할 때, 그들은 불가피하게 그들이 견뎌야 했던 아동기 트라우마를 반영하는 느낌에 대해 설명한다. 이는 다음 예시에서 나타난다.

아네트

아네트(Annette)는 유치원에 다닐 때, 삼촌으로부터 성적으로 학대당한 것에 대하여 희미한 기억을 가지고 있었다. 또한 그녀는 양치질을 할 때, 구체적으로 치약과 칫솔을 입에 넣는 것의 어려움에 대해 설명했다. 그녀는 자주 헛구역질이 났으며 구토할 것만 같았다. 개인 치료를 하는 동안, 그녀는 삼촌이 폭력적으로 그를 위해 구강성교를 하도록 강요한 것을 회상해냈다.

수전

수전(Susan)은 아버지로부터 질과 항문을 통해 강간당한 것을 이십대 후반까지 기억해내지 못했다. 그녀는 18세 때, 골반 부분에 통증을 느끼고 산부인과 의사를 찾아간 적이 있다고 모임에서 말했다. 의사는 그녀가 느끼는 고통 때문에 골반 검사를 완료할 수 없었다. 그녀는 첫째를 임신한 지 5개월이 될 때까지 산부인과 의사를 다시 보지 않았다. 그리고 그녀는 계속해서 엄청난 골반 통증을 경험하였다.

엘리엇

테드의 약물 중독자를 위한 분노 조절 집단의 구성원인 엘리엇(Elliot)은 그가 앉아있거나 화장실에 갈 때 자주 경험하는 압박이라고 묘사한 것과 고통에 대하여 설명했다. 그는 대부분의 아동기 시절 동안 나무 주걱으로 맨 엉덩이를 심하게 구타당한 것을 기억해냈다.

4장에서 논의한 것처럼, 집단 구성원들은 다른 사람들이 자기 개방을 하거나 회상하는 이야기를 들었을 때, 자신의 피해 사실에 대한 기억이 더 명확해지기도 하며 새로운 기억이 떠오르기도 한다. 그러므로 집단의 목적과 초점에 따라서, 전문가는 사전에 이 가능성에 대하여 내담자에게 알려야 할 수도 있다. 아동기 트라우마에 대한 기억을 회복하는 것이 누군가가 집단에 가입하는 이유가 되지는 말아야 하지만, 구성원들의 개방은 결국 집단의 회기나 그 외의 상황에서 이 현상을 유발할 수 있다. 다음은 내가 진행했던 집단에서 가져온 예시다.

이전의 회기에서 구성원들은 부모, 특히 어머니로부터 보호받지 못한 분노와 슬픔에 대하여 논의했다. 비록 어떠한 구성원도 어머니로부터 성폭행당한 기억은 없었지만, 대부분은 어머니 혹은 다른 보호자가 무슨 일이 일어나고 있는지 알고 있었지만 아무것도 하지 않았다는 사실을 기억해냈다. 이 논의는 몇 명의 구성원들이 그들을 직접 학대한 사람보다 어머니에게 더 화가 난다는 것을 언급하면서 매우 격렬해졌다.

나는 이전 회기를 요약하면서 구성원들의 자기 개방과 반응이 얼마나 고통스러웠는지 언급하였다. 그리고 우리가 논의한 것에 대하여 어떻게 느끼는지 궁금해 하면서 이 회기를 시작했다. 마크가 첫 번째로 대답했다. (그는 이전에 집단 회기에서 아버지로부터 항문 강간을 당한 기억에 대하여 밝혔다. 그는 또한 아버지가 매춘부들을 집에 데리고 와서 그들과 폭력적인 성교를 하는 장면을 지켜보도록 강요했다고 밝혔다. 마크는 이 사건이 일어나는 동안 어머니가 어디에 있었는지에 대한 기억이 없었고, 이것에 대해 어리둥절함을 표현했다. 이전의 회기에서 마크는 다른 구성원들이 어머니에 대하여 이야기할 때 엄청난 분노를 표현했지만, 어머니에 대한 분노는 표현하지 않았다.) 마크는 그 집단 회기 이틀 후인 지금, '난데없이' 눈물을 흘리며 마크가 보는 앞에서 어머니가 여러 차례 아버지로부터 강간당했다는 사실을 기억해냈다고 밝혔다. 그는 또한 집단 회기에서 그가 아버지에게 구타당하고 강간당할 때, 어머니가 옆에 있었지만 그녀는 '너무 연약했기' 때문에 아무것도 할 수 없었던 것을 기억해냈다고 말했다.

이 학대에 대한 마크의 기억이 되돌아온 방식은 일반적이다. 그에게 혼란스러운 기억인 만큼, 이를 집단 회기에서 이야기하는 것이 자연스럽게 이것을 기억해낸 경험을 보편화시키도록 도왔다. 이것은 또한 그에게 매우 필요한 지지와 이해를 제공하였다. 구성원들은 자신들도 자연적인 회상과, 아동기 성적 학대를 재경험하는 비슷한 경험을 했다고 그를 안심시켰다. 더 나아가서, 어머니의 대책 없음에 대하여 구성원들이 분노를 표현한 것은, 마크가 금기시해야 하는 것으로 여겼던 감정에 목소리를 주었다. 어쨌든, 마크의 어머니도 아버지 때문에 피해를 당한 것이었다. 사전에 새로운 기억이 떠오를 수 있다는 것을 고지함으로써 지도자는 이러한 현상이 발생했을 때 대처하는 모두의 능력을 향상시킨다.

직접적인 인터뷰가 불가능한 경우 몇몇 실무적 배경의 특징을 고려했을 때, 직접적인 개인 인터뷰가 항상 가능한 것은 아니다. 짧은 시간이더라도 전화 통화는 전문가가 자신을 소개하고 개인이 집단에 참여하도록 용기를 북돋아줄 수 있다는 점에서 도움이 된다. 예를 들어, 테드는 그의 업무량을 고려했을 때, 예비 구성원들과 항상 개인적으로 만날 수 없다는 것을 깨달았다. 따라서 그는 적어도 사전에 예비 구성원들에게 연락을 취해 첫 회기에 대비할 수 있게 하기로 결정했다. 그는 그들에게 어떤 것들에 대해 이야기하게 될 것인지 그리고 집단 구성원들이 어떤 사람들인지에 대해 간략한 정보를 제공하였다. 대조적으로 팸과 마커스 둘 중 한 사람은 새로운 섭식장애/트라우마 생존자 집단의 예비 구성원들과 한 시간 정도 개인적인 인터뷰를 가졌다. 그들은 이 인터뷰를, 적절한 배경 정보를 수집하고, 개인이 집단에 적합한지를 판단하고, 내담자를 첫 회기와 전체적인 집단에 대비시키는 데 사용하였다.

집단의 구조

구성원 심사와 같이 집단의 구조와 관련된 선택은 집단의 목적과 최대한 많이 관련되어 있어야만 한다. 집단의 구조가 기관의 맥락에서 결정될 때, 집단의 목적은 그 상황에 알맞게 조절되어야만 한다. 어떤 경우든지, 집단의 구조에 대한 결정을 내리게 될 때, Shulman의 경고적 메시지는 가치가 있다.

> 이 문헌은 집단의 구성과 구조에 대한 많은 관찰 결과를 제공하지만 불행하게도 경험적인 부분을 지지하는 상반되는 과학적인 증거 또한 제시한다. 예를 들어, 효과적인 집단을 위한 최적의 규모에 대해 각자 다른 수치를 지지하는 …… 상충되는 연구들이 많이 있다. 균형이 이런 문제를 완전히 무시하는 것과 엄격한 규칙과 구조에 지나치게 의지하는 것 사이에서 맞춰져야 한다. …… 각각의 환경은 그들과 다른 사람들의 경험에 근거해 그들만의 규칙을 발전시켜야 한다. …… 각 집단은 새로운 집단을 시작할 때 도움이 될 수 있는, 지도자의 풍부한 경험에 기여할 수 있는 하나의 실험이다(2006, 293‑294).

시간제한   집단 구조와 관련된 기본적인 고려 사항은 집단이 시간제한을 두지 않고 계속될 것인지, 아니면 이것이 시간제한을 두고 새로운 구성원을 받아들이지 않는 집단이 될 것인지에 관한 것이다. 문헌들에서 설명된 대부분의 아동기 트라우마 집단은 비록 회기의 횟수에서 차이가 있긴 하지만 시간이 제한되어 있다. 그러나 시간제한이 있는 집단에 대한 연구 결과는 일반적으로 그들의 효과를 지지한다(Budman & Demby 1983; Budman et al. 1985; Budman et al. 1996; Burlingame & Fuhriman 1990; MacKenzie 2000).

이와 관련된 결정은 임의적인 부분이 있다. 전문가는 기관의 의무나 조건뿐만 아니라 전문적 책임을 고려해야만 한다. 그러나 일반적으로, 장기간 계속되는 집단은 덜 구조화되고 트라우마 자체에 초점을 맞추는 것이 더 적합하며, 반면에 적은 수의 회기를 갖는 집단은 교육적인 초점과 현재의 문제에 집중하는 것이 특히 더 적합하다. 초점에 관계없이 문헌상 10~12회기 정도 진행되는 집단이 선호된다.

수년간 나는 10회기 구성으로 시작하여 궁극적으로 20회기 구성까지 다양한 길이의 집단을 실험해왔다. 각 집단이 끝날 때 나는 구성원들에게 내담자 만족도 검사에 참여해달라고 부탁했다. 만족도 검사에 따르면 내가 20회기의 집단을 진행하기 시작했을 때야 비로소 구성원들은 회기수가 적당하다고 느꼈다. 이러한 종류의 유연성을 가진 전문가는 아동기 트라우마의 내력을 가진 내담자의 필요에 더 잘 대응하기 위해 집단의 구성을 조절하는 데에 이 장점을 사용할 준비되어 있어야만 한다.

개방 집단과 폐쇄 집단 이와 관련된 고려 사항은 개방 집단을 구성할 것인지 폐쇄 집단을 구성할 것인지의 여부이다. 비록 문헌에서 다양한 다른 모델이 제안되었지만, 대부분의 저자들은 특히 아동기 트라우마 생존자를 위한 집단은 적은 인원을 가진 제한적인 구성원으로 구성되어야 한다고 주장한다. 이러한 집단의 효율성에 대한 실증적 지지가 존재한다(Alexander et al. 1989; Bagley & Young 1998; Morgan & Cummings 1999; Richter, Snider, & Gorey 1997; Singer, 1989). 특히 감정에 주안점을 둔 트라우마 중심의 폐쇄 집단은 서로를 결속시키는 구성원들의 능력을 향상시키는 것으로 나타났다. 이러한 집단은 모두가 함께 시작하고 끝마친다는 점에서 구성원들의 친밀감을 조성한다는 장점이 있다. 이러한 집단은 전형적으로, 항상 그렇지는 않지만, 시간제한 구성과 연관이 있다. 내가 진행했던 성적 학대 생존자를 위한 집단이 이런 종류였다.

팸과 마커스의 섭식장애를 위한 집단은 집단의 필요에 대한 인식에 기초한 이 구성의 변형을 보여준다. 섭식장애를 위한 집단은 계속 진행하기로 되어 있었다. 예를 들면, 끝나는 날이 명확하지 않았다. 하지만 아동기 트라우마 생존자가 마주하게 되는 가장 큰 어려움 중 하나가 심각한 고립감과 외로움이라는 것을 알기에, 구성원 사이에 친밀감을 발전시키고자 했다. 그러므로 그들은 집단의 크기를 8명으로 제한하기로 했다. 오직 기존의 구성원이 떠났을 때만 새로운 구성원이 모집되었다. 대조적으로, 테드의 집단은 내담자가 그의 프로그램에서 지속적으로 들락거렸기 때문에 집단의 본질에 맞게 새로운 구성원에게 공개되어 있어야만 했다. 실라가 정신 병원에 입원 중이었을 때 참여했던 집단 또한 부득이하게 제한을 두지 않았다.

이 집단 각각의 지도자들은, 집단 전체에 미치는 집단 구성원의 변화의 영향에 주의를 기울여야만 한다(이를 달성하기 위하여 요구되는 기술에 대한 논의는 9장과 10장을 참고하라). 집단의 지도자는 이 장의 후반부에 논의될, 참석자 수와 집단의 종료에 대한 예상을 설정함으로써 그러한 변화로 인해 유발되는 분열을 최소화할 수 있다.

회기의 길이, 만남의 빈도, 물리적 공간 경험적·이론적 문헌들은 집단의 목적과 서비스를 제공받는 인구에 상관없이 매주 만나고 작은 규모이며 60~90분 정도로 구성된 회기를 가진 집단이 선호된다는 것을 분명하게 보여준다. 하지만 논의되었던 다른 고려 사항과 함께, 전문가는 집단의 목적뿐만 아니라 기관의 상황, 그리고 참여하게 될 내담자의 유형을 기반으로 하여 결정을 내려야만 한다.

일반적으로, 구성원들이 6~8명인 작은 집단은 그 목적에 상관없이 최적의 혜택을 받을 확률이 높다. 작은 집단은 구성원들에게 덜 위협적인데 이는 아동기 트라우마 내력이 있는 내담자가 대인관계에서 어려움을 겪는다는 것을 고려했을 때, 중요한 고려사항이다. 구조적이고 현재 중심인 집단은 8~10명 정도의 구성원들로 규모가 더 커져도 안정적이다. 하지만 집단의 지도자는 구성원들이 10명보다 많거나 5명보다 적은 경우 집단의 상호협력 잠재력이 훼손될 가능성이 있다는 것을 고려해야만 한다. 규모가 너무 큰 집단은 구성원들이 두려움을 느낄 수 있을 뿐 아니라, 팸이 "너무 많은 사람들과 충분하지 않은 시간"이라고 설명한 것을 야기할 수 있다. 너무 작은 집단은 보통 활력과 에너지가 부족하며 구성원의 결석은 특히 더 큰 지장을 줄 가능성이 높다.

전문가는 또한 물리적 공간과 관련된 고려 사항에 주의를 기울여야만 한다. 가장 중요하게, 구성원들은 편안해야 하며 그들의 사생활이 보호되어야 한다. 나는 물리적 공간의 중요성에 대해 고생하면서 배웠다. 비록 나는 언제나 구성원의 사생활 보호와 구성원의 아이들과 분리된 장소에서 집단을 진행해야 한다는 것에 대해 인지하고 있었지만, 감정의 강한 표현과 관련된 고려 사항에 충분히 민감하지 않았다. 한 집단 회기에서, 행크(Hank)라는 이름을 가진 한 구성원이 매우 불안해하고 혼란스러워했다. 그는 우연히 문 옆에 앉아있었는데 주먹으로 문을 마구 치기 시작했다. 문은 조각났다. 문이 얇았기 때문에 행크는 다치지 않았지만, 기관과 나 모두는 구성원들에게 안전한 방향으로 감정을 표출하는 방법을 제공하는 것이 얼마나 중요한지 배우게 되었다. 그 문을 고쳤는데 문 속에는 부드러운 물질을 채워넣었다. 구성원들이 때리고 끌어안고 있을 수 있도록 큰 배게들 또한 방에 구비했다. 매우 많은 양의 티슈들도 사용할 수 있도록 했다.

집단의 규칙

집단 규칙의 기준이나 **상호협력을 이끌어내기 위해 구성원들이 어떻게 함께 작업할 것인지에 대한 기대(expectation)**를 설정하는 것은 전문가가 실제 현실과 이론적, 실증적으로 알려진 것들의 균형을 맞추어야만 하는 또 다른 영역이다. 집단 구조의 다른 측면들과 함께, 구성원들을 위한 기대 방향은 상호협력의 과정을 지지함으로써 집단의 목적을 강화시켜야만 한다. 어떤 기대 방향이 설정되든지 간에, 그것들은 모든 구성원들에게 분명해질 수 있도록 집단의 지도자에 의해 명백히 논의되어야 한다. 나는 규칙을 만들고 실행하는 데 있어 불편함을 표현하는 전문가를 자주 만나지만, 그들에게 기대하는 것이 무엇인지에 대한 구성원들의 공통적인 이해가 없다면, 서로 연결되고 상호협력하는 능력이 방해받을 것이다.

첫 회기에서 집단 구성원들과 규칙에 대하여 논의할 때, 나는 우리가 작업하고 서로 연결될 수 있는 방법처럼 우리가 이곳에서 작업하는 데 도움을 줄 기대 방향의 측면에 초점을 맞춘다. 나는 나의 역할을 규칙의 집행자 같은 존재로 간주하지 않고, 대신 나의 책임을 구성원들이 서로 상호협력을 제공할 수 있는 분위기를 만들어 구성원들에게 도움이 되는 것이라고 간주한다.

출석률 앞에서 언급한 것과 같이, 출석률(아니면 출석의 부족)은 집단의 전체적인 분위기에서 특별히 중요한 이슈가 될 수 있다. 일반적으로 구성원들이 매 회기마다 참석하기를 기대하고, 만약 구성원 중 누군가 그만두는 것에 대해 고려한다면 그 구성원이 그만두기 이전에 집단에 와서 이에 대해 논의할 준비가 되어있어야만 한다. 집단의 중간 단계에서 몇몇 사람들이 환멸을 느끼게 되는 것은 드문 일이 아니다. 9장에서 길게 논의되겠지만, 몇몇 집단 구성원들은 집단에 참석하는 것이 상황을 더 나아지게 하는 것이 아니라 더 나쁘게 만든다고 느낄 수 있다. 그들은 슬픔과 분노를 느끼고 새로운 기억이 떠오를 수 있으며 갑자기 예전 일을 생생히 기억하게 되거나 악몽을 꿀 수도 있다. 이런 반응은 집단에서 하려고 제작된 바로 그 작업을 하고 있다는 것을 보여주지만, 몇몇의 구성원들은 그렇게 느끼지 않고 그만두려고 할 수도 있다. 그 사람이 자신의 목적에 대해 나머지 집단 구성원들에게 이야기하는 것은 중요하다. 그 구성원이 경험하고 있는 것에 대한 현실적인 관점을 발전시키고 정말로 떠난다면 모든 구성원들이 종결감(sense of closure)을 느낄 수 있게 도울 수 있기 때문이다. 나의 경험에서 가져온 다음 예시는 이 규칙이 왜 중요한지에 대해 보여준다.

캐럴(Carol)은 집단의 처음 다섯 회기 동안 갈수록 더욱 조용해졌으며 여섯 번째 회기가 끝난 뒤에 그녀는 집단을 그만둘 생각을 하고 있다는 것을 말하기 위해 나를 불렀다. 그녀는 아들의 자살 문제에 잘 대처하기 위해 노력하고 있는데 그와 관련하여 집단이 그녀에게 도움이 되지 않는다고 말했다. 왜냐하면 집단은 자살 생존자를 위한 것이 아니라 성적 학대의 생존자를 위한 것이었기 때문이다. 나는 캐럴에게 아들의 죽음에 대한 죄책감이나 상실감이 성적 학대에 대한 그녀의 감정을 강화시킨다는 것을 지적했다. 나는 또한 구성원들이 그들이 경험한 상실에 대한 고통에 대하여 진솔하고 개방적으로 말하기 시작할 때 그녀가 집단을 그만둘지에 대해 생각하게 된 것은 아마도 우연의 일치가 아닐 것이라고 말했다. 캐럴은 '너무나도 아파서' 회기에 참여하는 것이 점점 더 어렵다는 사실을 깨닫고 인정했지만 결국 다음 주에도 참석하기로 결정했다.

그 다음 회기를 시작하면서 나는 집단이 그동안 그들의 아동기와 피해 사실의 결과로 인해 순수함을 상실한 것뿐만 아니라 그들이 경험한 다른 상실감에 대해 이야기하는 아주 어려운 작업을 해왔다고 말했다. 그 후 나는 그들에게 캐럴이 집단을 그만둘지 고민하고 있다고 말하기 위해 나를 불렀는데 이것이 현재 집단이 하고 있는 작업과 연관되어 있는 것 같다고 알렸다. 나는 그녀에게 무슨 일이 일어나고 있는지 구성원들과 공유하도록 권유했다.

캐럴은 아들을 잃은 것에 관한 슬픔과 아들의 죽음에 대하여 남편과 대화할 수 없기 때문에 느끼는 외로움에 대하여 말했다. 그녀는 집단의 다른 사람들이 울기 시작했을 때 함께 울기 시작했다. 캐럴은 "제 일생 동안 제가 오직 하나 잘했다고 생각하는 것은 아이들을 키운 거예요.

그리고 이제, 나는 그것조차도 제대로 하지 못했다는 것을 깨달았어요. 저는 어떻게 제 자식이 얼마나 우울했는지를 모를 수가 있었을까요? 저는 아이가 그만큼 고통스러워하고 있다는 것을 왜 몰랐을까요?"라고 말했다.

아이를 가진 부모가 아닌 피터가 처음으로 대답하였다. "저는 아들을 잃어본 적은 없지만, 당신이 얼마나 슬픈지 이해할 수 있을 것 같아요. 저는 당신이 이것에 대하여 여기서 말해도 괜찮다는 것을 알았으면 해요. 당신은 이것에 대해 이야기해야 해요, 그리고 저는 당신이 우리에게 말해도 괜찮다고 느꼈으면 좋겠어요." 집단의 다른 구성원들은 피터의 언급에 대해 그들이 동의한다는 것을 표현했다.

마침내, 캐럴은 이 집단에 남아있기로 결심했다. 아들의 자살에 대한 자기 개방과 상실과 관련된 감정은 집단과 집단의 작업에 강력한 자극제 역할을 하였다. 다른 구성원들도 상실과 관련된 자신의 경험에 대하여 이야기하기 시작했다. 게리(Gary)는 "최근에, 저는 유일하게 저를 사랑해주던 강아지를 잃었어요. 이제 제 곁엔 아무도 없어요. 저는 완전히 그리고 완벽히 혼자예요"라고 말했다. 샐리(Sally)는 어머니와도 같던 가까운 친구를 암으로 잃었다고 밝혔다. 빌(Bill)이 물었다. "애초부터 그 누구도 잃을 사람이 없다면, 어떻게 상실감을 느낄 수 있겠어요?" 그는 세상에서 완전히 혼자이며 그 누구로부터도 사랑받지 못하는 존재라는 것에 대한 그의 강렬한 감정을 공유하였다. 최종적인 요점은 집단은 캐럴이 필요하고 그녀는 집단이 필요하다는 것이었다. 캐럴은 그만두고자 하는 소망을 집단에 이야기함으로써, 작업이 얼마나 힘들고 고통스러운지에 대해 다른 구성원들도 느끼고 있던 감정을 표현하였다. 그녀에 대한 구성원들의 반응은 그녀가 사실상 혼자(그녀가 느끼던 환멸감 또는 슬픔에 있어서)가 아니라는 것을 알게 해주었고 이 사실은 그녀가 계속할 수 있는 용기를 주었다.

집단 밖에서 구성원이 지도자에게 접촉할 때 두 번째 규칙은 이전에 캐럴과의 예시에서 나타났던 상황인, 집단 밖에서 지도자와 구성원들의 접촉과 관련된 규칙이다. 나의 기대는, 그리고 내가 진행하는 어떤 집단에서든지 구성원들에게 제시하는 나의 기대는 만약 구성원들이 집단 밖에서 나와 이야기하기를 원한다면 그렇게 할 수 있을 것이지만, 나와 나눈 이야기는 집단에서도 공유되어야 한다는 것을 이해해야만 한다는 것이다. 우리가 이 책을 읽는 내내 알 수 있듯이, 아동기 트라우마 생존자는 피해 사실과 청소년 그리고 성인으로서 그들의 태도와 관련하여 많은 '비밀들'을 가지고 있다. 구성원들이 집단에서 이런 비밀을 공유하는 것을 꺼려한다는 것은 이해 가능한 일이지만, 그들이 마침내 이것을 공유했을 때 집단의 상호협력 잠재력이 완전히 각성될 수 있다. 생존자는 자신의 '더러운 작은 비밀'을 숨기고 있다는 신념을 가지고 있는 동안은, 구성원들이나 집단이 제공하는 도움을 차단하게 된다. 구성원들이 집단 밖에서 우리에게 무엇인가를 말하기 원한다면, 우리는 어느 정도 그들이 집단에서 이것에 대해 알기를 원하며, 그들이 우리에게 정말 원하는 것은 우리가 이것을 이루도록 돕기를 바란다는 것이라고 가정해야 한다.

조지(George)는 집단에서 상대적으로 조용한 구성원이었다. 비록 학대 경험은 집단의 다른 이들과 비슷했지만 그는 자주 불편함과 다른 사람들로부터의 괴리감을 느낀다고 말했다. 한 회기가 끝난 후에, 조지는 나에게 이야기를 나눌 수 있는지 물었다. 엄청난 망설임과 부끄러움과 함께 그는 자신이 걱정된다고 말했다. "저는 제 자신에게 아주 이상한 짓을 하고 있어요"라고 그는 자백했다. 내가 되물었을 때, 그는 지난 몇 주 동안 점점 더 화가 나고 있으며 화를 푸는 오직 한 가지 방법은 항문성교 포르노 비디오를 보며 큰 머리빗의 손잡이를 자신의 항문에 삽입하는 것이라고 나에게 말했다. 조지는 울기 시작했고 창피하지만 멈출 수가 없다고 말했다. 나는 내가 여성이기 때문에 조지가 이것을 말하는 것이 더욱 어려웠을 것이라는 것을 알아차리고 이야기한 것을 칭찬했다. 나는 또한 그가 공유한 이야기를 집단 회기 중에 말할 수 있도록 돕는 것이 내 역할이라고 알려주었다. 그가 이것을 꺼려하는 것은 당연한 일이었다. "그들은 제가 정말 엉망이라고 생각할 거예요"라고 말했다. 우리는 계속해서 내가 어떻게 하면 그의 비밀을 집단 회기에서 이야기하는 데 도움이 될 수 있을지에 대하여 이야기했다.

조지는 다음 주 회기에 참석하기로 하였고 나는 다음 회기 전에, 참석 여부를 확인하기 위해 그에게 전화를 했다. 나는 항상 그렇듯 이전 회기에 대한 나의 생각을 간략히 공유하면서 집단을 시작했다. 나는 그 다음에 조지가 이전 회기가 끝난 후 나와 이야기를 나누었고, 그가 구성원들과 함께 꼭 해야 할 이야기가 있다고 말했다. 조지와 내가 동의한 대로 나는 "집단이 당신에게 많은 분노를 불러일으키게 하는 것 같네요. 그 분노는 생존자가 다루기 정말로 어려운 감정이에요. 가끔 그들은 그들 자신을 향해 분노를 표출하기도 해요"라고 말하며 대화를 시작하였다. 나는 계속해서 "제 생각에 조지가 말하려고 하는 것은 여기에 있는 모든 사람들이 성생활과 성 정체성에 대해 느끼는 혼란에 대한 거예요."

그 순간, 조지는 그의 행위에 대하여 말하기 시작하였다. 모두가 열중하여, 이해한다는 듯이 고개를 끄덕거리며 들었다. 첫 번째로 반응을 보인 사람은 "저는 남자가 저를 깨물거나 아프게 할 때만 성적으로 흥분할 수 있어요"라고 말한 진(Jean)이었다. 다른 한 남성은 "저와 제 여자친구의 관계에는 큰 문제가 있어요. 저는 더 이상 이것을 세울 수조차 없어요. 그녀는 성관계를 원하지만 저는 할 수가 없어요. 그렇지만 제가 S&M바에 가서 누군가와 미친 듯이 하룻밤을 보내게 되면 엄청 흥분이 돼요. 너무나 역겹지 않나요?"라고 응답했다. 또 한 여성은 십대 때 여러 가지 매우 노골적인 포르노 사진을 촬영했다고 밝혔다. 그녀는 아직도 그 사진을 가지고 있으며 그 사진을 보며 성적으로 흥분한다는 사실을 인정했다.

이러한 때에는 역할과 목적의 감각을 명확하게 유지하는 것은 전문가에게 어려운 일이 될 수 있다. 조지의 고통과 굴욕감은 극심했으며 처음 그가 나에게 다가왔을 때, 나는 엄청나게 공감과 지지를 제공하며 그를 개인적인 내담자로서 대응하고자 하는 유혹을 받았지만, 그것은 집단의 치유력을 무력화시킬 것이었다. 나의 지지보다 조지에게 더 필요한 것은 그와 연관성이 매우 많은 사람들의 이해이자 집단의 다른 구성원들이었다. 그의 자기 개방은 이 집단이 가장 금기시되는 주제에 초점을 맞출 수 있도록 촉매 역할을 했다. 이것은 또한 조지에게 매우 필요했던 인정을 제공하고 그의 감정과 반응을 보편화시키는 역할을 하였다. 그는 자기가 덜 미쳤고 엉망이 아니라고 느꼈을 때에야 비로소 그의 행동의 근원이었던 분노와 자기혐오의 감정을 검토할 수 있었다.

비밀 보장   매우 중요한 세 번째 규칙은 비밀 보장과 관련된 것이다. 이 요건은 따로 설명할 필요가 없는 것처럼 보일 수 있지만, 구성원이 함께 사는 테드의 환경과 같은 몇몇 상황에서는 지도자가 비밀 보장의 의미에 관하여 명확하게 논의하고 집단 구성원들의 사생활을 보호하는 것이 굉장히 중요하다. 나와 함께 작업하는 대부분의 집단 구성원들은 개인 치료 또한 받고 있다. 그러므로 나는 자살 사고와 같이 강렬한 이유가 있지 않은 이상 내담자의 개인 상담자와 구성원의 진척 상황에 대해 논의하지 않을 것이라는 것을 명확히 한다. 나 또는 집단의 다른 사람이 누군가에게 내담자의 상담자와 특정 주제에 대해 개인적으로 이야기하는 것이 어떻겠냐고 제시하기도 하며 집단은 그 구성원이 어떻게 이야기할 것인지 연습할 기회를 제공한다. 그러나 최종적으로 개인 상담자에게 문제를 털어놓는 것은 내 것이 아닌 구성원의 책임이다.

집단 밖에서 구성원들이 서로 접촉하는 경우   많은 집단에서 보편적으로 설정되어 있는 규칙은(거주형 환경에서 이루어지는 상담과 같은 상황은 제외하고) 집단 밖에서 집단 구성원들끼리 교류하는 것을 금지하고 있다. 나의 실무 상황의 경우, 나의 내담자 그리고 구성원은 작은 지역사회 출신이며 보통 구성원들이 다른 이들을 집단에 소개한다. 구성원들은 AA와 NA 집단 상담에 함께 참여하고 한 가족 혹은 가족과 같은 사람에게 학대를 당했기 때문에 이 규칙은 우리에게는 적용되지 않는다. 그러나 나는 이에 대해 이해하며 서로 접촉하지 않는 일반적인 규칙에 동의한다. 또한 나의 경우, 나는 이(많은 관계에서 이미 무력함을 느낀) 내담자에게 서로를 피하라고 요구하는 것은 너무 과한 요구일 수 있다고 결론지었다. 사실 문헌에서 설명된 대부분의 아동기 트라우마 생존자를 위한 집단은 구성원들이 소외감을 다루는 방법으로 집단 밖에서 서로 접촉하도록 특별히 격려한다.

적어도 지도자는 구성원들이 서로의 사생활을 존중하고 그리고 집단 회기 중에 이야기된 이야기는 집단 회기에서 끝나도록 제안할 수 있다. 야외에서 서로 나누는 대화까지도 말이다. 지도자는 또한 구성원들에게 집단 밖에서의 관계가 집단 내에서의 관계에 영향을 미칠 것이라는 것을 상기시켜 줄 수 있다. 그리고 만약 그중 하나의 관계가 다른 관계에 장애가 된다면 그들은 지도자에게 알릴 필요가 있다. 집단 밖에서의 구성원들의 관계에 대해 집단 회기에서 논의하는 시간을 갖는 것은 그들의 개인적 그리고 집단적 작업에서 중요한 부분이 될 수 있다.

정직한 토의   정직한 소통의 필요성은 자명해 보이지만, 그럼에도 설명할 가치가 있다.

일반적으로 사회에서, 우리의 내담자가 경험한 다양한 아동기 트라우마는 금기시되는 것들이다. 그리고 생존자가 이러한 경험과 그 결과로 나타난 감정에 대처하는 방법 역시 금기된 것일 수 있다. 내담자가 피해 사실에 대한 결과로 느끼는 수치심, 당혹감, 외로움은 오로지 그들이 다른 곳에서 꺼내지 않았던 이야기를 솔직하게 할 수 있을 때 줄어들 것이다.

4장에서 논의했듯이 집단 구성원들 간, 그리고 지도자와의 상호작용은 과거의 관계에 대한 감정의 전이를 반영할 수 있으며 분노와 타인에 대한 불신을 보일 수 있다. 집단 내의 이러한 반응을 솔직하게 논의하는 것은 구성원 자신과 서로에 대한 이해를 향상시키는 데 유용하다. 4장에서 보았던 12회기 예시 부분을 예로 들면, 밥은 세상을 향해 '엿 먹어라'라는 식의 태도를 가지고 있는 데니스에게 엄청난 분노를 표현했다. 비록 이것은 불편한 순간이었지만 특별히 유익했다. 왜냐하면 그것이 밥과 데니스가 그들의 개인적 관계에서 경험했던 어려움을 명백하게 드러냈기 때문이다. 밥의 어머니를 향한 분개는 여성과의 관계로 번졌다. 데니스가 과거 관계에서 너무 많이 상처받고 이용당한 데 대한 두려움은, 그녀가 냉담하게 굴고 거리를 두려고 하는 행동으로 이어졌다. 집단의 다른 구성원이 직접적으로 밥의 분노를 다루었을 때, 그녀는 데니스와 밥 둘 모두에게 감정이 어떻게 타인과 관계를 맺는 능력에 개입하는지를 확인할 소중한 기회를 제공했다.

단일 리더십 대 공동 리더십

아동기 트라우마의 내력을 가진 성인을 위한 집단의 리더십에 대한 이론적인 문헌은 공동 리더십을 선호한다. 저자들은 복잡한 집단 역동과 함께 집단 회기에서 논의되는 힘든 주제의 본질이 두 명의 지도자의 주의를 필요로 한다고 추정했다. 게다가, 어떤 이들은 두 명의 지도자가 관계를 맺는 것과 의사소통의 효과적인 방법의 중요한 모델을 제공할 수 있다고 제시했다. 그러나 기존의 연구들은 하나의 접근이 다른 것보다 더 효과적이라고 밝히지 않았다(Corey et al. 1982; Dies 1983; McNary & Dies 1993).

증거들은 공동의 지도자가 집단의 목적, 상호협력의 본질, 그리고 그들의 의무와 책임에 대해 비슷한 관점을 공유하지 않는 이상, 집단에서 그들의 관계와 상호작용이 사실상 집단을 방해하고 집단의 작업을 약화시킬 수 있다고 제시했다(Berger 2002; Fall & Menendez 2002; Gitterman 2005; Nosko & Wallace 1997; Roller & Nelson 1991). 그러므로 Gitterman은 "…… 공동 리더십은 오로지 목적에 맞게 그리고 식별력 있게 사용되어야만 한다"라고 주장하며, "공동 리더십은 너무 자주 집단과의 작업에 대한 전문가의 불편함과 불안을 반영한다. …… 비경제적인 방식이라는 것뿐만 아니라, 공동 리더십은 집단 과정에 그들의 개입을 조화시키고 역할의 모호성, 경쟁, 그리고 서로 어긋나는 개입에 대처하기 위한 전문가의 고투와 같은 복잡한 역동을 추가한다"(2005, 86).

지금까지 논의한 집단 구조의 다른 모든 양상처럼, 리더십에 대한 결정은 누가 아동기 트라우마 내력을 가진 성인을 포함하는 집단을 진행하고자 하고 할 수 있는지에 대한 현실적인 고려 사항을 반영하게 될 것이다. 집단의 조력자가 한 명이든 두 명이든 간에, 집단이 아동기 트라우마 내력을 가진 성인을 위하여 만들어진 것이라면, 지도자에게 가장 중요한 것은 성공을 위한 열쇠가 조성된 분위기에 달려있다는 것을 깨닫는 것이다.

몇몇 연구들은 한 명 이상의 지도자를 갖는 것은 선천적인 유익성이 전혀 없다고 제시한다. 이러한 연구들에 따르면, 집단이 공동의 지도를 받는 상황이라면, 전문가가 작업 관계에 대해서 계속하여 논의해야만 한다고 주장한다(Dugo & Beck 1997; Shulman 2006; Wheelan 1997). 공동 지도자가 진행하는 집단은 전문가가 그들 서로와 구성원과의 상호작용을 어떻게 사용해야 상호협력을 이끌어낼 수 있는지 명백하게 이해할 때 집단이 구성원들에게 도움이 될 수 있다. 예를 들어, 저자들은 남성과 여성이 공동으로 진행하는 성적 학대 생존자를 위한 집단이 특히 구성원들의 관계, 성생활, 성적 취향에 대해 왜곡된 시각을 바꾸는 데 도움이 될 수 있는지 조사하였다(Harwood 2003; Roesler & Lillie 1995; Threadcraft & Wilcoxon 1993). 공동으로 진행되는 집단은, 특별히 해리를 보이는 내담자를 위한 집단인 경우, 한 명의 지도자는 집단 전체에 집중하고, 다른 한 명은 필요할 때 개인 구성원에게 집중할 수 있도록 해준다(Buchele 1993; Williams & Gindlesperger Nuss 2002).

첫 번째 집단 회기

이 논의를 위해 우리는 '첫 번째 회기'가 모든 구성원이 함께 시작하도록 만들어진 집단 회기라고 간주할 것이다. 하지만 논의할 사항은 집단 구성원이 바뀌기도 하는 집단과도 연관이 있을 것이다. 개방 집단에서 새로운 사람이 들어올 때 모든 사람들이 한 걸음 물러서서 새로운 구성원이 집단이 어떤 작업을 하고 있는지 알 수 있도록 하기 위해 돕도록 요구한다.

역할과 목적을 명확히 하기

개인 치료에서 그러하듯이, 전문가는 자신의 역할과 목적뿐만 아니라 집단의 역할과 목적에 대해 구성원들에게 명확하게 그리고 전문 용어 없이 설명할 준비가 되어 있어야만 한다. 전문가는 구성원들이 집단이 어떤 것인지에 대해 넓은 범위에서 이해하게 될 것이라고 추정할 수 있다. 심지어 전문가가 사전에 그들을 만났을 때에도, 아동기 트라우마 내력이 있는 내담자는 집단에 대한 질문을 가지고 있을 것이며 다른 사람들과 함께 있는 것에 대해 이해할 만한 두려움을 가지고 있을 것이다.

내담자(그리고 정말 많은 전문가들)는 아마 집단 참여에 대해 몇 가지 오해를 가지고 있을 수 있다. 트라우마의 내력을 가진 많은 내담자는 알코올 의존자 익명 집단 혹은 마약 중독자 익명 집단과 같은 집단에 참여한 경험이 있으며, 그들은 자조 집단과 전문적인 지도를 받는 집단의 차이를 이해하지 못할 수 있다. 특히 집단이 교육적인 요소를 포함하고 있는 경우, 가끔 내담자는 집단이 수업이라고 착각한다(이전 예시에서 팸의 집단의 한 구성원이 그러하였듯이). 집단에 참가하는 것 또한 지도자가 집단 환경에서 개인을 상담하는 사례별 사회 복지 사업(casework)이라고 착각해서 상상할 수 있다(예: 집단 앞에서 각자의 구성원과 일대일로 이야기하는 상담).

이전에 여러 번 언급했던 것처럼, 아동기 트라우마 내력을 가진 내담자는 우리가 그들에게 제공하는 서비스가 어떻게 도움이 되고 정말 도움이 될 수 있을지에 대하여 의문을 가질 확률이 높다. 더 근본적으로, 트라우마 생존자는 그들이 도움을 받기는 받을 수 있는지에 대하여 의문을 가진다. 임상가는 그들 모두가 '**자신과 비슷한 사람들과 함께 있는 것이 어떻게 도움이 될 수 있는지**'를 알고자 한다고 추정할 수 있다. 그리고 이 내담자들은 '**아무도 자신과 같은 사람을 이해할 수 없을 것**'이라고 생각한다. 이성적으로는, 아동기 트라우마의 내력을 가진 사람들이 집단 참여의 유익성을 이해할 수 있을지도 모른다. 그러나 그들의 과거 경험과 현재 겪는 어려움을 고려했을 때, 그들이 이것을 진심으로 믿을 수는 없을 것이다.

이러한 의문과 염려는 지도자가 구성원들이 상호협력의 개념을 이해하고 그것이 어떻게 집단에서 나타나고, 그리고 지도자가 그 과정을 어떻게 진행하고 격려할 것인지에 대해 이해하는 것을 돕는 것의 필요성을 강조한다. 이 장에서 지금까지 논의한 집단을 고려해본다면, 집단의 목적에 따라 이 대화가 얼마나 다양해질 수 있는지 보이기 시작할 것이다.

팸과 마커스가 새로 만든 섭식장애와 아동기 트라우마 내력이 있는 사람들을 위한 집단의 첫 회기 때 발생할 역할과 목적에 대한 그들의 논의는 집단의 두 가지 초점, 교육과 지지를 강조할 것이다. 그들은 다음의 요점을 강조할 것이다.

- 집단은 구성원들에게 그들의 섭식장애(그리고 그들이 살면서 경험하게 된 다른 문제들)와 아동기에 그들이 경험한 성적 학대 사이의 연결성에 대하여 배울 수 있는 자리를 제공한다.
- 비록 지도자는 구성원들에게 정보를 제공하지만 정보와 지지의 주된 근원은 구성원들 그들 자신이다.
- 집단은 구성원들이 다른 이들과 자유롭게 그리고 정직하게 이야기하고 그들의 경험을 공유할 수 있는 장소이다. 그리고 지도자의 역할은 구성원들이 이를 수행하도록

돕는 것이다.

- 비슷한 어려움과 경험을 가진 다른 구성원들과 함께 있음으로써, 구성원들은 소외감을 덜 느끼고 다른 이들과 더 연결되어 있음을 느낄 수 있다. 이는 결과적으로 그들이 섭식장애 및 학대와 관련된 감정을 조절하기 수월하도록 만들어준다.

테드의 집단은 주거 프로그램이었고 팸과 마커스가 진행하는 집단과는 다른 방식으로 차이가 있다. 테드가 약물 중독자를 위한 분노 조절 집단의 새로운 구성원들에게 역할과 목적에 대해 설명할 때 교육적인 요소에 특별한 주의를 둘 것이다. 그가 말하는 요점은 다음과 같은 것을 포함할 것이다.

- 집단은 구성원들에게 분노를 촉발시키는 것이 무엇인지 규명하고, 분노를 조절할 수 있는 기술을 배우고 연습하는 자리를 제공한다.
- 집단은 약물을 멀리하려고 노력하는 구성원들을 지지하는 역할을 한다.
- 지도자로서 그의 역할은 구성원들이 다른 이들과 이야기하고 서로를 지지하도록 돕는 것뿐만 아니라 분노를 조절하는 기술을 제시하는 것이다.

모든 집단 지도자는 구성원과의 첫 대화에서 반드시 내담자의 질문에 응답해야 하며, 집단 참여를 방해하는 감정의 힘을 줄이기 위해 수용되고 이해받는 것에 대한 두려움을 말로 표현해야 한다. 특정 집단, 집단의 목적, 그리고 참여하게 될 내담자에 따라서 전문가는 구성원들이 경험하고 있을 수 있는 다른 감정을 알아볼 필요가 있을 수 있다.

예를 들어, 성적 학대 피해의 경험이 있는 사람들을 위한 집단을 시작할 때 금기된 주제라는 본질을 고려한다면 나는 구성원들이 성적 학대 경험에 대하여 말하기를 꺼려한다는 것을 인지하며 인정한다. 나는 또한 그들의 창피함과 수치심을 인정하고 그들이 이 어려운 주제에 대해 이야기하도록 돕는 것이 내 일의 한 부분이라는 것에 주목한다. 비록 그들이 자신의 경험에 대해 솔직하게 말하기 시작할 때까지 이것이 사실이 아니라고 믿거나 안심하지 않더라도, 나는 구성원들에게 혼자가 아니라는 것을 상기시킨다. 그리고 그것은 내가 그들을 돕기 위해 목표로 하는 것이다.

테드와 같은 상황에서, 지도자는 새로운 구성원이 기존의 집단과 친해지는 것, 그리고 집단이 새로운 구성원과 친해지는 것을 도울 수 있어야 한다. 이것은 양쪽 모두가 이 변화에 대해 가질 수 있는 걱정을 말로 표현하는 것으로서 행해질 수 있다. 이전에 언급했듯이, 새로운 구성원은 아마도 집단에서 소외감을 느끼거나 본인이 침입자가 된 것처럼 느낄 수 있다. 기존의 집단 구성원들은 새로운 구성원이 어떻게 어울릴지 묻거나, 그가 상황을 이해하도록 시간을 써야 하는 것에 대해 분노할 수도 있다. 게다가, 테드의 집단 구성원들과 같은 집단의 구성원들은 그들이 참여해야만 한다고 느끼기 때문에 지도자는 이 권력 관련 주제로부터 비롯되는 분노를 직접적으로 다룰 필요가 있을지도 모른다(Shulman, 2006).

나의 예전 제자는 나와 함께 다가오는 첫 번째 회기에 대해 대화를 나눌 수 있을지 물었다. 외래환자 약물 치료 프로그램의 일환으로서, 린(Lynn)은 여성 약물 중독자를 위한 집단(특히 아동기 성적 학대 생존자로 구성된 집단)을 진행할 예정이었다. 그녀는 구성원이 8명으로 제한된 폐쇄 집단을 구성하기로 결정했는데, 그 8명의 구성원들은 12회기 동안 만나야 했다. 그녀는 세 가지 목적을 구상 중이었다. (1) 약물을 멀리하고자 하는 구성원들의 노력을 지지해주는 주는 것, (2) 구성원들이 아동기 피해 사실과 약물 남용 간의 연결성을 이해하도록 돕는 것, (3) 구성원들이 피해 사실에 대한 감정과 반응을 약물이나 술을 복용하지 않고도 관리할 수 있도록 돕는 것이 목적이다.

린은 집단을 소개받은 각각의 여성들을 짧게 만났지만, 과거에 대한 자세한 정보를 가지고 있지 않았다. 그녀는 그들 모두가 마약을 멀리하고자 하지만 힘들어하고 있다는 사실을 알았다. 백인인 린은, 모든 여성이 아프리카계 미국인이라는 사실을 알아차렸다. 그녀가 아는 한, 비록 그중 몇 명은 과거에 약물 치료 프로그램에 참여한 경험이 있지만, 그들 중 아무도 이전에 아동기 트라우마 치료를 받은 경험이 없었다. 그녀가 실시한 인터뷰에서 사용된 내담자의 생각과 마음 알기(tuning-in) 기술에 근거해, 린은 그녀의 역할과 집단의 역할, 그리고 회기의 목적에 대해 설명한 오리엔테이션을 진행하기로 하였다. 그녀는 또한 구성원들이 처음으로 모였기 때문에 그들이 경험할 수 있는 걱정에 대해 말로 표현하기로 하였다. 린은 집단 회기 중에 처음으로 언급할 내용이 다음과 같을 것이라고 상상했다.

여러분 안녕하세요. 여러분 모두를 다시 만나게 되어서 정말 기뻐요. 이미 다들 알겠지만, 제 이름은 린이고 이 클리닉에서 일하는 사회복지사 중 한 명이에요. 저는 여러분 각자와 집단에 대해 간략하게 이야기할 기회가 있었지만, 여러분이 여전히 저에 대한 질문을 비롯한 몇 가지 질문을 가지고 있을 것 같아요. 그래서 저는 집단에 관한 모든 것과 여러분이 기대할 수 있는 것에 대해 다시 이야기하는 시간을 몇 분 정도 가지려고 해요.

약물 중독을 가지고 있는 많은 여성들의 경우, 아동기에 어떤 방식으로든 학대를 당했다는 것을 발견할 수 있어요. 신체적으로, 성적으로, 정서적으로요. 마약과 술은 사람들에게 학대와 관련된 감정과 기억으로부터 벗어날 수 있게 해줘요. 저희는 당신들이 약물을 멀리하도록 서로를 도울 뿐만 아니라 고통에 무뎌지기 위해 약물을 사용하지 않을 수 있도록 여러분이 어린아이였을 때 여러분에게 일어난 일을 다루기 시작할 수 있는 안전한 장소를 제공하고자 해요.

저는 여러분의 일부는 여기에 있길 원하고, 약물을 멀리하고 끊고자 하지만 또 다른 분들은 이것이 두려울 거라고 생각해요. 그리고 저는 여러분 중 최소한 몇 명은 아마도, '이 어린 백인 여자가 무슨 말을 하든 뭐가 달라지겠어?'라고 생각할 거라는데 내기를 걸 수 있어요. 만약 제가 당신의 입장이라면 같은 질문을 할 것 같아요!

그러나 여기서 제가 맡은 일은 당신에게 무엇을 하라고 지시하거나 어떻게 일을 바로잡을 수 있는지에 대하여 말하는 것이 아니에요. 제가 생각하는 제 역할은 여러분의 이야기와 어려움에 대해 서로 이야기를 나누고 우리 모두가 서로를 통해 배우고 성장할 수 있도록 돕는 거예요.

이것은 이 특정 집단에서 굉장히 강력하고 효과적인 오프닝이다. 린은 능숙하게 집단이 어떻게 구성원들에게 도움이 될 것이며, 그녀의 역할이 어떤 것일지에 대해 설명한다. 그녀는 또한 그녀가 예상하는 구성원들이 가질 수 있는 감정의 유형에 대해 말한다. 그리고 그녀는 그들이 지도자로서의 그녀에게 가질 수 있는 감정의 가능성을 빠뜨리지 않았다. 이전의 장들에서 설명했던 것과 같이, 도움이 될 수 있는 우리의 능력은 우리 자신과 내담자의 감정을 알고 마음을 읽는 우리의 능력에 달려있다. 린은 그녀가 인종, 문화, 나이, 그리고 삶의 경험 때문에 이 여성들에게 도움을 줄 능력이 없다는 것에 대한 그녀의 우려를 인지하고 헤쳐 나갈 능력이 있었다. 린은 도움을 주는 지도자의 능력이 내담자와 비슷하거나 그들과 비슷한 경험을 가진 것으로부터 오는 것이 아니라는 것을 깨달았다. 이것은 상호협력을 조성하는 집단의 분위기를 발달시키는 능력으로부터 온다. 그녀가 이것을 이해한 후부터 린은 구성원들이 가질 수 있는 우려에 대해 직접적으로 마주하기 위한 준비가 잘 되어 있었다. 하지만 그녀는 그녀의 역할에 대해 매우 명확했을 수 있지만, 내담자는 그녀가 그들의 질문과 우려 사항을 다룰 때까지 이해할 방법이 없었다.

문제 공유하기

집단의 역할과 목적, 그리고 구성원들이 참여함으로써 기대하는 것을 명확히 하는 것에 더하여, 전문가는 구성원들 사이에서 '우리(we-ness)'라는 감각을 키우는 데 첫 번째 회기를 사용할 필요가 있다. 나는 계속해서 아동기 트라우마 성인 생존자가 그들은 독특하고 다른 이들이 그들의 경험과 감정을 이상하고 정신 나간 것으로 볼 것이라고 가정한다는 것을 언급했다. 집단 회기에서 서로 처음 만나는 순간부터, 구성원들은 경험의 보편성을 확인하기 위해, 그리고 그들을 수용하고 그들이 견뎌야 했던 것들을 이해하는 다른 사람들이 존재한다는 사실을 알아차리기 위해 도움을 받아야 한다.

문제 공유하기(problem swapping)는 이를 성취하는 한 가지 방법이다. 첫 회기 때, 구성원들은 왜 이 집단에 왔고 이 집단을 통해 그들이 얻고자 하는 것을 서로 공유하도록 권유받는다. 새로운 구성원이 기존에 존재하는 집단에 합류할 때, 지도자는 기존 구성원들에게 집단이 무엇을 하고 있었는지 알려주지 않겠냐고 부탁할 뿐만 아니라, 그들 자신을 소개하고 새로운 구성원 또한 똑같이 하도록 지시한다. 문제를 공유하면서 밝혀지는 정보는 집단의 목적과 구성원들의 필요에 따라 다양할 것이다. 변하지 않는 것은 상호협력의 분위기를 발달시키는 것에 있어서 문제를 공유하는 것의 역할이다.

임상가는 문제를 공유하는 과정이 그 내용만큼 중요하다는 것을 이해해야만 한다. 예를 들면, 구성원들이 자신을 소개하는 동안 보편성을 드러내고 상호협력을 위해 필요한 연결성을 만들기 시작한다. 만약 지도자가 실무적 집단 작업에서의 중요한 기술 중 하나인 **집단 살피기**(monitoring the group)의 힘을 빌린다면 이러한 연결성을 만들 수 있다(Shulman, 2006). 각 구성원이 자신을 소개하는 동안, 지도자의 주의는 또한 집단 전체에 집중된다. 역설적이게도, 집단(말하고 있는 구성원을 포함하여)의 지도자가 말하고 있는 참가자보다 구성원들의 반응에 더 주의를 기울일 때 집단에 가장 도움이 된다.

많은 전문가들은 내담자를 무시하는 것처럼 무례하다고 생각하기 때문에 집단 살피기 기술을 사용하는 데 주저한다. 그러나 우리가 집단 환경에서 일할 때(두 내담자 패러다임을 기억하라), 우리는 두 내담자를 만나고 거기서 우리의 역할은 모든 구성원들 사이에 상호협력을 증진시키는 것이다. 집단을 살피는 것은 임상가가 이를 더 효과적으로 할 수 있게 한다. 왜냐하면 그들은 모든 구성원들의 연결성을 보여주기 위해 한 구성원의 언급을 사용할 수 있기 때문이다. 한 사람이 공유하는 것에 대해 듣는 동안, 지도자는 또한 모든 사람들의 언어적·비언어적 행동을 관찰함으로써 그들에게 '귀를 기울일' 수 있다. 상호협력을 조성하기 위해 또 하나 중요한 것은, 지도자가 집단에서 다른 참가자들에게 집중할 때 지도자는 모든 구성원들에게 지지와 이해를 위해 임상가가 아닌 그들 자신을(문자 그대로 그리고 비유적으로) 보라고 격려한다.

이 '문제 공유하기'와 '집단 살피기' 기술은 외상 생존자이자 약물 중독자 집단과 함께한 린의 첫 회기에서 잘 나타난다.

린: 저는 각자가 자신을 소개할 시간을 가졌으면 해요. 그러니 약간의 시간을 가지고 돌아가며 자기소개를 하도록 해요. 여러분의 이름과 무엇 때문에 프로그램에 오게 되었는지를 공유해주세요. 중독에 대한 것, 어떤 마약을 사용했는지, 얼마 동안 약물을 하지 않았는지, 과거에 약물을 멀리할 수 있었는지에 대해서요. 또한 여러분의 아동기에 대하여 조금 공유하는 것도 도움이 될 거예요. 그냥 여러분이 편안하게 생각하는 어떤 것이든 말이에요. 왜냐하면, 다시 말하지만 집단은 그런 경험에 대해서 당신이 이야기할 수 있는 장소를 제공하고 그것을 술과 마약으로 다루는 것이 아닌 다른 방법을 찾을 수 있게 함으로써 도움이 될 수 있기 때문이에요. 그리고 혹시 원한다면 여러분의 가족에 대하여 조금 알려주어도 좋아요. 아이가 있는지, 애인이 있는지, 그런 것 말이에요. 그리고 집단을 통해서 얻고자 하는 것이 무엇인지. 이런 이야기를 하는 것이 쉽지 않다는 것을 저도 알아요. 그러니까 여러분이 집단을 시작하기 편안할 정도로만 이야기 해주면 돼요. (린은 그녀의 오른쪽에 앉아있는 구성원에게 몸을 돌렸다.) 셰럴(Sherrell), 먼저 시작해주시겠어요?

셰럴: 오, 맙소사! 저부터 해야 하나요? (그녀는 긴장한 듯이 킥킥거렸다.) 음, 저는 셰럴

이에요. 저는 25세이고, 대런(Darren)과 말린(Marlene)이라는 두 아이가 있어요. 아이들은 현재 저희 어머니와 살고 있어요. 제가 양육권을 잃어서요. 음, 저는 코카인 중독이거든요. (그녀는 아래를 내려다보면서 그녀의 블라우스 단을 만지작거렸다.) 저는 제가 낳은 아이들을 제가 데리고 있지 못한다는 것 때문에 기분이 매우 좋지 않아요. 저는 제가 아이들을 되찾을 수 있을지 모르겠어요. 제가 그러지 못할까봐 매우 두려워요. 저는 약물을 멀리해서 아이들이 정말 있어야 할 곳인 제 집으로 데려오길 정말 원해요. 그렇지만 저는 제가 그렇게 할 수 있을지 모르겠어요. ……

[셰럴은 또한 그녀가 초등학생이었을 때부터 삼촌과 몇 명의 사촌들로부터 성적 학대를 당했다는 것을 집단에 밝힐 수 있었다. 학대는 그녀가 남자 친구와 임신을 하게 되어 첫 아이를 갖게 된 17세 때까지 계속되었다. 그 시점에, 그녀는 아이의 아버지와 살기 시작했지만 아이 아버지는 이후에 신체적, 정서적으로 모두 폭력적인 사람으로 변해갔다. 그녀는 몇 년 후에야 그 관계를 간신히 끝낼 수 있었다. 셰럴이 소개를 끝냈을 때, 다음과 같은 대화가 나왔다.]

린: 매우 솔직하게 공유해 주어서 고마워요, 셰럴. 처음으로 이야기를 시작하는 것은 절대 쉬운 일이 아님에도 불구하고 당신은 아주 잘해주었어요. 저는 셰럴이 이야기하는 동안, 여러분 중 몇 명이 고개를 끄떡거리는 것을 보았어요. 그리고 이것은 여러분이 셰럴이 한 이야기에 슬픔과 후회를 느끼고 있는 것처럼 보였어요. 여러분이 어렸을 때 일어난 일을 감당해야 할 뿐만 아니라, 그 다음에는 약물이 당신의 삶을 장악하고, 그리고 이제는 당신의 선택에 대한 결과를 감당해야 하는 것처럼 말이에요. 이 중에 이 이야기가 익숙하게 느껴지는 사람이 있나요? (몇 명의 구성원들이 고개를 끄떡였다.) 저는 바로 그게 우리가 이 모임에서 많이 이야기해야 할 주제라고 생각해요. 단지 당신에게 선택권이 있다는 것을 몰랐기 때문에 당신이 잃은 모든 것과 당신이 한 좋지 못한 선택 말이에요. (린은 잠시 멈춘다.) 나키타(Nakita), 당신은 어떤가요? 우리에게 당신에 대해 조금만 말해줄 수 있나요?

나키타: 음, 제 이름은 나키타예요. 나이는 25세이고, 전 아이가 없어요. 사실, 아이는 저와 함께 살고 있지 않아요. 저는 아들이 있었어요. 제 생각에 아이는 이제 10세 정도일 거예요. 저는 15세 때 임신을 하게 되었고, 할머니는 제가 아기를 포기하도록 만들었어요. 저희 아버지는 감옥에 있었고 어머니는 에이즈로 죽었기 때문에 저는 할머니와 함께 살고 있었어요. 저를 임신하게 한 남자요? 그는 저를 강간했어요. 그렇지만 저는 그것을 절대 할머니에게 말하지 않았어요. 할머니는 어차피 제가 쓸모없다고 생각해요. 사실은, 그는 제 친구의 아버지였어요. 그는 우리 둘 다 취하게 만든 다음에, 우리를 마음대로 하고는 했어요. 우리가 서로에게 그리고 그에게 온갖 종류의 추잡한 짓을 하게 했어요. 그것이 제가 약물을 시작하게 된(손에 넣게 된) 계기예

요. 그리고 그 이후로 저는 계속 약물을 하고 있어요. 저는 몇 번 약물을 끊으려고 노력했지만, 지속되지 않았어요. 정말로, 저는 더 이상 매우 강한 약물은 하지 않아요. 그러나 저는 맥주를 좋아하고 이따금 마리화나를 피워요. 저는 정신을 차리고 싶어요. 제 아이에게 무슨 일이 있었는지도 알고 싶어요. 하지만 이것은 매우 어려워 보이고, 너무 오래 되었어요.

린: 오. 나키타, 당신의 정직함에 매우 감사해요. 저는 이런 것들에 대하여 이야기하는 것이 쉽지 않다는 것을 알아요. 그러나 당신이 이야기하는 것은 매우 중요해요. 나키타, 당신은 강간당하여 임신을 하고, 어머니를 잃고, 아버지는 주위에 없었던 삶의 많은 상처에 대해 설명하였어요. 당신이 약물과 술로 벗어나려고 한 것이 이해가 가요. 저는 이것이 여러분 각자에게 공통의 주제일 것 같은데, 그렇지 않나요? 마약을 하며 무감각해지고 고통으로부터 벗어나려고 하지 않았나요? (린은 그녀의 주의를 그녀 반대편에 앉아 있는 모니카에게로 돌렸다.) 모니카(Monica), 저는 당신이 나키타가 하는 이야기를 매우 집중해서 듣는 것을 보았어요. 그녀가 이야기할 때 당신은 무슨 생각을 하고 있었나요?

모니카: 저는 비슷한 나이에 저에게 일어났던 일에 대하여 생각하고 있었어요. 그 누구도 저를 건드리지는 않았어요. 그건 다행인 것 같아요. 하지만 저는 아버지가 총을 맞고 죽었을 때를 기억해요. 주행 중인 차량에 의해서였어요. 저는 16세였고 아버지와 저는 현관 계단에 앉아있었어요 그 차는 길에서 속도를 줄였고, 아버지는 머리에 총을 맞았어요. 제 온몸에 피와 뇌의 살점이 튀었어요. 저는 아버지를 붙잡고 울며 소리질렀어요. 누가 그 짓을 했는지 끝내 잡지 못했어요. 제 아버지는 마약상이었기 때문에 경찰은 아버지의 죽음이 그것과 관련되어 있을 거라고 했어요. 그랬을 수도 있어요. 그들은 그 사건을 열심히 해결하려 하거나 주의를 기울이지 않았어요. 우리는 흑인이었고, 가난했고, 아버지는 마약상이었어요. 그래서 저와 오빠를 제외하고는, 그 누구도 크게 신경 쓰지 않았어요.

린: 오, 모니카, 너무나 끔찍한 일이에요. (계속하기 전에 린은 잠시 멈춘다.) 구체적인 내용은 나키타, 모니카, 셰럴 모두 다르지만, 그런 끔찍한 경험들로부터 고통이 비롯되었다는 사실은 우리 모두에게 동일한 것 같네요. 그렇지 않나요?(몇 명의 구성원은 고개를 끄덕였고, 린은 나키타 옆에 앉은 카렌에게로 몸을 돌렸다.) 카렌, 다음으로 우리가 당신의 이야기를 들으면 어떨까요? 당신에 대해 우리에게 좀 말해줄 수 있나요?

이 집단은 효과적인 상호협력 체계가 되기 위해 훌륭한 방향으로 흐르고 있다. 이것은 어느 정도 마약을 벗어나 새로운 삶을 살고 싶은 절박함과 필사적인 바람 때문일 것이다. 이것은 지도자의 기술 덕분이기도 하다. 가장 눈에 띄는 것은 구성원 개인의 자기 개방을 이끌어내고 그것들을 집단 전체에 울려퍼지게 만드는 그녀의 능력이다. 린이 셰릴, 나키타, 모니카 각자가 하는 말을 들었다는 것은 명확하지만 그녀가 그들의 개방이 집단의 다른 구성원들에게 미치는 영향에 주의를 기울인 것 또한 명백하다. 각 내담자와의 사전 만남에서, 린은 그들 자신을 소개할 시간을 가지게 될 것이라는 것을 알게 해서, 구성원들이 이 활동을 준비할 수 있게 하였다. 이 준비는, 그들의 절박함과 결부되어, 린이 구성원들 간에 아주 솔직한(하지만 고통스러운) 첫 대화를 진행할 수 있게 한다. 각각의 소개가 끝난 후, 린은 보편성을 강조하고 다른 사람의 개방에 대한 구성원 개개인들의 응답을 이끌어냈다. 이 첫 번째 회기가 끝날 때, 서로에 대한 구성원들의 걱정과 두려움은 완전히 사라지지는 않았지만, 그들의 유사성을 충분히 인지할 정도로 감소되었다. 비록 내담자도 집단 구성원들의 경험이 상당히 다르다는 것을 알고 있지만, 그들은 그런 차이점은 두려움을 느낄 만큼 중요하지 않다는 것을 알아차리기 시작했다.

요약

집단은 상호협력의 잠재력을 가지고 있지만, 이 잠재력이 실현될 것인지 아닌지는, 시작 단계에서 전문가가 내리는 결정에 달려있다. 아동기 트라우마를 경험한 성인 생존자에게 유익한 집단이 되기 위해, 전문가는 명확한 집단의 목표와 구성원의 필요에 대해 명확히 인지하고 있어야 한다. 그리고 특히 필요한 경우 **기관과 계약을 맺는** 데 있어 이를 다른 사람들에게 분명히 표현할 수 있어야 한다.

상호협력의 잠재력은 전문가가 집단 구성원들 사이에 공유된 목적과 경험의 보편성이 존재할 수 있도록 **구성원 심사**를 실시할 때 실현될 가능성이 더 높다. 이 잠재력은 또한 구성원들이 일반적인 집단 경험과 특히 첫 회기를 위해 사전 준비를 한다면 실현될 가능성이 높다. **규모, 시기, 리더십, 집단 구성원, 규칙**을 포함한 **집단 구조**에 대한 결정 또한 공유된 목적과 상호간의 요구에 대한 감각을 조성해야만 한다. 집단 구조가 다소 고정되어 있거나 구성원들을 선별할 수 있는 것이 제한되어 있는 경우, 집단의 목적과 초점이 이러한 현실에 부합하고 현실을 반영하도록 최선을 다해야 한다.

첫 회기는 상호협력이 자리 잡을 수 있는 분위기를 발달시키는 데 있어서 특별히 중요하다. 집단 지도자는 구성원들에게 지도자의 역할뿐만 아니라 집단 구성원의 역할과 어떻게 함께 작업할 것인지에 대한 지침을 포함한 집단의 목표에 대한 명확한 설명을 제공할 준비가 되어있어야만 한다. **역할과 목적을 분명히 하는 것**은 구성원들 사이에서 상호협력을 조성하는 지도자의 역할을 설명하는 것뿐만 아니라, 집단 구성원이, 그리고 다른 사람들과 함께하는 것이 아동기 트라우마의 내력을 가진 내담자에게 어떻게 유익할 수 있는지 설명하는 것을 포함한다.

개인 치료에서처럼, **사전 공감, 내담자의 생각과 마음 알기, 간접적인 단서에 직접적으로 반응하는 것**은 아동기 트라우마의 내력을 가진 내담자와 일하는 집단에서 참여의 과정을 촉진시킨다. **문제 공유하기**와 같은 기술을 사용함으로써 지도자는 구성원들이 그들의 근본적인 보편성에 대해 인지하고, 직접적이고 개방적으로 서로 이야기하도록 돕는다. 문제를 공유하는 활동은 지도자가 말하는 중인 사람을 돌봄과 동시에 보편성이 분명해짐에 따라 그것들을 알리는 것과 집단을 전체로 관찰하는 것처럼 **집단을 살펴볼** 기회를 사용할 때 가장 효과적이다.

개인 작업의 중기 단계

도입

작업의 시작, 중기, 종결 단계 사이의 경계선이 명확히 구분되어 있거나 간단한 경우는 드물다. 가장 간략한 전문적인 개입(예: 개별 회기)조차도 시작, 중간, 종결로 이루어져 있다. 도움을 제공하는 핵심 기술은 작업 관계의 어느 단계에서든지 유용할 수 있다. 그러나 작업의 초점이 시간에 따라 변화하기 때문에 이런 기술들 중 일부분은 변화시킬 필요가 있다. 예를 들어, 내담자의 생각과 감정을 아는 것과 내담자의 간접적인 의사소통에 대해 직접적으로 응답하는 것은 관계가 지속되는 내내 계속해서 사용될 기술이지만, 역할과 목적을 밝히는 기술은 작업의 초기 단계에서 적용된다. 이 장에서 우리는 치료의 중기 단계에서 가장 유용하게 사용될 수 있는 기술과 기법에 초점을 맞출 것이다.

6장에서 논의한 것처럼, 개인 내담자와 우리의 초기 만남에서 강조되는 것은 곧 일어나게 될 개입의 기반을 다지는 작업 관계를 발전시키는 것이다. 내담자와 임상가가 함께 작업하는 효과적인 방법을 수립하기 시작하자마자, 초점은 애초에 내담자가 치료를 받으러 오게 만든 어려움으로 옮겨가기 시작할 것이다. 다시 말하지만 한 단계와 다른 단계 사이의 경계선은 애매모호하지만 전문가는 중기 단계에서 표출된 문제를 가장 직접적으로 다룰 확률이 높다.

어떤 환경에서는 내담자와의 작업이 더욱 외상 중심적으로 될 수 있다. 또 다른 경우, 현재 겪고 있는 어려움에 계속해서 강조점이 남아있을 수도 있다. 그러나 어느 환경에서든지 아동기 시절 트라우마는 과거가 아닌 현재에서 문제를 야기하기 때문에 아동기 트라우마 성인 생존자와의 작업에서 현재 또는 과거 둘 중 하나에만 독점적으로 초점이 두는 일은 드물 것이다. 다른 말로 하면, 현재의 문제는 기저의 트라우마를 반영한다. 그러므로 임상가는 과거와 현재 사이를 유연하게 이동할 준비가 되어 있어야만 한다.

이 장에서 설명된 조력 전략은 **절충적으로** 적용될 수 있다. 즉, 그 기술은 특정 상황에서 가능한 많은 선택 중 가장 적절해 보이는 것으로 선택되었기 때문이다. 이러한 기술은 상호배타적이지 않다. 예를 들어, 전문가는 해결 중심 기술 또는 인지행동 기술 사이에서 하나를 선택할 필요가 없다. 대신, 우리는 '도구 상자'로부터 특정 상황에서 특정 내담자에게 유익할 것이라고 믿는 기술 중 무엇이든 선택할 수 있어야 한다.

내담자가 감정과 문제 다루도록 돕기

아동기 트라우마의 내력을 가진 내담자 중 일부는 그들이 가지고 있는 문제를 왜 가지게 되었는지 이해하면서 혜택을 본다. 다른 이들은 전문가가 그들과 그들의 감정을 이해했다는 것을 단순히 아는 것으로부터 안심을 하고 혜택을 본다. 그러나 기본적으로, 아동기 트라우마의 내력이 있는 대부분의 내담자는 애초에 그들을 우리에게 데리고 온 문제를 해결하고 사라지게 하기를 원한다고 생각해도 무방하다. 이것은 보통 그들이 통찰력을 가질 수 있도록 돕고 이해와 공감을 전달하는 것 이상을 요구한다.

작업 단계에서 전문가의 책임을 이해하는 데 도움을 주는 방법, 즉 일반적인 내담자에 대한 전문적인 의무를 이해하는 데 도움을 주는 방법은 5장에서 처음 소개한 Shulman의 감정-행동 연관성(2006)을 염두에 두는 것이다. 우리가 무엇을 하는지는 우리가 어떻게 느끼는지에 영향을 미치며 우리가 어떻게 느끼는지는 우리가 무엇을 하는지에 영향을 미친다. 최소한, 임상가는 아동기 트라우마의 내력을 가진 내담자가 다르게 **행동**하도록 돕는 데 힘써야 한다. 우리는 또한 그들 자신, 그리고 과거와 현재의 경험에 대해 다르게 **생각**하도록 그들을 도와야 한다. 내담자가 다르게 행동하고 다르게 생각하기 시작함에 따라, 그들은 자신과 삶에 대해서 다르게 **느끼기** 시작한다.

해결 중심 전략

6장에서 소개한 해결 중심 기술(예외적인 것에 대하여 묻고, 대처에 대해 묻고, 예비 조치와 회기 사이의 변화에 대하여 묻는 것)은 내담자가 증상과 문제를 다루는 데 도움을 주는 유용한 방법이다. 나의 실무 경험에서에서 가져온 다음 예시는 이러한 기술의 가치를 보여준다. 헬렌(Helen)은 스스로 치료를 받으러 왔으며 다음 대화는 그녀가 나를 4개월째 만났을 때 나눈 대화이다. 헬렌은 그녀가 5세 때 납치당해서 성폭행을 당했지만 이 일에 대한 그녀의 기억은 파편적이었다. 그녀는 어린 시절 내내 오빠한테서 성적으로 학대당했다. 지금, 헬렌은 30대 초반이고 11세 아들을 둔 싱글맘이다. 그녀는 과거를 받아들이고자 하는 강한 바람을 표현하였다. 그녀는 또한 현재 마주한 어려움에 대해 도움을 받고자 하는데, 특히 계속 고용이 유지되지 못해서 자연스럽게 커다란 재정 문제를 야기하는 것에 대한 도움을 받길 원한다. 헬렌은 또한 우울증(이 때문에 그녀는 약을 복용한다)과 외상 후 스트레스 장애(PTSD) 증상, 특히 플래시백과 공황 장애로 힘들어한다.

이 회기에서, 헬렌은 조금 전에 직장에서 있었던 그녀의 강간에 대한 플래시백을 경험하게 만든 사건에 대해 설명했다. 그녀는 이것이 얼마나 속수무책이고, 통제 불가능하며, 그녀를 미치게 만드는지, 그리고 그녀가 절대 나아지지 못할 것이라고 느끼며 그렇게 될까봐 걱정한다는 것에 대해 말하고 있다.

헬렌: 그 순간, 저는 더 이상 사무실에 있지 않았어요. 저는 그 당시로 다시 돌아와 있었고(강간당했던 도시로), 앤디(그녀의 직장 동료)는 더 이상 앤디가 아니라 밥(그녀를 강간한 남성들 중 하나)이었어요. 저는 움직일 수도 숨을 쉴 수도 없었어요. 진정이 되기까지는 시간이 조금 걸렸어요.

캐럴린: 당신이 굉장히 당황스럽고 두려웠을 것 같아요. 당신은 당신의 자리에서 일을 하고 있었고 갑자기 한순간에 밥에게 강간당했던 때로 다시 돌아갔지만, 어떻게든 다시 돌아왔네요. 어떻게 해서든, 당신은 스스로 침착해진 거군요. 그것으로부터 벗어나기 위해 무엇을 했나요? 왜냐하면, 분명히 당신은 무언가를 해냈기 때문이에요. 어떻게 그것이 가능했나요?

헬렌: (침묵하다가) 글쎄요, 잘 모르겠어요.

캐럴린: 음, 저는 우리가 당신이 했던 것을 밝혀내야 한다고 생각해요. 왜냐하면 당신이 그것으로부터 벗어나서 현실로 돌아오도록 했던 것이 무엇이든지 간에, 당신이 그것을 다시 해냄으로써 당신이 직장에서 자제력을 갖게 되길 저는 바라기 때문이에요.

헬렌: 저는 스스로 그것으로부터 벗어났잖아요. 그렇지 않나요? 제 생각엔 스스로 구실을 만들려고 했던 것 같아요. 저는 앤디로부터 벗어나기 위해 제 자신에게 화장실에 가야 한다고 말했어요. 저는 깊은 숨을 몇 번 들이쉬었고, 제 자신에게 앤디는 밥이 아니라고 계속해서 상기시켰어요.

캐럴린: 잘했어요, 헬렌. 당신은 스스로에게 정말 도움이 되는 일을 했네요. 당신은 그 상황으로부터 당신을 떼어놓았고, 자기 자신에게 이야기를 했습니다. 이제 당신은 나중에 또 다시 플래시백에 빠졌을 때 해야 할 두 가지 방법을 알게 되었네요.

헬렌의 고통스러운 과거사에는 상담이 진행되는 동안 주의가 필요하고 주의를 기울여야 했던 사건이 몇 개 더 있었다. 전형적인 아동기 트라우마 생존자와 마찬가지로, 헬렌은 학대를 자신의 탓으로 돌렸다. 어떻게 '기꺼이' 납치범을 쫓아갈 정도로 '멍청'할 수 있었나 하는 부모로부터 강화된 정서였다. 다른 대부분의 아동기 트라우마 생존자와 마찬가지로 헬렌은 그녀 자신과 다른 사람들을 믿지 못했으며 자신의 가치에 대해 의문을 제기하였다. 그녀가 기억할 수 있는 한, 헬렌은 문제에서 도망치는 방식으로 문제를 해결하려 했다. 말 그대로 숨어버리거나, 감정을 분리시키거나 억누르는 방식으로 말이다.

헬렌은 또한 우리의 주의를 요하는 아주 긴급한 문제를 가지고 있었다. 그녀는 많은 어려움을 겪음에도 불구하고 그 직장을 계속 다녀야 한다. 그녀는 남성들과 가까이에서 일을 해야 하는 직업을 가졌지만, 남성들에 대한 반응과 감정은 일에 집중하거나 과제를 완수하는 것을 불가능하게 한다. 헬렌은 직장 선택과 자신의 삶을 개선시키려는 노력을 방해하는 자신의 자멸적인 경향에 대해 알 수 있었다. 그녀는 또한 과거 피해 사실과 현재의 어려움 간의 연관성도 알 수 있었다. 그녀가 지금까지 할 수 없었던 것은 행동을 바꾸는 일이었다.

내가 그녀에게 했던 해결 중심의 질문은 힘을 북돋아줌으로써 그녀가 플래시백을, 좀 더 정확히 말하자면, 플래시백에 대한 그녀의 반응 행동을 볼 수 있게 하였다. 그녀의 초기 해석은, 꽤 당연하게도, 이것이 얼마나 그녀가 실패자인지를 보여주는 예시에 불과하다는 것이었다. 내가 그녀에게 질문했을 때 비로소 그녀는 그것을 인지할 수 있었으며, 물론 그녀는 플래시백을 계속해서 겪었지만, 스스로 그것으로부터 빠져나와 현재로 돌아올 수 있었다. 그리고 그녀는 그것을 적절한 방식으로 해냈다.

헬렌과 내가 이 플래시백에 대해 좀 더 다루었을 때 유발 요인이 분명해졌다. 그녀의 직장 동료는 강간범이 사용한 것과 동일한 애프터쉐이브 로션을 사용하고 있었다. 이러한 정보는 헬렌에게 유용했는데, 왜냐하면 이제 그녀는 특정 냄새나 풍경 그리고 소리가 플래시백을 촉발시킨다는 사실을 알게 되었기 때문이다. 플래시백이 또 다시 발생한다면, 그녀는 그것이 다시 발생할 것이라는 것을 인지하고 그로부터 오는 파괴적인 영향을 최소화하기 위한 조치를 보다 잘 취할 수 있게 될 것이다. 헬렌이 이미 사용했던 대처 전략을 알아낼 수 있었다는 점은 그녀에게 더욱 유익했다.

집요한 질문 없이는 헬렌은 이러한 적응 전략을 알아낼 수 없었을 뿐더러 그것을 강점으로 여기지 않았을 것이다. 사실, 그녀는 무력감을 강화하면서 모든 에너지와 주의를 플래시백 그 자체에 쏟았을 것이다. 아는 것은 힘이다. 하지만 우리는 어떤 지식이 우리의 내담자에게 힘을 북돋아주는지 명확히 해야 한다. 그녀가 왜 플래시백에 빠졌는지를 이해하는 것은 헬렌이 그것에 대해 무엇인가를 하기에는 충분하지 않았다. 그녀가 어떻게 그것으로부터 벗어날 수 있었는지를 이해하는 것은 미래에 그녀가 스스로를 정말로 통제하고 있다고 느끼기 위해 사용할 수 있는 것에 대한 정보를 주었다. 다시 말해, 그녀에게 효과가 있는 것을 밝힘으로써 헬렌과 나는 DeShazer(1990)가 기술한 절차를 사용한 것이다.

그녀가 또 다른 플래시백을 겪었는지 겪지 않았는지와 관계없이, 이러한 정보를 알고 있는 것 자체만으로도 헬렌에게 꽤 유용할 것이다. 그녀가 할 수 있는 것이 있음을 아는 것(과거에 실제로 그녀에게 효과가 있었던 것)은 플래시백을 겪는 것에 대한 헬렌의 두려움을 덜어줄 것이다. 그러한 두려움이 약화되면서 결국, 그녀가 플래시백을 겪는 횟수가 줄어들 것이고, 스스로를 보다 빠르게 그것으로부터 벗어나도록 할 가능성이 증가될 것이다.

해결 중심의 전략은 아동기 트라우마의 내력을 가진 내담자가 현재 겪는 일상에 지장을 주는 증상을 보다 효과적으로 관리하도록 도울 때 유용하다. 다음 예시에서, 전문가 마거릿(Margaret)은 증상을 거스르는 것이 아니라, 가지고 작업을 하며 내담자가 과거에 성공적으로 증상을 관리했던 것을 기반으로 한다. 브렌다(Brenda)는 특히 자동차를 운전하는 도중에 자주 발생하는 공황발작을 겪는 성적 학대의 생존자다. 헬렌처럼, 브렌다는 자신이 이러한 공황발작을 통제할 수 없다고 느끼며, 그로 인해 공황발작을 겪을 확률이 높다. 마거릿은 무엇이 브렌다가 덜 긴장감을 느끼도록 하고 더 자제력을 갖게 하는지를 밝히는 것뿐만 아니라, 그녀가 공황발작을 관리하는 데 이미 사용하고 있는 방법을 찾아내는 것을 포함하는 이중적인 전략을 추구하고 있다.

마거릿: 이러한 공황발작은 당신을 매우 당황시킬 것 같아요. 하지만 당신이 공황발작을 겪지 않고도 운전할 수 있는 경우가 있어요. 당신은 A지점에서부터 B지점까지 아무런 문제없이 이동해요. 그런 상황은 어떻게 일어나는 건가요?

브렌다: 잘 모르겠어요. 아무것도 생각하지 않는 것 같아요. 그냥 운전해요.

마거릿: 그럼, 아무런 생각도 들지 않는다는 건가요?

브렌다: 잘 모르겠어요. 그냥 길에 집중하거나 하는 것 같아요.

마거릿: 그래요, 좋아요. 그것부터 시작해봅시다. 그래서 당신은 길에 집중한다는 거군요. 그것이 당신이 공황 상태에 빠지지 않도록 막는 것과 무슨 상관이 있을까요?

브렌다: 글쎄요, 그냥 길에 있는 차선에 집중하고 겁을 먹는 것에는 신경 쓰지 않는 것 같아요.

마거릿: 훨씬 낫네요. 그러면, 당신은 차선에 집중을 하면서 두려움에 대한 생각을 하지 않는 것이군요. 당신 스스로에게 길에 집중하라는 말을 하면서 두려움을 느끼지 않고 밀어내려고 하는 것 같아요, 맞나요?

브렌다: 그런 것 같아요. 그런 식으로 생각하지는 않지만, 맞아요, 그게 제가 하는 것이죠. 그런 것 같네요.

마거릿: 다른 질문을 하도록 할게요. 당신은 운전을 하고 있지 않을 때, 두려움을 느끼지 않고 덜 긴장될 때가 있어요. 저는 당신이 안정되어 있는 때가 언제인지 알고 싶어요.

브렌다: 가끔 촛불 몇 개를 켜놓고 목욕을 해요. 그럼 그냥 나 자신이 된 것 같고, 안정감을 느껴요.

마거릿: 정말 편안할 것만 같이 들리네요. 좋아요. 당신의 초들은 향기가 좋나요? 그리고 당신은 거품 목욕 같은 것을 하나요?

브렌다: 네, 저는 장미향이 나는 거품 목욕을 해요. 초들도 장미향이 나요.

마거릿: 그렇다면, 장미 향기를 맡는 것은 당신을 차분하게 하고 스트레스를 받지 않도록 돕는다는 것이군요. 그래요, 당신이 해주었으면 하는 것이 있어요. 그것과 같은 향기가 나는 것 또는 당신을 차분하게 해주는 또 다른 것을 찾아서 차에 두세요. 그것은 사람들이 차에 두는 방향제일 수도 있고, 또는 작은 향 주머니일 수도 있어요. 단지 당신에게 차분함을 상기시켜주는 것으로 말이에요. 할 수 있을 것 같나요?

브렌다: 네, 할 수 있을 것 같아요.

마거릿: 좋아요. 저는 당신이 당신을 차분하게 하고 진정시켜준다는 것을 알고 있는 무언가를 가지고 있는 것이 당신이 공황발작을 겪을 가능성을 낮춰줄 것이라고 생각해요. 당신이 차에서 그런 느낌을 갖기 시작할 때, 당신은 그 멋진 향기를 맡고 당신 스스로에게 길에 집중하라고 말할 수 있을 거예요.

내담자의 증상 관리를 돕기 위해 해결 중심 기술을 이용할 수 있는 다른 사례는 외래 정신 건강 클리닉에서 가져왔다. 내담자 베스(Beth)는 아동기에 장기간의 극심한 학대를 경험했다. 그녀는 우울증과 자해 행동에 대한 치료를 받고 있었다. 그녀는 화가 나고 속상할 때 자주 자기 팔과 다리를 베었다. 그녀는 과거의 학대와 자신을 해치는 것의 연관성을 아는 듯했지만 현재까지 그러한 행동을 하는 것을 스스로 멈출 수 없었다. 사실, 그녀가 사회복지사 존(John)에게 학대 경험에 대해 이야기할수록, 자해에 대한 욕구는 더욱 강해졌다.

존: 베스, 우리가 당신이 겪었던 고통과 과거에 초점을 맞출수록, 당신은 더욱 스스로를 해치고 싶어 하는 것 같군요. 저는 당신이 스스로에게 이렇게 하는 것을 보고 견딜 수가 없어요. 당신이 자해하고자 하는 욕구에 저항할 때가 있을 거예요. 어떻게 하나요? 어떻게 당신 스스로를 해치고 싶은 충동에 저항하나요?

베스: 그냥 칼이나 면도칼을 가지고 있지 않을 때요.

존: 하지만 당신이 그것들을 구할 수 있지만 있지만, 당신을 베지 않을 때가 있잖아요. 그런 때에 대해서 말해주세요.

베스: 스스로를 베는 것을 생각하고 피를 떠올려요. 그리고 가끔 그게 도움이 돼요. 그게

기분이 더 나아지게 해요. 그게 소용이 없을 땐, 고통을 느낄 수 있도록 제 자신을 아주 세게 꼬집어서 그런 충동을 해소하려고 해요.

존: 그렇군요. 가끔은 단지 피를 보는 것을 상상하는 것으로 충분하지만 어떤 경우에는 약간의 고통을 느껴야 한다는 것이군요. 당신에게 부탁할 것이 있어요. 다음에 당신이 스스로를 해치고자 하는 충동이 들 때, 고통을 느끼기 시작할 때까지 세게 꼬집으세요. 당신이 원한다면, 피가 나는 것과 베는 것을 상상해볼 수도 있지만, 베는 대신에 충동이 사라질 때까지 계속 스스로를 꼬집으세요.

이것은 우리의 내담자가 다른 방식으로 행동하게 하는 것이 얼마나 중요한지를 보여주는 좋은 사례다. 몇 년 동안, 베스는 스스로를 베는 것을 감정을 다스리는 방법으로 사용했고, 자해는 단순히 자기혐오를 반영하는 것 그 이상이었다. 나의 내담자 중 한 명은 자해에 대한 충동에 대해 이렇게 요약했다.

"자해를 하면, 제가 가슴과 머리로 느끼고 있는 고통이 베인 곳으로 바로 나타나는 것 같아요. 저에게는 스스로를 해치는 이유가 있어요. 제가 그걸 볼 수 있거든요. 고통이 바로 거기에 있어요. 그리고 자해할 때가 제게 일어났던 일에 대해서 혼자 생각할 때보다는 훨씬 덜 아파요. 그리고 또, 피를 흘릴 때 약간의 고통을 내보내는 것 같아요."

스스로를 벰으로써 베스는 감정을 통제하고 있다는 느낌을 받게 되었고, 어느 정도의 안정을 경험한 것이었다. 해결 중심의 질문을 통해 베스가 같은 효과를 볼 수 있는 덜 위험한 방식을 찾음으로써 존은 그녀를 도울 수 있었다. 시간이 지남에 따라, 그리고 비슷한 전략을 사용하면서, 존은 계속해서 베스가 감정을 다룰 수 있는 더 건강한 방법을 찾도록 도우면서 그녀의 자기 능력을 증진시킬 수 있었다. 더 나아가, 존은 계속해서 베스가 학대에 대한 감정에 대해 이야기하고 헤쳐나갈 수 있도록 도왔다. 이러한 작업은 그녀에게 스스로를 해치거나 고통을 주지 않고도 그러한 감정을 통제할 수 있는 방법이 있다면 보다 생산적이고 덜 두렵게 해줄 수 있을 것이다.

임상가는 회기 사이의 변화에 대해 묻는 또 다른 해결 중심 기술을 통해 내담자의 자기 능력을 증진시킬 수 있다. 다음의 예시는 헬렌과의 회기에서 발췌한 것이다. 나는 이전 회기의 요점에 대해서 짚어주며 회기를 시작했고, 한 주가 어땠는지 물었다 헬렌은 한 주 동안 겪었던 문제에 대해서 이야기하는 것으로 답했다.

헬렌: 아들인 매슈(Matthew)가 계속 저에게 건방지고 무례하게 굴었어요. 매슈는 제가 너무 뚱뚱하다고 말했죠. 아들의 친구들과 함께 와서 계속 그 아이들 앞에서 저에게 말대꾸를 했어요. 정말 창피했어요. 저는 제가 아들에게 맞서야 했다는 것을 알고 있었지만, 저는 그냥 함부로 하도록 내버려두는 경향이 있어요.

캐럴린: 그렇다면, 당신은 여전히 스스로를 위해 경계선을 긋고 맞서는 데 있어서 어려움

을 겪는 것처럼 보이네요. 그럼에도 저는, 당신이 지난주보다 더 나아진 것 한 가지를 말해주었으면 해요.

헬렌: 글쎄요, 생각을 해봐야겠어요.

캐럴린: 그래요, 잠시 생각을 해보세요.

헬렌: 음, 사실, 저는 청구서 대금을 제때 지불했어요. 원래 하던 대로 던져버리지 않고요.

캐럴린: 좋네요! 어떻게 그렇게 할 수 있었나요? 지난번에는 지불하지 않은 대금이 당신을 압박하고 있었고, 당신은 수금원을 두려워하고 있었지만 당신은 이런 감정을 제쳐두었었죠. 꽤 오랜만에 제때 대금을 지불한 것 같은데요. 어떻게 그렇게 할 수 있었나요?

헬렌: 그냥 스스로 그렇게 하게 한 것 같아요. 아마도.

캐럴린: 좋아요, 하지만 어떻게 그것을 스스로 하게 했죠?

헬렌: 음, 연체된 것들에 대해서는 큰 주의를 기울이지 않았어요. 단지 현재 지불해야 할 것들에만 신경 썼죠. 이번 주에 온 청구서들은 제가 볼 수 있는 주방의 테이블에 분리해서 쌓아두었어요.

캐럴린: 그렇다면, 당신은 당신에게 맞는 새로운 시스템을 만든 것이군요. 우리는 여전히 어떻게 연체된 대금을 처리할지에 대해 당신을 도와야 하겠지만, 당신은 이제 새로 들어오는 대금을 먼저 처리하는 방법을 택했군요.

헬렌은 자기 회의의 감정에 사로잡혀 있다. 그녀는 그녀가 무언가 하려고 시도하는 족족 실패할 것이라고 확신했다. 고지서가 점점 더 쌓여가면서, 그녀는 더욱 더 압도되었고, 그녀에게 가장 익숙한 방법으로 반응했다. 그녀는 고지서를 고지서 무더기에 던져버리고 '도망쳤다'. 하지만 그러고 나서 그녀는 더 스트레스를 받았고, 더 어쩔 줄 몰랐으며 통제력을 상실했다고 느꼈다. 고지서가 쌓여가면서, 수금인들은 예상한 대로 전화하기 시작했다. 이 자멸적인 악순환은 헬렌의 삶에서 여러 차례 반복되었다. 그녀가 이런 악순환의 본질을 이해하는 것 자체도 중요하지만 혼자서 이해하는 것은 그녀가 그 사이클을 깨뜨리기에 충분하지 않았다. 이전 회기에서, 우리는 그녀가 어떻게 많은 청구서를 해결할 수 있을지에 대하여 이야기했다. 하지만 그녀는 내가 회기 중에 일어난 변화에 대해 구체적으로 물어보기 전까지 인생에서 아주 큰 스트레스로 작용했던 이 문제를 조금이나마 개선했다는 사실을 깨닫지 못했다. 회기 중에 일어난 변화에 대해 묻는 것 자체가 우리가 회기 중 논의했던 것과 회기 밖에서의 삶 사이의 연관성을 만들도록 내담자를 돕는 중요한 방법이 될 수 있다.

회기 중에 일어난 변화에 대해 묻는 것은 아동기 트라우마의 내력을 가진 내담자와의 작업이 단기적일 때, 그리고 당연히 현재 겪고 있는 어려움을 주로 다룰 때 특히 더 유익한 전략이 될 수 있다. 6장에서 콜레트와 레이첼(부모 지지 프로그램에서 콜레트의 상담자)을 소개했었다. 콜레트는 자녀 중 한 명인 트로이를 학대해서 레이철과의 부모 교육 회기에 참가해야만 했다. 그들이 함께하는 여섯 회기 중 두 번째 회기에서, 콜레트는 아버지로부터 성적으로, 신체적으로 학대당한 것과, 어머니로부터 신체적 학대를 당한 과거에 대해 털어놓았다. 레이철은 내담자의 감정과 경험을 인정하고 정당화시킨 다음에, 콜레트에게 상담을 받을 수 있도록 소개해주겠다고 제안했다. 그녀는 또한 콜레트의 트라우마 내력과 아들을 신체적으로 학대하게 만든, 현재 겪고 있는 문제(분노 조절) 사이의 연관성을 지적했다. 콜레트와 함께하는 그 이후의 네 번의 회기에서 레이철은 내담자의 과거 피해 사실이 현재 삶에 어떻게 나타나는지 염두에 두면서도, 분노와 아들을 훈육하는 방법에 초점을 두었다. 다섯 번째 회기에서 다음의 대화를 주고받았다.

레이철: 우리는 당신 아들인 트로이가 당신을 화나게 하기 시작했을 때, 화를 조절할 수 있는 다양한 방법에 대해서 이야기했어요. 그렇다면, 지난 일주일 동안 당신이 화를 조절하고 아들을 때리지 않을 수 있었던 경우에 대해 말해주세요.

콜레트: 제가 트로이에게 방을 치워야 한다고 말했는데, 트로이는 아무런 신경도 쓰지 않았어요. 트로이는 계속해서 마치 제가 아무 말도 하지 않은 것처럼 행동하고 있었어요. 트로이의 눈매는 아빠를 닮았어요. 저는 트로이의 눈을 보고 아이 아빠가 생각났어요. 그리고 저는 그에게 굉장히 화가 난다는 것을 느꼈어요. 하지만 저는 제 자신에게 '콜레트, 저 아이는 트로이야. 트로이는 아무짝에도 쓸모없는 아이 아빠가 아니야. 트로이는 그저 작은 남자아이일 뿐이야. 어린아이들은 원래 이래'라고 말했어요.

레이철: 잘했어요, 콜레트. 또 무엇을 했나요? 그 어떤 것이든 좋아요.

콜레트: 음, 저는 제가 좀 진정될 때까지 트로이로부터 떨어져 있었어요. 그리고 다시 방으로 돌아와서, 트로이에게 제가 요청한 것을 하지 않고 계속 거기에 앉아있을 수도 있고, 아니면 저를 도와 줄 수도 있다고 말했어요. 이것은 제게 큰 문제가 아니었어요. 왜냐하면 제가 요청했을 때 만약 트로이가 하지 않았다면 트로이의 후식은 제 것이 되었을 테니까요!

레이철: 또 한 번 정말 잘했어요! 그건 정말 괜찮은 전략이에요. 당신은 우리가 이야기했던 것처럼, 당신 스스로에게 트로이는 아이 아빠 두에인(Duane)이 아니라는 것을 계속해서 상기시켰어요. 또한 당신은 상황에서 벗어나서 마음을 진정시켰어요. 그리고 당신은 트로이에게 선택권을 주었어요. 한마디 덧붙이자면, 굉장히 효과적인 선택이었어요. 그래서 어떻게 되었나요?

콜레트: 트로이는 한동안 야단법석을 떨었지만, 제가 진지하다는 것을 알아차리고는 일어나서 방을 치웠어요!

　레이철은 콜레트와 오직 정해진 양만큼의 시간을 가지고 있었고 좁게 정의된 전문적인 역할을 가지고 있었다. 레이철은 콜레트에게 부모 교육 훈련과 지지를 제공해야 했다. 레이철은 콜레트가 다른 사람에게 학대와 관련된 문제에 대해 이야기할 가능성에 대해 논의했다. 그러나 지금까지 내담자는 상담을 받기 위한 어떠한 노력도 하지 않았다. 그녀가 제공할 수 있는 제한된 자원에 좌절감을 느끼거나 '진짜' 문제가 콜레트의 아동기 트라우마라고 생각하는 대신에, 콜레트가 감정에 통제력을 갖는 것이 그녀 자신과 아들을 위해서 얼마나 중요한 일인지를 깨달았다. 콜레트가 트로이에 대한 분노의 감정을 충분히 조절할 수 있다고 느끼게 되면서, 그녀는 과거에 대해 작업하고 있다.

'우리는 오직 우리가 할 수 있는 것만 할 수 있다'라는 말은 무언가 더 하고자 하는 바람을 자주 표현하는 학생들에게 내가 사용하는 표현이다. 아동기 트라우마의 내력을 가진 성인과 작업하게 될 때, 이 감정은 특별한 중요성을 띤다. 트라우마 생존자는 종종 복잡하고 힘든 과거를 가지고 있다. 그래서 우리와 함께하는 시간이 짧고 우리 역할이 제한될 때, 우리의 기여를 과소평가하려고 할 수 있다. 그렇지만 해결 중심 기술은 임상가와 내담자 모두가 그들이 가지고 있는 시간을 최대한 활용하여 사용할 수 있는 방법을 제공한다.

인지행동 전략

이 장에서 이미 제시한 몇 개의 예시는 내담자가 감정과 문제를 다루도록 돕기 위한 두 번째 기술을 보여준다. 예를 들어, 헬렌과 나의 작업에서 가져온 첫 번째 예시는 그녀가 '자기 대화'를 사용한 것을 보여준다. 이전 장들에서 논의한 것처럼, 아동기 트라우마의 내력을 가진 내담자는 자신과 타인에 대한 부정적인 인식을 가지고 있는 경향이 있다. 그러나 인지행동 기술은 이러한 왜곡된 인지를 바꿀 수 있다. 비록 도움 제공을 위한 인지행동 접근에 대한 완전한 논의를 이 책에 다 담을 수는 없지만 이 접근과 구성주의적 자기 개발 이론(Constructivist Self-Development Theory: CSDT)의 치료를 위한 기본적인 가정 사이에 눈에 띄는 공통점이 있다(McCann & Pearlman, 1990a).

2장에서 논의한 것과 같이, 구성주의적 자기 개발 이론(CSDT)은 특히 아동기에 트라우마에 노출되는 것이 내담자 자신, 그리고 내담자가 살고 있는 세상에 대한 피해자로서의 관점을 어떻게 바꾸는지에 초점을 맞춘다. Beck과 그의 동료들(Beck et al. 1979; Hollon & Beck 1994)이 설명하고 다수의 저자와 연구자에 의해 확장된 인지행동 치료(CBT)는 우리 모두가 우리가 살고 있는 세상, 우리 자신에 대한 기본 가정, 그리고 도식을 사용한다는 전제를 기반으로 한다. 새로운 경험은 이러한 기본 가정을 통해 걸러지고 이해된다.

비록 새로운 도식은 이러한 새로운 경험에 의해 확장될 수 있지만, 인지행동 이론가는 구성주의 자기 개발 이론가와 같이 도식의 자기 강화적인 본질을 강조한다. 예를 들어, 도식이 해롭고 부정적인 경험에 대한 반응으로 발전한 것이라면, 개인은 이 부정적인 시각을 통해 자기 자신을 보게 될 것이고 그에 맞게 다음에 일어나는 사건을 해석할 것이다. 이전에 설명했던 플래시백과 청구서를 처리하는 것에 대한 헬렌의 관점은 그녀의 사고와 행동을 지배하는 모든 것을 아우르고, 상호의존적이고, 상당히 부정확하며 부적응적인 여러 도식 중 두 가지를 보여준다. 그녀는 자신의 행동에서 실패를 찾고, 일이 잘못 되었을 때 자신을 탓하고, 자신을 위해 상황을 개선시키는 것에 대해 무력감을 느끼는 경향이 있었다.

이런 종류의 사고는 Beck 등이 **인지적 왜곡**(cognitive distortion)과 **논리적 오류**(errors of logic)라고 이름 붙인 것들의 전형적인 예시다. 개인은 자동적으로 긍정적인 면을 배제하고, 사건에 대한 자신의 부정적인 해석과 일치하지 않는 정보를 무시하거나 축소시킴으로써 최악의 상황을 가정한다. 인지행동 기술은 "자동적으로 드는 부정적인 생각에 대해 내담자가 의구심을 갖도록 가르친 뒤, 그 기반이 되는 기본 가정(도식)에 맞섬으로써 악순환을 끊기 위해"(Oei & Shuttlewood 1996, 94) 만들어졌다.

도움을 제공하기 위한 인지행동 접근법은 특히 우울증, 불안장애, 외상 후 스트레스 장애와 같은 정신건강 관련 문제들을 위한 **증상 관리**(symptom management) 분야에서 광범위하게 연구되어왔다(Beck 2005; Butler et al. 2006; Coombs, Coleman, & Jones 2002; Hatton 2002; Hofmann & Bogels 2006; Lamberg 2001; Rodebaugh, Holaway, & Heimberg 2004; Rosenblum 2002; Ross et al. 2005; Seidler & Wagner, 2006; Turkington 2004; Westbrook & Kirk 2005; Westbrook & Hill 1998). 구체적으로 아동기 트라우마 성인 생존자에게 CBT를 사용하는 것에 대한 연구가 진행되어왔다(Foa & Meadows 1997; McDonagh et al. 2005; Messman-Moore & Resick 2002; Pearson 1994; Solomon & Johnson 2002). 일반적으로, 인지행동 치료(CBT) 전략의 효능은 특히 내담자가 감정을 다루는 것을 돕는 방법으로 지지받는다.

내담자의 핵심 신념을 확인하고 그에 맞서기 내담자가 상황을 더욱 현실적으로 바라보는 데 도움을 주는 것의 중요성은 트라우마의 진술에 대해 논의했던 3장의 앞부분에서 소개한 사례 예시에 잘 드러난다. 내담자인 헨리는 90일 약물 치료 프로그램의 입원 환자다. 그는 프로그램에 적응하고 중독을 멀리하는 데에 프로그램을 활용하도록 돕는 역할을 가진 중독 상담자 앨버트(Albert)와 일주일에 최소 두 번씩 만난다. 앨버트는 헨리와 함께 무엇에 대해 작업하기를 원하는지, 프로그램이 끝났을 때 성취하고자 하는 목표가 무엇인지, 술을 마시고 약물을 하도록 만드는 트리거(trigger)가 무엇인지 알아보았다. 헨리가 입원해 있는 첫 달 동안, 그는 아버지와 할아버지로부터 성적 학대를 당했고 어머니로부터 여러 차례 구타당한 사실을 밝혔다. 앨버트는 헨리가 자기 경험에 대해 침착하고 무감각한 방식으로 이야기한 것에 대해 어떻게 해야 할지 몰랐기 때문에 나와

상의하였다.

또한 앨버트는 함께 작업할 수 있는 제한된 시간을 고려했을 때, 이 내담자에게 도움이 되기 위하여 무엇을 해야 할지 확실하지 않았다. 하지만 그는 헨리의 첫 번째 상담자로서 헨리가 피해 사실 자체와 중독이 연관되어 있다는 것을 더 정확하게 이해하도록 돕는 데에 있어 이상적인 위치에 있다는 사실은 깨달을 수 있었다. 앨버트는 또한 헨리 자신과 다른 이들에 대한 핵심 신념과 마주하고 이에 맞서기 위한 기회를 찾았다. 그리고 그렇게 함으로써, 입원 프로그램이 끝나도 헨리가 계속해서 상담을 받도록, 그가 안전하도록 앨버트가 도울 것을 설득하였다.

이 사례를 처음 소개했던 것처럼, 헨리의 성적 학대에 대한 회상은 다소 파편적이었지만 아버지로부터 항문성교를 당한 것을 기억해냈다. 헨리는 또한 할아버지로부터 성적 학대를 당하고 학대당할 당시 흥분하게 되었던 것을 기억해냈다. 헨리는 또한 할아버지가 오르가즘을 느낀 첫 번째 사람일 수도 있다고 추리했다. 그는 아버지로부터 성적 학대를 당한 후에 어머니가 침대 커버에서 그의 혈액을 발견하고 막대로 그를 수차례 구타한 것을 정확하게 회상해냈다. 앨버트는 마음속 깊이 자리 잡은 스스로와 타인에 대한 기본 가정을 확인할 수 있었다. 그리고 그의 경험을 고려했을 때 그것들은 전혀 놀라운 것들이 아니었지만, 모두 자멸적이고 오류투성이였다. 앨버트는 헨리가 그 자신과 세상을 보는 관점을 좌지우지하는 도식을 다음과 같이 정리했다.

- 만약 할아버지와 아버지가 나를 성폭행했다면, 그것은 나의 잘못이고 나는 게이일 것이다.
- 나는 괴물 같은 존재일 것이다. 그렇지 않다면, 나는 할아버지가 나에게 한 일에 대해 흥분하지 않았을 것이다. 나는 그것을 즐겼음에 틀림없다.
- 만약 어머니가 나를 구타했다면, 그것은 나의 잘못일 것이다. 나는 쓸모없고, 보호받거나 사랑받을 만한 가치가 없는 사람일 것이다.
- 사람들을 신뢰하면 안 된다. 항상 그들로부터 상처받을 것이다.

나는 헨리가 이런 기본 가정을 특별히 인정하거나 분명히 표현하지 않았다는 것을 확실히 해두고 싶다. 그 대신에, 아동기에 일어난 일에 대한 설명과 결부된 행동은 이런 핵심 신념의 존재를 앨버트에게 제시하였다. 전문가는 비록 내담자가 인지하지 못하고, 누군가에게 직접적으로 말한 적이 없을지라도, 그들이 피해 사실의 결과로 아동기에 발달된 그들 자신에 대한 기본적인 신념을 기반으로 사고할 것이라고 추정할 수 있다. 이러한 신념을 말로 표현하고 그것에 맞서는 것은 아동기 트라우마의 내력을 가진 내담자가 그들의 경험을 인정할 수 있게 하고 또한 그들에게 유익할 수 있다. 다음은 앨버트와 헨리의 대화이다.

앨버트: 헨리, 저는 무슨 일이 있었는지에 대해 당신이 이야기하는 동안 당신이 스스로의 잘못이라고 생각한다는 느낌을 받았어요. 마치 당신이 비난 받아야 한다는 것처럼요.

헨리: 음, 네, 물론이죠. 제 말은, 어떤 정상적인 아이가 이런 빌어먹을 일을 참고 있겠어요? 아니면 애초에 이런 일이 일어나도록 했겠어요? 저는 아버지의 불알을 발로 차버리든가, 어머니에게 할아버지가 저를 괴롭힌다는 것을 말해야 했어요.

앨버트: 그렇지만 헨리, 당신이 어떻게 그렇게 할 수 있었겠어요? 당신은 그저 어린아이였을 뿐이에요. 당신이 설명한 것을 들으면, 저는 당신이 아버지와 할아버지가 당신을 성추행하는 것을 막기 위해 할 수 있는 일이 없었다고 생각해요.

헨리: 어머니에게 말할 수 있었어요. 그렇지만 그러지 않았죠. 왜 말하지 않았을까요? 아마 그걸 즐겼던 걸 거예요. 저는 발기했어요. 무슨 말인지 알죠? 제 말은, 만약 제가 원하지 않았다면 어떻게 발기할 수 있죠?

앨버트: 그 일이 당황스럽다는 것을 저도 알아요. 그렇죠? 하지만 저는 당신이 중요한 무엇인가를 이해했으면 해요. 만약 누군가가 아이를 그런 식으로 만졌다면 반응할 거예요. 그것은 당신이 그것을 원했다거나, 당신의 아버지나 할아버지가 당신에게 한 일을 좋아했다는 것을 의미하지 않아요.

헨리: 아직도 저는 왜 제가 어머니에게 말하지 않았는지 이해할 수 없어요. 제가 그것을 즐겼다고 생각해요. 그렇지 않다면, 어머니에게 말했을 거예요.

앨버트: 제가 앞으로 할 이야기는 당신을 아프게 할 거예요. 그렇지만 저는 이것을 말해야만 한다고 생각해요. 저는 당신이 어머니에게 말했다 해도, 어떠한 변화도 일어나지 않았을 것을 알았기 때문에 말하지 않았다고 생각해요. 최악의 상황은, 당신이 그녀에게 말했는데 그녀가 당신을 더 구타했을 수도 있어요. 그녀는 눈치를 채고 있었음에 틀림없어요, 헨리. 그녀는 당신의 침대가 어떤지 보았어요. 그리고 당신을 구타했지요. 그녀는 엉망인 당신의 침대가 무엇을 의미하는지를 무시했어요.

여기서 앨버트의 단도직입적인 방식은 일부 독자들을 깜짝 놀라게 할 수도 있다. 그는 헨리의 피해 사실에 대한 그의 평가에서 그야말로 인정사정없이 정직했다. 만약 헨리가 앞으로 그의 과거를 받아들일 수 있게 된다면, 그는 어머니의 공모를 인정하거나 받아들여야만 할 것이다. 그는 이미 어느 정도 이것을 알고 있을 것이다. 하지만 그는 그 자신을 탓하고, 수치스러움과 죄책감을 느끼는 데 익숙해져 있다. 사실, 그는 학대 사실을 그의 책임으로 받아들이는 것이, 그가 보호받고, 양육받고 사랑받아야 마땅한 사람들에게 학대받았다는 사실을 받아들이는 것보다 더 쉽고 덜 고통스러웠을 것이다.

앨버트는 헨리에게 상황을 더 정확하고 새로운 방법으로 이해하도록 만들 수 있는 이상적인 위치에 있었다. 비록 헨리의 피해 사실의 현실은 어떠한 면에서 그가 가지고 살아온 해석보다 더 고통스러웠지만 말이다. 우리가 내담자의 왜곡된 인지를 마주했을 때, 하나의 인지적 왜곡을 다른 인지적 왜곡으로 대체하면 안 된다는 것을 이해하는 것이 중요하다. 우리는 오해를 바로잡아야 한다. 그러므로 또한 헨리는 그가 좋아서 할아버지에게 오르가즘을 느낀 것이 아니라는 것을 이해해야만 한다. 흥분시키는 방법 때문에 몸이 반응한 것이다. 또한 헨리는 단지 아무에게도 말할 사람이 없었기 때문에 말하지 않은 것이라는 것을 이해해야만 한다. 그에 대한 어머니의 처사는 아주 명확하게 그가 어머니에게 말하는 것이 아무런 도움이 되지 않았을 것이라는 것을 알려주고 있다.

내담자의 경험을 재구성하기 헨리는 왜 그가 가해자에게 저항하지 않았는지, 그의 상황에 대해서 왜 무엇인가를 하지 않았는지 궁금해한다. 이것은 아동기 트라우마의 내력을 가진 내담자가 갖는 일반적인 의문이다. 그리고 이것은 생존자의 피해 사실에 대하여 그들 자신 탓을 하려는 생존자의 경향을 보여줄 뿐만 아니라, 또한 그들이 아이였던 그 시간의 관점 대신 성인의 관점에서 피해 사실을 보려는 경향을 보여준다. 이는 전문가가 마주했을 때 준비가 되어 있어야만 하는 매우 중요하고 의미 있는 인지적 왜곡이다.

6장에서, 바버라와 마리안(강간위기 센터에서 바버라의 상담자)을 소개했다. 바버라는 그녀의 5세 딸이 의붓아들로부터 성적 학대를 당한 뒤 스스로 치료에 찾아왔다. 이 사건은 10년 전 바버라 자신의 강간을 회상하게 만들었다. 그들의 첫 번째 인터뷰 중, 마리안은 바버라의 인지적 왜곡을 쉽게 찾아볼 수 있었다. 바버라는 수치심, 죄책감, 그리고 딸의 성추행에 대한 책임감과 관련된 감정에 대해 이야기했다. 그녀는 또한 할아버지가 그녀에게 '역겨운' 무언가를 한 희미한 기억을 가지고 있다고 밝혔다. 이 시점에서, 마리안은 지혜롭게 할아버지에 대한 바버라의 진술에 초점을 두지 않겠다고 결심했다. 그 대신에, 그녀는 그 사실을 인정하고 바버라가 느끼는 혼란스러움에 대해 설명했다. 마리안은 또한 바버라의 혼란을 보편화할 때 인지행동 전략을 사용하였다. 그녀는 그녀의 강간 경험과 딸에게 일어난 일에 대한 그녀의 감정들이 "그녀의 머릿속에서 모두 엉켜버렸다"고 말했다.

별로 놀랄 것도 없이, 다음의 회기에서, 바버라는 딸 대신 자신의 피해 사실에 초점을 맞추기 시작하였다. 그녀는 또한 할아버지가 그녀에게 한 일에 대해서 더 상세히 기억해내기 시작했다. 이로 인해 할아버지가 성적으로 학대했다는 사실이 바버라와 마리안 모두에게 명확해졌다. 그 일은 지금 바버라의 딸과 같은 나이인 5세 정도에 시작되었을 것이다. 여러 기억 가운데, 바버라는 할아버지가 바버라를 그의 무릎에 앉히고는 손가락을 그녀에게 집어넣고 강제로 그녀가 그의 성기를 만지도록 한 것을 기억했다. 바버라의 기억에 따르면, 이 학대는 몇 년 동안 계속되었고, 이것은 그녀의 부모를 포함한 많은 사람들이 주변에 있던 가족 모임에서 자주 일어났다고 말했다.

마리안은 이런 새로운 기억에 대한 바버라의 초기 반응을 특징짓는 왜곡된 인지를 대면하기 위해 인지행동 기술을 선택했다. 바버라는 엄청난 혼동과 자신에 대한 분노를 표현하였다. 헨리처럼 그녀는 왜 할아버지가 그녀를 학대하는 동안, 아무에게도 말하지 않았고 침묵했는지 의문을 가졌다. 그녀는 그에게 저항하지 않았기 때문에 자신에게 뭔가 잘못이 있었을 것이라고 생각했다. 따뜻한 봄날에 있었던 한 회기에서, 마리안은 바버라에게 강간위기 센터에서 5분도 걸리지 않는 곳에 위치한 아이들의 놀이터로 산책을 가자고 제안했다. 그들이 그곳에 도착했을 때, 마리안은 바버라가 놀고 있는 어린아이들을 관찰하는 데 시간을 보내라고 하였다. 특히 바버라의 할아버지가 그녀를 성추행하기 시작했을 때 바버라의 나이와 비슷해 보이는 두 어린 여자아이를 관찰하라고 했다.

마리안: 저는 당신이 저 두 어린 여자아이들에게서 무엇을 보았는지 궁금해요. 제가 본 것은 두 명의 매우 연약하고, 천진난만해 보이는 두 명의 어린아이들이에요.

바버라: 맞아요. 저 아이들은 귀엽고, 정말 어리고, 천진난만해요.

마리안: 당신도 어리고 천진난만하지 않았나요? 당신도 그저 저런 두 여자아이들과 같지 않았나요?

바버라: 음, 저도 모르겠어요. 제 말은, 전 무엇인가 잘못을 저질렀을 거예요. 저는 적어도 그렇게 어리석지는 않아야 했어요. 저는 제게 일어난 일을 누군가에게 말했어야 했어요. 저는 저항하거나, 도망가거나, 아니면 할아버지가 제게 하라고 한 것을 거절해야 했어요.

마리안: 워우! 잠깐만요! 다시 한 번 저 어린 여자아이들을 보세요. 당신에게 일어난 일이 저 중에 한 명에게 일어났다고 가정해봅시다. 저 아이들은 도망갈 수 있었을까요? 저 아이들은 '아니요'라고 말할 수 있었을까요? 저 아이들이 누군가에게 표현할 단어를 찾을 수나 있을까요?

바버라: 우웩! 그런 생각은 하고 싶지도 않아요.

마리안: 이것에 대해 생각하는 것은 끔찍해요. 그렇죠? 그리고 저는 저 아이들에게 그런 일이 일어나기를 바라는 것이 아니에요. 정말이에요. 저는 단지 당신에게 저렇게, 정말로 어리고 연약했던 것이 어땠는지 생각해보라고 부탁하는 거예요. 당신은 힘이 없었어요, 바버라. 그는 당신의 할아버지였어요. 당신은 할아버지가 하라고 한 것을 한 것뿐이에요. 맞죠? 한 번 생각해보세요. 제 말은 그 일이 당신에게 어땠을지 정말 생각해보라는 거예요. 당신은 단지 그저 순진하고 연약한 저 어린 여자아이들과 같은 아이였어요. 바버라, 이것은 당신의 잘못이 아니었어요.

바버라: (조용히 울기 시작한다.) 왜 그들은 할아버지가 제게 한 일을 보지 못했죠? 그들은 모두 그곳에 있었어요. 왜 그들은 보지 않았죠? 왜 그들은 할아버지가 제게 그런 일을 하도록 내버려두었죠?

마리안: 저도 모르겠어요, 바버라. 저는 정말로 그 질문에 대한 정답을 가지고 있지 않아

요. 제가 생각해내는 대답은 만족스럽지 않을 거예요. 하지만 당신이 제게 해준 이야기를 고려해보았을 때, 당신의 가족 구성원들은 할아버지에게 이상한 구석이 있다는 것을 알았던 것처럼 보여요. 하지만 다들 모든 것이 괜찮은 척했어요. 그러니, 당신에게 그 상황이 어땠을지 한 번 상상해보세요. 모든 일이 괜찮지 않다는 것을 아는데, 다른 사람들은 모두 괜찮은 양 행동하는 거예요.

마리안은 바버라가 그녀의 피해 사실에 대한 인지적 왜곡을 보여주기 위해 창의적이고 매우 구체적인 방법을 찾았다. 바버라에게 성추행이 시작되었을 때 그녀와 같은 나이로 보이는 아이들을 관찰하도록 하여, 마리안은 그녀에게 일어났던 일에 대해 더 현실적인 관점을 발달시키도록 도왔다. 놀이터로 가는 것은 많은 아마 대부분의 환경에서 실행 가능하지 않을 것이다. 하지만 임상가는 내담자가 과거 피해 사실을 더 정확히 보도록, 아이 때 그들 자신의 사진들을 보도록 하는 것(그들 각자, 혹은 회기에서 함께)과 같이 여러 가지 다양한 방법으로 도울 수 있다. 또한 내담자에게 그들이 피해를 당했을 때 나이의 아이들이 어떤지에 대하여 생각하고 설명하게 할 수도 있다. 만약 필요하다면, 전문가는 발달의 여러 가지 단계에 있는 아이들이 어떤지에 대하여 내담자에게 교육할 수도 있다. 최소한, 전문가는 직접적으로 내담자의 인지적 왜곡을 지적할 수 있다. 결국, 내담자는 이 말을 들어야만 하는 것이다.

당신은 성인이 아니었어요. 당신은 아이였어요. 당신은 아이의 사고방식을 가지고 있는 상대적으로 힘이 없는 아이의 몸이었어요.

바버라의 경우, 그녀가 사건을 다른 방법으로 보기 시작하면서, 그녀는 만약 그녀가 그녀에게 일어난 일에 대하여 책임이 없다면, 그녀가 사랑하고 그녀를 양육해준 이들에게 책임이 있다는 사실을 고통스럽게 깨닫는다. 임상가가 내담자의 왜곡된 생각을 바꾸기로 결심했을 때, 마리안은 결과적으로 따라오게 될 고통스러운 깨달음과 감정에 미리 준비되어있어야만 한다. 앨버트가 헨리에게 냉혹하리만큼 정직했던 것처럼, 마리안은 바버라의 가족 구성원이 그녀를 보호하지 않았던, 그녀의 추행을 둘러싼 주위의 상황에 대해 애매한 태도를 보이지 않았다. 마리안은 이것을 직접적으로 인지하고 있었다. 이것은 마리안이 문제를 더 나쁘게 만들고 있는 것처럼 보일 수 있지만, 바버라는 마리안이 그녀에게 하고 있는 말을 이미 어느 정도 인정하고 있었다. 그녀는 단지 자신의 부모님과 다른 이가 그녀를 보호하지 않았다는 것을 받아들이는 것보다 그녀의 잘못이라고 믿는 것이 바버라에게 덜 고통스러운 것이었다. 아동기 트라우마 성인 생존자와 작업할 때 진실은 고통스러울 수밖에 없다(대부분의 경우 정말로 고통스럽다). 하지만 현실을 회피하거나 마치 발생하지 않은 일인 척하는 것은 내담자에게 도움이 되지 않을 뿐만 아니라 힘을 북돋아주는 방법이 아니다.

현재와 과거를 분리하기 다음의 회기에서, 마리안은 연달아 다양한 해결 중심 기술뿐만 아니라 바버라가 현재에서 과거를 분리하도록 돕는 다른 인지행동 전략을 사용했다. 그녀는 비록 그녀의 과거 피해 사실로부터 고통받았지만, 바버라는 딸에게 일어난 일 또한 다루어야 했다. 게다가, 그의 의붓아들은 기소되었다. 이것은 자연스럽게 그녀와 그녀 남편(의붓아들의 아버지와 그녀의 딸의 아버지) 사이에 엄청난 스트레스를 유발시켰다. 바버라는 딸의 성추행 사실에 엄청난 죄책감과 수치심의 감정을 계속 표현했다. 그리고 이러한 반응은 그녀가 직면한 어려움을 효과적으로 다루고 대처하는 것을 방해하고 있었다.

바버라: (울면서) 제 딸 멜리사를 보호하지 못했다는 사실에 제 자신을 용서할 수가 없어요. 어떤 어머니가 이런 중요한 일을 모르겠어요? 만약 제가 제 본분에 충실했다면, 저는 알았을 거예요. 저는 알아야만 했어요.

마리안: 있잖아요, 당신은 할아버지가 당신을 성추행했을 때부터, 어떤 일이 잘못되기만 하면 그 일을 당신 탓으로 돌리고 있어요. 모든 것이 당신의 잘못이에요. 할아버지가 당신에게 한 일, 아무도 당신을 보호해주지 않았다는 사실, 이 모든 것은 당신의 잘못 때문에 일어났다고 생각하고 있어요. 당신은 몇 년 동안 스스로 나쁜 사람이라고 생각해왔어요. 이제 당신이 이것을 바꾸도록 도와줄 때예요. 당신은 멜리사에게 일어난 일에 대한 책임이 없어요. 멜리사의 이복형제가 멜리사에게 그런 짓을 한 것에는 아무런 이유가 없어요. 그리고 당신이 발견했을 때, 당신이 멜리사가 좀 다르다는 것을 알아차렸을 때, 당신은 중요한 일을 한 거예요. 당신은 멜리사가 그가 그녀를 만졌다고 말했을 때 그 말을 믿었어요. 당신은 그가 다시는 그러지 못하게 막았어요. 당신은 그녀를 보호했어요. 당신은 형편없는 부모가 아니에요. 저는 사실 당신이 지금 느끼는 감정은 당신이 당신 어머니를 가장 필요로 했을 때 당신을 버렸다는 것에 대한 감정이라고 생각해요. 그러나 당신은 당신의 어머니가 아니에요. 저는 이런 당신에 대한 중요한 사실을 기억하길 원해요. 저는 이것들을 당신이 제게 말하길 원해요.

바버라: 무엇을 말해야 할지 모르겠어요.

마리안: 미안해요. 제가 너무 복잡하게 만들었나 봐요. 간단히 말해서, 저는 당신이 큰소리로, 우리가 들을 수 있게, '이것은 지금이고 그것은 그때였다'라고 말하길 원해요. 당신은 멜리사의 성추행에 대하여 책임이 없어요. 당신은 딸을 믿어요. 당신은 딸을 보호했어요.

바버라: 이것은 지금이고 그것은 그때예요. 저는 멜리사의 성추행에 대한 책임이 없어요. 저는 딸을 믿어요. 저는 딸을 보호했어요.

마리안: 말을 하기는 했지만, 저는 그 말 속에 강한 확신이 없다고 느껴져요. 확신이 있

었나요? 저는 당신이 다시 한 번 말하길 원해요, 더 힘차게. 저는 이게 하룻밤 사이에 변하지 않을 거라는 것을 알아요. 하지만 생각을 바꿀 때예요. 이젠 잘못되고 부정확하고 도움이 되지 않는 여태까지의 잘못된 사고방식을 버릴 때예요. 새로운 사고방식으로 한 번 말해보세요.

바버라: 이것은 지금이고 그것은 그때야. 나는 멜리사의 성추행에 대한 책임이 없다. 나는 딸을 믿는다. 나는 딸을 보호했다.

마리안: 좋았어요! 당신 자신에 대한 의심이 들기 시작하는 순간에 당신이 이 생각을 명심하도록 지금 우리가 어떻게 도울 수 있을까요? 저는 당신이 멜리사를 위하여 통제력을 유지하고 강해지는 순간이 있다는 것을 알아요. 당신은 의붓아들을 기소시켰어요, 맙소사! 당신은 어떻게 그렇게 용기 있을 수 있었나요? 당신이 미래에도 그럴 수 있도록 어떻게 당신을 도울 수 있을까요? 당신이 새로운 긍정적인 생각을 할 수 있도록 어떻게 도울 수 있을까요?

바버라: 멜리사의 귀여운 얼굴을 볼 때인 것 같아요. 멜리사는 천사 같아요. 너무 귀엽고 순수해요.

마리안: 좋아요. 이제 당신이 이렇게 했으면 좋겠어요. 당신이 죄책감을 느끼기 시작할 때, 당신이 긍정적인 생각으로 무장하기 바랍니다. 그리고 저는 당신이 멜리사의 얼굴을 떠올리면 좋겠어요. 딸의 귀여움과 선량함에 집중하세요. 그리고 당신의 머릿속에서 새로운 긍정적인 생각을 떠올리세요. 그 말을 크게 말하세요. 그리고 당신 자신에게 그 과거의 잘못된 사고방식을 받아들일 필요가 없다고 말하세요. 그 사고방식은 틀렸고 당신에게나 멜리사에게나 전혀 도움이 되지 않아요.

서면으로 된 자료의 활용 전문가는 우리가 이미 논의한 방법보다 더 직접적인 방법으로 내담자의 인지적 왜곡을 수정할 수 있다. 여러 가지 책과 비디오 등 여러 교육적인 자료는 아동기 트라우마 성인 생존자의 경험과 감정을 인정하고 보편화하는 데에 사용될 수 있다. 이 자료 중 일부분은 트라우마 생존자가 저술하였다. 또 어떤 것들은 전문가가 성인 생존자를 위하여 저술하였다. 또한 일부 자료는 인터넷에서도 구할 수 있다. 단체나 전문가가, 내담자가 빌리거나 읽을 수 있도록 자료를 도서관에서처럼 대여해주는 방법을 사용하는 것은 특히 더 유용한 전략이 될 수 있다. 이 전략은 또한 적절한 온라인 정보의 목록을 제공하는 것을 포함한다. 단지 이러한 도서관이나 자원 목록의 존재만으로도 내담자에게 도움을 줄 수 있다. 왜냐하면 이것은 그들의 경험이 사실이며 정당하다는 사실을 입증해 보이기 때문이다.

어떠한 경우에도, 특히 인터넷이 포함되었을 때 전문가는 이런 자료들을 확인해야 하고 그 모든 것과 먼저 익숙해져 있어야 한다. 그래서 이것을 사용하는 내담자와 이것에 대해 논의할 준비가 되어있어야만 한다. 교육적인 자원은 이해하기 쉽고 명확한 방법으로 서면화되어있어야만 내담자에게 도움이 된다. 게다가, 그들은 내담자의 부정적인 감정과 반응을 심화시키거나 드러내는 대신에 안심시키는 말을 제공하는 것이 좋다. 만약 전문가가 내담자에게 책을 읽거나 영화를 보라고 제시했다면, 전문가는 내담자가 자료를 정서적으로, 인지적으로, 인지적으로 다룰 수 있는지에 대한 확신을 가지고 있어야 한다.

　아동기 성적 학대 성인 생존자와 나의 작업에서, 나는 자주 내담자에게 성적 학대 여성 생존자가 저술한 아주 좋은 책인 앨런 베이스(Ellen Bass)와 로라 데이비스(Laura Davis)의『회복할 용기(The Courage to Heal)』(1994)에서 가져온 한 부분을 읽도록 요구한다. 특히, 나는 내담자에게 우리가 다음 회기에 논의하게 될 특정 장을 읽으라고 요구한다. 나는 그녀가 무엇을 배웠는지 물어보고 그녀의 질문과 걱정을 다룬다. 이것은 적어도 선뜻 혹은 빠른 시간 안에 발생하지 않았을 가능성이 있었던 대화를 진행시키기 위한 유용한 방법이 될 수도 있다는 것을 입증했다. 예를 들어, 나의 내담자 중 한 명은 아동도 성추행을 당하는 동안 성적인 반응을 보일 수 있다는 것에 대해 읽고 난 후에서야 그녀의 아버지가 그녀를 성적으로 학대할 때 오르가즘을 느꼈다는 것을 나에게 털어놓았다. 전문가는 이런 종류의 금기시되는 주제에 대한 질문을 해야만 한다. 사실 이것은, 내가 내담자에게 성적 흥분을 느꼈는지 관례처럼 물어보게 만든, 나의 실무를 위해 중요한 경험이었다. 그러나 현실적으로 우리는 항상 옳은 질문을 할 수 없으며 도움을 주기 위하여 필요한 모든 정보를 모을 수 없다. 책, 비디오, 그 밖의 교육적인 자료는 우리가 내담자에게 가장 중요한 문제를 다루고 있다는 것을 확실하게 하는 데 있어 유익한 도구가 될 수 있다.

　아동기 트라우마의 내력이 있는 내담자와 외상 후 스트레스 장애(PTSD) 진단을 받은 이들, 그리고 다른 정서 장애를 가진 이들에게 있어 도서와 그 밖의 교육적인 자료의 중요성은 다양한 연구에서 입증되어왔다(Den Boer, Wiersma, & Van Den Boesch 2004; Febbraro 2005; Gazan 1986; Gregory et al. 2004; Jehu 1989; Johnson 2000; Lampropoulos & Spengler 2005; Nelson & Loomis 2005). 특히 개인 치료를 받을 수 있는 기회가 제한되어있거나 짧은 기간만 가능한 환경의 내담자에게 적절한 도서 자료는 효과적이고 유익하다는 연구 결과가 제시되었다. 교육적인 정보를 적절히 사용하려면 자료가 내담자의 필요와 능력에 맞추어져야만 한다. 예를 들어,『회복할 용기』는 귀중한 자료지만, 여성을 위해 준비된 것이며, 내담자가 어느 정도의 독해력을 가지고 있어야만 한다. 남성 내담자는 아마 이 책을 읽은 후에 더 외롭고 고립된 느낌을 받을 것이다. 그리고 만약 내담자가 독해하기 너무 어렵다고 느낀다면 부적응적 감정은 더 심화될 가능성이 있다.

지침 제공하기

내가 앞에서 언급했듯이, 필요한 경우, 나는 내담자에게 『회복할 용기』의 일부분을 읽으라고 '요구한다'. 그리고 강간 위기 센터 상담자 마리안의 예시에서 마리안은 바버라에게 스스로에 대한 기본 가정이 하룻밤 사이에 바뀌지 않을 것이라고 '말한다'. 또한 바버라에게 의식적이고 의도적으로 잘못된 사고방식을 바꾸라고 '지시한다'. 일부 독자는 아마 내담자에게 이렇게 주장하는 것이 현명한 것인지에 대하여 의문을 가질 것이다. 그런 의미에서 우리 중 대부분은 우리가 아닌 내담자가 작업을 해내야만 하고, 우리가 내담자에게 무엇을 하라고 지시하지 않는 것이 좋다고 배웠다. 그러나 나는 마리안이 바버라에게 그 일을 하기를 '원한다'고 말한 부분에서 마리안이 그녀 자신을 매우 효과적으로 활용했다고 생각한다. 내담자가 아동기 트라우마의 내력을 가지고 있을 때, 그들의 자기 회의는 자신을 위한 최선의 삶을 살지 못하게 마비시킬 만큼 심각하고 극심해질 수 있다. 만약 임상가가 내담자의 자기효능감을 발달시키도록 돕는다면, 임상가는 내담자가 스스로 실행할 능력이 없었던 것을 이행하게 할 준비를 해야 한다. 효과적으로 이것을 수행하기 위해, 우리는 내담자에게 단순히 어떤 일을 하라고 '말하는 것'만으로 내담자가 바로 또는 계속해서 그 일을 할 수 있다는 것을 의미하지 않는다는 것을 인정해야만 한다.

내담자의 자기 능력 향상시키기 아동기 트라우마의 내력을 가진 내담자에게 지시를 내리는 목적이 그들의 자기 능력과, 그리고 삶과 감정을 독립적으로 조절할 수 있는 능력을 발달시키고 성장시키는 것이라고 하면 다소 역설적이고 모순적으로 보일 수도 있다. 이 장에서 설명한 이전의 많은 사례는 전문가가 내담자에게 지시하는 사례를 포함한다. 예를 들어, 장미향이 브렌다를 돕는다는 것을 마거릿이 알게 된 후, 스트레스를 덜 느끼고 더 잘 조절할 수 있었다. 그녀는 브렌다가 같은 향기가 나는 것을 사서 그녀의 차에 두라고 지시했다. 마찬가지로, 존은 베스의 자해행동에 지시적으로 접근했다. 베스에게 자신을 해치지 말라고 하는 것은 지켜지지 않을 것이다. 그대신, 존은 자해 충동이 들 때 그녀가 할 수 있는 한 세게 자신을 꼬집으라고 했다.

나의 내담자 중 한 명은 그녀에게 내가 기대한다고 생각하는 것에 기초해 그녀 스스로 지시 사항을 만들었다. 로안(Lou Ann)은 심각한 경제적인 문제로 인해 집을 팔고 동네를 떠나야만 했다. 그래서 생계비가 훨씬 적게 드는 지역의 훨씬 저렴한 집으로 이사했다. 로안은 비록 나를 보러오는 시간이 적어도 90분이나 걸리지만 계속해서 보기로 결정을 내렸다. 새집에서 지낸 지 3개월쯤 지났을 때, 로안은 아직도 풀지 않은 박스에 대해 불평하고, 아무것도 해내지 못한 그녀 자신에 대한 우울과 분노에 점점 더 사로잡히고 있다고 말했다.

로안의 성적 학대 경험은, 초등학교 시절 가족의 친구로부터 강간당하면서 시작되었다. 중학교, 고등학교 시절에 그녀는 심각하게 나이가 더 많은 집단 남자아이들로부터 윤간을 당하였다. 성인기 시절 내내, 로안은 심각한 우울증으로 고통받아왔다. 그녀는 해리성 정체감 장애 진단을 받고, 여러 개의 분명한 대체 인격을 가지고 있다. 그녀가 압도되는 것에 대하여 불평했을 때 우리는 다음과 같은 대화를 주고받았다.

캐럴린: 당신은 저를 보기 위해 오고가는 데 각각 최소 90분씩 스스로 운전을 해야 해요. 당신은 8시 15분에는 당신의 집을 떠나야 하고 이것은 당신이 6시 30분 또는 그쯤에 는 일어나야 한다는 것을 의미해요. 그래야 당신은 딸 로리(Laurie)를 학교에 데려다 줄 수 있어요. 이것은 엄청난 수고를 요구해요. 당신은 어떻게 그렇게 할 수 있죠? 당신은 어떻게 스스로가 그렇게 할 수 있도록 하죠?

로안: 저는 당신을 실망시키고 싶지 않아요. 저는 당신이 제가 여기에 있길 원한다는 것 을 알아요. 그래서 제 자신이 이렇게 할 수 있도록 해요. 저는 누군가에게 저에 대해 이야기하는 것이 얼마나 중요한지에 대해 당신이 강조한 것을 기억하고 있어요. 그 래서 저는 스스로 일어나고 집에서 나올 수 있어요.

캐럴린: 당신은 제 이야기를 귀 기울여 들었나보군요. 그리고 당신이 저를 실망시키지 않 고 싶어 한다는 것은 매우 기쁜 일이에요. 하지만 결국은 제가 아닌 당신 스스로 일 어나고 집에서 나오게 만들었어요. 이것은 제가 아닌 당신이 한 거예요.

　헬렌(이전 예시의 내담자)과 같이 로안은, 자멸적이고 자기강화적인 악순환에 잡혀있 었다. 그녀의 가족을 이사시킴으로써 그녀가 보여준 힘과 탄력성에도 불구하고, 그녀가 풀지 않은 박스를 정리할 수 없게 만드는, 그녀 자신이 실패자라는 핵심 신념을 가지고 있었다. 이것은 결과적으로 부적응의 감정을 강화시켰고, 압도당하는 듯한 감정을 증가 시켰다. 로안은 스스로 짐을 풀 수 있는 능력이 없었다. 하지만 나를 '이용'함으로써 여 러 어려움에도 불구하고, 그녀는 계속해서 나를 볼 수 있었다. 나는 그녀에게 우리의 회 기를 내가 아닌 그녀 자신이 만들어냈다는 사실을 알려주어야만 했다. 그리고 나를 실 망시키지 않고자 하는 마음이 그녀를 도왔다. 그녀는 자신을 위해 이 지시 사항을 만들 어내면서, 자신을 돌보고 좋은 결정을 내리는 능력을 향상시킬 수 있었다. 대화가 계속 되면서 지시를 내리는 것에 대한 더욱 명확한 예시가 드러났다.

캐럴린: 당신은 저를 실망시키길 원하지 않았기 때문에 우리의 만남에 스스로 올 수 있는 능력이 생겼다고 말했어요. 당신은 제가 당신이 이곳에 오기를 원한다는 것을 알아 요. 그래서 저는 당신이 짐 박스를 풀어보기를 원해요. 한 번에 아주 조금씩, 일주일 에 이틀만요. 평일에 30분만 이 일을 하는 데 쓴다면 어떻겠어요? 더도 말고 오직 30 분만요. 당신에게 이 시간이 적당한가요?

로안: 그렇게 할 수 있을 것 같아요. 아마 적어도 두 시간 정도는 할 수 있을 것 같아요.

캐럴린: 그렇게 노력해보기로 해요. 저는 당신이 성공적이길 바라고 당신이 하는 모든 약
속을 지킬 수 있길 원해요. 당신은 절 실망시키지 않겠지만, 당신 자신에게 실망할
수 있어요. 그래서 저는 우리가 결정한 모든 것이 당신이 할 수 있는 것이길 원해요.
그래서 저는 오직 평일, 30분을 제시한 거예요. 주말은 휴식을 취해야죠. 우리 30분
으로 시작해요. 그리고 이것이 당신에게 괜찮다는 것이 밝혀지면, 당신은 45분 정도
로 시간을 늘릴 수 있어요. 그렇지만 지금은, 당신이 오직 30분으로 약속했으면 해
요. 30분이 되었을 때 그만해도 괜찮아요. 그럴 수 있겠어요?

로안: 네, 저는 할 수 있어요. 합리적이네요.

로안은 꽉 막혀있었다. 그래서 나는 그녀가 계속 진행해나갈 수 있도록 할 필요가 있
었다. 그녀는 스스로의 약속을 지키기 위해 나를 어떻게 이용했는지 밝혔을 때 나에게
이것을 하기 위한 방법을 제공해주었다. 로안은 짐을 푸는 데 매일 두 시간씩 일하겠다
고 간절히 자원했다는 것을 알아두자. 하지만 나는 그녀에게 그렇게 하지 말라고 지시
했다. 나는 내가 그녀가 성공적이길 원하고, 그래서 그녀가 천천히 시작하길 원한다는
것을 그녀에게 명확히 하였다. 이런 매우 감당 가능한 지시를 제공하는 것은 그녀가 성
공할 수 있는 기회를 주었다. 그녀는 그녀가 이 의무를 해낼 수 있다는 것을 그녀 자신에
게 보여줄 능력이 될 때, 그리고 그녀가 해내었을 때, 그녀는 짐을 싸는 데 더 많은 시간
을 쓸 준비가 될 것이다.

지시를 사용하는 것은 보통(그렇지만 항상 그런 것은 아니다) 도움을 제공하기 위한
인지행동 접근과 관련된다. 그리고 경험적 문헌에서 꽤 관심을 받아왔다. 간단히 말해
서, 지시들은 "내담자에게 어떤 일을 하라고 지시함으로써 …… 내담자의 행동을 변화
시키려는 (도움을 제공하는 전문가의) 의도의 더욱 명확한 표현 중 하나다"(Stinchfield
& Burlingame 1991, 251). 연구 결과에 의하면, 비록 전문가들이 광범위하게 지시를 사
용하지만 그들의 유효성에 관해서는 의견 충돌이 있다(Stinchfield & Burlingame, 1991).
게다가, 특정 내담자에게 효율적이라는 이론적 근거 없이 무비판적으로 지시를 사용
하는 것은 내담자의 발전뿐 아니라 작업 관계까지 약화시킬 수 있다(Castonguay et al.
1996; Safran & Muran 2000). 사실, 특히 치료에 동기와 반응이 없는 일부 내담자에
게 지시를 사용하는 것은 역효과를 낳을 뿐만 아니라 치료에 대한 저항을 높일 수 있다
(Beutler et al. 2001; Watson & McMullen 2005).

내담자가 성공 경험 기회를 제공하기 지시에 대해 일치하지 않는 연구 결과는 전문가가
내담자에게 제공하는 명확한 제안의 목적이 자기효능감을 높이는 것이라는 사실을 인정
하지 않을 수 있다는 것을 반영한다.

임상가가 다음의 세 가지 요점을 마음속에 기억하고 있다면, 이 목적을 달성할 가능성

이 더 높다.

첫 번째, 지시는 전문가와 내담자 사이의 작업 관계가 형성된 후에, 그리고 전문가가 내담자의 상황에 대해 철두철미하게 이해한 후에 사용하는 것이 가장 바람직하다. 내담자가 임상가를 자신의 편으로 보기 전에, 그리고 임상가가 내담자의 독특한 상황에 대한 충분한 이해가 형성되기 전에 조급하게 지시를 제공하는 것은 누군가에게 무엇을 할지 명령하는 것과 다름이 없으며, 도움이 될 공산이 없는 것과 마찬가지다.

두 번째로, 전문가는 오직 내담자가 실제로 할 일만 지시해야 한다. 다른 말로 하면, 우리는 내담자에게 성공 경험을 제공하고자 한다. 작은 변화는 큰 변화로 이끌 수 있다. 필요에 따라, 우리는 내담자와의 회기에서 그들이 떠나고도 임무를 완수할 수 있도록 그들을 준비시키는 데 우리의 시간을 사용할 수 있다.

세 번째로, 내담자가 지시를 따를 형편이 되지 않았을 때, 실패한 것은 지시이지 내담자가 아니다. 내담자가 왜 성공할 수 없었는지에 대해 생각할 때, 실제로 도움을 줄 수 있는 대안적인 지시 사항을 어떻게 만들 것인지에 강조점을 두어야만 한다.

나의 작업으로부터 가져온 예시는 이 고려 사항을 분명히 보여준다. 아동기 트라우마의 내력을 가진 많은 내담자와 마찬가지로 웬디(Wendy)는, 인간으로서 그녀 자신에 대한 확실한 자기감이 없다. 즉, 기본적인 자기 능력이 없다. 우리의 한 회기에서, 그녀는 그녀가 좋아하는 티비 쇼에 대한 프로그램 설문조사에 참여한 경험이 있는데 그녀가 그 질문에 대답할 수 없었다고 언급했다. 그녀가 어떤 쇼를 좋아하고 싫어하는지 아무런 생각이 없었다. 함께 얘기하면서, 웬디는 처음으로 인간으로서 그녀가 누구인지에 대해 아무런 느낌도 가지고 있지 않은 것 같다는 것을 인지하게 되었다. 이것은 극심한 슬픔과 분노의 감정을 불러 일으켰다. 웬디는 전반적인 삶을 길을 잃었다는 말로 표현했다. 같은 회기에서 나중에, 웬디는 아들과 최근에 다녀온 쇼핑 나들이에 대해 설명하였다. 그가 원하고 좋아하는 모든 것이 있는 곳이었지만, 그녀는 아무것도 찾지 못했다고 말했다. 그녀는 사실, 그녀가 마주한 선택지에 완전히 압도되었던 것이다. 다음의 대화는 그 후에 이루어진 것이다.

웬디: 저는 상점을 돌아다니며 물건을 보기만 하였어요. 저는 마음에 드는 스카프를 보았어요. 그리고 겨울이 오니까 이것을 살까 하고 고민했어요. 하지만 그 후에 저는 '내가 저것을 좋아하나? 내가 정말 이것을 좋아하나?' 하는 생각을 했어요. 그것은 분홍색이었는데, 제가 분홍색을 좋아하는지 모르겠어요. 저는 제가 정말 스카프를 좋아하는지조차 모르겠어요. 또한 저는 스웨터를 보았어요. 저는 스웨터가 필요하다는 것을 알았지만 그저 계속 쳐다볼 뿐이었어요. 아무것도 결정할 수가 없었어요. 모든 것이 혼란스러웠어요.

캐럴린: 그러니까, 웬디, 당신은 당신이 무엇을 좋아하는지에 대해 전혀 모른다는 거군

요. 또한 이것은 당신이 만약 당신이 좋아하는 것을 찾는다고 하여도 당신이 좋은 것을 가질 자격이 있는지 모르겠다는 이야기일 수도 있겠네요.

웬디: 네, 제가 보았던 스웨터는 예뻤어요. 그리고 저는 바로 저런 것을 아무것도 사지 않아야 한다고 생각했어요. 그리고 저는 제가 그것들을 좋아했는지조차 확실하지 않았어요.

캐럴린: 저는 이번 주에 당신이 중요한 일을 했으면 해요. 당신은 사실 당신이 겨울용 스카프나 스웨터가 필요하다고 말했어요. 저는 이번 주에 당신이 아들 없이, 당신 혼자 쇼핑을 가길 원해요. 만약 당신이 아들과 함께 간다면 아들에게 초점을 둘 거예요. 그리고 저는 당신이 자신을 위한 무엇인가를 샀으면 해요. 스카프나, 스웨터 아니면 다른 무엇이든 좋아요. 저는 당신 자신을 위한 무엇인가를 찾았으면 해요. 그리고 당신이 그것을 사봤으면 해요. 당신이 그렇게 할 수 있을지 궁금해요.

웬디: 네, 전 할 수 있어요.

캐럴린: 당신이 이것을 언제 할 수 있을지 그리고 당신이 얼마를 쓸지에 대하여 우리가 얘기할 필요가 있나요? 아니면 당신이 여기서부터 시작할 수 있나요?

웬디: 아니요, 저는 할 수 있어요. 저는 이번 주에 시간을 낼 예정이에요, 사실. 그리고 저는 이번에 월급을 받아서 돈이 있을 거예요.

캐럴린: 여기서 중요한 것은 당신이 많은 돈을 쓰는 것이 아니에요. 당신은 당신의 예산을 지킬 필요가 있어요. 중요한 것은 당신이 누구인지 그리고 당신이 무엇을 좋아하는지 발견하고, 이 기회가 그것을 알아갈 기회를 주는 거예요.

내가 우리의 다음 회기 때 웬디를 보았을 때, 쇼핑 나들이에서 그녀가 어떻게 했는지에 대해 물었다. 망설이며, 그녀는 쇼핑하러 갔지만 결정을 내릴 수가 없어서 빈손으로 돌아왔다고 나에게 말했다. 그녀는 우리가 이야기한 것을 할 수 없었던 것에 대하여 사과했고, 결정을 내릴 능력이 없는 자신에 대한 분노를 표현했다. 다음 대화는 그 다음 일어난 것이다.

캐럴린: 웬디, 당신에게 사과해야 하는 사람은 저예요. 미안해요. 그 모든 선택지와 당신이 무엇을 좋아하는지에 대해 전혀 모르는 상태를 두고 정말 어찌할 바를 몰랐을 거예요. 저는 우리가 이것을 더 천천히 시작하고 당신에게 더 쉬운 방법으로 시도했어야 했다고 생각해요. 당신은 저를 실망시키지 않았어요. 그리고 저는 당신이 스스로에게 분노하지 않았으면 해요. 당신이 스스로에 대해 저번 시간에 말했던 것처럼, 당신은 인간으로서 스스로에 대한 모든 감각을 강탈당했어요. 당신이 아닌, 당신을 이렇게 만든 사람들에게 분노하세요. 당신은 당신이 누구인지, 당신이 어떤 사람인지 발견해가는 첫 단계를 밟고 있어요. 저는 당신이 이것을 계속하기를 원해요. 당신이

쇼핑을 갔을 때 어떤 일이 있었는지 제게 말해주세요. 물건을 고를 때 당신을 막은 것은 무엇인가요?

웬디: 저도 잘 모르겠어요. 저는 제가 좋아하는 물건을 두 개 정도 봤어요. 하지만 저는 탈의실로 들어가는 데 어색함을 느꼈어요. 저도 이게 바보처럼 들린다는 것을 알아요. 하지만 저는 사람들이 제가 옷을 입어보는 것을 보는 것이 싫었어요.

캐럴린: 알았어요. 그렇다면 일부는 사람들이 당신을 쳐다보지 않았으면 좋겠다고 생각한 거였네요. 혹시 당신이 전시되어있다는 것과 같은 느낌을 받았나요?

웬디: 네, 바보처럼 들린다는 것을 저도 알아요.

캐럴린: 아니에요, 그렇지 않아요. 당신이 아이였을 때 당신에게 어떤 일이 있었는지 생각해보세요. 당신은 전시된 적이 있었어요. 그때 당신이 전시되었고 그래서 당신이 남의 시선을 의식한다는 것을 저는 완벽히 이해했어요.

웬디: 당신이 맞아요. 그렇게 생각해본 적은 없지만, 맞아요. 저는 전시되었어요. 저는 그저 숨고 싶고 눈에 띄지 않길 원했어요.

캐럴린: 알았어요. 우리 쇼핑하는 것에 대해 좀 다른 것을 시도해봅시다. 당신의 마음에 들었던 두 개의 스웨터를 찾았다고 했던 것 같은데, 맞나요? 그럼 그것들을 매장에서 입어보는 것 대신, 당신의 눈을 사로잡은 것 중 맞는 사이즈를 골라서 사보세요. 그리고 이것을 집에 가지고 와서 집에서 입어볼 수 있어요. 잘 맞는다면, 매우 좋겠지만, 만약 아니면 다른 사이즈나 완전히 다른 스웨터로 바꿀 수 있어요. 이건 어때요?

웬디: 좋은 생각이에요.

캐럴린: 당신에게 적절한 것 같나요? 할 만한가요?

웬디: 네, 그래요.

캐럴린: 알겠어요. 그럼 매장에서 당신은 옷을 입어볼 시도도 하지 않을 거예요. 당신이 마음에 드는 것을 보았을 때 이것을 집으로 가지고 와서 입어볼 수 있어요. 당신이 마음에 드는 것 하나를 더 보게 될 수도 있어요. 괜찮아요. 당신은 언제든지 그것들 두 개 다 집에 가지고 올 수 있어요. 그리고 집에서 입어보고, 나중에 환불할 수 있어요. 저는 당신이 쇼핑하는 동안 압도당하는 것을 원하지 않아요. 저는 당신 스스로가 그 시간을 즐기고 재밌게 보내길 원해요. 그리고 만약 당신이 압도당하는 느낌을 받을 때, 기분이 나아지게 하기 위해 무엇을 할 수 있을까요?

웬디: 저는 제 자신에게 이것은 스웨터이지, 제가 차나 다른 중요한 것을 사는 것이 아니라는 사실을 상기시킬 수 있다고 생각해요.

캐럴린: 좋아요, 그거 좋은 생각이네요. 그것은 당신이 필요할 때만 할 수 있는 중요한 혼잣말이 될 거예요.

현실에서의 실무 상황에서, 이 예시가 분명하게 보여주듯이 임상가는 첫 번째 도전을 성공하지 못할 수도 있다. 웬디에게 그녀 자신을 위한 물건을 사도록 지시하면서, 나는 그녀의 자기감과 자기 가치를 발달시키기 위해 중요한 첫 번째 단계를 밟도록 도움을 주었다. 그러나 나는 그녀에게 성공하기 위해 충분한 수단을 제공하지 않았다. 이것은 그녀가 그녀에게 너무나 익숙한 실패를 느끼도록 만들었다. 이것이 나의 실수에 대한 책임을 받아들이고 우리가 함께 다시 처음으로 돌아가는 것이 나에게 중요했던 이유이다. 우리는 그녀가 쇼핑을 성공할 수 있는 기회를 증가시키는 다른 전략을 고안해야만 했다. 사실, 웬디는 스웨터를 살 수 있었고, 그 후에 나에게 그녀 자신과 그녀가 무엇을 좋아하고 원하는지에 대해 기억해낸 것이 그녀의 일생을 통틀어(당시 그녀는 42세였다) 처음이었다고 말했다.

하지만 또 다른 새로운 어려움이 빠르게 드러났다. 웬디는 그 스웨터를 좋아했지만 그녀는 이것이 그녀가 원하지 않는 주의를 끌까봐 걱정했기 때문에 망설였다. 웬디의 과거를 보면, 이것은 매우 이해할 만했다. 그녀가 6세 때부터 4년 동안 계속해서 옆집에 살던 이웃은 그녀가 다른 아이들이나 어른들과 성행위를 하도록 강압했고 그녀의 사진을 찍었다. 해결 중심 기술과 인지 기술이 혼합된 나의 지시에 따라 처음엔 집에서 개인적으로 혼자 있을 때, 그 후에는 나와의 만남에, 그리고 최종적으로 공공장소에서도 웬디는 스웨터를 입을 수 있었다.

내담자의 감정에 대해 직접적으로 작업하기

지금까지 우리는 전문가가 내담자가 마주하는 현재 삶의 어려움에 더 잘 대처할 수 있도록 도울 때 사용된 전략에 집중해왔다. 나는 내담자가 다른 방법으로 행동하고, 다르게 생각하게 하는 것이, 그들이 그들 자신과 과거 트라우마에 대해 다르게 느끼도록 돕는 것이라고 주장해왔다. 또한 임상가로서 우리는 내담자의 피해 사실의 결과로 경험하는 고통과 공포감에 대해 그들을 직접적으로 도울 준비가 되어있어야만 한다.

감정을 억제하고 표현하는 것에 동시적인 초점 두기 내담자의 감정을 직접적으로 돕는 작업은 그들이 감정을 표현하는 것뿐만 아니라, 억제하도록 돕는 것을 의미한다. 이 이중적인 접근은 아동기 트라우마의 내력을 가진 내담자에게 필요하다. 왜냐하면 그들은 전형적으로 감정을 조절하는 기본적인 자기 능력이 부족하기 때문이다(Courtois 2001b; McCann & Pearlman 1990b; van der Kolk et al. 2002). 그 결과, 이들은 보통 감정으로부터 압도되는 공포 속에서 산다. 비록 내담자가 감정을 말로 표현하는 것은 중요하지만 감정을 조절하는 하는 방법을 사용하도록 도움을 받아야만 한다. 트라우마 생존자는 감정과 반응에 대해 인지하고 이야기하도록 격려받아야 한다. 그러나 그들은 또한 감정과 그들 자신을 통제할 수 있는 능력을 위한 전략을 발전시키는 데 도움을 받아야 한다.

전문가는 내가 내담자와 구체적으로 공유하는 실무의 매우 기본적인 원리를 고수할 수 있다. 내담자의 감정은 드러내기 적당하고 생산적인 순간에 나타나야만 한다. 우리는 내담자와 함께 그런 감정이 삶을 방해하고 침범하며 위협할 때, 그들이 감정을 억누르고 조절하기 위해 필요한 도구를 반드시 가지고 있을 수 있도록 작업해야 한다.

상상요법　이 장의 초반에서 드러난 것과 같이, 지시 사항뿐만 아니라 해결 중심 기술과 인지행동 기술은 내담자가 감정을 억제하도록 돕는다. 또한 상상요법과 휴식은 내담자가 그들의 정서와 반응에 대한 통제감을 느끼도록 도울 때 유용하다.

안전한 장소 만들기　이러한 기술의 목표는 내담자가 사고와 감정에 압도될 때, 그들이 달아날 수 있는 안전한 장소를 만들도록 하는 것이다. 이런 종류의 안전한 비상구를 제공하는 것은 아동기 트라우마의 내력을 가진 내담자가 감정을 마주하기 더 쉽게 만들어준다. 즉, 만약 상황이 너무 두렵다면 피할 수 있다는 것을 아는 것이다. 전통적인 휴식 기술과 상상요법은 트라우마 생존자에게 도움이 된다. 특히 내담자의 경험이 축적되고 발전한다면 더욱 도움이 된다. 또한 이런 기술은 내담자가 자기 능력을 향상시키는 데 있어 도움이 되는 또 다른 방법을 제공한다(Courtois 2001a; Enns 2001; Naparstak 2004).

다음은 나의 두 가지 실무 사례로, 상상요법이 내담자에게 힘을 북돋아주기 위해 어떻게 사용되는지 보여준다. 말린다의 트라우마 경험은 3장에서 처음 소개되었다. 그녀는 십대 때 윤간당했고, 아동기에 그녀의 할아버지로부터 추행당했다. 두 번째 내담자인 콜린은 전문가의 법률적 책임에 대한 논의의 일부로 6장에서 소개되었다. 콜린과 그녀의 자매는 친척으로부터 강간당했고, 그녀의 자매는 이 친척을 상대로 형사 소송 절차를 밟았다. 결국, 친척은 무죄를 선고받았고 이번엔 그녀가 마지못해 정의를 찾았던 제도로부터 다시 강간당했다는 느낌을 받게 만들었다. 콜린과 말린다가 안정감을 느끼게 만드는 삶의 요소가 무엇인지 밝히는 것을 돕기 위해 해결 중심 질문을 사용함으로써, 나는 두 내담자 모두가 그들에게 효과적이었으며 경험을 바탕으로 발전시킬 수 있었던 안정적인 이미지를 만드는 데 도움을 줄 수 있었다.

비록 두 사람 모두에게 상상요법 기술을 사용했지만, 내담자의 다른 요구를 반영하였기 때문에 내가 사용한 기술에는 차이점이 있었다. 말린다는 비록 두려웠지만, 그녀에게 무슨 일이 있었는지에 대해 직면할 준비가 되어있었고 그렇게 해야만 하는 시점에 놓여있었다. 다른 말로 하면, 우리의 작업은 더욱 더 트라우마 중심이 되어있었다. 말린다는 일상생활에서 문제를 겪고 있었다. 왜냐하면 그녀에게 일어난 일에 대한 반응과 기억이 끊임없이 머릿속을 침범했기 때문이다. 그러므로 우리는 그녀가 다소 예상치 못하게 쏟아져 나오는 감정을(회기 내에서, 그리고 회기 외의 상황에서 모두) 통제할 수 있도록 도와야만 했다.

콜린의 상황은 꽤 달랐다. 그녀는 가해자를 상대로 법적 절차를 밟는 것이 고통스러운 기억과 반응을 촉발시킬 것이라고 우려했기 때문에 나의 도움을 찾아왔다. 그녀는 인생을 잘 살고 있다고 느꼈고, 나도 동의했다. 그녀는 과거를 재경험할 필요가 없었다. 콜린이 필요로 하고 원하는 것은 재판 과정에서 마주하게 될 수 있는 모든 감정을 조절할 수 있는 방법이었다. 말린다의 초점과 다르게, 콜린의 작업은 현재에 집중되어 있었다.

말린다의 안전한 장소는 시골에서 자란 그녀의 아동기를 반영했다. 나는 처음에 그녀에게 그녀를 평안하고 평화롭게 만드는 장소(실제로 있는 장소든 상상이든)에 대해 설명해달라고 말했다. 그녀는 목장에서 자란 것으로 시작하여, 그녀가 소들이 풀을 뜯어 먹는 초원을 걷는 것을 얼마나 즐거워했는지 설명했다. 또한 그녀는 초원에 있는 연못에 앉아있는 것을 얼마나 좋아했는지 설명했다. 이러한 정보에 근거하여, 우리는 그녀의 안전한 장소에 대한 정신적 이미지를 다음과 같이 만들었다.

> 따뜻한 여름날, 태양은 밝게 빛나고 있다. 말린다는 초원을 걷고 있고 태양빛을 피부로 느낀다. 그녀는 잔디의 냄새를 맡을 수 있고 소들이 우는 것을 듣는다. 그녀의 앞에는 연못이 있고 물에는 햇볕이 반짝이고 있다. 그녀는 연못을 향해 걸어가서, 연못의 가장자리에 앉아 발을 물속에 담갔다. 발에 닿는 물은 따뜻하게 느껴진다. 연못의 가장자리에는 부드러운 담요가 있고, 말린다는 그것을 가져다 덮는다. 또 연못 옆에는 큰 바위가 있고, 그녀는 거기에 기댄다. 커다란 울타리가 초원을 둘러싸고 있고, 말린다는 혼자 있으며 그녀 외에는 아무도 그 초원에 들어오지 못한다는 것을 알고 있다.

콜린의 안전한 장소는 꽤 달랐다. 말린다와 그랬듯이, 나는 콜린에게 그녀가 안정감을 느끼고 자제력을 갖는 상황을 묘사하도록 요구했다. 이것이 우리가 그녀를 위해 만든 이미지이다.

> 콜린은 그녀의 침실에 있다. 그녀의 침대는 벽에 붙어있고, 그것은 아주 부드러운 담요에 싸여 있다. 문은 잠긴 채로 닫혀있고, 그녀는 열쇠를 가진 유일한 사람이다. 침대는 그녀가 문과 들어오려고 하는 사람을 볼 수 있는 위치에 놓여있다. 침대 위에는 동물 인형이 놓여있는데, 그 중엔 그녀가 가장 좋아하는 플롭시(Flopsy)라는 토끼 인형과 도기(Doggie)라는 강아지 인형도 있다. 콜린은 그녀의 침대 위에서 벽에 기대어 앉는다. 그녀는 담요로 몸을 둘러싸고 플롭시와 도기를 껴안는다. 그녀는 창문 밖 저 멀리로 보이는 눈 덮인 산을 바라본다. 태양은 밝게 빛나고 있고, 하늘은 밝은 파란색이다. 나무와 꽃들이 보이고, 새들의 노랫소리가 들려온다.

이 이미지들의 세부 사항에 주목해야 한다. 안전한 장소에 대한 묘사가 구체적일수록 내담자에게 더 큰 도움을 준다(Bisson 2005; Naparstek 2004; Thomas 2005). 내담자가 시나리오의 풍경, 소리, 냄새에 집중할 때 내담자는 스트레스를 유발하는 감정, 생각, 기억에 덜 집중하게 된다. 묘사된 두 이미지 모두 현실에 존재하는 요소들을 담고 있지만 실제로는 존재하지 않는다. 핵심은 내담자 각각에게 효과적인 시나리오를 짜기 위해 함께 작업을 하는 것이다.

우리의 내담자와 함께 작업을 할 때, 우리는 반드시 부정적인 반응을 일으킬 수 있는 이미지를 피하도록 도와야 한다. 예를 들어, 내가 처음에 콜린에게 그녀가 안전하다고 느끼는 장소나 상황을 생각하고 묘사해달라고 요청했을 때, 그녀는 곧바로 그녀의 침실을 이야기했다. 하지만 이곳을 시작점으로 정하기 이전에, 나는 그녀가 침실에 대한 부정적인 연상이 없는지 점검했다. 구체적으로, 혹시 사촌에 의한 학대가 그녀의 방에서 이루어졌거나 집에서 그녀를 성추행한 적이 없었는지를 물었다. 비록 그녀의 방에서 그녀를 학대한 적이 없었지만, 그녀의 집에서 추행했다. 우리는 다른 새로운 안전한 장소를 만들 것인지에 대해 고민했지만, 그녀의 침실이 그녀를 편안하게 느끼도록 만들어줄 수 있을 것임에 동의했다. 몇 차례의 해결 중심의 질문을 통해, 나는 콜린이 어떻게 침실을 완전히 안전하다고 느낄 수 있는지 알 수 있도록 도왔다. 그녀의 침대는 벽에 붙어 있었고, 문에는 잠금 장치가 있었으며, 그녀는 열쇠를 가지고 있는 유일한 사람이었다.

내담자가 회기 밖에서 상상요법 사용하도록 가르치기 상상요법은 회기 내에서 내담자에게 매우 유용하다. 그만큼 중요하게, 회기 동안 내담자가 밖에서도 회기에서 쓰인 치료법을 사용할 수 있도록 가르치는 데 쓰일 수 있다. 사실, 이 기술의 가장 큰 장점은 내담자가 이것을 일상에서 사용할 수 있을 때 배가된다는 것이다. 트라우마 생존자는 자기 위로(self-soothe)를 위해 상상요법과 이완요법을 동시에 사용할 수 있다. 예를 들어, 콜린과 나는 우리 회기의 상당한 시간을 안전한 장소를 만드는데 썼고, 그녀는 필요로 할 때 그녀를 그곳으로 데려가는 방법을 연습했다. 처음에, 나는 그녀에게 이것을 어떻게 해야 하는지를 지도해야 했지만, 그녀는 점점 스스로 그것을 사용하는 방법을 알아갔고 그녀의 사촌을 상대로 진행했던 법률적인 절차만큼이나 필요한 방법으로서 사용할 수 있게 되었다.

말린다는 학대에 대한 기억이 떠오르고 그 감정으로 복받칠 때 이 기술을 사용했다. 나는 말린다에게 그녀가 상상요법을 그녀가 필요할 때 언제나 사용할 수 있다고 알려주었다. 하지만 나는 그녀에게 감정을 통제할 수 있는 능력에 대한 자신감을 얻게 되었을 때 그녀가 안전한 장소를 조금씩 덜 찾게 될 것이라는 것 또한 알려주었고, 실제로 그렇게 되었다.

감정을 조절하는 데 상상요법 사용하기 내가 말린다에게 상상요법을 사용한 것은 트라우마에 초점을 맞추고 있는 우리의 작업의 본질을 반영한다. 그녀는 우리의 회기에서 학대에 대한 감정과 기억에 대해 이야기해야 했지만, 그녀는 그것을 통제할 수 있다고 느껴지는 방식으로 할 수 있어야 했다. 그러므로 상상요법을 사용함에 있어서 우리의 초기 목표는 그녀가 회기 내에서 감정을 조절할 수 있는 방법을 제공하는 것이었다. 우리는 그녀의 과거에 대한 판도라 상자를 열기를(그것에 대한 그녀의 감정과 반응에 접근하기를) 원하지 않는다는 것에 합의했다.

　아동기 트라우마의 내력을 가진 많은 내담자의 사례와 마찬가지로, 말린다는 매우 자주 자제력을 잃고 압도되곤 했기 때문에 안전한 장소를 만들고 그것을 사용하는 데 상당한 수준의 도움을 필요로 했다. 사실, 이것을 하기 위해 여러 회기를 필요로 했다. 말린다와의 회기 중에서 가져온 다음의 내용은 전문가가 내담자를 안전한 장소로 안내할 때 사용하는 전형적인 유형의 대화이다. (나는 전문가가 말하는 내용에 초점을 맞춤으로써 전문가가 구체적이고 자세한 지시 사항을 제공하는 것이 얼마나 중요한지를 독자가 알 수 있도록 이 대화를 압축하였다.)

캐럴린: 좋아요. 먼저, 저는 당신이 편안함을 느꼈으면 좋겠어요. 안고 있을 베개를 줄까요?

말린다: 네, 그게 좋겠네요.

캐럴린: 좋아요. 그럼 눈을 감고 숨을 깊게 들이쉬고 내쉬어 보세요. 맞아요. 들이마시고 내쉬고 들이마시고 내쉬면서 숨을 쉬어 보세요. 들이마시고 내쉬고, 들이마시고 내쉬고, 들이마시고 내쉬고. 제 목소리를 들으면서, 당신은 점점 더 안정적이고 차분해질 거예요. 제 목소리는 당신을 진정시키고 안정감을 줄 거예요. 그리고 당신은 당신의 머리 그리고 얼굴, 당신의 목, 어깨, 팔, 그리고 당신의 가슴으로 다리로 내려가서, 당신의 발까지 내려가 더더욱 편안해지는 것을 느끼기 시작하는 당신을 느낄 수 있을 거예요. 당신이 계속해서 안으로 그리고 밖으로, 안으로 그리고 밖으로 깊은 숨을 쉬면서, 당신은 더욱더 편안해짐을 느낄 거예요. 저는 20초를 셀 거예요. 그리고 제가 숫자를 셀 때 당신은 당신에게 평안함과 평화로움을 가져다주는 당신의 안전한 장소를 걷고 있는 당신 자신을 만날 수 있을 거예요. 당신은 눈앞의 그 풍경을 볼 수 있을 거예요. 그리고 제가 숫자를 세면서, 당신은 그것을 향해 걸을 거예요. 그곳은 매혹적이고 따뜻한 곳이에요. 그래서 제가 숫자를 셀 때, 그곳에 가까워지고 더 가까워질 것입니다. 그리고 20초가 되었을 때, 당신은 당신에게 차분함을 가져다주는 장소인 그곳에 있을 거예요. 그 장소는 모두 당신의 것이고, 오직 당신만 갈 수 있어요. 당신은 당신 앞에 있는 안전한 장소를 볼 수 있나요? 만약 그렇다면, 고개를 간단히 끄덕여주세요.

말린다: (고개를 끄덕인다.)

캐럴린: 좋아요. 그럼 시작할게요. 하나, 둘, 셋, (계속하여 센다.) …… 열……. 네, 이제 당신은 당신에게 편안함을 주고 당신이 차분함을 느끼고 스스로를 통제할 수 있도록 만드는 장소인 목장에 가까워져 있을 거예요……. 당신은 그 장소로 가까이 이동하

고 있나요? 만약 그렇다면 고개를 끄덕여주세요.

말린다: (고개를 끄덕인다.)

캐럴린: 훌륭해요. 저는 당신이 주위를 살펴보고 가까이에서 소들이 울고 있는 것을 보며 얼굴로 태양을 느끼길 원해요. 그리고 당신은 가벼운 소들이 우는 소리를 들을 수 있어요. 그리고 주위를 둘러보면, 당신은 더욱더 편안하고 차분함을 느낄 거예요. 당신은 모든 것이 당신 것인 이 특별한 장소에서 매우 안정적으로 평안함을 느끼고 있어요. 당신은 햇살이 반짝이고 있는 연못을 볼 수 있어요. 그리고 그 연못은 깨끗하고 매력적이에요. 당신은 연못 쪽으로 걸어가며, 당신이 더욱 안정감을 느끼게 해줄 연못 옆, 큰 바위 근처에 담요가 펼쳐져 있는 것이 보여요. 그 담요를 볼 수 있나요? 보인다면, 고개를 끄덕여주세요.

말린다: (고개를 끄덕인다.)

캐럴린: 좋아요. 담요를 향해 계속 걸어가 보세요. 이것은 부드럽고 꼭 껴안고 싶은 담요예요. 그리고 당신이 여기에 앉았을 때, 당신은 매우 안정감을 느끼게 될 거예요. 그럼 이제 앉아보세요. 만약 필요하다면 그걸로 당신을 둘러쌀 수 있어요. 그래서 당신은 완전히 아늑하고 평안해져요. 당신은 지금 앉아있나요? 만약 앉았다면, 고개를 끄덕여주세요.

말린다: (고개를 끄덕인다.)

캐럴린: 좋아요. 훌륭해요. 자, 다시, 만약 필요하다면 매우 평안하고 안정감을 느낄 수 있도록 당신의 담요로 당신을 감쌀 수 있어요. 그리고 저는 당신이 주위를 둘러보고 당신이 완전히 혼자이고 주위에 아무도 없다는 것을 확인하길 원해요. 만약 당신이 혼자이고 안심한다면, 고개를 가볍게 끄덕여주세요.

말린다: (고개를 끄덕인다.)

이전에 언급했던 것처럼, 이 훈련의 가치는 내담자가 그들 스스로 감정과 신체적 반응을 포함한 반응을 조절하기 위한 수단을 제공한다는 데 있다. 우리의 회기에서, 말린다가 그녀 스스로 그녀를 안전한 장소에 데리고 가는 것은 점점 더 쉬워졌다. 이것은 우리가 그 다음 회기에서 그녀의 감정과 기억에 더 쉽게 초점을 맞출 수 있게 해주었다. 하지만 그녀는 회기 밖에서 감정을 조절하는 데 계속하여 어려움을 겪고 있었다. 그래서 나는 이런 설명을 녹음하여 그녀가 혼자 있을 때에도 계속 이것을 사용하도록 하였다. 이 녹음으로(내가 아래에서 설명하게 될 몇 가지의 다른 표현적 기술과 함께) 무장한 말린다는 감정을 훨씬 더 잘 조절할 수 있게 되었고, 그녀 자신과 감정에 대한 완전한 통제력을 발달시킬 수 있었다.

상상요법의 적절한 사용을 위한 원칙 트라우마 생존자의 감정을 억제하고 조절하도록 돕는 것에 대한 유용성이 입증되었음에도 불구하고 상상요법은 논란이 많은 기술이 며, 신중하게 사용되어야만 하는 기술이다. 상상요법을 향한 비판 중 대부분은 기억 회 상을 사용한다는 것에 집중되어있으며, 이는 2장에서 설명한 회복된 기억의 논의와 관 련된다. 하지만 감정 조절과 진정을 위한 상상요법 기술의 효력에 대한 실험적이고 이 론적인 근거가 존재한다(Bisson, 2005; Courtois, 2001a; Enns 2001; Foa, Keane, & Friedman 2000; leviton & Leviton 2004; Pantesco 2005; Peace & Porter 2004; Pearson 1994).

또한 연구 결과에 의하면 부적절하게 또는 무분별하게 이러한 기술을 사용하는 것은 '기억의 오귀인'(Arbuthnott, Arbuthnott, & Rossiter 2001), 또는 2장에서 논의한 것처 럼 일반적으로 '잘못된 기억'(Alison, Kebbell, & Lewis 2006; Goff & Roediger 1998; Paddock et al. 1998)이라고 불리는 것으로 이끌 수 있다. 상상요법 기술을 사용하는 데 관심이 있는 임상가는 상상요법을 둘러싸고 있는 논란을 인지해야 하며 추가적인 안내 를 위해 이 부분에서 그동안 언급되어온 가용한 자원을 찾아보아야만 한다. (이 장의 마지막 부분에서 우리는 기억 관련 작업에서 상상요법의 사용에 대해 다시 논의할 것 이다.)

이전의 말린다와 나의 작업에 대한 예시는 효과적이고 적절하게 상상요법을 사용하는 것과 관련된 다섯 가지 고려 사항을 보여준다.

1. 스트레스와 두려움을 없애기 위해, 내담자는 전문가의 목소리에 집중하도록 지시받 는다. 전문가는 핵심이 되는 구절과 단어를 반복하고, 천천히 그리고 신중하게 말 한다.
2. 전문가는 전통적인 이완 기술을 사용하는 것으로 시작함으로써 내담자가 자신의 안 전한 장소로 가도록 돕는다.
3. 전문가는 다양한 시점에서 전문가가 제시하고 말한 것을 할 수 있을지 내담자에게 물 어보고, 추진력이 방해받지 않도록 말로 응답하는 것보다 고개를 끄덕여달라고 요청 한다. 만약 어떤 시점에서든지 내담자가 전문가의 지시를 따라올 수 없다면, 전문가 는 진행 전에 무엇을 하는지 다시 설명해야만 한다.
4. 내담자가 이전에 제시한 정보를 사용하면서, 전문가가 안전한 장소에 대해 자세히 설 명하고 거기서 내담자를 안내한다.
5. 전문가는 안전한 장소에 대한 이미지를 발달시키기 위해 내담자와 작업한다. 왜냐하 면 이것은 안전함과 안도감에 대한 내담자의 경험과 직결된 것이기 때문이다.

표현적 기술 트라우마 생존자를 도울 수 있는 여러 가지 기술 중 글쓰기와 미술은 감정 과 반응을 표현하는 방식이다. 또한 이러한 기술은 내담자가 감정을 억제하고 감정이 일상에 침범하는 것을 막아주며 이러한 기술의 효율을 지지하는 자료가 존재한다(Enns et al. 1998; Park & Blumberg 2002; Pennebaker 1997; Vogel 1994).

생각과 감정을 글로 써보기 내담자가 감정을 표현하게 하는 것의 치료적 유익성을 지지하는 경험적 증거가 존재한다(Pizarro 2004; Smyth & Greenberg 2000). 이야기하는 것을 제외한 가장 직접적인 방법은 내담자에게 단순히 생각과 감정에 대해 회기 내에서든 밖에서든 또는 둘 다에서, 글로 써보라고 부탁하는 것이다.

치료 회기와 회기 밖의 삶 사이를 연결하기 위해서, 임상가는 내담자에게 그들 자신을 **상기시키기 위해 글로 적어 놓은 것**을 만들라고 부탁할 수 있다. 예를 들어, 나는 내담자에게 우리가 사용하는, 핵심 신념에 반대되고 경험을 재구성하는 인지적 전략으로부터 발전한 중요한 문구를 써놓으라고 밝은색 카드를 제공한다. 한 내담자인 디애나(Deanna)는 그녀의 십대 아들에 대한 감정과, 그녀를 강간한 그녀의 아버지에 대한 감정을 구분하는 데 어려움을 겪고 있었다. 그래서 그녀는 '로비(Robbie)는 롭(Rob)이 아니다'라고 밝은 핑크색 카드에 적어두었다. 그녀가 그녀 아들에 대한 분노를 통제할 수 없을 때마다, 그녀는 그 카드를 보았다.

디애나는 또한 그녀가 일에 집중하고, 압도되는 듯한 감정을 줄이기 위해 직장에 자신을 상기시키기 위해 이러한 몇 가지 메모를 적어두었다. 각각의 카드는 각기 다른 간단한 표현으로 채워져 있었다. 예를 들어 다음과 같다.

- 나는 일을 할 수 있다. 그리고 나는 일을 잘하고 있다.
- 과거는 과거이다.
- 한 번에 한 가지 일을 하자.

디애나는 이 카드를 그녀의 책상 안에 테이프로 붙여두고 그녀가 통제력을 상실하고 있다고 느낄 때 서랍을 열어 카드에 있는 문장에 집중한다.

현대의 컴퓨터 기술은 대체적인 전략을 제공한다. 내담자가 원한다면 우리에게 이메일을 보내도록 권장한다. 나는 몇 명의 내담자에게 그들의 생각이나 감정이 그들에게 두렵거나 그들이 압도되는 감정을 느끼기 시작할 때 언제나 나에게 이메일을 보내라고 알렸다. 나의 이메일 계정에 접근할 수 있는 사람은 오직 나뿐이지만, 나는 항상 내담자에게 이메일 서신의 사생활 보호 문제에 대해 상기시킨다. 또한 이에 대한 나의 정책은 내가 이메일을 받는 것을 승인하긴 하지만 긴급한 내용을 담고 있지 않는 이상, 나는 그들이 적은 내용을 다루기 위해 우리가 만날 때까지 기다리겠다고 그들에게 알린다.

3장에서 논의한 것과 같이(경계선을 유지하는 것의 중요성), 이메일은 내담자가 회기 밖에서 전문가에게 접촉하는 것을 어느 정도 허용하지만 그들이 자기 능력을 향상시키도록 격려하기도 한다. 내가 내담자들에게 자주 말하듯이, 그들이 나에게 이메일을 보내지만, 내가 아닌 그들이 이메일을 보냄으로써 감정을 조절하는 주체는 그들 자신이다.

다음은 어떻게 이메일 접촉이 내담자에게 사용되는지에 대한 예시다. 이 장의 초반에 설명된 내담자, 헬렌은 그녀의 아들과 집에 가고 있던 어느 날 밤에 어느 남성이 잔인하게 총에 맞은 범죄 현장을 지나갔다. 경찰은 총을 쏜 용의자를 수색 중이었다. 헬렌은 나에게 이메일을 보내며 이 사건에 대해 상당한 두려움을 표현했다. 그녀는 나에게 그녀의 차가 그러한 상황에서 고장이 났다고 했다. 그리고 그녀는 자신이 고장을 야기하는 무엇인가를 했다고 생각했다. 헬렌은 심한 고통을 겪고 있었다. 이것은 그녀의 직장 생활과 부모 역할에 영향을 미쳤다. 그래서 나는 그때 그녀가 공유해준 정보를 일부 처리했다. 하지만 그녀가 이전에 언급하지 않았던 아동기 경험을 공유했을 때에도 나는 이메일을 통해 그녀의 감정을 고조시키도록 헬렌을 북돋아주지 않았다. 그 대신에, 나는 그녀가 다음 회기까지 감정을 억제하고 조절할 수 있도록, 과거에 성공적으로 사용했던 기술과 전략을 사용하도록 돕는 데 집중했다. 이것은 헬렌이 나에게 보냈던 두 번째 이메일 중 일부분이다(이 이메일은 별로 수정되지 않은 그대로이다).

헬렌: 그 남자(총을 쏜 용의자)는 아마 볼티모어에 있을 거예요. 그리고 이건 그가 저희 집에 오거나, 저를 쫓아올 수 있는 기회예요. 그 사건이 발생한 수요일 저녁에 저는 모든 게 괜찮았어요. 그리고 아들을 진정시키려고 노력했죠. 그리고 어제 모든 것이 이상해졌어요. 그 코너를 운전해 지나가는 것이 어려웠어요. 저는 정말 차가 과열될 만한 아무 일도 하지 않았어요. 그리고 한 시간 넘게 커두지도 않았어요. 그 차는 제 동생으로부터 받은 것이고 아무에게도 이런 문제가 없었어요. 저는 마을에서 마을로 운전했는데 차가 고장 났어요.

캐럴린: 좋아요. 필요할 때 당신은 당신과 아들을 위해 강해질 수 있어요. 필요할 때마다 이 일은 당신과 아무 상관이 없다고 당신 자신에게 계속해서 상기시켜주세요.

헬렌: 해가 떴을 때 저는 훨씬 괜찮아졌어요. 하지만 두려움은 아무 때나 저를 찾아와요. 마치 '그가 나를 찾아내서 해칠 거야'와 같은 느낌이에요.

캐럴린: 맞아요. 그것은 당신이 수년간 가지고 있었던 매우 오래되고, 매우 친숙한 감정이에요. 당신 스스로 그 생각을 하지 않도록 하는 것이 중요해요. 이렇게 생각해보세요. 그것은 사실이 아니고, 일어나지 않을 일이에요. 그리고 당신은 안전하게 지낼 수 있고, 당신과 아들을 보호할 수 있어요.

헬렌: 저는 숲에서 그 사람이 총을 들고 우리를 따라왔던 것을 기억해요. 그리고 그 남자는 자살했어요. 왜 그런지 모르겠지만 저는 내리막길인 학교 쪽으로 운전해가는 동안 그가 숲에서 나와서 우리를 죽이고 우리를 그가 덮고 자던 나뭇잎들과 함께 수영장에 던져버릴 거라고 생각했어요. 그 가족은 그 아이가 죽은 후에 수영장을 한 번도 쓰지 않았고, 항상 언제나 나뭇잎들이 떠있었어요.

캐럴린: 저는 당신이 무슨 말을 하는지 잘 모르겠어요. 제게 당신이 이것에 대하여 더 이야기할 필요가 있는 것 같네요.

헬렌: 어쩌면 저는 두려운 감정을 타고 나서 다른 모든 일들을 끌어당기나 봐요.

캐럴린: 저는 당신이 선천적으로 민감한 사람이라고 생각해요. 그렇지만 당신에게 일어난 일은 그 누구든 두렵게 만들 거예요. 당신의 순한 본성과 당신에게 가해진 폭력이 결합되어 당신을 더 힘들게 만들고 있는 거예요. 하지만 다시 말하지만 당신은 이제 안전해요. 그리고 당신은 다시는 그렇게 다치지 않을 거예요.

헬렌: 저는 보고를 위해 보내야 하는 필요한 모든 것을 끝낼 수 없었기 때문에, 직장에서 퇴근하는 데 약간의 어려움을 겪고 있어요. 저는 더 이상 이 일을 하기에 너무 피곤해요. 그리고 저는 어떠한 야근 수당도 받지 못해요. 저는 이상한 디자인을 가지고 있는 벽에 있는 얼룩들을 멍하니 쳐다보기 시작했어요. 여기서 벗어나고 싶지만 이 빌어먹을 의자에 갇혀있고 제 허리는 앞으로 평생 펴지지 않을 것만 같아요.

캐럴린: 당신이 그 얼룩들을 쳐다보기 시작하는 것은 더 이상 아무 일도 할 수 없다는 조짐일 거예요. 저는 분노가 느껴지네요. 당신에게 좋은 일이에요. 당신은 추가 수당을 받지 않아요. 그러니 당신은 추가적으로 일할 필요가 없어요. 당신이 그렇게 하는 것은 당신 자신을 위한 행동이 아니에요. 기억하세요. 필요할 때 언제든지 당신은 일이 너무나도 많아서 모두 다 해낼 수 없다는 것을 그들에게 말할 수 있어요. 기억하세요. 당신은 작은 양의 일을 받아서 거기에 집중할 수 있어요. 당신이 할 수 있는 것만 하세요. 너무 많은 것을 다 하려다 보면 당신이 그 무게에 짓눌릴 수 있어요. 범위를 좁히고 할 수 있는 것을 하세요. 그리고 나머지는 내버려두세요.

헬렌: 좋은 주말 보내세요.

캐럴린: 금요일에 봬요. 잘 지내요, 헬렌.

비언어적 기술 감정을 표현할 때 비언어적인 방법으로 표현하는 대안을 제공하기 위한 기술은 신체적이기도 하다. 이런 비언어적인 방법은 자신의 경험을 말로 표현하는 데 어려움을 겪거나, 어린 시절 말을 하기 전 단계에서 피해를 당한 내담자에게 중요하다(Avrahami 2005; Hirakata & Buchanan-Arvay 2005; Jacobson 1994; Pantesco 2005; Rankin 2003). 이 장의 앞부분에서, 나는 성적, 신체적 학대의 생존자이기도 한 약물 중독자 헨리를 회복시키는 앨버트와의 작업에 대해 설명했다. 그들의 작업에는 시간제한이 있었기 때문에, 앨버트는 헨리가 그의 감정을 조절하고 약물을 하지 않고 버틸 수 있도록 돕는 데 대부분의 에너지를 썼다. 다른 말로 하면, 그는 기저의 트라우마 대신 현재에 초점을 맞추려고 노력했다. 그러나 대부분의 다른 트라우마 생존자와 비슷하게, 헨리는 그에게 일어난 일에 대하여 점점 더 자세하게 기억해냈다. 그리고 최근 그의 술과 약물을 멀리하는 것에 대한 노력을 위협하는 분노와 격노에 사로잡혔다.

앨버트는 헨리가 그의 감정을 표현하기 위한 안전한 물리적 분출구를 제공받는 것이 필요하다고 생각했다. 처음에, 그는 헨리에게 사무실에 있는 소파 쿠션들을 치고 소리 지르라고 권했다. 또한 앨버트는 헨리에게 만약 회기 밖에서도 격노의 감정이 든다면 그의 방에 있는 베게들을 똑같이 사용하라고 지시했다. 그 전략은 오직 어느 정도에서 만 효과적이었다. 헨리는 베개를 치는 것만으로 '충분하지 않다'고 말했다. 앨버트는 헨리를 위해 점토를 사기로 결정했다. 그는 그의 사무실에 점토 일부를 두고, 헨리가 시설 밖에서도 사용할 수 있도록 나머지를 주었다. 그는 헨리에게 그가 할 수 있는 한 세게 점토를 강타하라고 지시했다. 또한 그는 만약 헨리가 원한다면, 실제로 그의 가해자를 때리고 있다고 상상하라고 제안했다. 헨리는 이것이 굉장히 도움이 된다고 보고했다. 이 방법은 그의 손가락 관절에 멍이 드는 결과를 낳았지만, 점토를 치는 신체적 감각은 헨리가 매우 필요로 했던 해소감을 제공했다. 그리고 이러한 까닭에 감정을 조절하는 데 효과적이었다.

적절한 표현적 기술 활용의 원칙 명확하게, 전문가가 아동기 트라우마의 내력을 가진 내담자가 피해 사실과 연관된 감정을 표현하는 것에 대한 어려움을 돕는 데는 여러 가지 방법이 있다. 트라우마 생존자의 표현적 기술을 선택하고 사용하는 데에 있어서, 임상가는 이 책을 통해 네 가지 원칙을 염두에 두고 있어야만 한다.

1. 아동기 트라우마의 내력을 가진 내담자가 그들의 감정을 발견하고 표현하도록 격려할 때에는, 그렇게 하는 데 있어 좋은 이유를 가지고 있어야만 한다.
2. 내담자와 이런 유형의 논의를 하는 것이 우리의 역할과 목적에 일치되어야 한다.
3. 표현적인 기술은 내담자가 그들을 억누르고 있는 감정에 대하여 이야기하고, 분출하는 것을 돕도록 사용되어야 한다.
4. 전문가는 작업을 위해서 그리고 내담자가 편안함을 느낄 수 있도록 사용되는 전략인, 표현적인 기술을 사용하는 데 있어서 창의적이고 유연할 수 있도록 준비되어 있어야만 한다. 한 내담자에게 효과가 있을 수 있는 것이 다른 이에게는 도움이 안 될 수도 있다.

나의 실무 경험에서 그리고 나의 동료들에게서 가져온 몇 개의 다른 예시는 전문가가 내담자와 함께 그들이 회기 밖에서와 안에서 감정을 분명히 표현하는 것을 어떻게 도울 것인가 하는 것을 보여준다. 이런 예시들은 전문가가 창의적인 여러 개의 표현 체계를 사용하는 것의 가치와 내담자의 경험과 대처 방식의 중요성, 그리고 내담자가 감정의 표현과 억제 두 가지 모두의 균형을 맞추는 것을 도와야 할 필요성을 보여준다.

제리
제리(Jerry)는 그에게 항문성교를 한 형에 대한 격노의 감정과, 그를 보호하지 않고 형의 행동을 옹호해준 어머니에 대한 분노로 사로잡혀 있었다. 또한 그는 강렬한 고통과 슬픔의 감정으로 힘들어하고 있었다. 그는 자신이 길을 잃었고, 세상에 혼자 남겨졌다고 설명했다.

제리는 상담 시간 외에도 그의 상담자를 부르기 시작했는데, 그는 자신의 감정을 터뜨리면서 화가 덜 나고 혼자인 것처럼 덜 느낄 수 있기를 원했다. 그들의 회기에서, 상담자는 제리가 슬픔과 분노를 느낄 때 혼자라고 덜 느끼고 분노를 누그러뜨리기 위해 무엇을 할 수 있을지 제리와 분석했다. 제리는 개를 가지고 있었고, 그가 개를 쓰다듬을 때 혼자라고 덜 느끼고 기분이 나아진다고 말했다. 상담자는 그에게 그가 이런 식의 감정을 느낄 때면 언제든지 그 행동을 하라고 지시했다. 제리는 또한 형을 "주먹으로 치고" "피 묻은 묵사발이 될 때까지 두들겨 패고" 싶다고 표현했다. 제리가 형을 실제로 다치게 하지 않겠다는 것을 약속한 이후로, 상담자는 그와 함께 분노를 떨쳐버리기 위해서 무엇을 할 수 있는지를 살펴보았다. 그들은 야구 배트를 사용하기로 정했다. 구체적으로, 그녀는 제리에게 형의 사진을 찾아서 그 배트로 그가 할 수 있는 한 가장 세게 사진을 치라고 지시했다. 제리가 '바보 같다'며 이것을 하는 것을 주저할 때, 상담자는 그가 분노를 내보낼 수 있도록 회기에 사진과 방망이를 가져오기를 제안했다.

헬렌

이전에 이메일 교환에서 설명했던 사건에 앞서, 헬렌은 나에게 자신이 플라스틱 보관함에 매료되어 모든 종류를 모은다고 말했다. 그녀는 자신이 플라스틱 보관함을 필요한 것 이상으로 더 많이 가지고 있고, 너무 많이 가지고 있는 것에 대하여 어리석음을 느낀다고 했다. 그러나 그녀는 그것들을 사는 것을 멈출 수 없을 것 같다고 말했다.

헬렌은 그녀의 감정을 조절하는 데 엄청난 어려움을 가지고 있고, 수면에 문제가 있고, 일에 집중할 수 없으며, 자신이 무엇을 두려워하는지 확실하지 않지만 계속해서 두려움을 느끼고 있다고 보고하였다. 나는 그녀가 그녀의 감정을 두려워하고 있으며, 우리가 그녀의 고통스러운 과거에 대해 더 이야기할수록, 그녀의 감정이 더 표면화된다고 말했다. 나는 또한 그녀가 그녀의 감정을 억누르는 데 문제를 가지고 있는 것을 지적했다. 그리고 우리는 이것을 돕는 데 그녀의 보관함을 모으는 관심사를 사용할 수 있다고 보았다. 구체적으로, 나는 그녀의 감정을 회피하거나 밀어내는 것 대신에, 이것들을 적어보는 것을 제안했다. 그녀가 그녀 자신에 대해 나쁜 생각 혹은 나쁜 감정을 가지게 될 때, 나는 종이에 이것을 적고, 그 종이를 그녀의 보관함 중 하나에 넣으라고 지시하였다. 나는 또한 우리의 만남에 그 보관함을 가지고 오라고 지시했다. 그래서 함께, 이것이 생산적이고 편리할 때, 우리는 그녀의 감정과 생각에 대하여 말할 수 있었다.

토니

토니(Tony)는 아마도 그녀가 두 살도 되기 전인, 매우 어렸을 때부터 성적으로 학대당해왔다. 그녀는 또한 대략 그 즈음부터 신체적으로도 학대당해왔다. 학대에 대한 그녀의 회상은 조각나 있었고, 분리되어있었다. 그러므로 그녀는 자신에게 무슨 일이 일어났는지를 말로 표현하는 것에 엄청난 어려움을 가지고 있었고, 느낌을 표현하는 것 또한 마찬가지였다. 그녀는 매번 울고 있는 자신을 발견했다. 그녀는 또한 항상 두려워하며, 항상 자신을 괴롭힐 나쁜 남자를 기다린다고 보고했다. 그렇지만 그녀는 그것이 실제로 무엇을 의미하는지는 알지 못했다.

그녀의 상담자는 큰 종이의 메모 용지와 한 박스의 크레파스를 가지고 왔다. 그녀는 토니에게 느끼는 감정을 그리라고 지시했다. 토니가 자기가 무엇을 느끼는지 모르겠다고 말했을 때,

상담자는 토니에게 '내면에서 일어나고 있는 일에 집중하라고' 지시하였다. 또한 상담자는 그녀의 반응과 감정이 무엇을 말하는지 '들어보면', 토니가 무엇을 그려야 할지 알게 될 것이라고 말했다. 토니는 하나는 빨강, 하나는 검정의 두 개의 크레파스를 집어서, 처음에는 부드럽게, 그다음은 더 힘껏, 더 힘껏 종이에 낙서하기 시작했다. 그녀가 끝내기 전에 크레파스는 부러지고, 종이가 찢어졌다. 그러나 그녀가 마쳤을 때, 그녀는 더 나아졌다고 느끼고 두려움을 덜 느낀다고 나타냈다. 몇 주가 지난 후, 회기의 대부분을 토니는 말하는 것으로는 매우 적은 양의 시간을 보냈지만, 그녀의 감정을 표현하기 위해 종이와 크레파스를 사용하였다.

캐틀린

캐틀린(Katlyn)은 약물 중독을 지속하기 위해 매춘부로 일했다. 비록 그녀가 수년 동안 매춘부로 지낸 것은 아니지만, 그녀는 계속해서 과거 직업에 대한 수치심 때문에 고통받았다. 이것은 죄책감과 아동기에 성적 학대를 당한 것에 대한 책임감을 더 악화시켰다. 캐틀린은 중독 상담자에게 수치심과 자기혐오의 감정이 매우 심해질 때, 도피의 수단으로 약물을 사용하고 싶어진다고 말했다. 상담자는 그녀가 좋아하는 그녀의 모습 한 가지를 알아내라고 요청했다. 이것은 그의 인내심을 요구했지만, 캐틀린은 자기 손을 좋아한다고 분명히 말할 수 있었다. 그녀는 손에 신경을 썼다. 손톱에 매니큐어를 지속적으로 발랐고, 몇 개의 멋진 반지를 꼈다. 중독 전문가는 캐틀린에게 자기혐오의 감정이 시작되고 강해질 때 손을 보고 그녀 자신에게 손이 얼마나 멋진지 말하라고 말했다. 그녀의 손이 얼마나 예쁜지 자신에게 상기시키기 위해, 만약 필요하다면 그녀는 거울로 손을 비춰볼 수도 있었다. 또한 그는 캐틀린에게 그녀가 자신에 대해 말한 부정적인 것을 써놓고, 그것을 가방에 넣고, 그들이 다시 만나서 함께 가방을 열 때까지 그것에 대하여 생각하지 말라고 지시하였다. 이윽고, 전문가는 이 지시를 바꿔서 캐틀린에게 그 단어들을 적어서 가방에 넣은 뒤, 그 가방을 쓰레기통에 버리라고 했다.

말린다

내가 말린다와 작업했던 몇 달 동안, 우리는 그녀가 마주한 현재의 어려움뿐만 아니라, 대부분의 시간을 그녀의 할아버지가 그녀를 추행한 것에 집중하였다. 이 장에서 이전에 내가 언급한 것처럼, 윤간과 추행 모두에 대한 말린다의 감정과 반응은 계속하여 쏟아져 나오고 있었으며 그녀의 인생을 방해했다. 그러므로 그녀와 나는 '그곳(그녀가 견뎌야 했던 윤간)으로 돌아가는 것'이 필요하고, 돌아갈 준비가 되었다고 결정하였다. 우리는 함께 그 일을 뒤로 하고 앞으로의 인생을 살아가려면, 그녀는 먼저 그녀에게 일어났던 일을 말로 표현할 필요가 있다고 생각했다.

　나는 말린다에게 그녀가 안전함을 느끼고, 6년 전에 그녀에게 일어난 일을 나에게 공유할 수 있도록 하기 위해 그녀가 필요한 것을 나에게 말해달라고 했다. 말린다는 방의 코너 쪽으로 가서 자리를 잡고 앉았다. 그래서 그녀는 문과 창문을 볼 수 있었다. 그녀는 나에게 앉아서 그녀를 마주보고, 나의 팔과 다리를 뻗어서 벽에 대라고 했다. 그렇게 그녀는 나와 가까이 있고 보호받고 있다는 기분을 느낄 수 있었다. 또한 그녀는 껴안을 수 있는 베개를 달라고 부탁했다. 우리가 이런 방법으로 자세를 잡았을 때, 그녀는 그녀에게 일어났던 일에 대해 이야기하기 시작했다. 그녀는 이야기를 하면서 계속 흐느꼈다. 나는 그녀가 어떤 방법으로든 편안할 수 있기 위해서, 내가 해줄 수 있는 일이 있는지 물었다. 그녀는 내가 계속해서 팔과 다리를 벽에 붙이고 그녀를 보호해달라고 했지만, 어떤 방법으로든 내가 그녀에게 신체적으로 접촉하는 것은 원하지 않았다.

베스

이 장의 초반에 등장한 예시에서, 베스(아동기에 심각한 신체적 학대를 겪은 생존자)와 존(외래환자 정신건강 클리닉에서 그녀의 상담자)이 소개되었다. 베스는 심각하게 우울했고 자해행동을 했다. 이전 예시에서 그녀를 돕기 위해 존이 노력했다.

존은 베스에게 그녀의 아이 때 사진을 가지고 오라고 했다. 회기에서 그들은 그것들을 보면서, 그가 보기엔 매우 순수하고 귀여운 어린아이처럼 보인다는 말을 덧붙이며, 사진 속의 어린아이에 대해 말해달라고 요청했다. 처음에, 베스는 그녀가 보는 것은 사악한 아이라고 말했다. 그러나 이윽고, 그녀는 그녀가 보고 있는 어린 여자아이는 순수하고 그녀가 당한 상처받을 만한 일을 하지 않았다고 말할 수 있었다.

베스는 매우 잔인한 방법으로 그녀를 신체적으로 학대한 아버지와 그녀를 보호하기 위해 아무것도 하지 않은 어머니에 대한 강한 분노를 느끼기 시작했다. 역설적이게도(그렇지만 놀랍지 않게) 그녀에게 일어난 일에 대한 베스의 감정은 그녀에게 더욱 분명해졌다. 그녀의 자해욕구 또한 증가되었다. 인지행동 기술을 사용함으로써, 존은 또한 베스의 자해욕구가 아버지에 의한 학대와 어머니의 방치에 대해 자신이 무언가 했어야 했다는 신념을 반영한다는 것을 알 수 있도록 도왔다. 또한 그는 자해행동이 그녀가 분노를 다루는 방식이라는 것을 짚었다. 이것은 그녀가 분노를 자신에게로 돌려 자신을 비난하게 만들었다.

그들의 회기에서 존은 베스에게 그녀가 때리거나 껴안을 수 있으며, 필요한 어느 순간에나 의존할 수 있는 베개들을 제공했다. 처음에 그는 그녀가 그녀 안에 있는 감정을 베개로 향하게 하도록 도와야 했다. 하지만 그녀는 점점 그의 작은 설득만으로도 그렇게 할 수 있게 되었다.

바버라

이 장의 초반에 제공된 예시에서, 마리안은 내담자인 바버라가 그녀 자신의 강간에 대한 감정을 그녀의 어린 딸의 강간에 대한 감정으로부터 분리하도록 도왔다. 그리고 이것이 그녀가 마리안의 기관으로부터 도움을 구하도록 유발했다. 바버라는 자신의 딸을 보호하지 못한 것에 대한 죄책감으로부터 고통받고 있었다. 그녀 자신의 강간에 대한 책임감과 죄책감에 의해 그 감정은 더욱 강해졌다. 그들의 작업이 진행되면서, 그녀의 가해자(그녀의 할아버지)와 그녀 딸의 가해자(그녀의 의붓아들)에 대한 바버라의 분노는 더욱 통제 불능이 되었고 뒤엉켰다.

바버라가 자신이 경험했던 학대에 대한 감정을 조절할 수 있도록 돕는 방법으로써, 그녀는 그녀의 딸에게 더 지지가 되고 도움이 될 수 있었다. 마리안은 그녀에게 할아버지가 그녀에게 한 일에 대하여 그녀 자신이 어떻게 느끼는지를 쓴 편지를 할아버지에게 보내라고 제안했다. 바버라는 처음에 이것에 대한 가치에 대하여 질문하였다. 왜냐하면 그녀의 할아버지는 사망했기 때문이었다. 그러나 어쨌든 그녀는 그렇게 하는 것에 대하여 동의하였다. 바버라는 딸을 재운 후 밤에 홀로 편지를 쓰기로 결심했다. 정말로 그녀는 다음 회기 때 그 편지를 가지고 왔다. 바버라가 할아버지께 쓴 편지를 읽으면서, 그녀와 마리안 모두는 그녀가 또한 그녀의 부모, 특히 어머니(할아버지의 딸)가 자신을 보호해주지 않았다는 것에 매우 화가 나있다는 것을 깨달았다. 바버라는 그녀가 부모를 만날 준비가 되지 않았다고 말하면서, 부모(두 분 모두 살아계심)와 직접적으로 마주하는 것에 대한 두려움을 표현하였다. 마리안은 그녀가 그들과 마주하지 않아도 된다고 그녀를 확신시켰다. 부모가 그녀의 필요에 따라 충분한 관심을 가져주지 않은 것에 대한 그녀의 감정을 다루기 위한 첫 번째 단계로, 마리안은 바버라에게 할아버지에게 했던 것처럼, 그들에게도 편지를 쓰라고 제안했다. 마리안은 바버라가 편지를 보내지 않아도 된다는 것을 확신시켰다. 그래서 그녀는 그녀가 선택한 어떤 방법으로든지 그녀가 원하는 것을 말할 수 있다고 확신시켰다.

해리 다루기 앞선 장들에서 논의한 것과 같이, 많은 아동기 트라우마 생존자는 몇몇 분열된 형태를 통해 그들과 관련된 경험과 감정에 대처한다(Chu 1997; Rodin, deGroot, & Spivak 1997; Sutton, 2004). 해리의 징후는 감정의 억제부터 뚜렷한 성격의 변화에까지 이른다. 해리성 정체감 장애(2장 참고)의 타당성에 대한 주위의 논쟁에도 불구하고, 전문가는 트라우마 생존자가 더 직접적으로 피해 사실에 대해 말하거나 그것을 직면할수록, 그들은 더욱 해리의 측면 가운데 어딘가에 놓여있는 방어적인 반응에 의지하려 한다는 것(보통은 깨닫지 못함)을 반드시 예상해야만 한다.

해리는 어디에서나 일어날 수 있다. 회기뿐만 아니라 밖에서도. 그리고 전문가의 역할과 관계없이, 임상가는 내담자에게 도움이 되는 방식으로 응답할 준비가 되어있어야만 한다. 최소한, 이것은 해리를 정상화하는 것을 의미한다(Hunter 2005; Hunter et al. 2005). 이전 장들에서 논의한 것처럼, 우리는 작업의 시작 단계에서 해리의 가능성을 알리고 그들이 왜 이것을 경험할 수도 있는지에 대해 설명해야 한다. 작업이 진행됨에 따라, 해리는 내담자의 두려움과 혼란스러움을 감소시키는 방법으로 내담자에게 재구성될 필요가 있을 것이다.

예를 들어, 헬렌은 우리의 회기가 끝난 후에, 그녀가 몇 시간 동안 혼미했고 늦은 오후에 정신을 차렸는데, 그녀가 어디에 있었는지 기억나지 않는다고 말했다. 나는 그녀가 그 해리 에피소드와 우리가 우리가 회기에서 중점적으로 다루어왔던 것 사이의 연관성을 이해하도록 도왔다. 그리고 놀랍지 않게, 그 사건은 그녀의 아동기 피해 사실의 가장 고통스러운 측면과 관련되어 있었다. 필요에 의하여, 우리는 특히 그녀가 회기가 끝난 후 안전하게 집에 돌아가기 위해 필요했던 안전과 관련된 주제에 대해서도 이야기했다.

마리안의 바버라와의 작업이 진행됨에 따라 바버라에게 일어난 일에 대한 그녀의 기억이 점점 명확해졌다. 그녀는 '의식이 없어지기' 시작했고 주기적으로 시간 감각을 잃었다고 보고했다. 바버라는 그녀가 미쳐간다는 것에 대한 두려움을 표현했다. 그리고 그녀가 걱정하는 것은, 그녀가 시간 감각을 잃었을 때 그녀가 딸에게 필요한 주의를 기울이지 못하는 것이었다. 이전에 그녀가 대부분 무의식적이었지만 효과적인, 대처를 위해 사용했던 해리는 과거에 대한 감정과 기억이 점점 더 분명해지고 거슬려짐에 따라 다시 떠올랐다.

헬렌과의 작업에서, 마리안은 바버라의 경험을 일반화하는 것뿐만 아니라 촉발제가 될 가능성이 있는 것을 분석할 필요가 있었다. 바버라가 해리된 시간 동안, 그녀 자신에게, 다른 사람에게, 그리고 특히 그녀의 딸에 대한 바버라의 위험성에 대한 마리안의 평가 또한 중요했다. 아동기 트라우마의 내력이 있는 많은 내담자에게 발생하는 것처럼, 비록 그녀는 감정적으로 부재된 상태였지만, 이러한 시간 동안 바버라는 계속해서 거의 자동적으로 기능했다. 결과적으로 마리안은 어쩔 수 없이 개입하거나 보호를 위한 행동을 취해야 한다고 느끼지 않았다. 하지만 그들의 회기에서 마리안은 바버라와 함께 생각과 감정 알기 기술과 그녀의 감정적인 반응을 용인하는 것과 같은 대처 방법을 발전시키기 위해 점점 더 노력했다(Ogden & Fisher, 2006).

또한 전문가는 회기에서 해리의 존재에 대해 세심해져야 한다. 이것은 작은 징후(내담자의 멍한 시선)에서부터, 예를 들어 고통스러운 이야기를 할 때 감정이 없어 보인다거나, 회기의 일부를 기억하지 못하거나, 목소리, 버릇, 행실을 바꾸는 것과 같이 더 극적인 징후까지의 범위를 포함한다. 전문가와 함께 있을 때 해리가 일어나는 경우, 전문가는 내담자가 계기를 발견하도록 돕고, 해리가 어떻게 나타나는지 알아볼 수 있을 뿐만 아니라 내담자가 더 감정적인 사람이 되고 안정적인 자기감을 발달시키도록 도울 수 있는 좋은 기회가 된다.

이 장의 초반에서 언급한 내담자인, 디애나와 나의 회기는 해리로 인한 기회를 보여주는 좋은 예시다. 디애나는 아동기부터 청소년기까지 오빠와 삼촌, 그리고 가족의 친구를 포함한 여러 사람들로부터 성추행을 당했다. 또한 그녀는 몇 번에 걸쳐서 강간을 당했고, 그녀의 아들도 강간으로 인해 낳게 되었다. 우리는 디애나가 피해 사실을 되돌아보고 감당하도록 돕기 위하여 지시적 상상요법을 사용하였다. 그리고 그녀는 몇 개의 강력한 그림들을 발달시켰다. 그녀는 그녀 자신과 피해 사실을 그녀 안에 존재하는 '암 덩어리(black blood)'로 정의 내렸다. 또한 디애나는 피해 사실로부터 닿지 않은 '그녀의 심장 내면의 깊은 곳에 있는' '생명의 근원과 작은 씨앗'을 마음속에 그렸다. 지시적 상상요법을 통해, 우리는 디애나가 암 덩어리로부터 그녀 자신을 해방시키도록 돕는 작업을 하였고 씨앗을 키웠다. 그리고 이것이 더 크고 강하게 자라도록 도왔다. 다음의 대화는 회기를 마감할 때 발생한 것이다. 그리고 나는 디애나에게 암 덩어리의 이미지를 '지워버리고' 생명의 근원에서 씨앗에 집중하라고 말하고 있었다.

캐럴린: 곧 우리의 회기가 끝이 나겠네요. 그래서 우리는 당신이 암 덩어리 이미지를 지워버릴 수 있도록 도와야 해요. 당신은 지금 이것을 지울 수 있어요. 당신은 더 이상 이것을 볼 필요가 없어요. 저는 당신이 심장 가까이에 가지고 있는 생명소인, 당신의 내면에 있는 작은 씨앗에 집중하길 원해요. 이것을 볼 수 있나요?

디애나: (침묵한다.)

캐럴린: 디애나, 제 말이 들리나요?

디애나: (침묵하며 눈을 뜬다.)

캐럴린: 디애나, 제 말이 들리나요? 어디에 있나요?

디애나: (침묵을 유지한다.)

캐럴린: (침묵한다.)

디애나: (침묵하며, 눈을 뜬다.)

캐럴린: (침묵한다.)

캐럴린: 디애나, 저는 당신이 사무실로 돌아오길 원해요. 우리의 회기로 돌아오세요. 저는 지금 당신이 그 뒤에 있는 것을 원하지 않아요. 암 덩어리에 초점을 두지 마세요. 저는 당신이 당신 안에 있는 암 덩어리를 만들게 했던 나쁜 일들에 닿지 않은, 당신의 작은 부분인, 작은 씨앗을 찾으면 좋겠어요.

디애나: (침묵한다.)

캐럴린: 제 말을 들을 수 있나요, 디애나?

디애나: (침묵하고 눈을 깜박이며) 네, 들려요.

캐럴린: 돌아왔나요?

디애나: 네, 그런 것 같아요. 무슨 일이 있었나요?

캐럴린: 저는 당신이 암 덩어리와 기분 나쁜 감정을 중지시키도록 돕고 있었어요. 그리고 당신에게 작은 씨앗에 집중하라고 말하고 있었어요. 그 후에 당신은 멍해졌어요. 이 중 어떤 것이든 기억나는 게 있나요?

디애나: 아니요, 저는 당신이 제게 암 덩어리를 차단하라고 말하는 것을 들었고, 그 후에 멍해졌어요. 저는 작은 씨앗을 보길 원했지만 보지 못했어요.

캐럴린: 알았어요. 저는 당신이 다시 멍해지길 원하지 않아요. 저는 당신이 저와 사무실에 있기를 바라요. 그렇지만 당신이 무엇을 보았는지 제게 말해줄 수 있나요?

디애나: (침묵 하다가) 잘 모르겠어요. 흐릿해요.

캐럴린: (침묵한다.)

디애나: 저는 물속에 있었어요.

캐럴린: (침묵한다.)

디애나: 그들이 저를 쫓아오고 있었기 때문에 저는 무서웠어요. 그래서 저는 물로 뛰어들었어요. 그리고 그곳은 안전했어요. 저는 물에 둘러싸여 있었고, 아무것도 들을 수 없었어요. 그리고 그들은 저를 잡지 못했어요.

캐럴린: 그럼 당신의 머릿속에서 당신은 아무도 당신을 해칠 수 없고, 당신이 보호받을 수 있는 안전한 장소에 갔었군요.

디애나: 그들은 저를 잡지 못했고 저는 물에 둘러싸여 있었어요.

캐럴린: 이것은 당신 내면 깊은 곳에 가지고 있는 매우 작은 장소처럼 들리는군요. 암 덩

어리로부터 떨어진 곳요.

디애나: 네, 저는 나쁜 사람들로부터 숨을 수 있고, 그들은 저를 잡을 수 없었어요.

해리에 적절히 반응하기   이 예시는 지금까지 이 장에서 논의한 다양한 기술과 전략의 사용을 보여준다. 또한 이 대화의 세 가지의 측면은 전문가가 내담자의 해리에 효과적으로 반응하기 위한 기초적인 방법을 보여준다.

다른 무엇보다 더, 해리가 일어날 때 전문가는 이것을 인지해야만 한다. 디애나의 사례에서, 이 특정한 사건은 예상 밖의 일이었지만, 우리가 진행 중이었던 작업의 트라우마 중심 상황을 고려했을 때 이해될 만하다. 두 번째로, 임상가는 내담자가 그들의 방어기제를 사용하고 해리가 발생되도록 둘 것인지 아니면 현재로 되돌아오게 할 것인지 잘 비교 검토해야 한다. 균형을 잡는 것은 전문가의 역할, 내담자의 욕구, 본능, 해리의 범위와 관련이 있을 것이다. 디애나의 회기는 긴장을 풀도록 되어있었다. 그래서 그녀가 해리 증상을 보일 때 무슨 일이 일어났는지 더 탐구하는 것은 역효과를 낳았을 것이다. 이처럼, 우리의 회기는 디애나가 마음을 가라앉히고 해리에서 되돌아오게 하기 위해 정해진 시간을 초과해야 했다. 이것은 또한 해리에 대한 디애나의 반응을 깊게 살펴볼 시간이 전혀 없었다는 것을 의미한다.

세 번째로, 전문가는 내담자가 에피소드로부터 배우고 이로부터 이것이 의미하는 바를 이해할 수 있도록 도와야만 한다. 이것은 해리의 기간뿐 아니라 에피소드가 지나간 후에도 내담자의 감정, 사고, 반응을 탐구하는 것을 포함한다. 어떤 경우에는, 이 탐험이 해리가 발생한 회기에서 이루어질 수도 있고, 다른 경우에는 다가오는 회기까지 기다리는 것이 적절할 수도 있다. 명백하게, 디애나와 나의 다음 회기에서, 우리는 그녀의 경험을 더 다룰 필요가 있다. 즉, 그녀의 '나쁜 사람들'의 언급과 물이 안전한 보호 장소와 같은 이미지라고 한 것에 대해 탐구하는 것이다.

해리성 정체감 장애 징후를 보이는 아동기 트라우마 생존자가 자신을 재통합하는 것(re-integration of self)과 관련된 기술을 자세히 탐구하는 것까지는 이 책이 담고 있지 않다. 그러나 마지막 예시가 보여준 것처럼, 내담자가 심각한 해리 증상을 보일 때(뚜렷한 변화가 징후이든 아니든 상관없이) 전문가는 내담자로부터 단절된 감정과 경험을 그들에게 소개해줌으로써(Burton 2005) **관계적인 다리**(relational bridge)가 되어줄 수 있다(Blizard 2003). [이러한 기술에 대하여 더 배우고자 하는 독자들은 적절한 참고자료를 찾아보라(Hunter 2005; Fraser 2003).] 전문가는 또한 이 작업과 이것을 둘러싼 논쟁과 관련된 특유의 어려움을 인식해야만 한다(Kluft & Fine 1993; Merckelbach 2001; Michelson & Ray 1996; Rassin 2006; Ross 1997; Shusta-Hochberg 2004).

내담자의 기억에 대해 작업하기

이전에 언급했던 것처럼, 아동기 트라우마 성인 생존자와의 우리의 작업 목적은 기억을 되살리는 것이 아니다. 그러나 책을 통한 많은 예시는 과거 트라우마 기억이 작업을 하는 동안 수면 위로 떠오른다는 것을 보여주고 있다. 그리고 그들은 그것들이 점점 더 거슬릴 수 있다. 이런 기억은 새로운 것일 수도 있고 또한 이전보다 더욱 명확하게 분명히 밝혀지게 되는 것일 수도 있다. 그럼에도 불구하고, 그들은 내담자와 전문가를 모두 당황케 하기 쉽다. 우리의 에너지가 현실 또는 과거 중 어디에 더욱 집중되어 있든 간에 내담자 자신의 폭행 기억은 작업 중에 나타날 것이다. 그리고 그것은 그들의 삶에 방해가 되고, 의도하지 않은, 그리고 원치 않는 것일 것이다. 그러므로 우리는 기억 작업이라는 논란이 되는 주제로 돌아가기로 한다.

일반화와 인정

이전 장들에서, 회복된 기억 현상을 둘러싼 논쟁에 대해 논의가 되었다. 우리는 또한 아동기 트라우마가 피해자에게 어떤 영향을 미치는지를 통해 기억상실의 본질과 회복을 살펴보았다. 그들이 사용 가능한 소수의 방어기제로, 아이들은 그들에게 가해진 신체적·심리적 손상에 억제 또는 '망각'을 통해 대처하였다. 그러나 대처 전략으로서 망각은 장기적으로 볼 때 제한적이다. 아동기 트라우마의 내력을 가진 성인 내담자가 현재 문제와 마주하게 될 때, 그들은 그런 문제와 과거 피해 사이의 연관성에 대해 깨닫기 시작한다. 그리고 과거 트라우마의 자세한 부분들은 필연적으로 다시 나타난다.

전문가가 다루어야 할 문제는 이런 기억이 구체적으로 나타날 때, 무엇을 해야 하는가 이다. 최소한, 전문가는 회복되고 있는 기억(그리고 회상된 사건)을 일반화할 수 있어야 하며 함께 떠오르는 감정 또한 인정할 수 있어야 한다. 6장과 7장에서 언급한 것과 같이, 내담자에게 초기에 피해 사실에 대한 새로운 세부 사항이 회상될 수 있다고 알리는 것은 도움이 될 수 있다. 그들에게 그들이 그런 경험에 당황하거나 낙심하게 될 수도 있다는 것 또한 마찬가지다. 그러나 내담자는 이 경험이 그들이 변화하고 있고, 그들의 과거로부터 회복하는 과정에서 다음 단계로 갈 준비가 되었다는 신호라는 것을 알 수 있도록 격려되어야 한다.

트라우마 생존자가 새로운 기억이 떠올랐을 때 어떻게 생각하고 반응하는지가 완벽한 회상보다 더욱 중요하다. 내담자의 목적은 그들에게 일어난 일에 대해 충분히 기억함으로써 그들이 삶의 조각난 퍼즐들을 맞추는 것이 되어야만 한다. 어떤 경우, 전문가는 아마 조각난 정보와, 불확실한 기억을 구체화하도록 도와야 할 것이다. 특히 아동기 트라우마의 내력을 가진 내담자와 우리의 작업이 트라우마 중심이고, 계속 진행 중일 때 더욱 그러하다. 임상가는 완벽한 회상을 목표로 두는 것보다, 내담자가 절대 없어지지 않을 기억의 공백을 견디는 법을 배우도록 노력하는 데 초점을 다시 맞추도록 도와야만 한다. 전문가는 또한 내담자가 미래에 새롭거나, 더 완전한 기억이 나타날 수 있는 가능성에 준비하도록 할 필요가 있다.

중립적인 태도를 유지하는 것

이전에 언급한 것처럼, 기억을 되살리는 목적으로 상상요법과는 다른 최면을 거는 듯한 기술의 사용은 상당히 많은 논쟁을 불러일으킨다. 그러나 분별력 있고 그리고 적절한 이러한 기술은 내담자가 덜 조각나고, 그들이 한 번도 가져보지 못한 더 통합적인 감정을 느끼도록 도와줄 수 있다. 나는 목적에 상관없이, 상상요법이 공동의 노력이 되어야 한다고 권하는 다른 이들과 동의한다(Zerbe et al. 1998). 내담자는 단점과 이와 연관된 어려움뿐만 아니라, 이런 기술이 성공할 수도 있고 실패할 수도 있다는 것을 사전에 이해할 필요가 있다. 이런 접근을 둘러싼 매우 많은 논쟁은 잘못된 기억의 생성이라는 주장에서 비롯된다. 나는 전문가가 보수적이고, 중립적 태도를 가져야 한다는 주장에 동의한다(Alison, Kebbell, & Lewis 2006; Appelbaum, 1997; Arbuthnott, Arbuthnott, & Rossiter 2001; Courtois 2001a; Hammond 1995). 내담자는 단순히 우리에게 그들이 회상한 것에 대해 말해주어야만 한다. 그들 자신 또는 임상가가 현재 상황을 설명하기 위해 '있어야만' 하는 기억을 찾아내게 만들지 않고 말이다.

이 균형은 대단히 중요하지만 어려운 일이다. 내담자의 마음속에는 그의 집 지하에서 그에게 일어났던 일에 대한 명확하지 않고 파편화된 기억을 가지고 있었다. 찰스(Charles)는 쌓인 빨래들에 얼굴이 엎드려져서, 그의 직장이 관통당하는 신체적 감각을 기억했다. 찰스의 아버지는 폭력적인 알코올 의존자였다. 그래서 찰스는 그와 지하실에 있던 것은 그의 아버지일 것이라고 추정했다. 그는 또한 그에게 삽입된 것이 무엇인지 확실하지 않았다. 그는 지하실의 벽에 공구벨트가 걸려있는 것을 본 것을 기억해냈다. 그리고 만약 그가 이 중에 하나로 학대당했는지 궁금해했다.

이러한 종류의 회상을 기반으로, 전문가는 찰스의 아버지가 그에게 항문성교를 했다고 결론지을 수 있다. 만약에 임상가가 극도로 조심하지 않는다면, 실제로 일어난 일과 관계없이, 찰스가 정확히 그렇게 기억하게 할 수도 있다. 실제로 찰스와 나는 상상요법을 사용하였고, 무슨 일이 일어났는지에 대한 그의 기억은 더 명확해지고 더 자세해졌다. 그는 그를 학대한 사람의 얼굴을 볼 수 있었고, 그의 아버지가 아니었다. 그것은 얼마 동안 그의 가족과 함께 살았던, 처음에는 그가 기억하지 못했던 삼촌이었다. 찰스는 또한 그 기구들이 그에게 삽입되지 않았다는 것을 알게 되었다. 그것들은 단지 그의 시야 안에 있었고 그는 그것들에 집중했다. 그러므로 그는 그에게 어떤 일이 일어나고 있는지 생각하지 않아도 되었다.

작업에서 내담자와의 파트너십

찰스와 내가 그가 피해 사실에 대한 더 완전한 회상을 가지도록 돕기 위해 사용한 전략은, 그리고 우리가 그것을 사용한 이유는 알맞은 상상요법의 사용과 기억 회상의 전형적인 방법이다. 애초부터, 나는 **사전 동의**(informed consent)의 원칙을 알렸다(Frischholz, 2001). 이는 모든 전문가의 기본 원칙이다.

찰스와 나는 그가 현재 겪고 있는 어려움과 우리의 작업 관계에서 제일 처음 등장한 그의 과거에 이중으로 초점을 두는 것을 유지하였다. 처음에, 우리는 현재에 초점을 맞추고, 그가 술을 멀리하고, 그의 성질을 참고, 그리고 거의 대부분 그에게 수치심을 주고 그를 다치게 하는 익명의 사람들과의 폭력적인 동성 성교를 하는 행위를 통제하는 것에 집중하였다. 찰스는 그 자신을 이성애자라고 생각했으며, 그리고 여성과 관계를 갖고자 했다. 그러나 그는 이전에 성공한 적이 없었다. 그는 여성과 관계를 할 때, 그 자신이 무능하고 자신이 없다고 느낀다고 설명하였다. 그는 또한 동성 성교를 하고 싶지 않다고 말했다. 그러나 그가 매우 격한 감정을 느낄 때, 그것이 그에게 '해방감'을 준다고 말했다.

우리가 찰스의 현재의 어려움을 다루면서, 그의 과거와, 이와 관련된 감정에 대한 기억이 수면 위로 떠오르기 시작했고, 더 더욱 확연해졌다. 그리고 그는 그 감정이 더더욱 다루기 어려워졌다는 것을 인지했다. 찰스는 그의 지하실이 갑자기 떠오르고 그의 직장이 관통당하는 느낌이 들었다. 이것은 분노, 수치심, 무력감을 불러일으키고, 점점 더 심각해져 그가 감당할 수 없을 지경에까지 이르렀다. 찰스는 성행위를 할 때 해방감을 느낄 수 있었다.

이러한 문제를 다루기 위해, 나는 앞서 설명한 여러 가지 전략을 사용하였다. 해결 중심 질문과 연결된 지시는 찰스가 그의 감정이 격렬해지는 것을 줄이기 위해서 그가 할 수 있는 것이 무엇인지 확인하는 것을 도왔다. 우리는 또한 그가 위험한 성행위에 참여하게 되었다면, 그 자신을 보호하고 덜 상처받도록 그가 취할 수 있는 단계를 알아가는 것에 초점을 두었다. 나는 과거 피해 사실과 현재 문제들 사이의 연관성을 알아보기 위해서, 인지행동 기술, 그리고 그가 익명의 동성 성교보다 안전한 방법으로 그의 감정을 해소할 수 있도록 하는 표현력이 있는 기술을 사용하였다.

그렇지만 찰스의 성행위는 계속되었다. 그는 또한 아동기 때 그에게 무슨 일이 일어났었는지 알고자 하는 강한 바람을 표현하였다. 만약 이것이 그에게 더 명확했다면, 그가 그의 감정과 행동을 더 잘 조절할 수 있었을 것이라고 믿었다. 나는 동의했다. 나는 상상요법 사용의 장단점을 밝히고, 우리가 어떻게, 무엇을 할 것인지에 관해 설명하였다.

찰스는 그가 시도하기 원하는 것을 설명했다. 우리는 다음의 고려 사항을 분명하게 논의하였다.

- 찰스와 나는 이 과정에 있어서 파트너.
- 우리는 찰스가 안전한 장소를 발달시키도록 도왔다. 우리는 그가 아동기 시절로 돌아가는 것을 돕기 이전에 그가 이 장소에 갈 수 있도록 연습할 것이다.
- 상상요법은 기적의 해결법이 아니다. 찰스가 그에게 무슨 일이 있었는지 기억해내거나 그가 기억하는 것이 정확하다는 것에는 확신이 없다.
- 나는 찰스에게 그 자신이 영화관에서 영화를 보고 있다고 상상하라고 했다. 그는 그가 보고 있는 것과, 그 영상을 자기에게 맞는 속도로 조절할 수 있도록 하는 리모컨을 가지게 될 것이다.
- 찰스는 화면에서 그가 무엇을 보고 있는지 나에게 전달할 수 있다.
- 나는 찰스가 그의 안전한 장소에서 영화관으로 갈 수 있게 도울 것이고, 그가 거기에 갔을 때, 그가 안전함과 평안함을 느끼기 위해 필요한 것을 제공할 것이다.
- 우리는 위협적이지 않은 이미지(시작할 때 함께 선택한)로 시작할 것이다. 이 경우, 찰스가 아이였을 때 살았던 집 외부를 말한다. 나의 도움으로 영화는 지하실을 포함한 집을 순회하게 될 것이다(그에게 편안한 속도로).
- 언제라도 찰스가 불편하고 불안하다고 느낀다면, 그는 오직 손을 들면 된다. 그리고 나는 그가 안전한 장소에 도착해서 그가 쉴 수 있도록 그를 도울 것이다.
- 우리는 찰스가 무엇을 보았는지 그리고 특별히 그 결과로써 생겨난 감정을, 그가 나와 작업하는 각 회기마다 충분한 시간이 허용되도록 우리의 작업을 구성할 것이다.

안정한 장소로 시작하면서, 나는 상상요법은 위협적이지 않은 방법이고, 과거를 더 직접적으로 마주할 수 있도록 도움을 줄 수 있는 그의 감정을 조정하는 방법을 우리가 그에게 제공할 수 있는 것이라고 소개했다. 나는 이것을 이전에 설명된 말린다와의 작업에서 사용했던 것과 똑같은 기술을 찰스에게 사용함으로써 성공할 수 있었다.

다양한 상상요법이 문헌에서 소개되어왔다(Thomas 2005; van der Kolk et al. 1996). **영화 비유**(movie analogy)는 특별히 더 효과가 있다. 왜냐하면 이것은 내담자의 자기 능력을 향상시키고, 과정에서의 전문가의 영향을 제한하기 때문이다. 내담자는 피해 사실로부터 안전한 거리를 제공하는 화면에서 일어나는 장면을 보고, 기억되는 것을 확인하게 된다. 리모컨을 사용하면서, 내담자는 필름을 되감을 수 있고, 빨리 감기, 확대하기나 영화를 느리게 돌릴 수도 있다. 그 결과로써, 내담자는 자기가 보고 있는 것과 경험을 조절할 수 있다. 사전에 무슨 일이 일어날 것인지에 대해 내담자를 준비시키는 것보다, 내담자가 특정한 전략과 세부 사항을 정하는 것 또한 조절 감각을 증대시키고 과정을 정상화할 수 있다.

찰스와 나의 작업의 이 전체적인 개요는, 상상요법이 필요할 때 기억 회상을 어떻게 촉진시킬 수 있는지 보여주기 위한 목적이었다. 찰스와 나의 작업은 여러 가지 중요하고, 필요한 단계를 포함하고 있다. 우리는 사전에 다섯 가지 중요한 세부 사항을 생각해 내는 몇 번의 장황한 대화를 가졌다.

1. 그의 안전한 장소는 어떠한가?
2. 영화가 어떻게 시작될 것인가?
3. 내가 어떻게 그가 영화관에 가서, 자리를 찾고, 리모컨을 찾아 조정하도록 도울 수 있는가?
4. 화면에서 본 것들을 그가 어떻게 보고 할 것인가? 즉, 그가 이것을 얼마 동안 보고 그 다음에 그가 본 것을 보고할 것인가, 아니면 그가 보면서 동시에 무엇을 보고 있는지 보고할 것인가?
5. 만약 그에게 문제가 생겼을 때, 그리고 예를 들어, 영화를 끝낼 수 없거나 영화관에서 나올 수 없을 때 그의 안전한 장소로 돌아가게 하기 위해 내가 어떻게 할 것인가?

사전에 더 많은 이러한 주제가 고려되고 명확해지면, 상상요법이 더 도움이 될 것이다.

다시 말하지만 이런 기술은 무비판적으로 사용되면 안 된다. 아동기 트라우마의 내력을 가진 내담자와 우리의 작업의 목적이 회상도 아니다. 그러나 사례들이 떠오를 때, 만약 우리 전문가가 이것을 허용한다면, 내담자는 과거에 내담자에게 무슨 일이 일어났는지에 대한 더 완벽한 그림을 가짐으로써 효과를 볼 수 있을 것이다. 이러한 사례에서, 우리는 서로 돕고 내담자가 이것을 성취하도록 돕는 기술에 익숙해야만 한다. 최소한, 우리는 이 작업을 이해하기 쉬운 방법으로 표현할 수 있는 능력을 갖추고 있어야만 한다.

아동기 트라우마 관련 기억 복원하기

상상요법은 내담자의 시점에 더 권한을 줌으로써 내담자가 트라우마 기억을 마주하도록 돕는 것에 논란이 적은 방법으로 사용될 수 있다. 이 과정을 설명하는 데 **이미지 형상화**(imagery rescripting) 그리고 **재처리**(reprocessing)(Smucker & Dancu 1999), **이미지 재구성**(imagery restructuring)(Greenberg 2002), **외상 기억 재구성**(reconstructing trauma memories)(Thomas 2005)을 포함한 다양한 용어가 사용되었다. 이러한 각각의 용어는 조금씩 다른 양상을 보이지만, 근본적인 목적은 내담자가 그들이 견뎌낸 트라우마에 새로운 끝을 맺도록 돕는 것이다. 내담자에게 일어난 일을 축소시키거나 무시하거나, 이것이 일어나지 않은 척하려고 하는 것이 아니다. 그 대신에, 이것은 내담자의 이야기에 달라진 결말을 발달시킬 수 있도록 그들의 창의적이고 풍부한 상상력의 역량을 활용하는 것이다. 그렇게 함으로써 결의안과 해결법을 고취하는 것이다.

인도된 상상요법의 다른 활용 방법 중 하나로서 은유와 비유가 이 과정 중에 사용되었다. 바버라와 작업한 마리안(강간 위기 상담자)은 바버라가 양아들로부터 강간을 당한 딸 멜리사에 대해 강해질 수 있도록 돕는 데 이 전략을 효과적으로 사용할 수 있는 능력이 있었다. 바버라의 양육 능력과 아이를 보호하려는 열망을 기반으로, 마리안은 바버라가 그녀의 할아버지, 그리고 다른 가족 구성원, 할아버지에 의해 그녀가 추행당한 상황 자체에서 그녀 자신을 아이의 모습으로 상상하게 했다. 그 다음 마리안은 바버라가 그녀를 이 상황에 개입하는 성인으로서 그녀 자신을 그리도록 했다. '그녀의 딸을 보호하고 더 이상 상처 받는 것을 막기 위해 개입하는 강하고 힘센 성인'으로서의 그녀 자신 말이다. 다음은 그들이 주고받은 대화이다.

마리안: 네, 바버라. 당신 자신이 보이나요? 그녀의 아이를 미래의 위험으로부터 안전하게 보호할 수 있는 강하고 힘 있는 여성이요.

바버라: 네, 저는 볼 수 있어요. 저는 작은 여자아이(어린 시절의 바버라)와 함께 방에 있는 성인을 볼 수 있어요.

마리안: 좋아요. 지금 당신이 하려는 것은 그 아이를 보호하는 거예요. 당신은 이것을 지금 할 수 있어요. 당신은 이것을 어떻게 하는지 알고 있어요.

바버라: 저는 무서워요. 할아버지가 저를 겁주고 있어요!

마리안: 그 작은 여자아이는 겁을 먹었지만 힘이 있는 성인은 겁먹지 않았어요. 부모가 아니에요. 힘 있는 성인은 겁먹지 않았어요. 그녀는 어린 여자아이가 너무 연약하고 그 나이 먹은 남자한테서 상처 입어서 화가 났어요. 그녀는 이런 일이 다시는 일어나지 않도록 할 거예요! 그녀는 그 남자를 무서워하지 **않아요!** 그는 그녀를 다치게 할 수 없어요.

바버라: 네, 그녀는 두렵지 않아요. 그는 그녀를 다치게 할 수 없어요.

마리안: 당신은 두렵지 않아요. 바버라, 그는 당신을 해칠 수 없어요. 지금, 당신 안에서 그가 상처주어 배신당한 작은 여자아이를 보호할 필요가 있어요. 저는 당신이 그 방에서 작은 여자아이를 데리고 나오기를 원해요. 당신은 강하고 힘이 있어요. 그리고 당신은 그 사람들이나 그를 두려워하지 않아요. 그는 나이 들고 약해서 당신을 해칠 수가 없어요. 당신은 그렇게 할 수 있나요?

바버라: 네, 그렇게 할 수 있어요.

마리안: 좋아요. 당신이 무엇을 보고 있는지 제게 말해주세요.

바버라: 저는 그의 무릎에서 어린 여자아이를 잡아 그에게서 떼놓았어요. 저는 무슨 일이 일어나는지 그가 알기 전에 그의 뒤로 살금살금 가서 그녀를 잡았어요.

마리안: 좋아요! 지금 당신은 거기서 그녀를 데리고 나와야 해요. 당신은 그녀를 안전한 장소에 데리고 갈 수 있어요. 당신은 그녀를 안전하게 지킬 수 있어요.

바버라: 네, 우리는 그 방을 나오고 있어요. 우리가 떠나는 것을 아무도 보지 않아요.

마리안: 좋아요. 지금 그렇게 당신은 그녀의 안전을 지켜야 해요. 당신은 어떻게 할 수 있을까요? 당신은 그녀가 안전을 느끼고 당신이 그녀가 다시는 상처를 받지 않도록 할 것이라는 것을 그녀가 알게 할 필요가 있어요.

바버라: 저는 그녀를 담요로 감싸고 있어요. 저는 그녀에게 부드럽게 말하고 있어요.

마리안: 그녀에게 당신은 무엇을 말하고 있나요?

바버라: (울면서) 아가야, 내가 너를 돌봐줄게. 내가 너를 지켜줄 거야. 너는 지금 안전해.

마리안은 바버라의 학대 경험을 그녀가 훨씬 영향력 있는 위치에 있는, 다른 결말로 상상하도록 도왔다. 그녀는 실제 일어난 일을 과소평가하거나 무시하지 않았다. 사실, 그녀가 노련하게 바버라에게 부탁한 것은 그녀 자신을 위로하고, 수년 전에 추행을 당한 그녀의 내면에 있는 작은 여자아이를 돌보고 달래라는 것이었다. 마리안이 바버라가 자아내도록 도운 이미지는 바버라가 어린아이가 된 것만 같고 무력하다고 느껴지기 시작할 때 그녀 자신에게 사용할 수 있는 방법이다.

마지막 예시는 어떻게 상상요법이 내담자에게 힘을 북돋아주고, 감정을 표출하거나 다루기 위한 또 다른 분출구를 제공해주는지 보여준다. 이전에, 나는 어떻게 우리가 말린다를 위하여 안전한 장소를 발전시키고, 그녀가 견디어낸 윤간을 마주할 수 있도록 도울지를 포함한, 말린다와 나의 작업을 소개하였다. 말린다가 강간과 관련된 감정을 해결하는 것을 돕고, 스스로 해결하는 데 있어 다시 익숙해질 수 있도록 돕기 위한 방법으로, 나는 그녀에게 나는 우리가 그녀의 이야기에 새롭고, 다른 결말을 그리기 위한 시간을 갖길 원한다고 말했다. 나는 우리 모두 실제로 그녀에게 발생했던 일에 대하여 알고 있지만, 이제는 그녀를 강간한 남자가 계속해서 그녀의 삶을 통제하지 못하도록 앞으로 나아가는 것에 대해 생각해볼 시간이라고 강조했다. 나는 그들이 아니라 그녀가 통제할 수 있길 바란다는 것을 설명하였다. 우리는 다음과 같은 대화를 주고받았다.

캐럴린: 좋아요. 눈을 감고 당신 자신이 슈퍼우먼이라고 상상해보세요. 당신은 강하고 지혜롭고 두뇌 회전이 빨라요. 거울을 보면, 당신은 자신을 보호할 수 있는 강하고 힘이 쎈 여성이 보여요. 거울을 보고 있나요?

말린다: 네, 어느 정도 볼 수 있어요.

캐럴린: 어느 정도 말고요. 저는 당신이 당신 자신을 명확하게 보길 원해요. 당신의 팔은 힘이 있어요. 당신의 근육은 강해요. 당신은 튼튼해서 상처받을 수 없어요.

말린다: 네, 저는 볼 수 있어요. 저는 강하고 힘이 있어요.

캐럴린: 좋아요. 그래서 지금, 저는 당신이 아파트로(그녀가 강간당한 곳) 돌아가길 원해요. 당신은 더 이상 열일곱 살(그녀가 강간당한 나이)이 아니에요. 당신은 강한 여자예요. 당신은 힘이 있고 아무도 당신을 해칠 수 없어요. 당신은 그 아파트를 볼 수 있나요?

말린다: 네, 아파트가 보여요.

캐럴린: 좋아요. 당신은 두렵나요? 저는 당신이 겁먹지 않길 바랍니다. 겁먹을 이유가 전혀 없어요. 그 남자들이 당신과 당신의 힘을 무서워해야 할걸요! 당신이 그들을 무서워할 필요가 없어요. 기분이 어때요?

말린다: 저는 조금 두려워요.

캐럴린: 말린다, 제 말을 들어보세요. 그 남자들은 당신을 해칠 수 없어요. 이것을 크게 말해보세요.

말린다: 그들은 나를 해칠 수 없다.

캐럴린: 더 자신감을 가지고 더 크게 다시 말하세요.

말린다: 그들은 나를 해칠 수 없다!

캐럴린: 좋아요. 이제, 저는 당신이 아파트로 걸어가길 원해요. 그 남자들이 그곳에 있고, 당신은 그들과 마주할 수 있어요. 그들은 당신의 힘에 맞서기에 속수무책일 거예요. 당신은 그들이 가지고 있지 않은 모든 힘을 가졌어요. 만약 필요하다면, 당신은 저를 데리고 갈 수 있어요. 만약 그렇게 하는 것이 당신이 더 강해졌다고 느끼게 한다면요. 아니면, 당신은 다른 사람이나 다른 어떤 것을 가지고 갈 수 있어요. 필요한 것이 있나요?

말린다: 네, 저는 무언가 필요해요. 저는 제 야구방망이가 필요해요(말린다는 취미 수준의 소프트볼을 하고 있었다).

캐럴린: 좋아요. 그렇다면 당신은 야구방망이를 가져갈 수 있어요. 그 야구방망이는 아주 멋진 야구방망이예요. 그리고 당신은 매우 강해요. 그래서 당신은 지금 힘을 가지고 있어요. 그리고 그 남자들은 아무것도 아니에요.

말린다: 네, 저는 그 야구방망이를 지니고 있어요. 그리고 저는 그들을 볼 수 있어요.

캐럴린: 그들은 작고 당신은 커요. 그들은 약하고 당신은 강해요.

말린다: 맞아요, 저는 강해요. 만약 제가 원한다면 그들을 다치게 할 수 있나요?

캐럴린: 네, 당신은 당신이 원하는 것은 무엇이든 할 수 있어요. 이것은 당신의 이야기이고, 당신은 새로운 결말을 짓고 있어요.

말린다: 좋아요, 저는 그들을 다치게 할 거예요. 저는 그들을 구타할 거예요. 그래서 그들이 다시는 이 짓을 다른 누군가에게 하지 못하게 할 거예요.

캐럴린: 당신이 원하는 건 뭐든지 할 수 있어요. 그래서 당신은 아파트로부터 나와서 그

남자들이 다시는 당신을 그리고 다른 어떤 누구도 해칠 수 없다는 것을 알았어요.

우리가 이 상상요법 회기를 시작했을 때, 나는 말린다가 그녀에게 일어났던 일에 대해 어느 정도 종결을 경험할 수 있게 되길 원했다. 그러나 이 예시는 명확하게 우리의 작업이 우리를 어디로 이끌지 사전에는 알 수 없다는 것을 분명하게 보여준다. 말린다의 강간범에 대한 분노와 울분의 감정은 강렬했으며, 이 회기 동안 다소 예기치 못한 방법으로 마주하게 되었다. 그래서 처음의 계획을 고수하는 것 대신에, 나는 그녀가 분노를 터트리도록 그녀를 돕는 데 적합하도록 맞추었다. 어떤 독자들은 말린다의 폭력적인 환상을 지혜롭게 부추기는 것에 대한 의문을 가질 것이다. 상상요법을 사용하는 것은 내담자가 감정을 조절하게 하는 안전한 방법이 될 수 있다. 그리고 사실, 그들이 위험한 행동을 하는 것을 방지할 수 있다(Avrahami 2005; Jacobson 1994; Rankin 2003).

중요한 타인과 내담자의 관계에 대한 작업

1장에서, 아동기 트라우마 성인 생존자를 위한 개인 치료와 집단 치료에 대한 강조의 합리성을 논의했다. 아동기 트라우마로부터 돌아오는 여정은 다양한 사유로 개인적인 일이다. 개인이 비슷한 경험을 가진 다른 트라우마 생존자와 함께하거나 마주할 기회가 있을 때 이것이 더 쉬워진다고 하더라도 그러하다. 그러나 개인 치료에서 우리 내담자는 종종 중요한 다른 사람들과 그들의 관계를 관리하는 데 도움을 필요로 한다. 비록 초점이 개인 내담자에게 있다고 하더라도, 어떻게 다른 사람과 내담자의 관계가 우리의 작업에 영향을 미치고, 어떻게 우리의 작업이 그런 관계에 영향을 미치는지 주의를 기울여야 한다.

전문가는 그들이 내담자의 대인관계를 고려할 때 다음 세 가지 원칙을 지켜야만 한다. (1) 내담자의 계획에 따라 작업한다, (2) 중립을 유지한다, (3) 내담자가 결과를 예상하도록 돕는다.

내담자의 계획에 따라 작업하기

이전의 아동기 성적 학대 성인 생존자와 나의 작업으로부터 발췌한 다음의 예시는 가장 중요한 원칙을 분명하게 보여준다.

폴(Paul)과의 두 번째 회기 동안, 그는 교회 성직자로부터 그가 어떻게 성추행 당했는지 더 자세히 공유하였다. 폴은 그의 부모님과 그 성직자가 친하고, 부모님이 그들을 집에 자주 저녁 초대를 했기 때문에 절대 이 사실을 말하지 않았다. 학대는 수년 동안 계속되었고, 그 성직자가 갑자기 다른 주에 있는 다른 교구로 가면서 끝이 났다. 나는 폴에게 그 성직자가 아이들을 추행했기 때문에 갔을 가능성이 있고, 그가 계속하여 아이들을 학대할 가능성이 크기 때문에 그 사람을 신고할 것을 고려하는 것이 어떤지 물었다. 폴은 그 성직자가 계속하여 교회에서 일을 하고 있다는 것은 알고 있지만 어디에서 일하는지는 모른다고 대답했다. 그 다음 그는 울기 시작했다. 그가 '연약하기' 때문에, 다른 아이들이 해를 입을 수도 있다는 죄책감을 느낀다고 말했다.

이 일이 발생하고 많은 시간이 흐른 뒤 이 부분을 쓰는 지금도 여전히 나는 당황스럽고 전문적 죄책감을 느낀다. 폴에 대한 나의 의견이 옳지 않았다는(사실, 내 의견은 틀리지 않았다고 생각한다) 것 때문이 아니라, 나의 언급이 법률상 의무에서 기인된 것이 아니기 때문이다. 6장에서, 내담자의 관심과 필요와 법으로부터 요구된 균형의 개념을 검토했다. 그러나 여기서, 나의 의견은 폴이 나에게 공유한 부분에 대한 분노와 불만이 반영되었다. 나는 폴에 대한 나의 절박함을 그의 것으로 대신하는 실수를 저질렀고 그리고 이는 내가 폴에게 그가 들을 준비가 되지 않았거나 다룰 능력이 없는 것을 제안하게 하였다. 그는 이미 그의 추행에 대해 죄책감을 느끼고 있었다. 나의 언급은 죄책감을 더 강화시켰을 뿐이었다.

중요한 다른 이들에 대해 작업한다면, 그때 가장 중요한 원칙은 우리가 내담자의 계획에 따라 작업해야만 한다는 것이다. 즉, 우리의 것이 아닌 그들이 가장 관심을 두고 있는 것에 따라 작업하는 것이다. 이것이 함축하는 것은 광범위하다. 전문가는 내담자가 학대자나 아이를 보호하지 않은 부모를 마주하는 것이 좋은지 아닌지에 대하여 사전에 추정하지 않아야 한다. 그 결정은 내담자의 것이어야만 한다. 장점, 단점과, 가능한 결과, 그리고 그 사람을 마주해야 하는 이유를 논의하면서, 결정을 할 때 내담자를 돕는 것이 전문가에게 적절하다. 그러나 결국은 내담자가 결정해야만 한다.

이것은 전문가가 내담자가 그들을 보호해주지 않고 그들을 학대하고 상처 입힌 다른 이들에 대한 그들의 감정을 해결하는 데 도움을 주지 못한다는 것을 말하는 것이 아니다. 바버라와 마리안의 작업을 설명한 이전의 예시가 보여주는 것은, 전문가가 내담자가 다른 이들과 마주하도록 돕는 데 편지를 쓰는 것과 같은 표현적 기술을 사용해야 하고 사용할 수 있다는 것이다. 다른 이들이 사망했든지(바버라의 할아버지같이) 살아있든지(그녀의 부모님처럼) 상관없이 말이다. 사실, 바버라는 한 번도 부모님을 직접적으로 마주한 적이 없다. 왜냐하면 그녀는 아직도 두려웠기 때문이다. 그녀와 마리안은 법률체제를 통해 딸을 학대한 사람(바버라의 의붓아들)에게 맞섰던 것과 같이, 그녀가 딸을 위해 강해져야만 하는 필요성을 고려했을 때, 특히 그들이 그녀의 아동기 학대 사실에 대해 아무런 책임감도 인정하지 않는 것을 봤을 때, 그들과 마주하는 것은 그녀에게 최선의 선택이 아니라는 것에 마침내 동의했다.

중립 유지하기

내담자의 중요한 타인과 관련된 작업의 또 다른 원칙은 전문가가 중립의 위치를 취하고, 그들의 내담자가 법적인 일들에 관하여 충분히 알도록 하는 것이다(Alison et al. 2006; Brown 1995; Simon & Gutheil 1997; Zerbe et al. 1998). 임상가는 내담자의 피해 사실을 신고해야 하는 법적 의무가 있음에도 불구하고 내담자에게 법적 조치를 취하라고 설득하지 않아야 한다. 내담자에 대한 전문가의 책임은 그들 자신이 이 평가를 통해 무엇을 할지 결정하는 것을 돕는 것이다. 내담자가 그들의 선택이 무엇인지, 소송의 결과가 어떻게 될 것인지, 그리고 그들이 달성하기 원하는 것이 무엇인지에 대한 현실 감각을 가지도록 돕는 것이다. 이런 정보로 무장되어 있으면, 내담자는 어떤 행동 방책을 채택할 것인지 결정하는 데 있어 더 수월할 것이다.

　현실에서, 과거에 아동 학대가 일어나고, 특히 성적 학대를 포함한 경우, 확신을 가지거나 책임감을 갖는 것은 매우 어려운 일이다(Alison et al. 2006; Gothard & Cohen-Ivker 2000; Magner 2000; Mendelsohn 1995; Murphy 1997; Tennant 2004; Zoltek-Jick 1997). 가해자의 성공적인 기소와 연관된 어려움들은 무수히 많으며 내담자의 회상과 관련된 허용성과, 공소 시효, 그리고 피해와 상처의 법적 정의와 같은 주제가 표함된다.

　내담자들은 자주 나에게 학대자가 그들이 한 짓에 대한 대가를 치루기 원한다고 표현한다. 나는 정확하게 그들을 학대한 사람들이 그들의 과거 행동에 대해 책임을 가지고 있어야 한다고 믿는다. 그러나 학대자에 대한 소송을 취한다고 하여, 만약 이것이 성공적이라고 해도, 내담자가 예상했던 위안과 해방감을 제공하는 것은 쉽지 않다. 내가 나의 내담자가 그들의 학대자가 '대가를 치르길' 원한다는 말을 할 때 그것이 의미하는 것을 살펴보면, 답은 매우 자주 그들이 사과를 하고 잘못을 인정하길 원한다는 것이었다. 안타깝게도, 사과를 하는 것과 잘못에 대해 인지하는 것은 형사소송 조치나 민사소송이 시작되든지 안 되든지 일어나기 어렵다. 그러므로 내담자와 그들을 도와주는 사람들이 겪는 어려움은 피해 사실이 '이것만으로 끝나게' 될 수도 있다는 것에 대한 개인의 책임을 받아들이고 수락하는 것이다. 이전 장들에서 논의한 상상요법과 표현적 기술은 이 수락과 수용을 달성하는 데 매우 유익할 것이다.

　또한 중립을 유지하는 것은 임상가가 내담자의 가족 구성원과 착수하는 어떠한 작업에서도 적용되어야만 한다. Shulman은 그의 상호작용 모델에서, 내담자와 그들이 가장 중요하게 생각하는 사람들이 그들의 말을 듣고 서로 더 효과적으로 의사소통하는 것을 돕는 데 있어 우리가 중재자의 역할을 할 때 내담자의 대인관계에 가장 도움이 될 수 있다고 주장한다(2006). 이 역할에서 성공적이기 위해, 우리는 내담자와, 동시에 그들에게 중요한 사람들과 '함께할' 능력이 되어야만 한다. 다른 말로 하면, 우리는 양면에서 상황을 볼 수 있는 능력이 있어야만 한다. 이는 내담자가 아동기 트라우마 생존자일 때 특별히 더 어려울 수 있는 능력이다.

상황의 양면을 볼 수 있다는 것은 내담자의 가해자 '편을 드는 것'을 의미하는 것이 아니다. 내담자가 가해자와 대면하기로 결정했을 때 우리가 가해자의 입장을 이해할 수 있고 방어, 책임 축소, 자신의 행동에 대한 합리화와 같은 내담자의 반응을 예측할 수 있다면(내담자 또한 예측할 수 있도록 돕는다면) 더 도움이 되고 생산적인 만남을 주선할 수 있다는 것을 의미한다. 이러한 만남은 내담자가 자신의 감정과 생각을 표명하게 하기 위함이며, 대면하고 있는 상대가 내담자도 감정과 생각을 표명할 수 있을 것이라고 믿을 때 순조롭게 이루어질 수 있다.

내담자가 결과를 예상하도록 돕기

실무의 세 번째 원칙은 전문가가, 내담자에게 중요한 타인이 포함된 모든 개입에 대비해 내담자를 준비시킬 필요가 있다는 것이다. 이것은 발생 가능한 결과와 시나리오를 예상하여 역할 연기 또는 행동 리허설, 전문가의 역할을 분명히 하기, 논의 대상과 논의 방법을 포함한다.

이러한 고려 사항 중 몇 가지가 나의 내담자 중 한 명의 사례에서 분명히 드러난다. 셰릴(Cheryl)은 그녀가 십대 때 부모님의 친구인 한 남자로부터 강간당했다. 그 시점부터 그녀는 나를 만나기 시작했다. 그녀는 결혼했고 한 명의 아이를 가졌지만 결혼생활은 성적 친밀감의 부족을 포함한 문제를 경험하고 있었다. 비록 셰릴은 그에게 한 번도 강간에 대해 자세히 논의한 적이 없지만 그녀의 남편은 강간에 대하여 의식하고 있었다. 남편은 그녀가 나와 함께 치료를 받고 있다는 것을 알았다. 그리고 우리의 작업을 지지해주었다. 셰릴과 내가 계속 함께 작업을 하면서, 그녀는 학대당했던 어떤 시점에 대해 암시하는 사고, 감정, 반응을 보이기 시작했다. 나는 그녀에게 이것에 대해 고민하고 있다는 것을 밝혔고 우리는 상상요법을 사용해 보기로 했다. 그 결과, 셰릴은 열두 살 때부터 열여섯 살, 열일곱 살까지 계속 부모님의 친구인 그 남자로부터 강간당했다는 사실을 기억해낼 수 있었다. 그 남자는 지금도 계속 부모님의 친구로 남아있다. 나는 주의 법적 요구에 따라 관계 당국에 셰릴의 학대 피해 사실을 신고하였다. 셰릴은 어떠한 법적 절차에도 참여하길 원치 않는다고 단호하게 말했으며, 사실 정부에서도 아무 일도 시작하지 않았다.

이 첫 번째 예시에서 우리는, 그녀의 남편에게 그녀의 학대를 이야기하기 원하는 셰릴의 바람을 다룬다.

셰릴은 나에게 그녀의 남편이 그녀의 아동기 강간에 대해 알길 원한다는 것을 말했다. 비록 그들의 결혼생활에는 긴장감이 있었지만, 셰릴은 남편 래리(Larry)의 지지가 필요하다고 느꼈다. 나는 셰릴에게 무엇을 그리고 왜 그가 알기를 바라는지 생각해보라고 물었다. 그녀는 결혼

생활의 문제점이 학대와 남성에 대한 불신, 성교에 대한 혐오 때문이라는 것을 깨달았다고 말했다. 그녀는 만약에 래리가 과거에 대해서 조금이라도 이해한다면 그녀가 가진 이런 문제들에 도움이 될 것이라고 느꼈다. 그녀는 또한 그의 지지를 받기 원하는 바람을 여러 차례 드러냈다. 그녀는 완전히 혼자가 될 것만 같다고 느꼈다. 나는 결혼생활에 이미 갈등과 다툼이 있는 상황에서, 그의 반응이 어떨지에 대하여 현실적으로 생각해보라고 말했다.

우리는 래리가 그녀에게 마음이 상하고 실망하는 것을 포함하여 그가 가질 법한 반응들에 대해 논의하였다. 셰릴은 그녀의 남편이 알기를 원한다고 계속하여 주장했다. 그녀는 나에게 이 회기에서 그녀가 이 작업을 수행할 수 있게 해달라고 나에게 요청했다. 왜냐하면 그녀는 그녀에게 일어났던 일에 대해 적절한 단어들을 찾는 데 어려움을 가질 수 있기 때문이었다. 우리는 셰릴이 래리에게 그녀와 함께 회기를 참석하도록 물어보는 것에 대하여 동의했다. 그녀는 그녀의 과거에 대하여 그가 알기 원하는 무엇인가가 있다고 설명했다. 만약에 래리가 구체적인 것을 알기를 원한다면, 우리는 그녀가 그에게 우리 모두가 함께할 때까지 기다렸으면 좋겠다고 말하기로 하였다. 셰릴과 나는 누가 무엇을 할 것인가 하는 '분업'이라 부르는 것에 대하여 이야기했다. 나는 그녀가 래리에게 그녀에게 무슨 일이 있었는지 말하는 것을 이야기하도록 도울 것이지만, 그녀는 그녀가 이것을 하는 가장 주요한 사람이 될 필요가 있다는 것을 강조했다. 나는 래리가 그의 반응들에 있어서 정직할 수 있도록 격려할 것이라는 것을 밝혔다.

래리, 셰릴, 그리고 내가 만났을 때, 나는 회기의 목적을 반복해서 말하고, 나의 역할에 대해 분명히 말했다. 나는 셰릴에게 회기 시작을 위해서 필요한 것이 무엇인지 물었다. 그녀는 내가 그녀 옆에 앉기를 원한다고 말했다. 그리고 그녀가 말하는 동안 그녀가 그를 볼 수 있다고 생각하지 않도록 래리가 그녀를 외면하고 앉기를 요청했다. 그는 이것에 동의했고, 그녀는 그녀의 추행과 강간에 대해 자세히 말하게 되었다. 그녀가 마쳤을 때, 래리는 말을 꺼내지도 못하고 아무것도 하지 않았다. 나는 이것에 대하여 그의 아내가 그에게 방금 한 말을 고려해볼 때 무엇을 말해야 할지는 그에게 정말 어려운 일이고, 슬픔과, 죄책감, 분노, 심지어 불신 등의 여러 가지 혼합된 감정을 느낄 것이라고 언급했다. 래리는 비록 그가 아내가 말하는 것을 믿는다고 해도, 그는 이것을 받아들이는 데 어려움을 느낀다고 말했다. 특히 그녀가 아이 때 그녀를 학대한 사람이 누군지 그가 알고 있고, 그가 '정말 좋은 사람처럼' 보인다는 점에서 더 힘들어했다.

이 두 번째 예시에서, 셰릴과 나는 그녀가 부모님의 친구로부터 경험한 추행에 대하여 그녀의 부모님과 마주하길 원한다는 그녀의 바람을 다루었다.

우리의 작업이 계속되면서, 그녀의 부모를 향한 셰릴의 분노는 훨씬 더 눈에 띄었다. 비록 그녀가 부모님의 친구가 그녀에게 한 일에 대해 한 번도 말한 적이 없지만, 그녀는 부모님이 무엇인가 잘못됐다는 것을 알았어야 한다고 느꼈다. 나는 그녀에게 부모님에게 이 사실을 밝힘으로써 그녀가 이루기 원하는 것에 대하여 생각해보라고 요청했다. 그리고 셰릴은 부모님이 친구에게 분노를 느끼고 그와 '의절'하길 원한다고 말했다. 나는 비록 그녀가 왜 이렇게 느끼는지 이해가 가긴 하지만 그녀의 부모님이 그녀가 원하는 방법으로 응답할 것인지에 대한 확신이 없다고 응답했다. 그리고 나는 그녀가 이것에 대하여 현실적으로 생각해보길 원했다. 셰릴은 그녀의 부모님이 그녀를 믿지 않거나 최소한 그들의 친구가 그녀가 설명한 방법으로 그녀를 다치게 할 수 있다는 것을 믿지 않을 것이라는 것에 동의하고 인지하였다.

나는 이것에 대해 접근하는 더 나은 방법은, 그녀의 부모님의 반응에 상관없이, 그녀의 부모님이 그녀에게 무슨 일이 있었고 누구에게 책임이 있는지 알게 하는 것이 그녀에게 도움이 될 것인지에 대하여 생각해보는 것이라고 제안했다. 마침내, 셰릴은 그녀가 부모님의 반응에 상관없이 그들이 알기 원한다고 결정했다. 그녀는 또한 이것을 그들에게 직접적으로 말하는 것 대신에, 서면으로 된 형식으로 밝히기를 원한다고 결정했다. 그러므로 그녀는 우리가 함께한 작성한 초안에, 검토를 걸치고 나서 그녀의 부모님께 보냈다.

그녀의 부모님은 2주가 지난 후에 그녀가 먼저 전화로 연락할 때까지 그녀의 편지에 답장하지 않았다. 그들은 그녀가 그들에게 한 말을 믿는다고 말했지만 그들은 또한 자신들의 친구가 그런 일을 했다는 사실이 '믿기지 않는다'고, 그리고 혹시 그녀가 '잘못 알고 있는 것'은 아닌지 궁금하다는 것을 고백했다. 그들은 또한 그녀가 이것에 대해 왜 이 일이 발생했을 당시에 말하지 않았는지 이해할 수 없고 과거에 일어난 일을 이제 와서 이야기하는 이유가 궁금하다고 말했다. 또한 셰릴의 부모님은 그 친구와 관계를 지속하지 않겠다는 의사를 명확하게 밝혔다.

셰릴은 이 사실을 알렸을 때의 부모님 반응에 당연히 매우 상처받았고 실망하였다. 하지만 그녀는 그들의 반응을 보고 크게 놀라지 않았으며 그들의 반응을 본 뒤 고통이 경감되기도 하였다. 우리가 함께 그녀의 부모님의 반응에 대해 다루었을 때, 셰릴은 그 사실을 말했다는 것 자체로 안도감을 느낀다고 보고하였으며 후회가 없다고 말했다. 사실, 그녀는 부모님의 그러한 반응이 자신에게 일어난 일에 대해 그녀가 느끼던 책임감을 더 이상 느끼지 않을 수 있게 도왔다고 믿었다.

후에도, 셰릴의 삶에서 중요한 또 다른 누군가에 대해 작업할 기회가 생겼다. 다시 한 번, 그 주제는 그녀의 부모님을 포함하고 있었다. 하지만 이전의 개입과는 다르게, 나는 이번엔 그녀의 부모님에게 직접적으로 연락을 취했다.

셰릴과 래리는 몇 년 동안 그녀의 부모님의 명의로 된 집에서 살아왔다. 그러나 암묵적인 합의는 항상 셰릴과 래리는 대출을 받아서 부모님으로부터 집을 사는 것이었다. 그렇지만 셰릴과 래리의 한정된 자금 때문에 실행되지 않았다. 그 결과로서, 부모님은 갈수록 더 화가 나고 실망했다. 셰릴은 나에게 그녀와 래리, 그리고 그녀의 부모님 간의 문제에 대한 해결책을 생각해 내는 데 도와줄 의향이 있는지 물었다. 나는 내가 중립적인 위치를 유지할 것이라는 것을 그녀가 이해한다면 그녀를 도울 의향이 있다고 대답했다. 나는 셰릴과 래리가 재정적으로 힘들다는 것을 이해하지만 나는 그녀의 부모님이 그들에 대한 인내를 잃었다는 것 또한 이해할 수 있었다. 또한 나는 심지어 그녀의 부모님이 이러한 만남에서 솔직해질 수 있는지, 그리고 내가 이것을 하기에 적당한 사람인가 하는 의문이 들었다. 셰릴이 그것에 대해 물었을 때, 부모님은 회의적이었고 망설임을 표현했다. 그러나 그들은 만남에 동의하였다.

이 만남이 시작될 때, 나는 셰릴의 어머니에게 악수를 청했지만, 그녀는 무시했다. 그녀는 게다가 나를 쳐다보는 것조차 거절했다. 그녀의 아버지는 조금 더 수용적이었다. 그러나 확실히 불편해했다. 나는 모임의 목적을 다시 한 번 더 말하고, 중재자로서 나의 역할과 그들 넷 모두가 함께 동의할 수 있는 해결책이 나오도록 돕는 것이 목적이라고 강조하였다. 나는 특히 만남에 오기 위해 두 시간 이상 운전해야 함에도 불구하고 셰릴의 부모가 그 자리에 참석한 것에 대해 칭찬했다. 그리고 그들이 아마 이 만남과 그 이유에 대해 화, 혐오, 불안 등 다양한 감정을 가지고 있을 것이라고 말했다. 또한 나는 그들이 합의하길 원하거나 노력하고자 하는 것 같다고 말했다. 그들이 제안하는 조건은 꽤 관대했기 때문에 그들이 딸과 사위를 위한다는 것은 분명했다.

이 시점에서, 셰릴의 아버지는 이 상황에 대한 그의 당황스러움에 대해 이야기하기 시작했다. 그와 그의 아내는 계속하여 셰릴과 래리에게 기본적으로 무료로 집을 빌려주며 살게 할 재정적 상태가 아니었다고 강조했다. 나는 이것을 충분히 이해할 수 있다고 대답했다.

세 개의 예시에서 설명한 유형의 개입은 전문가가 어떻게 내담자의 삶에서 중요한 타인과 작업할 수 있는지의 전형을 보여준다. 어떤 경우, 첫 번째, 세 번째 예시가 그렇듯이 이 작업은 직접적일 수 있다. 다른 경우, 두 번째의 예시가 그러하듯, 내담자를 통해 간접적으로 작업하게 될 것이다. 비록 각 예시들은 다른 종류의 개입을 다루고 있지만, 그들은 되풀이되는 특정 공통점을 공유한다. 전문가는 그들이 중재적인 위치에서 시작할 때 중요한 타인들과의 작업에서 가장 도움이 될 수 있다. 일부 상황에서는 편을 들며 내담자를 옹호해야만 할 수도 있다. 예를 들어, 만약 셰릴이 회기에서 그녀의 부모님께 직접적으로 추행을 밝히기로 결정했다면 그리고 그들이 전화로 대화한 것처럼 응답했다면, 나는 아마 셰릴을 옹호했을 것이다. 그렇지만 셰릴이 그들에게 밝힌 것에 대해 그들이 느끼는 감정과 생각을 알기 전에는 그렇게 하지 않았을 것이다.

중요한 타인들과의 작업이 직접적 접촉을 포함하든 포함하지 않든, 전문가는 내담자가 달성하길 원하는 것이 무엇이고, 그 다른 이들이 어떻게 응답할 것 같은지에 대하여 현실적일 수 있도록 돕고자 한다. 어떤 경우, 임상가는 아동기 트라우마의 경험이 개인이 친밀한 관계에서 성공적일 수 있는 능력에 부정적인 영향을 미쳤을 경우, 내담자로부터 중요한 타인(예: 그들의 부모)과의 관계를 강화하도록 도와달라고 부탁받을 수 있다(Basham 2004; Whisman 2006). 셰릴과 그녀의 남편과 나의 회기는 이것에 대한 예시이다.

다른 경우, 아동기 트라우마의 내력을 가진 내담자를 중요한 타인과 심리적으로(그리고 가끔은 신체적으로) 분리시키는 것을 돕는 것이 가장 중요할 수 있다. 예를 들어, 성폭행 사실을 알린 후 그녀 부모의 반응에 따라 우리는 그녀가 부모로부터 거리를 두는 것이 필요하다는 것에 동의했다. 셰릴은 그녀의 삶에서 계속하여 그들을 원하고 필요하다고 주장했다. 그러나 셰릴이 만약 계속해서 부모에게 심리적으로 의존한다면 이것은 최선의 이익이 아니라는 것을 인지할 능력이 셰릴에게 있었다. 사실, 그녀의 자기 개방에 대한 부모의 반응과 평상시 그녀에 대한 부모의 처우는, 그녀가 자신감을 높이는 것을 방해하고 수치심과 자기회의에 대한 오래된 감정들을 강화시켰다.

요약

이 장에서는 전문가가 아동기 트라우마의 내력을 가진 내담자가 현재 겪는 문제를 다루고 그들의 과거 트라우마를 직면하도록 도울 수 있는 여러 가지 방법에 대해 논의한다. 우리는 특별한 내담자, 그들의 특정한 필요, 그리고 우리의 전문적인 역할에 따라서 광범위한 기술에 의지할 수 있는 준비가 되어있어야만 한다. 어떤 한 내담자에게 가능했던 일이 다른 이에게는 가능하지 않을 수도 있다. 내담자와의 작업 관계를 사용하는 데 필요한 기술이나 기술의 결합을 정확하게 아는 것은 임상가가 특정한 개인에게 어떤 것이 가능하고 가능하지 않을 것인지에 대한 감각을 가지고 있어야만 가능하다. 해결 중심 접근과 일치하게, 만약 하나의 전략이 가능하지 않으면, 다른 어떤 것을 시도할 준비가 되어야 하는 것이다.

해결 중심 기술은 자신의 적응 능력의 힘을 돋우고 의지하는 것이다. **서면으로 된 자료**를 포함한 **인지행동 기술**은, 내담자의 그들 자신에 대한, 그리고 타인에 대한 **핵심 신념**에 도전하고 경험과 반응의 **재구성**을 통해 인지적 왜곡을 직면하게 한다. 또한 이러한 기술은 내담자가 **현재와 과거를 분리**할 수 있도록 돕는다.

아동기 트라우마의 내력을 가진 내담자는 자주 자멸적인 행동 패턴에 사로잡히기 때문에, **지시를 제공**하는 것이 **자기 능력**을 증진시킬 수 있다. 그러나 지시의 효과적인 사용은 좋은 작업 관계를 구축한 후에 가능하다. 지시 제공의 목적은 내담자가 성공 기회를 갖게 되는 것과 연결된다. 지시를 제공하는 것은 내담자에게 무엇을 할지 말해주는 것이 아니다.

아동기 트라우마의 내력을 가진 내담자와 우리의 작업이 주로 현재의 도전이나 과거 트라우마, 또는 둘 다에 초점이 맞추어져 있음에도 불구하고, 우리는 그들이 그들의 감정을 조절하는 것을 도울 수 있도록 준비되어 있어야만 한다. 전문가는 **억제와 표현에 이중 초점**을 유지해야만 한다. **상상요법**은 내담자가 회기 밖에서와 안에서 내담자의 자기 통제감을 높이고 힘을 북돋울 수 있다. **표현적 기술**은 내담자가 감정을 표현할 수 있도록 만들어진, 미술과 신체적 표현과 같은 비언어적 행동과 일기를 포함한다.

전문가는 트라우마와 관련된 감정에 초점을 둔 결과로써, **해리**의 증상을 예상해야만 하고, 내담자도 이것을 예상하도록 도와야 한다. 해리는 회기 내에서나 외부에서, 또는 모두 발생할 가능성이 있다. 어디에서든지 그리고 언제든지 이것이 일어날 때, 전문가는 내담자의 안전에 주의를 기울여야만 한다. 최소한, 임상가는 내담자에게 이런 경험들을 **일반화**하거나 **재구성**해야만 한다. 만약에 해리가 회기 안에서 일어난다면, 이것이 계속 되게 둔다면, 내담자가 현재로 돌아오는 것을 반대한다는 것에 무게를 두어야만 한다. 전문가의 역할에 맞게, 우리는 해리를 우리의 내담자가 그들 자신과 그들의 감정 및 경험에 대한 이해를 증진시키는 데 사용할 수 있다.

또한 우리의 작업의 초점에 상관없이 우리는 아동기 트라우마에 대한 **내담자의 기억에 대해 작업**할 수 있도록 준비되어 있어야만 한다. 기억 회상이 아동기 트라우마의 내력을 가진 내담자와의 우리 작업의 목적이 되지 않아야 한다. 하지만 그들이 마주하는 그들의 삶과 어려움에 대하여 더욱 이야기하도록 하는 것은 기억들(오래된, 조각난, 새로운 기억)과 마주하게 할 가능성이 높다. 기억들, 그들 자신, 그리고 회상의 과정을 **일반화**하고 **인정**하는 것은 도움이 된다. 전문가가 **중립**과 **내담자와 협동해서 작업**하는 것을 지키는 것은 중요하다. 전문가는 또한 내담자의 힘을 북돋아서 트라우마 관련 기억들을 재구성할 수 있고 트라우마 관련 기억에 대한 종결감을 제공할 수 있다.

우리의 개입에 대한 노력은 목적을 가지고 신중히 해야만 한다. 가장 기본적으로, 우리는 우리가 이루고자 하는 의도, 특히 감정을 표현하고 기억을 조사하는 부분에서 명확해야만 한다. 전문가는 다음의 질문을 다루는 데 준비되어 있어야만 한다. 내담자가 과거에 대한 감정을 표현하는 것이 현재와 미래에 그들에게 도움이 될 것인가? 과거에 대한 그들의 감정을 살펴보도록 그들을 격려하기 전에, 내담자가 감정을 더 조절할 수 있도록 돕는 것이 우선일 것인가? 내담자가 과거에 대해 더 기억하도록 돕는 것에 대한 이점은 무엇인가? 내담자가 추행에 대해 마주하고, 가해자에 대한 법적 조치를 취하고, 중요한 다른 사람에게 피해 사실을 알리도록 하는 것에 대한 장점과 단점은 무엇인가?

이런 질문들은 특히 우리가 내담자의 삶에서 중요한 다른 이들과 작업할 때 중요하다. 내담자와 우리의 작업이 다른 이들과 그들의 관계에 영향을 받고, 그리고 영향을 미치면서, 우리는 이것이 우리의 역할에 일치한다면 개입할 준비가 되어 있어야만 한다. 이 영역에서 우리의 노력은 세 가지 주된 고려 사항들을 반영한다. (1) 우리는 내담자에게 도움이 될 것이 무엇인지에 대한 **내담자의 계획에 따라** 작업해야만 한다. (2) 우리는 또한 **중립을 유지**해야만 한다. 그리고 행동의 특정한 흐름을 촉진하는 것을 삼가야만 한다. (3) 마지막으로, 우리는 내담자가 우리의 작업에서 기타 다른 것들이나, 그들의 행동에 조치를 취하는 것을 포함한 **결과를 예상**하도록 도움이 되어야만 한다.

집단 작업의 중기 단계[1)]

도입

이전 장에서, 우리는 집단에 소속되는 것이 어떻게 아동기 트라우마 생존자에게 도움이 될 수 있는지를 살펴보며, 상호협력이 치료상 어떤 이점이 있는지를 강조하였다 (Schwartz 1994; Shulman 2006). 우리는 또한 구성원들의 상호협력을 돕도록 집단을 구성하고 문화를 자아내는 것과 관련된 주제를 다루었다. 특히 더 주의해야 할 고려 사항은 구성원의 독립성과 집단의 목적 및 초점과 연관된다. 어떤 경우, 집단은 특별히 아동기 트라우마를 경험한 성인들로 구성될 것이다. 그리고 이 경험은 구성원의 특징으로 정의될 것이다. 그러나 각 구성원들이 마주하는 현재의 어려움에서 정도의 차이가 있을 수 있다(아마 있을 것이다). 또 어떤 경우, 어떤 참가자들은 중독과 정신 병리와 같은 현재의 문제로 특징지어질 수 있다. 이것은 아동기 트라우마 성인 생존자들 사이에서 특히 더 흔한 일이다. 이런 많은 집단들에서, 모두가 그렇지는 않지만 구성원들은 아동기 트라우마 성인 생존자일 수 있다.

---

1) 성폭행 생존자를 위한 집단에 대한 자세한 설명은 Knight, C. (2005)를 참고하라. Group work with men and women who were sexually abused in childhood(아동기에 성적으로 학대당하는 남성과 여성과 함께하는 집단 작업). In A. Gitterman & L. Shulman (Eds.) *Mutual Aid Groups and the Life Cycle*, 3rd. ed. New York: Columbia University Press. And Knight, C. (1996). *Process-Oriented Group Therapy for Men and Women Sexually Abused in Childhood*. Holmes Beach FL: Learning Publications.

아동기 트라우마 성인 생존자를 포함한 집단은 구성원의 수, 회기의 횟수와 길이, 아동기 트라우마 성인 생존자를 포함한 집단은 구성원의 수, 회기의 횟수와 길이, 집단 회기 도중 새로운 구성원을 받을 것인지의 여부, 집단의 구조화 여부에 따라 다양한 방법으로 구성될 수 있다. 이런 모든 결정은 전문가가 해야 하며 내담자의 필요와 일치해야 한다. 집단 구조가 기관의 상황에 의해 어느 정도 결정되는 경우, 도움 전문가는 집단에 알맞은 목적을 설정하여 실제로 달성할 수 있도록 해야 한다.

이 장의 초점은 아동기 트라우마 집단과, 전문가의 과업과 연관되는 집단 작업의 중기 단계에서 나타나는 일반적인 역동이다. 집단 작업의 중기 단계는 구성원들의 어려움을 가장 직접적으로 다루는 시기이다(이것은 개인 치료에서도 그렇다). 구성원들이 서로가, 집단이 변화하는 과정인 그들 상호작용의 역동에 더욱 익숙해질 때, 그들의 대화 내용도 변화한다. 전문가는 집단이 발달하면서 그에 맞는 책임감을 가지게 될 것이다. 그리고 특정한 집단의 목적, 구성원과 구조와 관계없이 전개될 것이다.

여기서 강조되는 집단 역동은 아동기 트라우마 성인 생존자를 포함하는 어떤 집단에서든 발생할 수 있다. 그러나 그러한 역동이 분명해지는 정도는 집단에 따라 달라질 것이다. 예를 들어, 구성원들이 계속해서 변화하는 집단의 중기 단계는(4장과 7장에서 설명한 테드의 중독자를 위한 분노조절 집단처럼) 구성원들이 함께 시작해서 함께 마치는 나의 집단과 같은 집단과는 다른 양상을 보일 것이다. 마찬가지로, 나의 20회기 집단의 중기 단계는 린의 12회기 집단(7장에서 설명한 것과 같이, 성적 학대의 생존자이기도 한 여성 중독자)과는 다른 양상을 보이게 될 것이다. 비록 두 집단 모두 회원들의 참여에 제한을 두지만, 비슷하게, 나와 린이 진행했던 집단처럼 회기 수가 제한되어 있는 집단의 중기 단계는 팸과 마커스가 진행했던 회기 수의 제한이 없는 섭식장애와 아동기 성적 학대의 내력이 있는 내담자들을 위한 집단과는 다른 모습을 보일 것이다(7장 참고).

집단의 목적, 참가자 수, 길이는 모두 집단이 무슨 일에 착수했는지뿐만 아니라 집단이 어떻게 이 작업을 하는지에 영향을 준다. 그러나 그러한 차이들과 관계없이 근본적으로 비슷한 점이 있다. 이러한 공통적인 주제와 역동이 이 장에서 논의될 것이다.

구성원들 간 연결성 심화시키기

구성원들이 다른 사람들과 함께 그들의 이야기와 경험을 공유함에 따라, 그들 서로 간의 연결성이 심화된다. 즉, 집단 내에서, 그리고 그 자체로 도움이 된다. 왜냐하면 이것은 고립감을 줄이고 자기 가치와 존중감을 증대시키기 때문이다. 중기 단계를 특징짓는 구성원들 간 연결성과 상호 관계의 증진은 두 가지 중요한 역동과 관련이 있다.

'다들 그렇지만 나는 아니다'에 도전하기

집단의 작업이 아직 초기 단계일 때, 구성원들은 내가 '다들 그렇지만 나는 아니다'라고 부르는 현상을 경험한다. 다른 사람의 자기 개방에 대한 각 구성원들의 처음 반응은 보통 '집단의 모두가 지지와 이해를 받을 가치가 있지만 나는 그렇지 않다'라는 신념을 반영한다. 이것은 그들의 아동기 피해 사실을 자신의 탓으로 돌리고 어느 정도의 책임을 가지고 있다는 트라우마 생존자의 핵심 신념으로부터 비롯된 증상이다. 그러나 임상가가 개인 상담에서 생존자의 이런 핵심 신념에 도전하듯이, 집단 구성원들 각자의 개방은 그들 자신에 대한 무엇인가를 다른 구성원들에게 밝히는 것이다. 구성원들이 그들 자신과 비슷한 다른 이의 감정과 생각과 반응에 대해 들으면서, 그들은 오직 그들뿐이라는 신념을 유지하는 것이 더욱 더 어려워진다는 것을 깨닫는다. 이 깨달음은 생존자의 경험을 보편화하고 인정하게 한다. 오직 다른 사람의 경험을 듣는 것만으로도 아동기 트라우마 성인 생존자 특유의 왜곡된 생각에 변화가 시작될 수 있다.

아동기 트라우마의 내력을 가진 내담자를 포함한 어떤 집단에서이든지, 전문가는 구성원들 사이에서 공통점을 언급하고, 이것이 표면으로 드러났을 때 '다들 그렇지만 나는 아니다'라는 역동을 고칠 준비가 되어있어야만 한다. 우리가 이 역동에 주목할 때, 우리는 구성원들이 '아하'의 순간을 경험할 기회를 제공한다. 그들이 피해 사실을 다른 방향으로 보기 시작하게 하는 순간이 생기는 것이다. 이것은 8장에서 논의한, 집단 환경에 도움이 된다고 밝혀진 인지적 기술과 일치한다(Martsolf & Draucker 2005).

내가 성적 학대 생존자 성인들을 위해 진행했던 집단에서, 예를 들어 앤드류(Andrew)는 다른 구성원들의 강경한 지지자였다. 그는 다른 이들의 가해자에게 엄청난 분노를 표현하였고 전폭적이고 조건 없는 지지를 구성원들에게 제공하였다. 앤드류는 알코올 의존적인 가족 출신이며, 그는 다수의 남성 친척들로부터 추행당했다. 그는 '작은 어른'으로 자신을 설명하였다. 그는 어린 남매들을 돌보았기 때문이었다. 앤드류는 평생 동안 어떤 종류의 보살핌도 받은 기억이 없고 어린 시절은 외롭고 고통스러웠다고 보고했다. 5회기 때 다음의 대화가 오고갔다. 그들의 학대에 대한 수치심과 책임감에 대해 이야기하고 있었다.

제인: 저는 제가 이 일(그녀의 학대)의 원인이 아니라는 것을 머릿속으로는 알고 있어요. 하지만 제게 가장 중요한 마음속에서는 제가 한 행동으로 인해, 저 때문에 그 일이 일어난 거라고 느껴져요.

앤드류: 아니에요. 당신이 맞아요. 당신의 삼촌(제인의 삼촌)은 역겨워요. 당신의 학대에 대해서 어떻게 당신의 책임이 있을 수 있겠어요? 당신은 그저 여덟 살일 뿐이었어요. 맙소사. 여덟 살 아이는 자신과 성교해달라고 말하지 않아요!

캐럴린: 앤드류, 당신은 제인의 가해자에게 정말로 화가 났군요. 그렇죠? 정말 맞는 말이

에요. 그렇지만 당신은 당신을 학대한 가족 구성원들에게는 화를 낼 수 없는 것 같아요. 당신의 상황이랑 뭐가 다른가요? 당신은 어떻게 당신에게 일어난 일에 대해서는 당신 탓을 하지만 제인에게 일어난 일에 대해서는 책임이 없다고 할 수 있나요?

앤드류: 그냥 달라요. 저는 더 나이가 있고, 더 철이 들었어야 했어요. 저는 제 가족이 엉망이라는 것을 알지만, 그렇다고 해서 제가 한 일이 옳다고는 할 수 없어요. 제 부모님들은 알코올 의존자였어요. 저는 어떻게 그들이 저를 제대로 돌봐줄 것이라고 기대할 수 있죠?

캐럴린: 당신은 학대당하지 않았어야 해요. 당신은 당신의 부모에게서 양육되지 않았어야 했어요. 당신은 사랑받고 보살핌 받아야 할 권리가 있었어요. 제 생각에 당신은 이런 것들을 받아들이기 두려운 것 같아요. 왜냐하면, 만약 당신이 그렇게 한다면, 당신은 모든 것이 얼마나 공평하지 못했는지, 왜 당신의 가족이 옳지 못했는지, 당신의 학대가 얼마나 잔인했는지, 이 모든 것을 인지하게 될 것이기 때문이에요. 그 다음에, 당신은 당신이 힘겹게 억압하고 무시하려고 했던 자신에 대해 분노를 느끼기 시작할 거예요.

앤드류: 저는 착각하는 것이 필요해요. 저는 어머니를 원해요. 저는 어머니에게 안기고 싶어요. 당신은 어머니로부터 한 번도 안겨보지 못하고, 어머니로부터 한 번도 감동한 적이 없다는 것이 어떤 느낌인지 상상할 수 있나요? 저는 거의 쉰 살이에요. 그리고 저는 아직도 어머니가 제 어머니가 될 거라고 믿고 싶어 해요. 만약 제가 맞는 것을 이야기하고, 옳은 행동을 하고, 조금 더 열심히 노력하면 어머니는 저를 사랑해줄 거예요.

(앤드류를 포함한 여러 명의 구성원들의 눈에 눈물이 고인다.)

캐럴린: 여러분, 다들 들어보세요. 이것이 힘든 일이라는 것은 저도 알아요. 그렇지만 진실은, 당신은 아마도 당신의 가족들로부터 당신이 원하는 것을 절대 얻지 못할 거예요. 당신은 당신의 환상을 위해 매우 높은 대가를 지불하고 있어요. 당신의 가치와 존중감을 말이에요. 앤드류의 경우, 부모님이 그가 필요할 때 그곳에 없었다는 것을 받아들이는 것으로부터 그를 보호하기 위해 그 자신이 비난받아야 한다는 신념에 매달리고 있어요. 나머지 사람들의 이유들은 아마 다 다를 거예요. 하지만 저는 여러분 각자가, 이전에 제인 당신이 말했던 것처럼, 같은 유형의 신념에 매달리고 있는 것 같아요.

앤드류는 그의 피해 사실에 대한 인지적 왜곡을 직접적으로 마주하기 위해 나의 도움을 필요로 했다. 하지만 '다들 그렇지만 나는 아니다' 방식의 생각을 보이는 사람은 앤드류뿐만이 아니었다. 이 주제는 이 시점의 작업에서에 있어서 공통된 것이었다. 그러므로 나는 처음에 앤드류에게 초점을 맞추었지만, 그의 반응과 집단의 다른 이들의 반응들 사이에 연관성을 찾았다. 이전의 장들에서 언급한 것과 같이, 집단 범위에서 작업이 될 때 지도자는 집단의 구성원들 각각에게, 그리고 전체로서의 집단에게 책임을 가지고 있다. 이것은 임상가가 개인을 집단에 그리고 집단을 개인에게 연결하는 기술을 사용해야만 한다는 것을 의미한다.

다음의 예시는 린의 아동기 트라우마 생존자이자 여성 중독자를 위한 12회기 집단(7장 참고)에서 발췌한 것이다. 이것은 '다들 그렇지만 나는 아니다'라는 역동을 보여주는 한 구성원에 대한 것이다. 린의 작은 조력으로부터, 프랜(Fran)은 이 관점을 가지고 있다는 것을 깨달았다. 다음의 대화는 집단의 4회기에서 발생한 것이다.

에벌린: 우리에게 일어난 일이 우리의 잘못이 아니라는 것에 대해 이야기해왔다는 것을 알아요. 그렇지만 저는 아직까지 이것이 제 잘못인 것만 같은 느낌을 받아요. 저는 당신들 중 대부분이 부모님이나 다른 사람에게 말했지만 아무런 조치도 취해지지 않았다는 것을 알아요. 그러니, 당연히 당신들은 비난의 대상이 아니죠. 당신들이 필요할 때 아무도 당신들 곁에 있어주지 않았어요. 하지만 제 경우는 좀 달라요. 저는 의붓아버지가 제게 무슨 일을 했는지 어머니에게 말할 수 있었지만, 저는 그렇게 하지 않았어요.

프랜: 네, 그렇지만 당신은 2년 전쯤 당신의 어머니에게 의붓아버지가 당신에게 한 일을 말했을 때, 그녀가 당신을 실제로 믿지 않았다고 말하지 않았나요?

에벌린: 음, 맞아요. 어머니는 '그것은 오래전에 일어난 일인데, 왜 이것을 지금 꺼내려고 하니?' 이런 식이었어요.

프랜: 맞아요, 그래서 당신은 성인이 된 후 그녀의 남편이 당신에게 무슨 짓을 했는지 말했고 그녀는 당신에게 단지 잊어버리라고 말했어요. 그러면, 당신은 아이였을 때 당신이 그녀에게 말했다면 정말로 어떠한 조치를 취했을 거라고 생각하나요?! 그녀는 여전히 그 남자와 결혼한 상태예요!

에벌린: 음, 적어도 저는 시도해볼 수 있었어요. 그렇지 않나요? 저는 시도조차 하지 않았어요. 저는 그저 입을 다물고 있었어요.

프랜: 당신은 이 이야기를 꺼냈을 때 어떤 변화도 일어나지 않는다는 것을 알았기 때문에 입을 다물고 있었던 거예요. 당신 어머니의 충성심은 당신이 아니라 그녀의 남편에게 있었어요. 미안해요. 못되게 들리겠지만, 이게 사실이에요.

린: 프랜, 당신은 정말로 화가 나 보여요. 당신은 어디에 화가 나 있는 건가요?

프랜: 저는 화가 났어요. 저는 당신에게 매우 화가 나요. (에벌린을 본다.) 저는 에벌린(Evelyn)의 어머니에게 화가 나요. 어쩌면 에벌린을 위해서 화가 나는지도 몰라요. 왜냐하면 그녀는 단지 피해자니까요.

린: 당신에 대해선 어떠한가요? 당신은 당신을 위해서 화가 났나요?

프랜: 어쩌면요. 점점 더, 저는 삼촌이 저를 추행하게 만든 것이 아니라는 것을 알게 되는 것 같아요. 저는 그 사실이 제 기분을 더 나아지게 한다고 말할 수 있었으면 좋겠지만, 제가 그렇게 이용됐다는 것과 그것에 대해서 제가 아무것도 할 수 없었다는 것은 정말 저를 더 화나게 하고 더 속상하게 만드네요.

린: 정말 어려운 문제네요, 프랜. 그리고 저는 실제로 어떤 일이 일어났는지에 대해 받아들이는 것에 대해 어려움을 겪는 것이 프랜과 에벌린뿐만이 아니라는 생각이 들어요. 사실, 저는 가끔씩 여러분 모두가 여러분에게 일어난 일들보다 다른 사람들이 당신을 어떻게 실망시켰는지로부터 도망가고 싶어 하는 것 같아요. 책임을 가져야 할 누군가를 탓하기보다 자신을 탓하는 것이 덜 고통스럽고 쉽기 때문이에요.

다니엘: 정말 동의해요! 저는 할아버지(신체적으로 그녀를 학대한)가 정신이 나갔다는 것을 처음부터 받아들일 수 있었고 그것이 바로 그가 저를 구타한 이유라는 것을 거의 받아들일 수 있어요. 하지만 그 다음 저는 저를 그에게 두고 떠난 어머니에 대해 생각했어요. 그리고 그녀는 그가 미친 사람이라는 것을 알았음에 틀림없어요. 그것은 제게 너무 큰 상처였어요. 저는 차라리 할아버지가 그렇게 되도록 제가 무언가 했다고 생각하는 게 나았어요.

린이 상호협력의 문화를 발달시키는 것에서 성공적이었다는 것이 눈에 띈다. 그녀는 (7장 참고) 문제 교환하기를 사용하는 것으로 시작해 구성원들 간에 진솔한 대화를 격려하여, 구성원들이 이런 종류의 촉진적인 직면에 참여할 수 있는 장을 열어주었다. 에벌린에 대한 프랜의 언급이 명확히 보여주듯이, 구성원들은 그들이 다른 이들과 함께 솔직해질 수 있는 작업의 시점에 도달하게 되었다. 린은 또한 에벌린과 프랜의 언급을 집단 전체로부터 작업을 요구하는 방식으로 노련하게 재구성하여 사용할 수 있었다.

'난 그렇지 않아!' 역동

구성원들 간에 깊어지는 유대감의 결과로 나타나는 깊은 솔직함은 아동기 트라우마 성인 생존자를 포함한 집단의 작업 중 중기 단계에서 또 다른 역동을 불러일으킬 수 있다. 구성원들이 다른 이들이 아픈 곳을 찌르는 고통스럽고 민감한 주제들에 대하여 이야기하는 것을 들으면서, 그들은 '난 그렇지 않아!'라고 말하는 방어적인 반응을 할 수 있다. 이 역동은 다른 집단 구성원의 언급에 대한 한 구성원의 반응으로 나타나며, 다음의 예시에서 보인다. 다음의 인용은 섭식장애를 가지고 있고 성적 학대의 생존자이기도 한 사람들로서, 7장에서 설명한 집단에서부터 발췌한 것이다. 현재 8명의 여성으로 이루어진 이 집단은, 팸과 마커스에 의해서 진행되고 12회 만남을 가졌다. 그리고 마지막 몇 차례의 회기에서 자세한 성적 학대에 대한 논의(가끔은 문자를 통한 논의도 포함된)가 이루어졌다.

베키: 저는 지난주에 우리가 나쁜 감정과 생각을 몰아낼 때 우리가 우리 스스로를 벌한 다고 했던 버네사(Vanessa. 집단의 다른 구성원)의 말에 대해 생각해봤어요. 이해가 가더라고요. 우리가 어렸을 때 우리에게 일어난 일에 대해 더 이야기할수록, 저는 제 자신에 대해 더 창피하고 스스로가 더럽다고 느껴요. 그리고 그런 느낌이 들 때 저는 나쁜 감정과 생각을 몰아내고 싶어져요. 이 빌어먹을 생각을 그만하고 싶어요.

리네트: 저도 같은 것을 깨달았어요. 저희 아버지(그녀의 학대자)가 제게 한 일은 제가 수치스럽고 당황스럽게 느끼도록 만들었어요. 저는 이것에 대해 절대 말하지 않았 어요. 저는 오직 저뿐일 것이라고 생각했어요. 그는 제게 저를 제일 좋아하기 때문 에 이렇게 특별한 관계를 가지는 거라고 말했어요. 저는 이것이 옳지 않다는 것을 알 았지만, 계속해서 아무 말도 하지 않았어요. 저는 제 자신에 대해서 엄청난 수치심을 느껴요. (울기 시작한다.)

안드레아: 제가 아홉 살 때, 제 주일학교 선생님이 우리 중 여러 명을 데리고 피크닉을 갔 어요. 저는 그가 저를 화장실로 데리고 가서 저를 만지기 시작한 것을 기억해요. 그 는 제가 아름답다고 말했어요. 제가 모델이 될 수도 있다고 말했어요. 저는 무서웠고 그가 제게 하는 행동이 잘못됐다는 것을 알았지만, 저는 거기서 꼼짝할 수가 없었어 요. 마치 얼어붙은 것 같았어요. 이 일은 아주 여러 번 일어났어요. 그리고 그는 "어 쩔 수가 없어. 너는 그저 정말 아름다워. 나는 어쩔 수가 없어"라고 했어요. 정말 끔 찍했어요. 저는 이 일이 제 잘못이라고 느꼈어요. 왠지 모르겠지만, 제가 먹지 않을 때, 저는 더 통제력이 있고 더 힘이 있다고 느껴요. 이것이 이상하게 들린다는 것을 알지만, 저는 이렇게 느껴요.

팸: 여러분 중 대다수가 어린 시절 여러분에게 일어난 일과 지금 가지고 있는 섭식장애 들 사이에 관계가 있는 것처럼 보이네요. 어쩔 때는 스스로를 벌하기 위해서, 어쩔 때는 통제력을 가지고 있다고 느끼기 위해서, 어쩔 때는 당신의 여성성을 숨기기 위 해서, 그리고 어쩔 때는 이 모든 이유 때문일 거예요. 저는 여러분 모두가 스스로 창 피해하고 수치스러워 한다는 사실을 인지하고 있다는 것을 느낄 수 있네요.

폴라: 저는 우리가 왜 이것에 대해서 이야기해야 하는지 모르겠어요. 제가 이 집단에 참 가했을 때, 저는 여기서 제가 건강하게 먹기 위해 어떻게 해야 하는지 그리고 섭식장 애를 다루는 방법을 배울 수 있는 곳인 줄 알았어요. 과거를 들먹이는 이유가 뭐죠? 이제 와서 그 일이 우리를 어떻게 도울 수 있다는 거죠?

마커스: 폴라, 당신은 화가 나 보이네요. 이것에 대하여 이야기하는 것은 어려워요, 그렇 죠? 당신이 다른 사람들이 아동기에 그들에게 어떤 일이 일어났는지에 대하여 이야 기하는 것을 듣는 것은 고통스러워요. 특히 이것에 대하여 지금 당신이 할 수 있는 일이 많지 않을 때 더욱 그래요. 맞나요?

폴라: 제 오빠는 저를 수년간 강간했어요. 그리고 그의 친구들은 그들이 저를 강간하는 대가로 그에게 돈을 주었어요. 제가 제게 일어난 일에 대하여 생각하지 않고 지나간 날은 하루도 없었어요. 이것에 대하여 지금 이야기해서 제가 얻는 것이 뭐죠? (집단의 다른 구성원들을 언급하며) 그들은 단지 그들의 삶을 살아가야 해요.

팸: 폴라, 저는 만약 당신이 집단에서 당신 자신에 대해 다른 사람들만큼 말한다면 어떨지 궁금해요. 만약 여러분 모두가 모두 잊고 살아갈 수 있다면 정말 좋을 거예요, 그렇죠? 미안하지만 그건 쉽지 않아요. 이 집단은 여러분 각자가 여러분의 과거를 청산하여 그 일이 당신을 통제하지 못하게 하도록 도와줄 거예요. 또한 그렇게 함으로써 당신이 섭식장애를 통제하는 데 도움을 주고 섭식장애가 당신을 통제하지 못하게 할 거예요.

이 집단은 특별히 섭식장애와 성적 학대의 과거를 가진 사람들로 구성되어 있다는 것을 기억하라. 아동기에 그들에게 무슨 일이 일어났는지에 대해 구성원들이 솔직하게 논의하는 것은 회복을 위해 중요한 단계이다. 리네트, 베키, 말린다는 과거에 대한 자신의 감정, 특히 분노와 수치심에 대한 감정을 다루는 주된 방법이 스스로를 굶기고 폭식하고 토하는 것이라는 사실을 알아차릴 수 있다. 개인 치료와 비교해서 설명했듯이, 그들 자신과 그들의 경험에 대해 더 정확한 이해를 하는 것이 아동기 트라우마 생존자에게 도움이 되고 꼭 필요할지라도, 이 이해의 과정은 고통과 슬픔이라는 대가를 수반한다.

폴라는 다른 사람들도 의심할 여지없이 느끼고 있지만 설명하고 싶어 하지 않고 설명할 수 없는 두려움과 주저하는 마음을 표현한다. 그러나 이 반응은 폴라에게 도움이 되었다. 만약에 그녀가 어떻게든 집단의 다른 이들과 다르다고 믿을 수 있다면, 그녀는 다른 사람들이 유창하게 설명한 수치심, 창피함, 상실감과 같은 감정을 인정할 필요가 없을 것이다. 집단에서 이러한 대화가 일어날 때, 지도자는 자주 부정적인 감정을 과소평가하거나 간과하고 이런 것들이 집단에서 방해가 되는 역할을 한다고 가정한다 (Shulman, 2006). 사실, 이런 감정을 표현하는 것은 집단에서 존재하는 상호협력의 문화를 보여준다. 폴라가 자신의 감정에 솔직해질 수 있었던 사실은 구성원들 간에 근본적인 연관성이 존재한다는 신호이다. 지도자들은 폴라의 발언에 주석을 달기보다는 그녀의 발언을 나머지 구성원들이 공감할 수 있는 방식으로 재구성한다. 이 과정에서 지도자들은 폴라가 집단에서 멀어지지 않고 연결되게 한다. 이는 폴라에게도 좋을 뿐 아니라 집단에게도 도움이 된다. 팸은 폴라의 언급을 집단의 다른 이들이 느낄 법한 감정이나 팸이 이야기하지 않았던 것으로 표현하였다. 그들의 감정을 인정하고 알아차리는 것은 어려운 작업이었다. (우리는 이 장의 후반부에서 이 주제를 다시 다룰 것이다.)

어떤 경우, 누군가 한 명의 자기개방에 의해 대부분 혹은 모든 집단 구성원들이 '나는 그렇지 않아!'라는 감정을 느낄 수 있다. 그러나 개인과 집단 전체를 연결해야 하는 지도자의 책임은 여전히 남아있다. 이것은 언제나 쉬운 것이 아니다. 왜냐하면 다음의 예시가 보여주는 것처럼, 전문가가 개입하여 개인을 집단의 나머지 구성원들로부터 보호해야 한다고 느낄 수 있기 때문이다.

독자들은 약물 중독자를 위한 주거 시설 상담자, 테드가 그의 집단 구성원 중 일부가 아동기 트라우마 생존자일 수도 있다는 것을 알았지만, 그가 분노 조절에 초점을 두기로 결정한 것을 기억할 것이다. 다음의 예시에서는, 출석부에 6명의 구성원들이 있다. 그중 3명은 지난 다섯 회기에 참석하였다. 1명의 구성원은 지난 세 번의 회기에 참석하였다. 그리고 이번 회기는 또 다른 구성원에게는 두 번째 회기이다. 지난달에, 2명의 구성원들이 입원 기간이 끝나 집단을 떠났다. 그리고 새로운 구성원 제임스(James)가 들어왔다.

이 회기의 초기에, 테드는 집단의 목적과 그의 역할에 대해 되새기며, 서로에게 구성원들 자신에 대해 설명하는 시간을 가졌다. 그리고 집단이 어떤 역할을 할 것인지에 대해 제임스에게 짧게 말해주도록 구성원들에게 요청했다. 테드는 돈(Don)이 경찰 폭행으로 수감되었던 경험에 대하여 말했던 지난 집단 회기에 대해 다시 한 번 복습했다. 이것은 결과적으로 다른 사람들이 그들이 화가 나고 폭력적인 방식으로 행동하거나 약물을 사용했던 경험에 대해 이야기하도록 유도했다. 테드는 그들이 과거 행동에 대해 죄책감과 후회를 느낄 수 있을 것 같다고 제안하며 그것에 대해 이야기해 보자고 말했다. 그 다음에 다음의 대화가 발생했다.

돈: 그 경찰을 때렸을 때 저는 제정신이 아니었어요. 제기랄, 어떤 일이 일어났는지도 거의 기억할 수 없었어요. 교도소에서 눈을 떴을 때 사람들이 제가 경찰을 입원시켰다고 말했어요. 저는 제가 어떤 일을 했는지 기억하지 못하는 상황이 자주 있었어요.

테드: 당신이 무슨 일을 했는지에 대하여 전혀 모르는 것은 매우 무서운 일이었겠네요. 저는 여러분 중 누구라도 이런 경험을 한 적이 있는지 궁금해요. 당신이 무슨 일을 했지만 그것을 술이 깰 때까지 몰랐던 적이 있었나요?

데이먼: 저는 약물을 찾으려고 어머니의 집을 엉망으로 만들었어요. 저는 취하지 않았고 단지 우울했을 뿐이에요. 저는 아무도 신경 쓰지 않았어요. 어머니도 그 누구도요. 어머니는 저를 제지하려 했고, 저는 어머니를 때렸어요. 저는 제 어머니를 때렸어요.

크리스: 오, 이런, 장난 아니네요. 자기 어머니를 때리다니. 약물을 하기 위해 우리가 하는 행동들은 개떡 같아요. 제 여자 친구가 만약 제가 약물 사용을 멈추지 않으면 저를 쫓아낼 것이라고 말했을 때 저는 여자 친구를 구타한 적이 있어요. 저는 그녀뿐만 아니라 어느 누구도 신경 쓰지 않았어요. 저는 단지 취한 상태가 되는 것만 신경 썼어요.

테드: 제임스? 당신은 어떤가요? 저는 당신이 이것들 중 어떤 것이라도 관계가 있을 수

있는지 궁금해요. 다른 사람들을 다치게 하는 것에 대해서 죄책감이나 나쁜 감정을 느낀 적이 있나요?

제임스: 저는 감옥에서 시간을 보낸 적이 있어요. 저는 제 의붓아버지를 칼로 한 번 찌른 후 감옥에 갔어요. 저는 그를 매우 심하게 찔렀어요. 그렇지만 저는 그것에 대해서 어떠한 감정도 느끼지 못했어요.

테드: 그렇다면, 당신은 의붓아버지를 다치게 했군요. 그렇지만 당신은 그것에 대해서 아무것도 느끼지 못했나요?

제임스: (중간에 끼어들며) 그놈은 저를 망쳤어요.

테드: 그가 당신을 망쳤다는 게 무슨 말인가요?

제임스: 음, 그러니까, 그는 저를 괴롭혔어요. 성교 같은 빌어먹을 것들 말이에요. 그는 저와 제 자매들을 호되게 때렸어요. 정말 심각하게 우리를 다치게 했어요. 정말 불쾌했어요. (울기 시작한다.)

크리스: 그는 왜 저런 빌어먹을 일에 대해 이야기하는 거죠? 이상하잖아요.

데이먼: (웃기 시작한다.)

(다른 몇 명의 구성원들 또한 웃기 시작한다.)

테드: 뭐가 그렇게 웃긴지 저는 모르겠네요. 제임스가 매우 힘든 일을 겪었던 것처럼 들리네요. 그리고 저는 제임스가 이 일에 대해 집단 회기에서 말해주었다는 것이 고마워요.

이러한 집단을 진행하는 것은 특히 더 힘들다. 구성원들이 지속적으로 변화하기 때문에, 작업의 시작 단계를 넘어서는 집단의 능력이 제한되어 있다. 하지만 몇몇의 구성원들은 이미 얼마 전부터 집단에 참여하고 있었고, 그 집단 자체가 이제 중기 단계로 넘어간 상태였다. 필요에 의해, 집단은 구성원들이 현재 겪는 어려움에 초점을 맞추고 있었다. 하지만 거의 대부분의 구성원들이 아동기 트라우마를 어떠한 방식으로든 겪은 경험이 있었다. 그리고 이것은 의심의 여지없이 그들이 현재 겪는 어려움에 영향을 미치고 있었다. 따라서 이 회기에서, 비록 간접적인 방식으로 떠올랐다 하더라도, 금기시되는 과거 주제가 드러났다는 사실은 놀랍지 않다.

테드는 제임스의 자기 개방에 대한 집단의 반응에 당황하고 화가 났다. 그리고 그는 제임스에게 미안한 감정을 느꼈다는 것을 나중에 알게 되었다. 테드는 또한 제임스에게 그의 의붓아버지에 대한 그의 언급을 설명하도록 요청한 것에 대해서 죄책감을 표현했다. 테드의 감정은 이해 가능한 것이었다. 그러나 그는 한 명의 내담자 패러다임을 사용하여 상황을 보고 있다. 만약 그가 Shulman의 "두 내담자 패러다임"(2006)을 사용한다면, 제임스에 대한 집단의 반응이 더 이해가 될 것이다.

나는 테드가 집단을 그의 내담자처럼 보도록, 그리고 구성원들의 웃음과 아동기에 발생한 학대에 대한 제임스의 개방을 묵살한 것에 대해 집단이 뭐라고 '말할지'에 대해 생각해보라고 제안했다. 생각과 감정에 대해 고려해본 후에, 테드는 즉각적으로 구성원들이 제임스의 개방에 대하여 불편할 수도 있다는 것을 깨달았다. 또한 테드는 구성원들의 사례 기록을 읽고 몇 가지 아동기 트라우마의 내력을 알고 있었다. 사실, 이전 회기에서, 데이먼(Damon)은 위탁 가정에서 사는 동안 심각하게 신체적으로 학대당했다고 털어놓았다. 이 관점에서 바라보았을 때, 전체로서의 집단이 '난 그렇지 않아!'를 경험하는 것처럼 보인다. 구성원들은 과거에 매우 상처받았다는 사실을 인정하고 싶어 하지 않는 것이다.

테드는 다음의 회기에서 이 주제를 다시 다루기로 결정했다. 집단에 개인을 연결 짓는 기술과, 개인에 집단을 연결 짓는 기술을 활용함으로써, 테드는 제임스와 다른 구성원들 사이에 공통점들을 짚어내려 했다. 그리고 그들 모두가 경험한 두려움과 같은 반응에 대한 집단의 반응을 재구성하였다. 집단이 작업을 통해 그의 요구에 반응할 수 있을 것이라는 것은 장담할 수 없었다. 새로운 구성원들이 참여하거나 현재의 구성원들이 퇴원했을 수도 있었다. 그러나 이 집단은 테드가 내담자가 왜 시설에 입원하게 되었는지와 관련된 주제를 직접적으로 다루도록 집단을 이끌 때 참가자에게 가장 도움이 될 것이다.

감정에 대한 논의

구성원들이 중기 단계에서 다른 사람들과 편안해지는 것과 개방적이고 정직하게 이야기하는 것에 대한 그들의 최대 능력은 그들의 현재 어려움들을 넘어 과거 외상에 대한 감정과 마주하게 되는 것이다. 구성원들이 중기 단계에서 서로 더 편안해지고 더 공개적으로 그리고 더 솔직하게 말할 수 있게 되는 것은 그들이 과거 트라우마뿐만 아니라 그들의 현재 어려움에 대한 감정을 직면하게 될 가능성이 높다는 것을 의미한다. '난 혼자가 아니다'와 '나는 피해당할 만한 행동을 하지 않았다'라는 감정은 '다들 그렇지만 나는 아니다'라는 감정을 이기지 못한다. 그리고 이러한 사고는 슬픔, 상실감, 분노를 포함한 다양한 정서적 반응을 수반한다. 이러한 감정은 구성원들 간 심화된 대화와 집단 지도자에게 힘든 순간을 이끌어낼 수 있다.

개인 치료에서의 이 단계에 대한 논의에서 언급했듯이, 전문가는 구성원들이 감정을 표현하도록 격려할 것인지 아니면 그것들을 억제시킬 것인지 고려해야만 한다(Bisson 2003; Speigel et al. 2004). 이 고려 사항에 대한 결정은 집단의 전체적인 초점과 구성원들의 요구를 반영할 것이다. 그러나 개인 치료의 경우, 집단의 지도자는 두 가지 모두 준비되어 있어야만 한다. 표현하는 작업을 하도록 하는 것뿐만 아니라 감정을 억제하는 것까지 도와야 한다.

개인 구성원과 전체로서의 집단에 동시에 초점 두기

'두 내담자 패러다임'은 전문가가 강력한 감정을 느끼는 구성원 개인 또는 구성원들의 요구와 집단 전체에 동시에 주의를 기울일 것을 요구한다. 이 과제는 어려운 일이다. 내가 이 일을 시작한 지 얼마 되지 않았을 때 진행한 다음의 예시는 이 균형을 유지하기 위해 내가 겪었던 어려움을 보여준다.

샤론: 저는 저번 주에 오빠(그녀의 학대자 중 한 명)를 아버지의 장례식에서 봤어요. 그는 왜 제가 고인을 보러 오지 않았는지 물었고, 제가 이기적이라고 말했어요. 당신은 그가 이 빌어먹을 질문을 했다는 사실을 믿을 수 있나요? 제가 이기적이라고요?

캐럴린: 이것이 정말 당신을 짜증나게 한 것처럼 들리네요. 당신이 그 장례식장에 참석할지조차 확신하지 못했습니다(그녀의 아버지 또한 학대자들 중 한 명이었다). 겨우 참석하기로 결정했는데, 당신은 형제로부터 비난을 받았어요.

샤론: 저는 제가 그 빌어먹을 상황을 참고 견뎠다는 것을 믿을 수가 없어요. 이건 계속해서 다시, 다시, 그리고 또 다시 반복돼요. 그리고 저는 계속 견뎌냈어요. 왜 저는 그들이(그녀의 가족) 달라질 것이라고 생각했을까요?

캐럴린: 네, 당신은 그 사람들이 달라지길 원했어요. 당신은 당신의 어머니가 진정한 어머니가 되고, 당신의 아버지가 진정한 아버지가 되기를 원했어요. 당신은 가족이 당신의 형제와 당신의 아버지가 한 일을 알아차리길 원했어요. 그러나 그들은 그러지 않았고, 그렇게 되지 않을 거예요. 그리고 저는 그것이 당신을 정말, 정말 화나게 만들 것이라고 확실해요.

샤론: 네, 저는 매우 화가 나요. 저는 이제 무엇을 해야 할지 모르겠어요. (그녀는 울기 시작하면서 주먹으로 의자를 쳤다.)

캐럴린: 샤론(Sharon), 매우 유감이에요. 이것은 당신에게 매우 고통스러운 일이었을 거예요. 그렇죠?

비록 샤론에 대한 나의 걱정은 이해될 만하지만 나는 한 사람의 고통에 반응하는 도중에 집단 전체의 반응과 요구를 무시했다. 내가 이전에 집단 사례라고 불렀던 것의 좋은 예시이다. 나의 모든 응답들은 샤론을 향해 있었다. 그리고 나의 관심은 그녀의 경험들이 집단의 다른 이들과 얼마나 연관되어 있는지 고려하지 않고 샤론에게 집중되어 있었다. 이 집단에서, 가족과의 관계들, 특히 이런 관계들이 그들 자신에 대한 부정적인 사고와 감정을 얼마나 강화시키는지에 대한 것은 공통적인 주제였다. 이전의 회기들에서, 나는 구성원들의 가족에 대한 그들의 분노를 짚어낸 적이 있었다. 그러나 지금까지 집단은 이런 감정들을 직접적으로 다루지 않았다.

샤론은 특히 그녀의 가족에 개입하지 않으려고 하는 데 어려움을 가지고 있었다. 그녀의 아버지는 오빠와 오빠의 친구들이 그랬던 것처럼 그녀의 아동기 시절 내내 그녀를 학대하였다. 수년 동안 정신병동을 들락거렸던 그녀의 어머니는 신체적으로 그리고 정서적으로 그녀를 학대했다. 그렇지만 성인기에 샤론은 그들과 가깝게 지냈고 그들을 자주 만났다. 집단의 다른 구성원들이 그녀에 대한 염려를 많이 표현했고 그녀의 만남을 제한하라고 제안했음에도 불구하고 그녀는 계속해서 가족들을 만났다. 그리고 그들에게 계속해서 상처받고 실망했다.

샤론의 가족에 대해서 그녀가 어떠한 방법으로든 분노를 표현한 것은 처음 있는 일이었다는 점에서, 그녀의 반응은 중요한 것이었다. 집단의 지도자로서 샤론의 감정에 신경을 쓰고 인정하는 것은 나에게 중요했지만, 집단 전체로부터 작업을 요구하기 위해 이 한 구성원의 감정을 사용하는 것도 마찬가지로 중요한 것이었다. 샤론에게 나의 모든 관심을 집중하면서, 나는 모든 구성원들이 그들을 다치게 하거나 그들을 보호하지 않은 개인들에게 그들이 느꼈던 분노를 마주하도록 돕는 가치 있는 기회를 놓쳤다. 불행하게도, 나는 내가 나의 동료와 이 회기를 진행한 후까지, 이 기회를 놓쳤다는 것을 깨닫지 못했다.

나는 되돌아가기 기술로 다음 회기를 시작하였다. 나는 집단 구성원들에게 지난 회기에 우리가 어떤 작업을 했는지 되돌아가 보자고 제안했고, 내가 더 도움이 될 수 있었는데 그러지 못했다는 사실을 인정했다.

캐럴린: 지난 회기에서, 샤론은 그녀 아버지의 장례식에 대해 이야기했어요. 그리고 그녀는 처음으로 분노했어요. 우리 모두가 그녀에게 바랐던 것이지요. 저는 제가 너무 많은 시간을 샤론에게 집중했다는 것과, 이것이 나머지 당신들에게 어땠는지에 대해서 우리가 이야기할 기회가 없었다는 것을 깨달았어요. 샤론이 그렇게 화가 난 것이 어떻게 보이나요? 여러분 중 일부도 가족에 대한 어려움을 겪고 있는데, 그녀가 이러한 감정에 대해 이야기하는 것을 듣는 것이 어땠나요? 저는 샤론이 그렇게 화를 낸 것을 듣는 것이 어느 정도 무서울 수도 있었다고 생각해요.

조앤: 저는 샤론의 이야기를 들을 때 정말 어려운 시간을 가졌어요. 제 말은, 저는 '그러게, 우리가 뭐랬어?'라는 식이었어요. 왜냐하면 우리 모두는 샤론에게 그녀의 가족이 그녀에게 신경을 쓰지 않는다는 것을 말해왔기 때문이에요. 그래서 저는 다소 당황스러웠어요. 미안해요. 나쁘게 들릴 것 같네요.

샤론: 아니에요, 괜찮아요. 이해해요. 저는 제 가족에 대해 이야기할 때 골칫덩어리였다는 사실을 알고 있어요. 매일 가족에 대해 이야기하고 그랬잖아요.

캐럴린: 아, 그럼, 여러분 중 일부는 샤론의 가족이 그들이 했던 것처럼 행동할 거라고 의심하고 있었기 때문에 샤론에게 다소 불만스럽겠네요. 저는 샤론이 말할 때 여러분 모두가 가졌던 다른 감정들이 있었는지 궁금하네요. 제가 말했던 것처럼, 저는 당

신들 중 일부가 그녀가 경험했던 감정들과 여러분의 경험이 관련이 있지만, 당신이 들은 것 때문에 조금 두려웠던 것이 있는지 궁금해요.

앨리스: 저는 샤론에게 불만을 갖거나 하진 않았지만, 저는 그녀가 그런 식으로 된 것이 마음에 들지 않았어요.

캐럴린: 왜요? 왜 그것이 당신을 불쾌하게 했나요?

앨리스: 음, 저는 무엇을 해야 하는지 알지 못했어요. 저는 죄책감을 느끼고, 샤론의 기분이 나아지도록 제가 무엇인가를 해야 한다고 느꼈지만 제가 무엇을 해야 할지 몰랐어요.

캐럴린: 그럼, 당신은 무력감을 느낀 건가요?

앨리스: 네, 저는 샤론이 제가 걱정하고 있다는 것을 알길 원했지만, 저는 어떤 말을 해야 할지나 무엇을 해야 할지 몰랐어요.

캐럴린: 다른 이들은 어떠한가요? 여러분 중 다른 사람도 당신이 샤론을 돕기를 원했지만 무슨 말을 하고 무엇을 해야 할지 모르는 것과 같은 감정을 느꼈나요?
(몇 명의 구성원들이 고개를 끄덕인다.)

캐럴린: 당신이 관심을 가지는 누군가가 고통을 겪는 것을 지켜보는 것은 쉬운 일이 아니에요. 그렇지만 저는 왠지 샤론이 여러분이 그녀를 위한다는 것을 알고 있었던 것 같아요.

샤론: 네, 여러분, 저는 그랬어요. 저는 여러분이 제게 관심을 가지고 있다는 것을 알아요. 그리고 만약 제가 이것에 대해 계속해서 사로잡혀 있었다면 미안해요. 저는 단지 계속해서 제 가족이 가족이 되길 바랐던 거예요. 저는 단지 그 망상을 포기하기가 힘든 것 같아요.

캐럴린: 그래서 당신은 그게 단지 환상일 뿐이라는 슬픔을 느끼고 절대 바뀌지 않을 것이라는 사실에 화가 나는군요. 저는 그 부분에 있어서 샤론이 혼자가 아니라고 생각해요, 그렇지 않나요? 우리가 자주 이야기했던 어려움이에요. 그러한 슬픔과 화는요.

리즈: 지난주에 샤론이 이야기할 때, 저는 점점 더 화가 나고 있었어요. 그녀에게가 아니라, 제 어머니에게요. 저는 어머니가 의붓아버지가 제게 한 일을 알고 있었다는 것을 알아요. 알았을 수밖에 없어요. 그러나 어머니는 그를 막기 위해 그 어떠한 일도 하지 않았어요. 어머니는 수년 동안 계속해서 그 일이 일어나게 방치했어요. 저는 그가 역겨운 변태라고 생각해요. 그러나 그녀는 제 어머니예요! 어머니! 저를 어떻게든 보호하기 위해서 무엇인가를 했어야만 했어요. (그녀는 울기 시작한다.)

처음에 나는 집단이 분노의 감정을 마주하도록 도울 기회를 놓쳤지만, 나는 나의 잘못을 인지할 수 있었고 다음의 회기 때 다른 기회를 만들 수 있었다. 다시 돌아가기는 우리가 우리의 행동과 개입에 대해 다시 논의함으로써 다른 사람들에게도 작업에 더욱 도움이 되는 방법들을 제안할 수 있게 하는 기술이다. 이전 장에서 논의한 것과 같이, 다시 돌아가기는 개인과 집단 치료 모두에서 가치 있는 기술이다. 그리고 내담자와 작업의 어떠한 단계에서든지 사용될 수 있다. 집단과 이것을 사용함으로써, 나는 샤론뿐만 아니라 모든 구성원들을 도울 수 있었고, 가족 구성원들에 관한 그들의 감정에 직면하게 할 수 있었다.

구성원들이 서로에게 직접적으로 반응하도록 조력하기

또한 내가 집단과 다시 돌아간 결과로 인해 발생한 논의는 구성원들이 샤론의 고통에 대한 그들의 반응, 특히 조바심과 무력감을 개방하게 만들었기 때문에 유용했다. 이러한 반응들은 직접적으로 인정되지 않았다면, 서로에게 상호협력을 제공하는 구성원들의 능력에 방해가 되었을 것이다. 그러므로 전문가는 집단 작업의 중기 단계는 그들에게 두 가지 의무를 요구한다는 사실을 인지하고 있어야만 한다. 먼저, 구성원들 개개인의 감정에 손을 내밀어야 하며, 그 다음에 표현되고 있는 감정에 대한 집단 전체의 반응에 다가가야 한다.

아동기 트라우마 생존자이자 여성 약물 중독자인 사람들을 위한 12회기 집단의 지도자인 린은 구성원들 중 한 명이 그녀의 아버지의 살인에 대해 논의할 때 점점 더 속상해했던 9회기에서 이 기술을 효과적으로 사용한다.

모니카: 아버지가 총에 맞은 후에, 제 남동생들과 저는 아버지의 여동생인 고모와 살아야 했어요. 왜냐하면 어머니가 투옥 중이었고, 그래서 우리를 돌볼 수 없었고, 우리를 원하지도 않았기 때문이에요. 어머니가 신경 쓰는 것은 오로지 약물뿐이었어요. 지금도 여전해요. 고모는 네 명의 아이가 있었기 때문에, 우리를 딱히 키우고 싶어 하지 않았지만, 우리가 갈 곳이 어디에도 없었어요. 고모는 항상 우리에게 소리를 질렀고, 우리 아버지가 그랬던 것처럼 우리에게 인간쓰레기라고 말했어요. 고모는 저와 제 남동생들을 구타했어요. 저는 동생들을 보호하려 했지만, 그녀는 큰 막대기를 가지고 있었어요. (그녀가 울기 시작한다.)

(구성원들은 침묵한다. 나키타와 프랜 또한 울기 시작한다.)

린: 모니카가 설명한 것은 믿을 수 없을 정도로 매우 고통스럽고 슬프네요. 다양한 방식으로, 모니카 당신은 완전히 혼자였어요. 여러분도 마찬가지였을 거예요. 당신이 보호받고, 돌봄 받았어야 할 때, 당신은 학대당하거나, 방치당하거나, 보호받지 못했어요. 여러분 중 대부분이 스스로를 위해 자립했어야만 했던 것 같네요.

나키타: (말을 중단하며) 저는 아주 신물이 나요! 이렇게 사는 것이요. 저는 누군가를 다치게 하고 싶어요. (그녀의 주먹으로 벽을 강타하기 시작한다.) 제 안에는 엄청난 분노가 있어요. 그래서 저는 누군가를 다치게 하고 싶어요. 저를 임신시킨 그 남자, 그

남자가 제 인생을 망가뜨렸어요. (울면서 벽을 때린다.)

(구성원들은 조용하고 불안해 보인다.)

나키타: 저는 그가 싫어요! 저는 그가 싫어요! 저는 그가 싫어요! 저는 그가 죽어버렸으면 좋겠어요. 저는 너무 힘들어요. 저는 마약을 멈출 수가 없어요. 저는 멈출 수가 없어요. 저는 너무 힘들어요. 너무 힘들어요! (계속해서 운다.)

(구성원들은 계속해서 조용하며 불안해 보인다.)

나키타: 저는 더 이상 견딜 수가 없어요! 저는 견딜 수가 없어요!

린: 듣고 있기 힘드네요, 그렇지 않나요? 저는 당신들 모두가 나키타가 말한 것과 관련이 있다고 생각해요. 분노와 슬픔 두려움을 느끼는 것 말이에요. 마음이 상한 누군가를 보는 것은 매우 어려운 일이에요. 여러분은 나키타의 기분이 나아지도록 하기 위해서 무엇을 말하거나 무엇을 해야 할지 알지 못해요. 하지만 현실은, 나키타의 고통을 덜어주기 위해 우리가 할 수 있는 일이, 그녀를 위해 주고, 우리가 이해한다는 것을 알게 하는 것 말고는 거의 없다는 거예요.

이와 같은 상황에서, 전문가는 개입하여, 고통받고 있는 구성원에게 위로하고 싶은 충동이 생길 것이다. 사실 일부 독자들은, 나키타의 명백한 고통과 아픔에 대한 집단의 부족한 반응에 짜증이 나거나 혼란스러웠을 것이다. 그러나 린은 숙련되게 두 내담자 초점을 유지하였다. 그녀는 나키타에게 응답했지만, 그녀는 또한 전체로서의 집단과 나키타의 반응들을 연결시켰다.

동일하게 중요한 것은, 린은 나키타의 행동에 대한 반응으로 집단이 어떤 감정들을 느낄 법한지 단어로 표현하였다. 이것은 집단이 나키타에게 응답할 의도가 없었다는 것이 아니라, 그들이 표현할 능력이 되지 않았다는 것을 의미한다. 한 구성원이 고통스러워하거나 고민할 때, 다른 이들은 무엇을 말하고 무엇을 해야 할지 아마 모를 것이다. 그리고 그 결과로써 죄책감을 느낄 것이다. 이 반응은 특별히 그들 자신을 실패자로서 그리고 다른 이들의 안녕에 대한 책임감을 가진 존재로 보는 그들의 경향을 고려해볼 때, 아동기 트라우마의 내력을 가진 성인들 사이에서 일어나기 쉽다(McCann & Pearlman 1990a; Resick, 2001). 린의 언급은 구성원들이 그들이 나키타를 위해서 상황을 더 나은 것으로 만들 책임이 없다는 것을 이해하도록 도왔다. 이것은 그들이 그들 자신의 고통과 아픔을 견디도록 도왔다. 이것은 그들 자신에 대한 감정을 조절하고 처리하는 능력을 촉진시켰다.

감정의 표현과 억제의 균형 맞추기

린의 집단과 같은 집단에서, 지도자가 감정의 표현을 격려하는 것은 적절하다. 구성원들은 오랜 기간 만나고 함께 시작하고 함께 끝낼 것이다. 또한 구체적으로 성적 학대와 중독에 초점이 맞추어져 있었기에 린은 참가자들이 그러한 표현을 하기에 정서적으로 가용하다고 결정했다. 그러나 다른 집단에서는 전문가가 구성원의 감정 표현을 그 구성원과 집단 전체에게 반응적인 동시에 모든 내담자가 감정을 억제하도록 하는 방식으로 다루어야 한다. 구성원들이 감정을 억제하게 한다는 있다는 것은 그들을 무시하거나 그것들을 떨쳐버리라는 것을 의미하지 않는다. 4장에서 인용된 예시는 구성원의 자기 개방이 인정되지 않았을 때 발생할 수 있는 문제를 보여준다. 정신병원 폐쇄 병동의 환자 실라는 의무적으로 일일 집단 회기에 참여하여, 아이 때 당했던 강간과 관련된 '고통을 더 이상 견딜 수 없기' 때문에 자살을 시도해야만 했다고 밝혔다. 집단의 지도자는 실라에게 일어난 일에 대하여 들은 것이 유감이라고 말했지만, 실라가 '그 과거를 뒤로 하고 살아가는' 것이 좋을 것이라고 제안했다. 이전의 논의에서 내가 언급한 것처럼, 지도자의 언급들은 실라의 경험과 현실을 무시했다. 그들은 또한 집단 회기에서 구성원들은 오직 제한적으로 정직한 논의만 할 수 있다는, 의도하지는 않았지만 강력한 메시지를 보냈다.

실라의 폐쇄 병동 집단 지도자의 행동과, 약물 중독자를 위한 분노 조절 집단 구성원들의 감정을 자주 억제시켜야만 하는 테드의 행동을 비교해보자. 테드의 구성원들은 집단에 오래 참여하지 않았고 초점이 그들이 맨 정신을 유지하도록 돕는 것과 그들의 분노를 조절하는 것이라는 것을 기억해두자. 집단에서 강렬한 감정이 떠올랐을 때, 테드는 그가 이해하고 인정한다는 것을 전달해야 하지만 동시에 그의 모든 내담자(개인과 집단)가 이러한 감정을 깊이 있게 탐구하기보다 억제하도록 도와야 한다.

다음의 인용은 이 장의 앞부분에서 설명한 테드의 집단 회기로부터 몇 주 후에 발생한 것이다. 새로운 4명의 구성원들과 기존 집단의 3명의 구성원들이 집단에 참석하였다. 이 7명의 구성원들은 4회기를 함께하였다. 그리고 그들을 시설에 데리고 온 이유와 분노를 다루는 그들의 문제들에 대해 개방적으로 이야기할 수 있는 능력이 있었다. 직접적으로든 간접적으로든, 이 집단의 각 구성원들은 아동기 트라우마의 내력을 가지고 있다는 것을 인지하고 있었다. 이 중요한 근본적인 공통점을 고려할 때, 강렬한 감정이 나온 것은 놀랍지 않다.

데이먼: 양아버지는 저를 구타했어요. 제가 병원에 실려간 후에도 사회복지사들은 저를 다른 곳으로 보내지 않았어요! 저는 그 집에서 5년 동안 머물러야 했어요! 양부모들은 저를 구타했고 제가 모든 집안일을 다 하도록 했어요. 그들은 제가 종인 양 저를 대했어요.

도널드: 정말 말도 안 되네요. 사회복지사들은 정말 무능력해요. 저와 제 형제들이 어렸을 때, 그들이 와서 우리를 데리고 갔어요. 우리를 모두 갈라놓았어요. 제 어머니는 코카인 중독자였고, 그것을 거부하지 않았어요. 그러나 우리는 그럭저럭 잘 살아나

갔어요. 그리고 나서 그들은 우리를 떠났어요. 저는 4년 동안 제 남동생을 보지 못했어요! 저는 제 이모와 그의 남자 친구와 함께 살았어요. 자, 이제 여기서 그 고약한 주정뱅이 자식이 등장하죠. 그는 저를 구타하고 심하게 다치게 했어요. 왜 애초에 그들은 어머니로부터 저를 떼어놓은 거죠? 네? 왜요? 왜? (소리 지르며 그의 주먹을 꽉 쥔다.)

트레버: 저는 누군가 데려갔으면 좋겠다고 생각했어요. 저는 잠들 때마다 눈을 뜨면 제가 다른 장소에 있기를 바랐던 것을 기억해요. 제가 있던 장소만 빼고 어디든지 말이에요. 그렇지만 저는 항상 그 같은 침대, 같은 집에서 일어났어요. 그리고 모든 것은 다시 시작되었어요. 어머니는 저를 구타하고, 아버지는 저와 어머니를 구타하고, 삼촌은 제 침대로 올라왔고 저를 더럽혔어요. (눈물이 고이기 시작한다.)

제임스: 맞아요, 저는 그 집에서 나오기 위해, 그리고 의붓아버지로부터 도망치기 위해서 무엇이든 했을 거예요. 그가 제게 하게 했던 짓들은……. (눈물이 고이고 주먹으로 벽을 치기 시작한다.)

테드: 여러분은 매우 고통스러운 것들, 여러분을 매우 화나게 하는 것에 대하여 이야기하고 있어요. 다양한 방법들로, 여러분 각자가 어렸을 적에 엄청난 상처를 경험했군요. 지나간 일에 대해서 느끼는 분노를 다루는 것은 어려운 일이었기 때문에 여러분 모두 주변에 있는 것을 비난하고 무감각해지기 위해서 약물을 사용했어요. 한번 시작하면, 이것에 대한 것을 말하는 것을 멈추는 것은 어려운 일이에요. 그렇지만 저는 여러분이 약물을 멀리하고 분노를 잘 조절하도록 할 수 있는 일이 무엇이 있을지에 대해 집중하는 것이 집단에 더 도움이 될 것 같아요. 저를 믿어주세요. 저는 여러분이 그것에 대해 이야기하는 것이 중요하다는 것을 알아요. 그래서 저희가 여러분을 개인 상담자와 이야기할 수 있도록 연결시켜준 거예요. 하지만 우리가 계속 이것에 대해 이야기한다면, 그리고 이곳에서 그 이야기를 계속한다면, 그 감정을 다루기 쉬워지는 것이 아니고 더 어려워지기만 할 거예요. ……감정에 대해서 이야기하는 게 쉽지 않다는 걸 알지만 매우 중요한 일이에요. 우리 집단의 중요한 초점 중 하나는 여러분이 이 시설에 머무는 동안 상담자들과 이런 것에 대해서 이야기 나누고, 이곳을 떠날 때도 그렇게 할 수 있도록 돕는 것이 될 수 있을 것 같아요. 그리고 여기서 떠날 때 그것을 기억하는 거예요. 돈, 당신이 이곳에서 다음 주에 떠난다는 것을 알고 있어요. 그래서 저는 당신이 걱정되는지 궁금하네요. 여기서 지내는 동안 약물을 멀리했지만 이제 이곳에서 떠나야 해요. 어쩌면 당신은 특히 당신의 감정이 내면에서 부풀어 오를 때 어떻게 약물을 멀리하고 문제를 일으키지 않을 수 있을지에 대해 걱정하고 있을 것 같아요.

이 대화는 왜 이 집단을 진행하는 것이 매우 어려웠는지를 보여준다. 구성원들의 긴박감과 중요한 공통점들의 발견과 함께 진솔한 분위기가 조성되었다. 그러나 이것은 분노, 비탄과 슬픔의 강렬한 감정 또한 불러일으켰다. 이 회기에서 나타난 감정과, 그리고 그것들을 만들어낸 아동기 시절 경험은 애초에 왜 그 남성들이 치료 프로그램에 참가하게 되었는지에 대해 정확히 보여준다. 그렇지만 테드는 집단이 이 방향으로 계속 흘러가도록 허락하는 것은 궁극적으로 구성원들에게 도움이 되지 않을 것이라는 것을 이해했다.

점점 더 능숙해지는 테드의 지도하에, 이 집단은 정확히 이 집단이 하기로 되어있는 것을 하고 있었다. 테드는 구성원들이 약물을 멀리하고, 더 적응적이고 덜 파괴적인 방법으로 그들의 분노를 조절할 수 있도록 도왔다. 구성원들은 그들의 감정을 말할 능력이 되었고, 그들은 인정받고 지지를 받았다. 그러나 그들이 약물을 멀리하여 새로 시작한 삶을 위협하는 감정에 대한 깊은 논의를 진행하는 대신, 테드는 구성원들에게 어떻게 하면 더 도움이 될 수 있는 시간에 이 주제와 정서를 꺼낼 수 있을지(개인 회기에서) 생각해보라고 지도했다. 또한 그는 그들이 치료 프로그램이 끝난 후에 어떻게 계속해서 약물을 멀리할 수 있을지에 대하여 생각하도록 격려했다.

테드의 집단 같은, 구조화되어 있고, 안건을 통해 운영되는 집단들은 특히 구성원들이 강한 감정을 표현하는 대신에 억제하도록 돕는 데 유용하다(Foy, Eriksson, & Trice 2001; Marotta & Asner 1999). 그러나 이러한 통제된 집단에서도, 대부분 자연적으로 구성원들의 감정이 나타나며, 전문가는 집단의 초점과 일치하는 방식으로 응답해야만 한다.

집단 구성원들은 8장에서 논의한 표현적 기술을 사용하여 그들의 감정을 조절하고 분명히 표현할 수 있도록 조력을 받을 수 있다. 예를 들어 다음과 같은 방법이 있다.

- 구성원들은 다른 사람들과 공유하기 위해서 자신의 아동기 사진들을 가지고 올 수 있다.
- 그들은 집단 밖에서 관련 있는 주제에 대해 읽을 수 있고 그 다음에 집단에서 그들이 읽은 것에 대해 공유할 수 있다.
- 집단의 안팎에서, 구성원들은 그들을 다치게 한 누군가에게 편지를 쓸 수 있다.

이것들은 이전에 논의되었던 '다들 그렇지만 나는 아니다' 현상을 마주하는 데 유용한 방법이 될 수 있다. 그리고 구성원들의 경험과 감정에 대한 논의를 유도하는 데 도움이 될 수 있다.

집단 구성원의 특수한 필요와 능력에 맞게 이러한 제안을 조정하는 것은 개인적으로 그리고 집단적으로 모두 중요하다. 하지만 이러한 기술은 집단에서 상호협력을 도울 것이지만, 집단에서 개인 치료를 하기 위해 사용되지 말아야 한다는 것을 기억하는 것 또한 중요하다. 더 나아가, 집단 치료에서 모든 구성원들의 자기 능력을 향상시킬 수 있는 강력한 방법으로 구성원들이 서로에게 제안을 하는 것을 강조해야 한다.

클레어(Claire)는 그녀가 아동기 트라우마의 내력이 있는 성인들을 위한 6회기 집단을 진행하는 전환적 주택 프로그램에서 일한다. 그녀의 집단의 참가자는 최근에 정신병원 폐쇄 병동에서 퇴원하여 지역 사회에서 독립적으로 살아가기 위해 노력하는 남녀들이다. 집단의 주된 목적은 구성원들이 그들의 현재 정신적 문제를 이해하고 다루는 것을 돕는 것이다. 두 번째 목적은 구성원들이 그들의 과거 트라우마와 현재 증상의 관계를 깨닫도록 도와, 지지와 인정을 제공하는 것이다.

집단의 목표는 구성원들이 증상을 적극적으로 관리하도록 하여, 공동체로 성공적인 이행을 할 가능성을 높이도록 돕는 것이다. 클레어의 집단은 구조화되어 있으며, 매주 다른 논의 주제가 소개된다. 주제는 관련이 있는 정신 병리적 진단 분류의 본질, 관련 있는 약들의 효과와 부작용, 아동기 트라우마와 장기적 영향, 지역사회 자원에 대한 것들을 포함한다. 클레어는 그 주의 주제에 대한 간단한 논의로 매 회기를 시작하고, 그 주의 주제와 관련이 있을 수도 있고 없을 수도 있는 구성원들 간 논의를 고무한다. 클레어는 중요하다고 생각하는 주요 주제에 집단이 주목하도록 하려고 노력한다. 테드처럼, 그녀는 필연적으로 나타나는 감정에 즉각적인 반응을 보이는 것과 모든 구성원들이 감정을 억제함으로써 감정을 다룰 수 있도록 돕는 것의 균형을 유지해야만 한다.

다음의 예시는 클레어가 이 균형을 어떻게 유지하는지 보여주며 집단 맥락에서 표현적 기술을 어떻게 적절히 사용할 수 있는지 보여준다. 여기에 설명된 대화는 아동기 트라우마에 주목한 두 번의 회기, 즉 그것이 무엇인지, 아이들에게 어떠한 영향을 미치는지, 장기적 영향이 무엇인지에 대해 다룬 이후, 다섯 번째 회기에서 일어난 대화이다. 집단의 목적에 맞게 클레어는 구성원들 간에 자기 개방을 크게 격려하지 않았다. 하지만 놀라울 것도 없이, 이러한 주제는 어느 정도 강력한 감정을 불러일으켰다. 이 회기에서 클레어는 이전의 두 번의 만남에서 드러났던 감정을 인정하고 구성원들이 속상하거나 압도된다고 느껴질 때 무엇을 할 수 있을지에 대한 논의를 진행했다. (이들은 심각한 정신적 질병으로 고통받고 모두 약물 치료를 받고 있다는 것을 기억해두자. 이 사실은 그들이 서로 주고받는 대화의 본질에 반영되어 있다.)

주디스: 저는 자주 두려워져요. 저는 사람들이 저를 보고 있을까봐 걱정되어요. 저는 그들이 저를 보고 있지 않다는 것을 알아요. 적어도 사람들은 제게 그렇다고 말해요. 하지만 저는 여전히 그들이 그런다고 생각해요.

클레어: 주디스(Judith)는 두려움을 느끼는 것에 대해서 이야기하고 있어요. 저는 여러분 중 다른 사람들도 두려움을 느낄 거라고 생각해요. 지난 시간에 우리가 이야기했던 것처럼, 아동기 트라우마가 사람들에게 미치는 영향 중 하나는 그들을 두렵게 만드

는 것이에요.

(여러 구성원들이 고개를 끄덕인다.)

토니: 저는 아프기 시작하면, 누군가가 저를 감시하고 있는 것처럼 느끼고, 제 방에서 나가고 싶지 않아요.

클레어: 그렇게 느끼면 힘들겠어요. 당신의 두려움이 당신을 계속 가둬두는 것처럼요.

베시: 우리가 아이였을 때 상처받은 것에 대해 저번 주에 당신이 우리에게 이야기했을 때, 저는 제 아버지가 어머니를 때리는 것을 보았을 때 얼마나 무서웠는지 기억했어요. 저는 이불 밑에 숨어서 마치 제가 멀리 있는 척했어요. 저는 제가 투명인간이 되었기 때문에 그가 저를 찾지 못할 것이고 저를 다치게 할 수 없다고 생각했어요.

클레어: 맞아요. 베시는 아동기에 상처받은 많은 사람들이 설명할 법한 것을 설명하고 있어요. 그들은 일어나는 일로부터 숨거나 도망쳐요. 가끔, 그들은 그들의 침대 같은 곳으로 실제로 숨고, 가끔은 그들이 다른 누군가인 척해요. 또는 그들은 다른 장소에 있어요.

랠프: 저는 제 가족이 행복했고, 제가 행복했었다는 것을 제 자신이 믿도록 만들 수 있어요.

클레어: 맞아요. 당신은 단지 당신에게 일어났던 일에 대해 생각하지 않는 것이 감당하기 더 쉬울 수 있어요.

주디스: (끼어들며) 제가 저희 삼촌과 그의 친구들이 저를 다치게 한 것을 생각할 때, 저는 제가 정말 나쁜 여자아이라고 생각해요. 하지만 좋은 사람이 되고 건강해지려고 노력해요. 그래서 저는 병원으로 돌아갈 필요가 없어요. 저는 병원으로 돌아가고 싶지 않아요.

(몇 명의 구성원들이 동의하는 목소리를 낸다.)

클레어: 저는 여러분이 이제 와서 통제력을 상실하면 어쩌나 하는 큰 두려움을 가지고 있는 것처럼 들리네요. 병원으로 돌아가야 할까요? 그래서 여러분은 두려움과 과거에 대한 감정을 다루어야 하고, 현재에 가지고 있는 감정도 다루어야만 해요. 가끔 아주 많이 두려울 수 있어요. 여러분이 여기를 떠나서 혼자가 된다고 생각하면, 정말 두렵게 느껴질 거예요. 비록 혼자 사회로 나가고 싶을지라도 말이에요.

(구성원들이 고개를 끄덕인다.)

클레어: 그렇다면, 그 사실은 제가 오늘 회기의 도입에서 진행한 논의로 우리를 다시 되돌아가게 만드네요. 통제력을 더 유지하기 위해 여러분이 스스로 어떤 일들을 할 수 있을지에 대해 말이에요. 통제력을 유지하기 위해 여러분이 어떤 일을 할 수 있을까요?

베시: 다른 누군가와 말할 수 있어요.

클레어: 네, 그럴 수 있어요. 그리고 우리는 다음 주에 여러분이 여기를 떠난 뒤에 여러
분을 위해 어떤 자원들이 있는지에 대해 더 이야기할 거예요. 예를 들어, 여기를 떠
나도 여전히 여러분에게는 개인 상담자가 있어요. 하지만 저는 통제력을 갖기 위해
서 스스로 어떤 일을 할 수 있을지에 대해 조금만 더 이야기해봤으면 좋겠어요. 예
전에 했던 행동 중 효과적이었던 것과 같은 것들 말이에요. 어쩌면 때때로 나쁜 일이
일어나지 않았던 것처럼 행동했다거나 적어도 나쁜 것에 대해 생각하지 않았다거나
하는 것들이 당신이 덜 두렵게 만들 수 있어요. 그렇다면, 기분을 괜찮게 만들기 위
해 여러분이 할 수 있는 일이 무엇이 있을까요?

토니: 저는 비디오 게임을 하면 생각을 돌릴 수 있어요.

클레어: 좋아요, 여러분이 할 수 있는 것 중 하나는 어떠한 활동을 하는 거예요. 다른 어
떤 종류의 행동이 효과가 있을까요? 저는 당신들 모두가 비디오 게임을 좋아하지는
않는다는 것을 알아요(웃으며).

주디스: 저는 뜨개질을 좋아해요. 제가 차분해지도록 도와주거든요.

클레어: 좋아요, 주디스. 제이미, 당신은 어떠한가요? 당신에게는 어떤 것이 효과적인가
요?

제이미: 글쎄요, 저도 잘 모르겠어요.

클레어: 여러분 모두가 기분이 안 좋아질 때, 스스로를 위해 무엇을 했는지 생각하는 것
은 어려울 수 있어요. 누군가가 제이미를 도와줄 수 있을까요?

랩프: 저는 텔레비전을 봐요. 제 관심을 다른 곳으로 돌려주거든요. 제이미에게도 효과
가 있을지도 몰라요. 제게는 효과가 있거든요.

클레어: 다시 말하지만 여러분 각자에게 도움이 될 수 있는 일들 중 하나는 활동적인 행
동을 하거나 관심을 다른 곳으로 돌릴 수 있는 행동을 하는 것인 것 같네요. 여러분
각자에게 맞는 다양한 행동이 있겠지만 특히 활동에 참여하는 것은 통제감을 갖기
위한 좋은 방법이에요.

이 집단은 특별히 더 폭력적이고 위험한 아동기 트라우마를 경험한 사람들로 구성되
어 있다. 예를 들어, 주디스는 4세가 되기 시작할 때부터 성추행을 당했고, 당시에 몇 시
간 동안 창문이 없는 어두운 옷장에 갇히는 학대를 겪었다. 토니는 목사가 토니의 죄악
을 '씻는' 전통적 절차라고 설명하며 항문성교를 시켰다. 제이미는 어머니에 의해 신체
적으로 고문당했고 그 당시에 며칠 동안 침실에 묶여 있었다. 베시 또한 부모님으로부
터 심각한 신체적인 학대를 당했다. 그리고 그녀가 당한 부상들로 인해 수차례 입원하
게 되었다. 그녀의 부모님은 그녀에게 상처에 대해 거짓말을 했고, 만약 그녀가 사실을
말한다면 베시와 그녀의 남매들을 더욱 가혹하게 다치게 할 것이라고 위협했다.

클레어는 지도자의 역할에 대한 명확한 감각이 있었고 적절한 전문적인 경계를 유지

하였다. 이 대화가 시작될 때, 주디스는 그녀가 사람들이 자신을 보고 있다는 것을 걱정하고 이것은 그녀를 두렵게 한다고 자진해서 말했다. 불가피하게 아동기 트라우마에 대한 논의를 이끌게 되는 이러한 두려움의 원인을 살피는 대신에, 클레어는 그것들을 확인하고, 현재와 집단의 모든 구성원들이 경험하는 두려움으로 논의를 돌렸다. 이 집단의 회기가 계속되면서, 클레어는 그녀가 처음에 소개한 주제인 구성원들이 감정을 통제하는 방법을 발전시키는 것의 필요성으로 계속해서 돌아갔다. 독자들은 집단에서 다른 이들에게 도움이 되는 방법인, 구성원들 개인의 자기 개방을 재구성하는 그녀의 능력뿐만 아니라 그녀가 해결 중심 질문들을 한다는 것을 알아차릴 수 있을 것이다. 그녀는 구성원들의 아동기 개방에 대해 얼버무리고 넘어가지 않았다. 그 대신에, 그녀는 아동기 트라우마와 구성원들이 현재 가지고 있는 문제들 사이의 연결점인, 그녀가 소개한 이 집단의 다른 중요한 주제를 강화시키는 데 아동기 개방을 사용하였다.

집단에서의 해리

구성원들의 과거와 현재 삶에 대한 논의에서 보다 큰 솔직함은, 그리고 솔직한 개방과 동반되는 감정은 집단 구성원들에게 개인뿐만 아니라 전체로서의 집단에 해리의 현상을 불러일으킬 수 있다. 즉, **집단적 해리**(collective dissociation)를 일으킬 수 있다. 이전 장들에서 논의한 것과 같이, 해리는 환경과 관련된 기억과 감정으로부터 사람들을 보호한다. 그리고 트라우마에 노출되었던 아이 때 그것에 의지했던 성인들에게는 익숙한 대처 방식이다. 사실, 해리는 아이들이 사용 가능한 몇 안 되는 대처 방식 중 하나이다. 예를 들어, 클레어의 집단에 대한 앞선 논의에서 베시는, 아이 때 그녀가 어떻게 멀리 떨어져 있고 그녀가 보이지 않는 '척했는지' 손쉽게 설명하였다. 이것은 그녀가 아버지가 어머니를 다치게 하는 소리를 듣고 아버지가 그녀를 추행하기 위해 방으로 들어오는 것을 기다릴 때 그녀가 겪었던 두려움으로부터 그녀를 보호해주었다.

집단의 회기에서 해리가 일어날 때, 비록 이것이 반응들을 정상화시키는 가치 있는 기회를 제공한다고 하더라도, 구성원들과 지도자를 혼란스럽고 당황스럽게 할 수 있다. 개인 치료의 경우에도 그러하듯이, 전문가가 해리를 다루는 방법은 구성원들의 자기 능력을 증진시키기 위한 수단으로 변형될 수 있다. 집단에서, 지도자는 한 명 또는 여러 명의 구성원들을 포함하거나 집단 전체에 영향을 주는, 두 가지 해리의 징후에 민감해져야만 한다.

구성원 중 누군가 해리를 보일 때

나는 최근에 여성을 위한 집단을 진행하는데, 초기에(두 번째 회기에서) 개인 해리의 예시가 모습을 드러냈다. 이 집단은 내가 이전에 진행했던 집단(7장 참고)에 참여했던 참가자 중 거의 대부분이 참가하고 있었다. 오직 세 명의 구성원들만이 새로운 참가자였기 때문에 집단은 빠르고 강렬하게 시작했다. 처음부터, 구성원들은 민감하고 고통스러운 이야기를 공개하고 진솔한 대화를 나누었다. 그에 대한 결과로 새로운 구성원들 중한 명이 해리를 보였다. 돌이켜 생각해보면, 그 구성원은 그 집단에 참가할 준비가 되어있지 않았던 것이 분명하다. 비록 그녀, 그녀의 개인 상담자, 그리고 집단의 지도자인나는 그녀가 준비되었다고 믿었지만 말이다. (이 경험은 7장에서 논의했던, 구성원들을심사하는 것이 집단의 상호협력의 잠재력을 증가시키긴 하지만 보장하지는 않는다는 현실을 강조한다.)

캐럴린: 비록 우리의 지난 회기가 우리의 첫 회기였지만, 여러분은 정말 고통스러운 것에 대해 이야기하고 매우 고통스러운 감정을 다루었어요.

리디아(새로운 구성원): 저는 이 집단에 오는 것이 정말 편안했어요. 이전에 제가 참여했던 집단에서 사람들은 저를 미친 사람처럼 쳐다보았어요. 그리고 저는 제 과거에 대해 말하는 것이 피곤했어요. 모든 것을 이미 말했던 것처럼 느껴졌어요. 제 말은, 또무슨 말을 해야 하나요? 그렇지만 저는 여기서는 여러분과 이야기하는 것에 대해 좋은 감정을 느껴요.

폴레트(또 다른 새로운 구성원): 저는 이전에 집단에 참가해본 적이 한 번도 없어요. 그리고 리즈(그녀의 개인 상담자)가 제게 처음에는 어색하게 느껴질 수 있다고 말했어요. 그러나 그녀는 제게 이런 시간을 좀 갖는 것이 필요하고, 결국에는 편안함을 느낄 수 있을 거라고 말했어요. 저는 제가 모든 것을 말하지 않았다는 것을 알지만, 저는 정말로 다른 사람들의 이야기를 듣는 것이 좋았어요. 제가 혼자가 아니라고 느끼는 데 도움이 되었어요.

제인: 우리가 만나지 않을 때, 저는 완전히 혼자라고 느껴요. 저는 괜찮긴 했지만, 정말로 당신들과 있는 것이 그리웠어요. 이곳은 마음에 담아두고 있는 것을 이야기할 수있는 유일한 곳이에요.

캐럴린: 맞아요. 이 집단에서 도움을 줄 수 있는 방법 중 한 가지는 사람들에게 그들이 혼자가 아니라는 것을 보여주는 거예요. 그들이 미치지 않았다는 것을 보여주는 거죠. 여러분 중 일부, 어쩌면 모두는 가족과 친구들 그리고 다른 이들이 당신에게 일어난일을 무시할 때, 아니면 잊어버리라고 말하거나, 그 일이 일어났다는 것을 무시하기라도 할 때 당신이 미친 사람이라고 느끼며 많은 세월을 보냈을 것이라 생각됩니다.

[또 다른 새로운 구성원 게이(Gaye)는 코트로 자신을 감싼다.]

리디아: 제가 병원에 아주 오래 있었던 이유는 제가 매우 우울했기 때문이에요. 저는 먹지 않았고, 제 가족은 저를 병원에 보냈어요. 그들은 제게 일어났던 일에 대해 모두알고 있었지만 그들은 단지 제가 아이처럼 행동하고 그 일이 실제로는 나쁜 일이 아

니라고 생각했어요. 그들은 제가 과거를 떠나서 제 삶을 살아가는 것이 필요하다고 말했어요. 그들은 왜 제가 직업을 유지하지 못하고 왜 제가 친구를 사귈 수 없고, 계속해서 남자 친구를 만날 수 없는지 궁금해했어요.

(게이는 몸을 흔들기 시작했고 그녀를 코트로 더욱 꽉 감싼다. 다른 구성원들이 그녀를 흘낏 보기 시작한다.)

리디아: (계속해서) 그들은 추행당하는 것이 어떤 것인지 몰라요. 그들은 비디오로 녹화당하는 것이 어떤 것인지 몰라요! 그들은 다른 어린아이들과 성교를 하도록 강요당하는 것이 어떤 것인지 몰라요!

캐럴린: 그래서 많은 분노가 있군요.

멜러니: (끼어들며) 그건 제게도 심각한 문제가 되는 것 중 하나예요. 제 오빠(그녀의 학대자)는 지금 죽었어요. 그러나 제 나머지 형제자매는 그가 저를 다치게 했다는 사실을 단지 받아들이지 않고 싶어 해요.

(게이는 계속해서 몸을 흔든다. 구성원들은 계속해서 그녀를 본 뒤에 나를 본다.)

멜러니: (계속해서) 제가 가장 최근에 조증 에피소드가 있었을 때, 그들은 모두 제가 미친 사람인 것처럼 행동했어요. 그들은 제가 왜 정신을 바로 잡을 수 없는지 궁금해했어요.

캐럴린: 이것은 매우 중요한 대화예요. 하지만 여러분이 분노에 대해 이야기하는 동안 게이가 힘들어하고 있다는 게 보이네요. 사람들이 그들에게 일어난 일과 그들 마주한 어려움에 대해 이야기할 때, 듣고 있는 것은 정말 힘든 일일 수 있어요. 게이, 괜찮아요? 당신에게 무슨 일이 일어나고 있는 거죠?

게이: 저는 화장실에 가야겠어요. 화장실이 어디예요? 저는 화장실에 가야 해요.

달린: 바로 저기예요. (손으로 가리키며) 함께 가드릴까요?

게이: 아니요, 저는 단지 화장실에 가야만 해요. 전 단지 화장실에 가야만 해요. (그녀는 일어나서 화장실에 간다.)

캐럴린: 정말 힘드네요. 그렇죠? 제가 말했듯이, 서로의 이야기를 듣는 것은 힘든 일이에요. 그리고 누군가가 힘들어 하는 것을 보는 것 또한 힘든 일이에요. 도움이 되고자 하지만 무엇을 해야 할지 모르겠어요.

(게이는 화장실에 남아있다.)

캐럴린: 제가 한번 게이가 괜찮은지 확인해볼게요.

(나는 화장실에 가서 코너에 쭈그려서 몸을 흔들고 있는 게이에게 말을 건다. 그녀는 반복해서 몇 번씩이나 집에 가야 한다고 말하며, 남편에게 전화를 했기 때문에 그가 데리러 올 것이라고 말한다. 나는 그녀가 집단으로 돌아와서 남편이 올 때까지 함께 앉아있을 것인지에 대해 묻는다. 그녀는 나에게 화장실에서 안전함을 느끼고 있

으며 집단에 돌아갈 수 없다고 말한다. 나는 그녀에게 내가 만약 화장실 문을 열어둔 채 떠나도 괜찮을지, 그래서 집단이 다른 방에 있지만 최소한 그녀가 혼자가 아니게 할 수 있는지 묻는다. 그녀는 동의한다. 나는 집단으로 돌아와서 게이의 남편이 그녀를 데리러 올 것이라는 것을 설명한다.)

캐럴린: 달린, 저는 당신이 게이가 지금 경험하고 있는 것을 진정으로 이해할 수 있다는 것을 알아요. (이전의 집단에서 그녀는 몇 회 동안 해리를 보였다.) 게이의 남편이 그녀를 데리러 오는 동안 게이와 함께 있어줄 수 있겠어요?

달린: 당연하죠.

(달린은 화장실로 가서 게이와 함께 앉는다. 구성원들은 수다를 떤다.)

캐럴린: 정말 힘드네요, 그렇죠? 저는 여러분 중 누구든지 게이를 도울 능력이 있다고 생각해요. 그렇지만 저는 달린이 그녀를 안심시킬 수 있을 거라고 생각했어요. 여러분이 우리의 지난 회기 때부터 알고 있듯이, 달린은 게이가 그랬던 것처럼 해리를 보였던 몇 번의 회기가 있었어요.

수: 저는 당신이 그렇게 했다는 것이 참 기뻐요. 그녀를 보살피기 위해 멈추었던 것 말이에요. 저는 어떻게 해야 할지 몰라서 죄책감을 느끼고 있었어요.

멜러니: 맞아요, 게이가 힘든 시간을 보내고 있었다는 것을 볼 수 있었어요. 저도 무엇을 해야 할지 알 수 없었어요.

제인: 어휴, 우리는 모두 그랬어요. 저는 정말로 그녀가 우리가 이해할 수 있다는 것을 알았으면 해요.

(게이의 남편이 나타난다. 구성원들은 그녀가 떠날 때 지지와 격려의 말을 보낸다.)

캐럴린: 방금 일어난 일에 대해 잠시 이야기해볼까요? 제가 말했던 것처럼, 지금처럼 누군가가 힘들어하는 것을 보는 것은 모두를 정말로 힘들게 할 수 있어요.

리디아: 저는 그녀에게 뭐가 잘못됐는지 잘 몰랐어요. 저는 그녀가 몸을 흔드는 것은 보았지만 무슨 일이 일어나고 있었는지 알 수 없었어요. 그녀가 어린 여자아이의 목소리로 말하기 시작했을 때, 저는 정말로 섬뜩했어요.

캐럴린: 여러분 모두가 아이였을 때, 그리고 고통받았을 때, 여러분은 자신을 보호할 방법을 많이 가지고 있지 않았어요. 그렇지만 당신이 할 수 있었던 한 가지는 제 내담자가 말했던 것처럼 '당신의 생각에서 벗어나는 것'이었어요. 그래서 성인이 되어 어떤 것들이 무서워졌을 때, 당신은 가끔 다시 어린아이가 되어서 모든 것을 차단해버려요. 집단이 처음인 여러분에게는, 이것이 특히 더 두려울 수 있어요. 여러분은 아마 이것이 당신에게도 일어날 수 있다고 걱정할 거예요.

폴레트: 저는 그저 무슨 말을 해야 하는지 몰랐어요. 게이는 점점 더 힘들어 하는데 저는 계속해서 나아진다는 것이 기분이 좋지 않아요. 제가 말한 무언가가 원인이 아니었

으면 좋겠네요. 그녀를 다치게 하려고 한 것은 아니었어요.

제인: 당신이 그녀를 다치게 한 것이 아니에요.

달린: 제인 말이 맞아요. 당신 때문이 아니에요. 저를 믿으세요. 단지 우리가 가끔 이야기하는 것이 있는 그대로의 감정을 건드리는 거예요. 제게 일어나는 일은 그렇다는 것을 알아요. 저는, 저는 그저 떠나버려요.

이 상세한 예시는 집단에서의 해리의 강력한 영향력을 보여주기 위해 제공되었다. 그리고 이것은 개인의 해리에 대한 전문가의 반응과 관련하여 세 가지 중요한 고려 사항을 보여준다. 첫 번째, **집단 지도자는 개인과 전체로서의 집단에 이중의 초점을 유지해야만** 한다. 이 집단 구성원들의 언급이 보여주듯이, 다른 구성원의 고통을 목격하는 것은 불안을 생성한다. 그리고 대부분 불안감과 두려움의 감정을 불러일으킨다. 해리가 익숙하지 않은 이 집단의 새로운 구성원들은 특별히 게이의 해리 사건으로 인해 당황스러워했다. 멜러니와 수처럼, 이전 집단에서 달린의 해리 행동을 목격했던 기존의 구성원조차도 난감함과 불편함의 감정을 경험하게 되었다.

두 번째, **집단 지도자는 모든 구성원이 상황에 따라 해리를 이해하도록** 도울 필요가 있다. 즉, 어린아이로서의 구성원들을 위한 보호적 기능뿐만 아니라 현재의 집단을 위한 기능을 말한다. 이것은 흔히 전문가가 개인의 행동을 재구성해서 모든 구성원들이 이것을 이해하고 관련지을 수 있게 하도록 요구한다. 이 예시에서, 리디아는 그녀가 왜 게이가 어린 여자아이의 목소리로 이야기하기 시작했는지 이해할 수 없었다고 언급했다. 해리의 흔한 징후는 성인이 아이와 같아지는 것, 아니면 내담자가 흔히 다시 '어려지는' 것으로 표현하는 것이다. 그러므로 이것은 리디아와 이 집단의 다른 이들이 그들이 무엇을 목격했는지 그리고 그들이 왜 이것을 보았는지 이해하는 데 있어서 중요했다.

집단 환경에서 일어난 해리를 다루는 데 있어서, 세 번째 중요한 고려 사항은 지도자가 **개인 구성원들의 필요에 반응하고 도움을 제공하는** 것이다. 8장에서 논의했던 것과 같이, 행동을 인지하고 재구성하는 것은 개인을 격려할 수 있고, 해리와 동반되기 쉬운 고립, 수치심과 자기 회의의 감정을 줄일 수 있다. 그뿐만 아니라 개인의 감정을 조절할 수 있는 개인의 자기 능력을 향상시킬 수 있다. 집단 맥락에서는, 흔히 전문가가 해리가 계속되는 것을 허용하고 나머지 집단이 이것을 촉진시키도록 도와야 할 것이다. 물론, 만약 개인이 자신에게나, 전체로서의 집단에 위협적이라면 지도자는 개입해야만 한다. 그러나 집단 맥락에서 대부분의 해리 사례의 경우, 가장 도움이 되는 행동 방침은 개인이 필요로 한다면 집단으로부터 벗어나는 것을 허용하는 것이다.

집단의 지도자나 다른 구성원들은 해리를 나타낸 개인이 괜찮다는 것을 확신할 수 있어야만 한다. 하지만 집단에 구성원이 '돌아온' 후에 사건을 처리하는 것은 도움이 되고 유익하다. 다음의 세 가지 질문들은 이 논의를 진행시킬 수 있다.

- 무엇이 해리를 일어나게 했는가?
- 당신(해리 경험자)이 집단에 더 오래 '머무를 수 있도록' 용기를 주기 위해 집단 또는 개인이 어떻게 해주었으면 더 좋았을 거라고 생각하는가?
- 지금 집단에서 개인이 필요로 하는 것이 무엇인가?

집단 내에서 해리를 경험하는 사람들과의 나의 경험은 나에게 해리를 겪고 있는 사람이 다른 사람들의 개입을 원하지 않을 뿐더러, 사실 그러한 개입에 신경 쓸 수가 없다고 가르쳐주었다. 해리를 경험하는 이는 방에 있는 다른 이들을 계속해서 의식하고 있을 수 있지만 여전히 과거 학대자와 현재의 협력자를 구분할 수 있는 능력이 없을 것이다. 이것은 내가 몇 년 전에 진행했던 유달리 강렬했던 회기로부터 가져온 예시에서 나타난 것이다. 수라는 이름의 집단 구성원은 결국 태아형 자세로 바닥에 있게 되었다. 그녀는 나중에, "만약 누군가 제게 말을 걸거나 저를 만졌다면, 저는 그 사람이 그녀의 학대자라고 생각했을 거예요. 저를 더 무섭게 했을 거고, 저를 놀라게 했을 거예요"라고 말했다.

해리가 진행되는 것은 세 가지 이유에서 유익하다. 첫 번째, 해리 자체가 정상화된다. 두 번째, 해리의 처리 과정이 구성원들이 다른 이의 안녕에 대한 책임감을 느끼는 것을 예방한다. 세 번째로, 해리를 보인 개인은 그 사건을 촉발시킨 사건에 대하여 가치 있는 정보와 미래에 그의 감정을 더 잘 조절할 수 있도록 돕는 데 사용될 수 있는 정보를 모으게 된다. 예를 들어, 지도자는 다음에 고통스러운 일이 일어났을 때 조금 더 집단과 '머무르도록' 집단이 구성원을 어떻게 도울 것인지 물을 수 있다.

집단적 해리

만약 대부분, 아니면 모든 구성원들에게 동시에 해리가 일어나면, 이것은 집단적 해리라고 불린다. 이것은 몇 년 전에 내가 진행한 집단에서 내가 우연히 배운 현상이다. 이 집단은 여성과 남성 모두를 포함하고 있었고 나는 이 특정한 회기를 이전의 회기에서 있었던 일에 대한 것을 요약하면서 시작했다. 이전 회기는 몇몇의 구성원이 버림받았다고 느끼고 상실감을 느낀다는 것에 대해 솔직하게 이야기했기 때문에 더 고통스러웠다. 나는 "저는 지난 시간에 여러분 모두가 공개한 것들과 얼마나 여러분이 속상해했는지에 대해 정말 감동했어요. 저는 집에 가는 동안 눈물을 흘렸어요"라고 말했다. 나는 계속해서 "제가 그 회기 때 그 정도로 속상했다면, 여러분이 어떻게 느꼈을지는 상상도 되지 않네요. 여러분이 모두 오늘 저녁에 참가해주셔서 정말 감사해요. 왜냐하면 지난주의 회기처럼 힘든 회기 뒤에는 사람들이 두려워서 참가하지 않고는 하거든요"라고 말했다.

집단의 모든 구성원이 멍하니 나를 바라보고 있어서, 나는 그들이 우리의 마지막 회기를 기억하고 있는지 물었다. 프레드는 이렇게 대답했다. "당신이 이야기하니까, 슬슬 기억이 나네요. 하지만 솔직히 말해서, 당신이 지난주의 회기 이후에 얼마나 슬펐는지 이야기하기 시작할 때, 저는 우리가 다른 집단에 참석한 줄 알았어요. 저는 오늘 이곳에 오면서 우리가 지난주에 별로 한 것이 없다고 생각하고 있었어요. 그래서 저는 사실 지난주 회기에 대해 조금 실망하고 있었어요."

다른 구성원들은 동의하면서 고개를 끄덕였다. 그리고 우리가 이것에 대해 더 알아본 결과, 모두가 지난 회기에 대해 전체적 또는 부분적 기억 상실을 겪고 있다는 것이 명확해졌다. 대부분은 그들이 '어디에 갔는지' 아니면 그들이 무엇을 생각했는지 확실하지 않다고 보고했다. 두 명의 구성원들은 그들이 '학대당할 때 항상 갔던 장소에 갔었다'는 사실을 깨달았다.

처음에, 구성원들은 지난 회기에 대한 기억이 부족하다는 사실을 깨닫고 당황하고 혼란스러워했다. 그래서 우리는 해리의 목적을 명확히 하는 데 시간을 조금 보냈다. 그리고 나는 그 회기에 대한 나의 기억을 되돌아보며, 구성원들이 해리 증상을 보인 가능한 순간들을 제시하였다. 대부분의 구성원들은 내가 제공한 요약으로 인해 그 회기에 대한 그들의 기억이 늘어났다고 말했지만, 그들 중 아무도 그들의 기억이 완전히 명확해졌다고 보고하지는 않았다.

이 집단적 해리가 일어났던 회기에서, 구성원들은 계속해서 서로 이야기하고 상호작용했다는 것을 알아차리는 것이 중요하다. 그리고 이것은 해리가 감지하기 힘들다는 것을 의미한다(많은 경우 그러하듯이). 집단의 일부나 모든 구성원들에게 발생할 수 있는 해리의 가능성에 대해 지도자가 민감할 때, 구성원은 사전 대책을 강구하여 더 적절하게 응답할 수 있게 된다. 그러므로 지도자가 아동기 트라우마 생존자를 포함한 집단을 진행하는 데 있어 가져야 할 중요한 책임은 해리의 **증상을 감지**하는 것이다.

방금 설명한 예시에서, 만약 내가 해리가 일어났었다는 것을 알아차렸다면 나는 그때에 구성원들에게 '그들이 어디에 있었는지,' 그리고 그들이 '집단 안에' 있었는지 아니면 '다른 곳에' 있었는지 물어봤어야 했다. 그런 질문을 묻는 나의 의도는 해리를 중지시키려는 것이 아니다. 대신에, 이것은 구성원들이 그들의 반응과 감정을 더욱 알아차리게 되도록 돕고 해리가 촉발시키는 고통스러운 감정과 경험을 견디도록(그들이 할 수 있는 한 최대한으로) 도우려는 것이다. 아동기 트라우마의 내력을 가진 내담자는 방어기제를 사용할 자격이 있다. 시간이 지나면서 아마 그들은 더 강렬한 대화를 견딜 수 있을 것이다. 하지만 이것은 지도자가 역동을 짚어내고 구성원들이 그것을 이해하도록 도울 때 비로소 발생할 수 있다.

집단에서의 환멸감

집단 작업의 중기 단계에서 '저는 왜 제가 계속해서 이곳에 오는지 모르겠어요. 점점 더 기분이 나빠지기만 해요'라는 언급은(직접적으로 아니면 간접적으로 표현될 수 있는) 전형적이다. 이 단계에서 구성원들은 서로에게 깊은 연결성을 느끼고 더 솔직해지고 강렬한 감정을 표현하게 된다는 것을 감안하면, 이러한 반응은 놀랍지 않다. 게다가, 새로운 구성원이 생겨나고, 강렬한 반응이 촉발되고, 해리 증상이 나타난다. 편안함과 상호 관계가 제공하는 안정감에도 불구하고 구성원들은 계속 참가하는 것이 과연 가치가 있는 일인지 고민하게 된다.

전문가는 이러한 감정과 그에 대한 증상을 예상할 수 있어야 하며, 직접적으로 다루어야만 한다. 아마도 환멸감을 나타내는 가장 정확한 단서는 집단에 불참하는 것일 것이다. 7장에서 언급했듯이, 집단에 규칙적으로 참석하는 것은 집단 참여에 있어서 중요한 기대치이며, 집단을 그만두는 것과 관련된 어떠한 생각이든 간에 집단 전체와 논의되어야만 한다. 그 장에서 집단에 참가하는 것이 얼마나 '마음 아픈지' 그리고 집단을 떠나고자 하는 그녀의 소망에 대해 얘기한 캐럴을 포함한 나의 집단 중 하나에 대한 예시를 들었다. 다른 구성원들은 그녀를 지지해주었고 그들이 낙담했다는 사실을 공유하였다. 비록 캐럴이 환멸을 느낀다고 직접적으로 표현한 유일한 구성원이었지만, 분명 그녀만 그런 것이 아니었을 것이다. 따라서 그에 대한 논의가 진행되었고, 캐럴과 다른 구성원들의 반응을 일반화시켰으며 모두가 새로워진 목표와 집단 작업에 대한 깊은 감사를 느끼게 만들었다.

집단에 대한 환멸감은 또한 집단이나 지도자를 향한 지루함, 무관심이나 분노로 나타날 수 있다. 만약 전문가가 이 환멸감을 예상했다면, 이것을 마주했을 때 구조상으로 더 잘 반응할 수 있었을 것이다. 다음의 예시에서, 린(약물 중독자이자 아동기 트라우마 생존자인 여성들을 위한 12회기 집단의 지도자)은 환멸감에 대한 주제가 간접적으로 나타났을 때 개인과 집단으로부터 작업을 진행할 기회를 놓쳤다. 그들의 7회째 회기에서, 린은 구성원들의 결석에 대해 다루었지만 결석이 반영할 수 있는 내재된 양가감정을 파헤치지는 못했다.

린: 저는 출석의 중요성에 대하여 모두에게 상기시키면서 이 회기를 시작하고자 해요. 여러분이 이곳에 오지 않을 때, 다른 이들은 여러분이 그리울 거예요. 무슨 일이 있나 궁금해 할 거예요. 또한 여러분은 여러분이 마주하는 고통을 이해할 수 있는 다른 이들과 함께하는 기회를 놓치게 돼요. 에벌린, 저는 당신이 지난주와 몇 주 전의 회기에 결석한 것을 알고 있어요. 혹시 당신에게 무슨 일이 있거나 아니면 집단과 함께 이야기하고 싶은 문제가 있는지 궁금하네요.

에벌린: 아니요, 아무런 문제가 없어요. 미안해요. 나머지 회기들에 참석하도록 노력할 게요.

린: 좋아요. 왜냐하면 저는 다른 사람들이 당신에게 무슨 일이 있는지 걱정하며 궁금해 하는 것 같은 느낌을 받았거든요. (그녀는 집단을 본다.) 혹시 누군가 에벌린에게 심지어 화가 나기도 했나요?

나키타: 제 입장에서 말하면, 저는 화가 나지 않았어요. 저는 그녀에게 화낼 자격이 없어요. (에벌린에게) 당신이 해야 하고, 하고 싶은 일을 해야 하는 것 아니겠어요? 그렇죠?

프랜: 네, 에벌린, 우리는 당신을 지지해요. 저는 당신이 제가 당신이 집단에 계속 오기를 바라는 것을 알았으면 좋겠어요. 저는 당신이 하는 이야기를 듣는 것을 좋아해요.

린: 에벌린, 당신이 집단에 계속 올 준비가 되어있다는 것처럼 들리네요. 그리고 집단은 그 사실에 매우 기뻐하는 것 같아요.

　학대에 대한 책임감을 버리려는 에벌린의 몸부림과 다른 사람들에 의해서 그녀가 학대당한 정도를 받아들이는 것은 이 장에서의 앞선 예시에서 분명히 나타난다. 집단이 진행됨에 따라, 에벌린이 그녀 자신에게 책임을 무는 것이 점점 더 어려워졌다. 이것은 그녀의 분노와 배신감이 상실과 비탄의 감정과 함께 점점 더 분명해졌다는 것을 의미한다. 에벌린은 나중에 피해 사실에 대한 책임감을 덜 느끼는 것이 그녀의 마음을 편하게 해주지는 않았다고 말할 수 있었다. 대신에, 그녀는 오히려 더 짜증나고 행복하지 않은, 더 나쁜 감정을 느꼈다. 에벌린이 결석을 통해 그녀의 동요와 혼란의 감정을 간접적으로 나타냈을 때, 린은 이것을 알아차리지 못했다. 그녀는 에벌린의 행동이 의미할 수 있는 것 대신, 역할에 초점을 두었다.

　린이 나중에 이 회기를 되돌아 봤을 때, 그녀는 에벌린의 결석에 내재되어 있을 수 있는 감정과 생각을 알아볼 수 있었다. 그 결과로써 다음 회기 때, 린은 되돌아가서 다음과 같이 말했다.

　"저는 집단에 불참하는 것에 대해 에벌린에게 제가 지난주에 말한 것에 대해 조금 더 생각해보았어요. 에벌린이 집단을 빠진 이유 중 하나가 우리가 너무 어려운 것들에 집중했기 때문일 수 있다는 생각이 들었어요. 비록 여러분 모두가 여러분에게 일어났던 일과 정말로 책임을 가져야 할 사람이 누구인지에 대해 더 잘 이해하기 시작하였다고 해도, 이것은 매우 힘든 일일 수 있어요. 당신을 돌보았어야 했던 사람들이 당신을 다치게 하고 당신을 돌보지 않았다는 사실을 아는 것은 고통스러운 일이에요. 어쩌면 에벌린은 (그리고 여러분 중 몇몇은) '뭐 하러 하지? 왜 이런 빌어먹을 짓을 내가 해야만 하는 거지?'라고 느낄 수도 있어요."

　린의 언급에 대한 반응으로, 구성원들 중 일부는 그들이 집단에 왜 계속 오고 있는지 궁금하다는 것을 인정했다. 예를 들어, 나키타는 "집단이 제게 좋은지 아닌지 잘 모르겠어요. 저는 제가 강간당한 것이 제 잘못이 아니었다는 것과 제가 그런 음란한 여자가 아니라는 것을 알 수 있어서 좋아요. 하지만 제게 일어났던 일에 대한 생각을 하면 정말 마음이 아파요"라고 말했다. 에벌린은 결석에 대해 "저는 제가 단지 겁을 먹고 집단으로부터 도망쳤다고 생각해요"라고 말했다.

집단의 구성원들이 환멸감을 표현할 때, 지도자는 자신의 판단이나 집단이 나아간 방향에서 대해서 의문을 가지기 시작할 것이다. 그러나 이 역동은 집단이 구성원들에게 도움이 되지 않는 것이 아니라, 집단이 정확히 해야만 하는 것을 하고 있다는 암시가 될 수 있다. 구성원들이 그들의 아동기 경험과 그것과 관련된 감정들을 받아들이도록 돕는 것 말이다.

환멸감의 징후에 대해 집단을 살피고 그들에게 직접적으로 견해를 밝히는 것은 집단에서 이 역동이 가지는 부정적인 영향을 줄이고 상호협력의 문화를 증대시킨다. 린의 집단에서, 예를 들어(그렇지 않다는 그들의 언급에도 불구하고), 구성원은 에벌린의 결석에 대해 분노했거나 적어도 궁금했을 가능성이 높다. 그러나 그녀의 행동이 다른 이들도 관련될 수 있는 방법으로 재구성될 때, 에벌린이 집단으로부터 멀어질 가능성이 줄어들고 집단이 작업할 수 있는 가능성이 증가될 것이다.

구성원들 간의 관계와 지도자와의 관계

집단 작업의 중기 단계쯤 되면, 구성원들의 대인관계와 타인에 대한 인지적 왜곡은 덜 구조화되어 있고 장기적인 집단에서(DeJong & Gorey 1996; Neimeyer, Harter, & Alexander 1991) 특히 더 잘 드러날 것이다(Ziegler & McAvoy 2000). 이러한 집단들에서 집단 구성원들이 서로가 더 편해지면 더 마음에서 우러난 상호작용을 불러일으킨다. 4장에서 언급했듯이, 아동기 트라우마 생존자와의 집단 작업의 눈에 띄는 특성은 전이의 복잡한 본질이다. 집단에 참여하는 것은 개인 치료에서보다 더, 트라우마 생존자가 타인에 대한 그리고 타인을 향한 그들의 생각과 감정을 직접적으로 검토할 기회를 제공한다.

전이

집단 치료에서 전이가 나타날 때, 지도자는 구성원들이 그들의 인지적 왜곡을 인지하도록 도울 수 있는 기회를 가지게 되고 구성원들 자신과 다른 사람들에 대한 그들의 핵심 신념에 직접적으로 이의를 제기할 수 있다. 전이 반응이 구성원들에게 유익하기 위해서는, 전이가 나타나게 될 가능성을 지도자가 인지하고 있고, 구성원들에게 전이의 존재를 지적할 준비가 되어있고, 이해할 수 있는 방법으로 전이를 재구성할 능력을 가지고 있어야만 한다.

4장에서 우리는, 내가 진행했던 8회기와 12회기 집단으로부터의 인용을 살펴보았다. 두 인용들은 모두 아동기 트라우마 성인 생존자의 특징인 인지적 왜곡이 집단 맥락에서 어떤 역할을 하는지 보여준다. 데니스는 그녀의 오빠에게 그녀를 강간하라고 강압하기까지 한 그녀의 아버지에 의해 잔인하게 강간당하였다. 그녀는 그녀의 약물중독 때문에 매춘부가 되었고 몇 번의 학대적인 관계를 가졌다. 비록 데니스는 그녀가 외로움을 느끼고 친근한 관계를 맺기 원한다고 표현했지만, 집단에서 그녀의 행동은 전형적으로 적대적이어서 다른 사람들이 거리를 두고 그녀를 밀어내게 만들었다.

놀랍지 않게, 데니스의 적대감은 주로 집단의 남성들을 향해 있었다. 12번째 회기에서, 밥은 참을 만큼 참다가 마침내 데니스에게 그의 분노를 표현하였다. 밥은 남성 집단으로부터 성추행당하였다. 그는 그의 어머니가 그와 그의 동생을 완전히 방치했기 때문에 그가 자신을 스스로 돌보고 남동생을 키워야만 했다. 데니스에 대한 반응은 그녀보다 그가 필요로 할 때 없었던 그의 어머니에 대한 분노와 더 연관이 있었다.

집단에서 구성원들의 일반적인 태도뿐만 아니라 구성원 개개인들과 상호작용하고 응답하는 그들의 방식은 그들 자신과 타인에 대해 내재된 핵심 신념을 반영할 가능성이 높다. 집단의 목적에 따라, 전문가는 전이가 발생할 때 그것을 짚어내고 이해시킬 수 있다. 데니스와 밥과 함께한 집단에서, 구성원들 중 한 명이 데니스를 향한 밥의 분노가 그의 어머니에 대한 감정과 관련이 있다는 사실을 관찰했다. 이 관찰은 밥이 그의 감정에 대해 더 잘 이해하고 다룰 수 있게 해주었고, 따라서 그의 자기 능력을 증진시켰다. 더 나아가, 나의 격려와 함께, 구성원들은 데니스에게 그녀의 태도가 얼마나 정이 가지 않고, 따라서 자멸적인지 인지하도록 돕는 피드백을 제공해주었다.

어떠한 집단에서는, 전이 반응의 자세한 논의가 가능하지 않거나 바람직하지 않을 수도 있다. 그러나 지도자는 전이의 존재에 대해서 의식하고 있어야만 하며 만약 이것이 집단에 방해가 되고 집단의 상호작용의 가능성을 방해하는 위협을 할 때 개입할 준비가 되어 있어야만 한다. 이 장의 앞부분에서, 여러분은 주택 프로그램 이행 과정에 있는 아동기 트라우마의 내력을 가진 클레어의 구조화된 단기 집단에 대한 예시를 보았다. 이 집단의 목적은 그들의 정신질환을 더 잘 이해하고 조절하도록 그들을 도움으로써 구성원들이 독립적인 삶을 살도록 준비시키는 것이었다. 그들의 각 여섯 번째 회기마다, 새로운 논의 주제가 소개되었다. 클레어는 일반적으로 두 회기를 아동기 트라우마에 대해서 그리고 구성원들의 아동기 경험과 그들의 현재 증상들 사이의 연관성에 대해 설명하는 데 사용하였다.

네 번째 회기에서(아래에 설명할), 다른 이들에 대한 구성원들의 근본적인 감정이 예상하지 못한 방법으로 나타났다. 클레어는, 반응들을 보편화하고 집단의 초점과 목적에 일치하는 방법으로 노련하게 개입할 수 있었다. 이 회기 이전 회기에서, 클레어는 아동기 트라우마와 이것이 사람들에게 미치는 영향에 대한 정보를 제공하였다. 그녀는 고의적으로 구성원들이 그들의 피해 사실에 대해 자세히 설명하지 않도록 했지만 몇 명의 구성원들은 그들에게 무슨 일이 있었는지에 대해 설명했다. 클레어는 구성원들 사이에 공통점을 짚을 수 있었지만, 그녀는 구체적으로 구성원들이 그들의 감정을 표현하는 대신 담아두도록 도왔다. 이 특정 회기에서, 클레어는 아동기 트라우마와 구성원들이 마주하는 현재의 어려움들 사이의 관계에 대한 논의를 계속했다.

앤디: 저는 이것에 대해서 더 이상 이야기하고 싶지 않아요.

클레어: 힘들죠? 그렇죠? 여러분 중에서 우리가 지금 이야기하고 있는 것이 혼란스러운 사람이 또 있나요? 당신이 아이였을 때 일어난 나쁜 일들에 대해서 모든 것을 이야기하는 것은 두려움으로 다가올 수 있어요.

앤디: 저는 겁먹지 않았어요. 저는 단지 이것에 대해서 더 이상 말하고 싶지 않을 뿐이에요. 피곤해요.

미아: (앤디에게) 당신은 항상 피곤해 하네요. 당신은 언제나 불평을 해요. 저는 왜 당신이 여기에 있는지 모르겠어요.

클레어: 미아는 화가 나 보이네요.

미아: (끼어들며) 저는 앤디가 저를 쳐다보는 눈빛이 마음에 들지 않아요. 그는 항상 저를 쳐다봐요. 그는 그가 우리보다 낫다고 생각하고 있어요.

소피: 앤디는 우리를 좋아하지 않아요. 그는 우리에게 화가 나 있어요.

앤디: 저는 여러분을 정말 좋아해요. 미안해요. 저는 무언가 말하려던 것은 아니었어요. 정말이에요. (울기 시작한다.)

미아: (웃는다.)

소피: 울지 마세요. 당신이 울어야 할 이유가 뭐가 있어요?

클레어: 여러분이 아이였을 때 여러분 각자는 다른 경험들을 했지만, 여러분 각자는 심하게 상처받았어요. 가끔씩 우리가 그렇게 상처받았을 때, 우리는 다른 사람에게 화가 나요. 특히 그들이 우리를 다치게 한 누군가를 생각나게 할 때요. 저는 앤디가 스스로를 다른 사람들보다 낫다고 생각한다고 생각하지 않아요. 사실, 저는 앤디가 당신들을 몹시 무서워하고 있다고 생각해요. 그리고 저는 미아와 소피는 앤디가 그들을 상처 입힌 남성들을 생각나게 하기 때문에 앤디에게 화가 난 것이라고 생각해요. 그가 남성이기 때문에, 미아와 소피가 충분히 겁먹게 만들 수도 있어요.

미아: 제가 작은 여자아이였을 때 제 아버지는 저를 상처 입혔어요. 그는 저를 좋아하지 않는다고 제게 말했어요. 그는 제게 괴물이라고 했어요.

앤디: 저는 여러분 모두를 좋아해요. 무례하려고 하지 않았어요. 미안해요.

크리스: 당신이 사과해야 될 이유가 전혀 없어요. 저들은 (집단의 여성들을 가리키며) 단지 나쁜 년들처럼 구는 거예요. 여자들이 어떤 사람들인지 당신도 잘 알잖아요.

클레어: 크리스가 집단에 있는 여성들에게 화가 난 것처럼 보이는군요. 집단에서 여성들이 남성들에게 화가 난 것처럼요. 어쩌면 그 분노는 실제로 서로에 대한 것이 아닐 수 있어요. 미아처럼, 여러분 각자는 어렸을 때 심각하게 상처를 입었어요. 그러한 경험은 여러분이 다른 사람들을 신뢰하지 못하게 하고 다른 사람들에게 화가 나게 만들 수 있어요.

이 집단에 참여한 구성원들 7명 중 4명이 여성이고 3명이 남성이었다. 이전의 회기들에서, 클레어는 남성과 여성 사이의 적대감에 대해서 알아차린 적이 있었지만, 그녀는 이것이 집단에 방해되지 않았기 때문에 언급하지 않고 있었다. 또한 그녀는 구성원들이 서로에 대한 그들의 반응에 대해 논의할 준비가 되거나 할 수 있는지에 대해 적절한 의문을 가졌다. 그렇지만 이 회기에서 그녀는 선택권이 없었다. 앤디를 향한 미아와 소피의 적개심이, 크리스가 집단에서 여성 구성원들을 믿지 못한 것과 함께 극적으로 그리고 분명하게 수면 위로 떠올랐다.

이전에 언급했던 것처럼, 이 집단은 구성원들의 제한된 정서적 · 인지적 능력과 주어진 실무 환경으로 인해 의도적으로 매우 구조화되어 있다. 그러나 만약 클레어가 다른 사람에게 직접적으로 나타나는 구성원들의 감정에 대해 인지하지 않고 있었다면, 그녀는 계속해서 함께 작업할 수 있는 그들의 능력을 저해시켰을 수도 있을 것이다. 게다가 그녀가 그들이 배우길 원했던 바로 그 부분(그들의 과거가 필연적으로 현재와 연결되어 있다는 것)을 짚어내기 위하여 구성원들의 서로와의 경험을 사용하는 소중한 기회를 놓쳤을 것이다.

클레어는 노련하게 다른 이에 대한 구성원들의 반응을 집단의 목적과 초점과 일치하는 방법으로 재구성하였다. 클레어는 과거와 현재 사이의 연결성을 만들도록 구성원들을 돕는 방법으로 미아의 자기 개방을 활용하기는 했지만, 구성원들이 과거에 대한 논의를 확장시키기를 권장하지는 않았다. 그녀가 한 것은 구성원들의 감정을 일반화하고 그들 모두가 이해할 수 있는 방법으로 전이를 설명하는 것이다.

구성원들 간 의견 충돌에 대처하기

집단에서 발생하는 구성원들 간 언쟁은 단순히 전이의 반영이나 다른 이에 대한 구성원들의 핵심 신념이 아니다. 구성원들 간 언쟁은 의견 차이와 다양한 관점들로 인해 불쑥 발생하게 될 것이다. 다른 이에게 향하는 구성원의 애착 감정 또한 더욱 분명해질 수 있다. 구성원들 서로의 관계는 더욱 친근해질 것이기 때문에 나타나게 될 수 있는 감정의 범위도 확장될 수 있다. 아동기 트라우마 생존자 대부분이 건강하고 친밀한 관계에 대한 경험이 거의 없거나 전혀 없다는 것을 고려했을 때, 그들은 다른 사람들과 함께 경험하는 편안함의 증진에 대한 반응으로 위협을 느끼거나 혼란스러워 할 수 있다.

집단의 지도자는 구성원들이 친밀감의 증대에 있어서 불가피하게 일어날 수 있는 일을 다루도록 도움을 줄 필요가 있을 것이다. 이것은 집단 전체가 이러한 친밀감이 드러나는 것을 견디도록 돕는 것뿐만 아니라 구성원들 각자가 서로에 대한 그들의 반응을 다루도록 돕는 것을 포함한다. 내가 몇 년 전에 진행한 집단의 한 회기에서 급작스러운 언쟁이 일어났다. 집단의 구성원인 피터는 각자가 모두 아동기 성적 학대의 생존자이기도 한 남성 가해자 집단에서 연설하도록 초대를 받았다. 비록 일부 구성원들은 연설을 하기로 한 피터의 결정을 지지했지만, 또 다른 구성원들은 격렬하게 반대했다. 그들은 피터가 착취당하고 있으며, 어떻게 보면 그가 가해자의 행동을 용납하고 있다고 주장했다.

뜨거운 논쟁이 계속되었고, 마침내 나는 의견 차이에 대해 구성원들이 동의하도록(모두에게 새롭고 익숙하지 않은 생각이었다) 도왔다. 아동기 트라우마 생존자 성인들로서 이 집단의 구성원들은 무시당하는 것에 익숙해져 있었고 자신의 판단과 신념이 의심받는 것에 익숙해져 있었다. 피터의 연설 약속을 둘러싸고 의견 차이가 나타났을 때, 번갈아가며 그들이 틀렸다고 생각하고 한편으로는 그들이 거절당했고 상처받았다고 느끼고 있었으며 그들에게 동의하지 않는 사람들에게 화가 나 있었고 또 한편으로는 죄책감을 느끼고 있었다.

상호협력의 견지에서, 이 의견 충돌의 과정은 논쟁의 내용보다 훨씬 더 중요했다. 구성원들의 의견이 일치하지 않았고 그들 모두 이것을 견뎌내었다. 이것이 구성원들에게 위협적이었던 만큼 그들은 자기 능력을 증진시켜주는 네 가지의 가치 있는 교훈을 배울 수 있었다.

1. 의견 차이는 개인적인 거절과 다른 것이다.
2. 사람들은 다른 사람들의 관점을 존중함과 동시에 다른 주장을 할 수 있다.
3. 다른 사람과 의견을 달리하는 것은 그들을 좋아하지 않는 것과는 다르며 또한 그들로부터 미움을 받는 것이 아니다.
4. 의견을 조율하는 과정에서 사람들은 타인에게 화가 날 수 있지만, 상처를 받거나 상처를 입히지 않을 수 있다.

구성원들 간 애착 감정 다루기

아동기 트라우마 성인 생존자는 그들이 갈등과 의견 충돌을 겪는 것만큼이나, 애착의 감정과 애착이 드러나는 것에 불편해할 수 있다. 피터가 구성원이었던 집단의 다른 회기에서, 샐리에 대한 구성원들의 관심은 이전 두 회기에 빠진 그녀에 대한 분노로, 처음엔 간접적으로 나타났다. 집단은 작업의 중기 단계에 있었기 때문에, 구성원들의 경험과 그들이 현재 삶에서 마주하는 문제들에 대한 솔직하지만 가슴 아픈 자기 개방이 많이 진행되고 있었다. 샐리가 나와 집단의 다른 누구에게도 연락하지 않고 두 번의 회기를 빠졌을 때, 나는 그녀에게 전화를 걸었다. 샐리는 집단이 그녀에게 '위협적'이라고 말했다. 나는 그녀에게 돌아와서 집단과 함께 그녀를 두렵게 한 것에 대해서 논의하자고 권했고 그녀는 동의했다. 그러나 오직 이 한 번의 회기만을 약속하였다. 나는 샐리에게 비록 다른 이들이 그녀에 대해 생각하고 걱정했지만, 그들은 아마 그녀가 그 누구에게 연락도 하지 않고 두 번의 회기를 결석한 것에 대해 그녀에게 화가 나 있을 것이라고 말했다.

다음 회기에서, 샐리는 집단을 계속하는 것에 대한 두려움을 표현할 수 있었다. 나는 구성원들에게 그들의 반응을 요구했고 다음과 같은 대화가 오고갔다.

피터: 저는 당신이 돌아와서 안심이 되네요.

제니퍼: 네, 저도요.

    (다른 구성원들은 동의하면서 고개를 끄덕인다.)

캐럴린: 샐리가 돌아왔으니, 그녀의 얼굴을 마주보며 화를 내는 것은 아마 쉽지 않을 거예요. 그렇지만 저는 여러분 중 일부가 그녀가 떠난 것에 대해 화가 났다는 것을 감지했어요. 그리고 저는 이것에 대해 말하지 않고는 그 화가 가시지 않을 거라고 생각해요.

    (구성원들은 침묵한다.)

진: 음, 정확히 말해서 저는 화가 난 것은 아니지만, 저는 당신(샐리)이 우리를 무시하는 것 같은 느낌을 받았어요.

멜러니: 네, 맞아요. 저도 그렇게 느꼈어요.

제임스: 제 생각에 저는 조금 화가 났지만, (샐리에게) 당신이 걱정이 되어서 그랬어요. 저는 당신이 계속 더 나아지는 것을 보길 원해요. 그만두는 것은 당신이 더 좋아지도록 하진 않을 거예요.

피터: 제 생각에 저도 저런 감정을 느꼈어요. 저는 당신에게 조금 화가 났었어요. 하지만 제 생각에 저는 제가 당신에게 짜증이 난 것보다, 저는 당신이 당신 자신을 포기하지 않으면 좋겠어요.

샐리: 제가 여러분 모두를 실망시킨 것 같아요. 저는 제 자신을 실망시켰다는 것을 알아요. 솔직히 말해서, 저는 정말로 제가 떠나는 것이 여러분에게 큰 변화를 가져올 거라고 한 번도 생각해보지 않았어요.

진: 우리는 당신을 걱정해요. 저는 당신을 걱정해요. 저는 여러분 모두를 걱정해요.

리디아: 저도요. 이 집단은 점점 더 제게 가족과도 같아요.

이 예시에서, 서로에 대한 긍정적이고 부정적이기도 한 구성원들의 감정은 직접적으로 인정되었지만, 내가 그들에게 손을 내민 후에야 가능했다. 구성원들은 샐리에게 화가 났지만, 그들은 또한 그녀 자신과 집단에 한 약속을 지키지 않은 그녀에게 화가 나 있었다. 나는 드러나지는 않았지만 근본적인 분노의 감정을 짚어내었고, 구성원들에게 표현할 기회와 의견 차이를 다룰 기회를 제공했다. 또한 구성원들이 샐리에 대한 그들의 걱정을 인지하고, 진의 언급에서 드러난 것처럼, 그들 서로에 대한 애착 감정을 인지하도록 상황을 조성했다.

집단 지도자에 대한 원망

작업의 중기 단계의 또 다른 징후는 구성원들 서로의 관계를 특징짓는 것과 같은 인지적 왜곡을 반영하는, 구성원의 지도자에 대한 원망일 수 있다. 지도자는 도움을 주지 않았던 상담자, 부모 역할을 하지 않았던 부모, 그리고 구성원들이 견뎌야 했던 상처를 준 사람을 대변하게 될 수 있다.

또한 지도자에 대한 원망은 구성원들이 아동기 트라우마에 대해 더 잘 이해하게 됨으로써 나타나는 징후가 될 수 있다. 구성원들이 그들이 학대당했던 정도를 이해하게 되면서, 그들이 피해 사실에 대해서 느꼈던 책임감은 분노와 적개심으로 대체된다. 집단의 지도자는 원망의 대상이 될 가능성이 높다.

구성원들의 서로에 대한 반응처럼, 집단 지도자는 이러한 감정에 손을 뻗어야 할 가능성이 높다. 당연히, 그들은 아마 직접적으로 표현하지 않을 것이다. 또한 두려움, 죄책감과 혼란스러움이 동반될 수 있다. 린이 직접적으로 그녀에 대한 구성원들의 원망을 다루는 이전 예시인, 약물 중독자이자 성적 학대의 생존자를 위한 린의 집단으로 돌아가 보자. 그들의 직전 회기에서 집단 구성원들은 그들의 학대자와, 그들을 보호하지 않았거나 또는 그들이 피해를 당하게 '만들었다'고 구성원들이 느끼는 어머니에게 엄청난 분노를 표현했다. 린은 구성원들의 반응을 인정하기 위해 그녀 자신과 감정을 사용하여, 구성원들이 견뎌야 했던 것에 대한 그녀의 슬픔을 표현했다. 모니카는 그녀 옆자리에 앉아있던 사람에게 조용히 린이 구성원들이 하는 얘기를 "제대로 이해하지 못할 것"이라고 말했다. 그 순간, 린은 이에 대해 언급하지 않았지만, 나와 그녀가 나중에 이것에 대해 이야기할 때 모니카의 발언이 얼마나 중요한 것이었는지 그녀가 깨닫게 되었다.

다음은 직후의 회기로, 린은 다시 되돌아가서 집단과 이야기 나누기로 결정했다. 그녀는 다음과 같은 발언으로 시작했다.

린: 여러분이 얼마나 착취당했는지 매 회기마다 점점 더 인지하게 되는 것 같아요. 여러분 모두가 큰 분노와 원망을 느끼는 것이 당연해요. 모니카는 제가 이해하지 못한다

는 식의 말을 했고, 여러분이 아마 저에 대해 분노와 같은 감정을 가지고 있을 거라는 것이 제게 분명해졌어요. 저는 매주 여러분을 밀어붙이고, 이 모든 빌어먹을 이야기들을 꺼내요. 여러분이 정말 고통스러운 주제들에 대해 이야기하고 생각하게 만들어요.

(구성원들은 침묵한다.)

린: 저는 이것에 대해서 이야기하는 것이 쉽지 않다는 것을 알아요. 그렇지만 저는 제게 분노를 느끼는 사람들이 있다는 것을 감지해요. 여러분은 학대와 중독에 대해서 다루어야만 했어요. 저는 그렇지 않았어요. 회복의 고통을 겪어야 하는 사람들은 여러분이에요. 제가 아니고요. 아마도 여러분 중 일부는 아직도 제가 어떻게 도움이 될 수 있을지에 관해서 의문을 가지고 있을 거예요. 왜냐하면 저는 당사자가 아니기 때문이에요. 여러분에게 이것은 제게는 쉽고 당신에게는 어렵게 보일 수도 있어요. 그리고 이것은 공평하지 않죠.

모니카: 제가 한 말은 아무런 의미도 담겨있지 않았어요. 제가 건방졌어요.

린: 저는 당신의 사과를 받고 싶거나 사과를 필요로 하는 것이 아니에요. 하지만 그렇게 말해줘서 고마워요. 하지만 모니카, 저는 이 집단에 또 다른 사람이 당신과 같이 느낀다는 것을 장담할 수 있어요.

나키타: 저는 이게 당신의 잘못이 아니라는 것을 알아요. 그리고 당신은 우리 그리고 모두를 도우려고 노력하고 있어요.

린: (웃으며) 제가 다 가진 것 같다고 생각해서 그저 조금 짜증이 난 건가요?

나키타: 음, 어쩌면요. 당신은 백인 여자치고 정말 괜찮아요, 린.

(구성원들이 웃는다.)

린: 칭찬으로 받아들일게요.

프랜: 우리는 당신에게 무례하게 대하려는 것은 전혀 아니에요. 그냥 힘들어요. 당신도 알죠? 우리는 이렇게 힘든 시간을 보냈지만 당신은 그러지 않은 이유가 뭐죠? 제가 뭘 그렇게 잘못했죠? 왜 저는 화목한 가정을 가질 수 없는 거죠? (울기 시작한다.)

린: 제가 정답을 내려줄 수 있으면 좋겠지만, 저도 정답을 가지고 있지 않아요. 여러분 모두에게 일어난 일은 불공평했어요.

비록 린은 모니카의 린에 대한 구성원들의 원망에 대한 "첫 번째 제공"(Shulman 2006)은 놓쳤지만, 그녀는 알아차리자마자 그것에 대해 능숙하게 다룬다. 그녀 자신을 방어하는 대신, 린은 구성원들에게 자신에 대한 그들의 감정을 인정하도록 격려하며, 그렇게 함으로써 자신을 향한 분노가 괜찮다는 것을 전달한다. 린은 구성원들의 분노가 자신에 대한 것이 아니라 그들이 그들의 피해 사실에 대해 불공평하고 부당하다고 느끼기 때문에 발생한 것이라는 것을 알았기 때문에 어차피 자신이 할 수 있는 말이 딱히 없다는 것을 깨달았다.

이 장이 끝나감에 따라, 나는 린 자신이 성적 학대의 생존자라는 것을 언급하고자 한다. 그녀는 그녀 자신의 과거 피해 사실이 그녀가 집단의 구성원들과 효과적으로 작업하는 그녀의 능력에 미칠 수 있는 영향에 대해 민감했다. 그리고 그녀는 이것에 대해서 상의하기 위해 자주 나를 찾아왔다. 하지만 애초부터, 린은 **집단 구성원들을 돕는 능력이 자신의 아동기 시절 경험에 근거한 것이 아니라는 것**을 이해했다. 이것은 상호협력이 잘 이루어질 수 있는 분위기를 조성하는 그녀의 능력 때문이었다. 매 회기마다, 그녀의 상호협력을 촉진하는 역할에 대한, 그녀의 안정감과 이해는 점점 늘어갔다.

독자들은 의심의 여지없이, 그들의 상황을 이해하는 그녀의 능력에 대한 구성원들의 이의제기가 있었을 때, 왜 린이 그녀의 과거 학대에 대해 밝히지 않았는지에 대해서 주목할 것이다. 그녀는 단지 이것이 중요하거나 관련이 있다고 생각하지 않았다. 린은 날카로운 통찰력으로 자신의 개방이 나중에 구성원들의 분노와 적개심에 대한 논의로부터 그들의 의욕을 떨어뜨릴 수도 있다는 것을 관찰했다. 린은 구성원들을 속인 것이 아니다. 그녀는 단지 정말 중요한 주제에 완전히 그들의 주의를 기울였다. 그들에게 있었던 일들에 대한 그들의 적개심 말이다. 나는 린의 전략에 동의하지만 정확히 말하면, 그녀는 그녀가 말하기 원했다면 그녀의 과거 학대에 대해 밝혔을 수도 있다. 그녀가 강조하는 부분, 그녀가 아닌 그들의 경험, 그리고 그녀가 아닌 구성원들의 분노와 적개심은 똑같았을 것이다. 이전 장들에서 논의한 것처럼, 전문가의 자기 개방은(그게 무엇이었든 간에) 내담자가 개인이든 집단이든 간에, 내담자에게 유익할 것이라는 그들의 전문적인 판단을 반영해야만 한다.

요약

개인의 작업에서처럼, 집단 작업의 중기 단계는 아동기 트라우마의 내력을 가진 내담자가 치료를 받게 만든 문제들을 가장 직접적으로 다루게 될 시기이다. 또한 이때는 구성원들의 사회적 관계나 그들 자신, 그리고 다른 사람들에 대한 그들의 핵심 신념과 관련된 어려움들이 가장 명확하게 나타났을 시기이다. 이쯤 되면, 집단의 상호협력의 잠재력이 효과적으로 발현되고, 구성원들은 다른 사람들로부터 배우고 성장할 수 있는 능력을 가지게 된다.

작업의 중기 단계는 구성원들 사이의 깊은 연관성으로부터 나타나게 된다. 지도자가 **개인을 집단에 그리고 집단을 개인에게 연결시킨다면**, 이 연관성과 집단의 상호협력의 잠재력을 증대시킬 수 있다. 구성원들이 그들의 경험의 근본적인 공통점에 대해 알게 된다면, '**다들 그렇지만 나는 아니다**'라는 신념이 흔들리게 되며, 그들이 집단의 다른 이들과 비슷하다는 것과 그들의 피해 사실에 대한 책임이 없다는 것을 알게 될 것이다.

또한 다른 사람에게 책임이 있다는 사실을 인지하는 것(오직 학대에 대한 것뿐만 아니라 보호를 하지 않은 것)은 상실감과 버림받았다는 것에 대한 고통스러운 감정을 불러일으킨다. 이것은 개인 구성원들 그리고 전체로서의 집단이 다른 이의 상처와 고통으로부터 스스로 거리를 두는 '**난 그렇지 않아**'의 역동으로 그들은 방어적으로 응답할 수 있다. 이것은 지도자가 근본적인 공통점을 언급하고, 구성원들의 반응과 경험을 모두가 연관 지을 수 있는 방식으로 재구성함으로써 집단을 위한 연결 고리를 만드는 것이 중요하다는 것을 강조한다.

집단의 중기 작업에서, 과거 피해 사실과 현재의 어려움에 대한 구성원들의 감정은 특히 두드러질 가능성이 높다. 전문가는 개인 구성원들의 감정을 확인하고 집단의 반응을 결정하기 위해서 개인 구성원과 전체로서의 집단에 **이중 초점**을 유지해야만 한다. 게다가, 지도자는 **감정의 표현과 억제** 사이에서 적당한 균형을 유지할 수 있어야만 한다. 이때 고려해야 할 사항은 상담 상황, 구성원들의 필요, 집단의 목적을 반영한다. 지도자는 구성원들이 감정과 문제를 더 잘 조절하도록 돕기 위해서 8장에서 논의한 표현적 기술을 사용할 수 있다. 구성원들은 또한 아마 다른 사람들의 걱정과 감정에 반응하는 데에 있어서 도움이 필요할 것이다.

개인 치료에서 그러하듯이, 집단의 지도자는 **개인적 해리, 집단적 해리** 둘 모두의 징후를 의식하고 있어야만 한다. 구성원들은 그들 자신과 다른 이의 해리를 견디고 이것이 제공하는 보호적인 기능을 이해하도록 도움을 받아야만 한다. 해리를 보이는 사람들 또한 현재에 효과적으로 머물 수 있도록 집단의 도움을 받도록 격려 받아야만 한다.

집단에 참가하는 것의 치료적 잠재력에도 불구하고, 구성원들은 환멸감을 갖거나 계속해서 집단에 참가하는 것이 가치 있는 일인지 의문을 가질 수 있다. 그러므로 지도자는 이 역동을 예상하고 이 환멸감의 징후에 바로 응답할 준비가 되어있어야만 한다.

중기 단계에서, 지도자는 집단이 **구성원들 서로의, 그리고 지도자와의 관계**에 주목하도록 도와 상호협력을 증진시킬 수 있다. 구성원들은 그들 서로와, 지도자와의 '지금 여기' 관계를 살펴보는 기회로부터 얻는 이점이 있다(집단의 목적과 알맞게). 지도자는 집단의 작업을 방해하려고 위협한다면 언제든지 구성원들의 상호작용에 대해 다룰 준비가 되어 있어야만 한다.

구성원들의 인지적 왜곡을 반영하는 **전이** 현상은 서로에 대한 그들의 반응에서, 그리고 그들의 상호작용에서 나타나게 될 것이다. 관계에서 구성원들의 안정감이 커지면서, **의견 충돌과 갈등**뿐만 아니라 **애착의 감정** 또한 증가할 수 있다. 아동기 트라우마의 내력을 가진 내담자에게 이런 모든 감정은 당황스러울 수 있기 때문에, 지도자는 구성원들이 그것들과 직면하고 다루도록 도울 준비가 되어 있어야만 한다. 구성원들의 **지도자에**

대한 원망 또한 나타날 수 있다. 아마 전이의 징후일 테지만, 구성원들의 그들이 피해 입은 정도를 점점 더 인식하게 되고 그에 대해 지도자가 요구하는 작업이 반영되는 것일 수도 있다. 어떠한 경우에도, 전문가는 이러한 각각의 역동에 주의하여 즉각적으로 응답할 수 있도록 준비되어 있어야만 한다.

개인 작업과 집단 작업의 종결 단계

도입

작업의 종결 단계는 전문가가 아동기 트라우마의 내력을 가진 내담자의 힘을 북돋우고 그들이 피해 사실로부터 벗어나도록 할 수 있는 또 하나의 기회이다. 사실 Shulman은, 비록 자주 간과되지만, "종결 단계는 강력하고 중요한 작업을 위한 가장 큰 가능성을 제공한다"(2006, 179)고 주장했다. 내담자와 임상가는 종종 그들의 관계를 마무리하는 데 있어서 어려움을 겪곤 한다. 아마도 이런 어려움은 전문적인 작업 관계의 독특한 본질로부터 유래할 것이다. 그렇지만 이것은 또한 명백하게 우리가 의미 있는 대인관계를 어떻게 끝내는지 가르쳐주지 않는 문화 속에서 살고 있다는 사실의 결과기도 하다. 예를 들어, 우리는 소중한 친구나 동료와의 관계를 최종적으로 끝내려고 하는 것보다, 비록 관계를 유지하는 것이 힘들다는 것을 내심 알면서도 모임을 가지거나 계속 연락하기로 약속을 한다.

전문가는 종결이 아동기 트라우마의 내력을 가진 성인 생존자에게 특히 힘겨울 수 있다는 것을 예상해야만 한다. 그들에게, 종결은 보통 유기되는 감정, 왠지 무언가를 잘못했거나 더 잘할 수 있었거나 아니면 다르게 할 수 있었다는 죄책감과 상실의 감정을 촉발시킨다. 종결 날짜가 다가온다는 것을 인지함에 따라, 대부분의 내담자는 추가적인 발전을 유도하는 새로운 긴박감을 경험하게 된다. 그러나 트라우마 생존자에게, 이 긴박감은 최종적으로 당혹스러움과 실패의 감정으로 이어질 수 있다. 이것은 작업에 있어서 그들이 했던 것보다 하지 않았던 것에 초점을 두는 경향성 때문에 발생한다. 또한 아동기 트라우마의 내력을 가진 내담자는 그들이 이루어낸 개선점을 그들 자신의 노력보다는 전문가나 집단의 노력으로 귀인할 수 있다.

또한 전문가는 종결에 대한 그들 자신의 감정과 반응이 아동기 트라우마의 내력을 가진 그들의 내담자와 아주 유사할 수 있음을 예상해야만 한다. 전문가도 마찬가지로 죄책감을 느낄 수 있는데, 특히 그들이 성취한 것 대신 성취하지 못한 것에 집중할 때 더욱 그렇다. 또한 죄책감은 아동기 트라우마 생존자와의 작업을 끝내면서 나타나는 안도감, 혹은 종결과 내담자를 포기하는 것을 동일시하는 것으로부터(예를 들어, 만약 임상가가 그들이 고용됐던 곳에서 떠난다면) 나타날 수 있다. 전문가는 아마 그들의 내담자의 안녕에 대해서 걱정할 것이고 그들 스스로 이것을 성취해낼 수 있을지에 대해 의문을 가질 것이다. 특히 내담자가 비슷한 우려를 표현하고 퇴행하는 행동을 할 때 그러할 것이다.

이 장에서, 우리는 아동기 트라우마의 내력을 가진 내담자와의 작업 관계를 마무리하는 것과 관련된 기술과 기법을 알아볼 것이다. 이 단계가 제공하는 지속적인 성장의 가능성은 오직 전문가가 그들과 내담자 모두가 마주하게 될 어려움과 그러한 어려움이 이 작업 단계에서 어떻게 드러날지를 예상할 수 있을 때에만 실현될 수 있다.

개인 내담자와 작업 관계 종결하기

개인 내담자와의 종결은 다양한 종류의 이유에서 일어나는데, 일부는 계획된 채로, 일부는 계획되지 않은 채로 일어난다. 이 책의 수많은 사례에서 설명했듯이, 대부분의 실무 환경에서 회기 수는 미리 정해진다. 이런 사례에서, 전문가는 작업 관계의 착수 시기부터 내담자가 종결을 준비하도록 할 수 있다. 임상가가 내담자와 얼마나 직접적으로 그리고 자주 이 만일의 사태를 언급하는지는 보통 그들이 함께하게 될 회기의 수에 달려있다. 부모 지지 프로그램의 상담자인 레이철은 항상 내담자와 6회기를 가졌다. 그래서 그녀 자신의 소개와 어떻게 그녀가 도움을 줄 수 있을지 논의하는 것과 함께, 그녀는 그들이 함께하게 될 총 회기 수를 언급하고 그들에게 이것을 각 회기마다 상기시켜주었다.

레이철의 6장과 8장에서 설명했던, 자신의 아이들 중 한 명(트로이)을 학대했던 내담자, 콜레트와의 작업을 살펴보면, 그들의 두 번째 회기에서 콜레트는 레이철에게 자신이 성적으로 그리고 신체적으로 학대당했다고 털어놓았다. 이 자기 개방에 대한 레이철의 반응은 자신의 역할에 대한 인지와 콜레트와의 작업이 제한된 시간 내에 이루어진다는 특성을 반영한다. 그녀는 콜레트가 그녀와 공유한 것에 대해 그녀가 이해했다는 것과 그 일이 얼마나 중요한 일인지에 대해 이야기하며, 콜레트에게 상담을 받을 것을 권유한다. 이어지는 회기들에서, 레이철은 콜레트가 적절한 방법으로 분노를 조절하는 것을 돕고, 아들에 대한 그녀의 반응과 그녀 자신의 아동기 피해 사실 사이의 연결성을 짚어내는 데 집중했다. 레이철은 콜레트가 상담을 받는 것을 고려하도록 지속적으로 제안했지만, 콜레트는 입장을 밝히지 않은 채로 있었다. 그들의 마지막 회기에서 다음과 같은 대화가 있었다.

레이철: 이것이 우리의 마지막 회기이기 때문에, 저는 당신이 트로이에게 화가 난 자신을 발견했을 때 도움이 되었던 점, 즉 우리가 함께한 시간 동안 당신이 배운 점에 대해 이야기하는 시간을 좀 가지길 원해요.

콜레트: 저는 제가 계속해서 당신을 볼 수 있기를 원해요. 당신은 저를 정말 많이 도와주었어요. 저는 지금 외롭다고 느끼지 않아요. 저는 당신에게 말하는 것을 좋아해요. 당신은 제가 스스로를 미쳤다고 생각하지 않도록 만들어요. 처음에 저는 당신에게 말하고 싶지 않았어요. 저는 당신이 제가 과거에 봐왔던 여러 사람과 다르지 않을 것이라고 생각했어요. 그러나 당신은 달라요. 당신은 정말로 사람들에게 관심을 가지는 것처럼 보여요.

레이철: 그렇게 말해주셔서 감사합니다. 하지만 꼭 기억하세요. 정말로 어려운 작업을 해낸 한 사람은 당신이라는 것을요. 그럼, 당신이 트로이에게 다르게 행동했던 것들, 그리고 당신이 아이를 때리지 않도록 만든 것에 대해서 우리가 말해보면 어떨까요?

콜레트: 트로이가 제 신경을 건드리기 시작할 때 저는 그 자리를 떠나버릴 수 있어요. 그리고 제가 아이에게 화가 나지 않을 때까지 그 아이를 상대하지 않아요.

레이철: 맞아요. 당신은 그 자리를 떠나거나, 10초를 세거나 혹은 심호흡을 할 수 있어요. 당신은 약간의 시간과 거리를 가지고 당신이 그 아이를 대하기 전에 마음을 가라앉힐 수 있어요.

콜레트: 저는 그렇게 하려고 정말 노력했어요. 차분함을 유지하면서, 그 아이가 버릇없게 굴며 저를 괴롭히지 않도록 말이에요.

레이철: 아이 때 당신에게 일어났었던 일에 대해 당신이 제게 말하는 데에는 엄청난 용기가 필요했어요. 당신이 그렇게 했다는 것이 저는 참 기뻐요. 왜냐하면 우리가 당신이 아이 때 일어난 일에 대한 당신의 감정과 트로이가 당신을 짜증나게 할 때의 현재 감정을 구분하도록 도울 수 있었기 때문이에요. 그리고 두말할 나위 없이, 우리는 트로이가 애 아빠가 아니라는 것을 당신이 잊지 않을 수 있도록 도울 수 있었어요. 기억하세요. 당신은 당신에게 정말로 도움이 될 만한 것을 기억할 수 있도록 당신 머릿속에서 새롭게 생각한 말(이것은 지금이고 그것은 그때다)을 떠올릴 수 있어요.

콜레트: 당신이 말한 것을 하려고 저는 정말 많이 노력했어요. 만약에 제가 트로이는 단지 어린아이이고, 쓸모없는 자식이 아니며, 아무짝에도 쓸모없는 애 아빠가 아니라고 제 자신에게 계속해서 말할 수 있다면, 그렇다면 저는 제가 아이였을 때 상처받았

다고 해서 아이에게 화를 낼 수 없을 거예요.

레이철: 이것이 우리가 함께하는 마지막 시간이기 때문에, 저는 정말로 과거에 대해, 그리고 그것이 어떻게 당신의 현재에 영향을 미치는지에 대해서 조금 더 이야기하기를 원해요. 저는 이전에 당신이 어렸을 때 일어난 일에 대해 계속해서 이야기한다면 당신에게 정말 큰 도움이 될 거라고 생각한다고 말했어요. 이것은 당신이 트로이에 대한 분노를 조절하도록 돕는 것뿐만 아니라 당신에 대한 감정이 더 나아지도록 도울 것이기 때문이에요. 저는 당신이 그렇게 되는 것을 보고 싶어요.

콜레트: 저는 다른 사람들과 제게 일어났던 일에 대해 이야기하는 것을 좋아하지 않는다고 당신에게 말했었어요.

레이철: 당신이 제게 말했었던 것을 나도 알아요. 몇 번이나요! (웃으며) 저는 당신이 이것에 대해서 화가 나고 있다는 것을 느낄 수 있어요. 아마도 저에게 말이에요.

콜레트: 저는 단지 당신이 왜 저를 계속 지켜봐 줄 수 없는지 이해할 수 없어요.

레이철: 저는 다른 누군가와 처음부터 시작하는 것에 대해 생각하는 게 두려울 수 있다는 걸 알아요. 특히 당신이 저와 함께하는 것이 편안해졌을 때는요. 당신은 과거에 많은 실망을 경험한 적이 있어요. 저는 받아들이는 것이 쉽지 않다는 걸 알고 있어요. 그러나 제가 시작할 때 말했던 것처럼, 이곳에서의 제 역할은 부모에게 지지를 제공하고 부모가 아이들에게 더 잘 하도록 도움으로써, 더 이상의 사회적 서비스가 수반되지 않아도 되도록 하는 거예요. 우리는 우리가 도움을 주는 많은 내담자를 만나게 돼요. 그래서 우리는 내담자와 몇 번의 회기를 가질 것인지 제한을 두어야만 해요.

콜레트: 음……, 저는 단지 당신이 저를 예외로 해주길 원해요.

레이철: 저는 그럴 수 없어요. 저는 당신과 작업하는 것을 정말 즐거웠어요. 그리고 저는 당신이 그리울 거예요. 하지만 우리의 관계는 끝나가요. 저는 이것이 당신을 화나게 할 거라고 생각해요. 그러나 저는 당신이 이것에 대해서 생각해보면 좋겠어요. 당신은 저와 말하기 싫어했어요. 기억하나요? 그러나 당신은 이야기했어요. 그 누구도 당신이 이야기하도록 만들지 않았지만 당신이 한 것이죠. 그리고 당신은 저와 편안함을 느끼면서 마무리했고, 우리의 작업은 당신에게 도움이 되었어요. 당신은 저와 관계를 형성했고, 당신은 다른 상담자와도 관계를 형성할 수 있어요. 그 상담자는 과거에 일어났던 것에 대해 당신을 진정으로 도울 수 있고, 당신이 긍정적인 단계로 접어드는 것을 도와줄 수 있는 사람이에요.

종결의 기술

레이철은 콜레트와의 관계의 종결에서 세 가지 중요한 기술을 사용했다. 첫 번째로, 그녀는 콜레트가 그녀가 이루어낸 개선점을 확고히 하도록 시도함으로써 이런 **개선점을**

인지하도록 도왔다. 레이철은 단지 콜레트의 진전에만 초점을 두는 것이 아니었다. 그녀는 콜레트가 취해야 할 다음 **단계를 확실히 했다.** 세 번째로, 콜레트가 간접적으로 그녀의 분노를 표현할 때, 레이철은 콜레트가 그것에 대해 말할 수 있는 기회를 제공했다. 그렇게 함으로써, 레이철은 그러한 감정이 새로운 상담자와의 관계에 장벽이 될 가능성을 줄이고, 콜레트가 다음 단계를 받아들일 수 있는 가능성을 증가시켰다.

콜레트와의 종결에 대한 그녀 자신의 죄책감과 슬픔에도 불구하고, 레이철은 적정한 경계선을 유지했다. 그녀는 그녀가 제공할 수 없는 서비스를 제공하거나, 콜레트와의 작업 관계가 끝났다는 사실에 대하여 사과하지 않았다. 사실, 그녀는 콜레트의 예외를 만들어달라는 요청을 콜레트가 타인과 관계를 맺는 능력을 '개선'했다고 언급하는 기회로 사용했다. 이것은 또한 콜레트가 다른 전문가에게 나아가고 열중할 수 있도록 돕는 것이었다. 이 회기가 끝날 무렵 콜레트는 레이철이 추천했던 상담자의 이름을 받았지만, 그녀는 추수 상담의 약속을 하지 않았다. 사실, 레이철은 콜레트가 이 상담자에게 연락을 했는지에 대한 여부를 알 수 없었다. 왜냐하면 그녀와 콜레트가 더 이상 서로 연락한 적이 없었기 때문이다. 이것은 내담자와 우리의 작업에서 우리 중 대부분이 마주하게 될 현실이다. 우리의 작업이 끝날 때, 끝인 것이다.

콜레트의 양육 기술 개선과 그녀의 분노를 조절하는 능력과 더불어, 레이철과 그녀의 관계는 그녀 자신과 다른 이들에 대한 그녀의 핵심 신념에 도전하는 경험을 그녀에게 제공했다. 그래서 비록 이 관계가 끝났을지라도, 관계의 결과로써 내담자는 자기감과 자아존중감이 향상되었으며, 그 관계는 모든 미래의 관계에 있어서 그녀에게 힘을 북돋아주는 결과로 나타날 것이다.

레이철은 나에게 그녀가 이 내담자와의 작업이 얼마나 즐거웠는지 말했다. 그러나 그녀는 또한 그녀가 더 도움이 되지 못했다는 사실에 좌절했다고 말했다. 나는 콜레트가 자신의 강점을 확인하도록 그녀가 도왔듯이, 우리는 레이철이 그녀가 했기를 바라던 무언가가 아닌, 콜레트와의 작업을 올바르게 잘해냈다는 것에 집중할 필요가 있었다. 콜레트와의 마지막 회기에서 이러한 감정이 그녀가 성취해야 했던 것을 방해했을 가능성이 높다. 그러나 레이철은 그녀의 감정을 억압했다. 그렇게 함으로써, 그녀는 콜레트가 그들의 관계를 종결하도록 도왔다.

종결에 대한 내담자의 감정에 다가가기 바버라와 함께한 마리안의 작업(6, 8장 참고)은 더 긴 기간인, 4개월 동안에 걸쳐 이어졌다. 그들의 종결 단계의 역동은 레이철과 콜레트 사이에서 일어났던 것과 비슷했지만, 더 긴 기간이 주어졌음을 고려할 때, 그들 사이는 더 강렬하고 친밀한 관계였다. 마리안은 바버라와의 작업의 시작에서부터 그들이 작업하게 될 시간의 구조에 관하여 명확하게 하였다. 4개월 동안 정기적으로, 그녀는 바버라에게 함께 보낼 시간이 얼마만큼 남았는지를 상기시켜주었다. 아동기 트라우마의 내력을 가진 일반적인 내담자처럼, 바버라는 그들의 마지막에 대해 마리안이 상기시키는 것을 무시했다. 여섯 번의 회기가 남아있을 때 마리안은 더 완고해졌다. 그녀는 종결에 대한 바버라의 감정에 다가가고, 바버라가 다음 단계들을 확인하도록 도우려고 시도했다. 그러나 바버라는 종결에 대해서 이야기하는 것을 지속적으로 회피했다. 마리안은 마지막에서 두 번째 회기 때 다시 한 번 종결에 대한 이슈를 언급했다.

마리안: 우리가 함께하는 회기는 이제 오직 한 번밖에 남지 않았어요. 그리고 이것이 의미하게 될 것에 대해서 우리가 이야기한 적이 없기 때문에 저는 걱정이 돼요. 당신이 이 일이 일어나지 않을 것처럼 행동하기를 원한다는 것을 나는 알아요. 미안하지만 이것은 일어날 일이에요. 어떻게 됐든, 다음 주 이후부터 우리는 서로를 보지 못하게 될 거예요, 바버라. 저는 최대한 부드럽게 당신이 종결할 수 있도록 당신을 도와줄 거예요. 그러나 그렇게 하기 위해서 우리는 정직하게 이야기해야만 해요.

바버라: 제가 계속해서 이것이 끝나지 않을 것처럼 행동할 수 없다는 걸 저도 알아요.

마리안: 작별 인사를 하는 것은 어려운 일이에요, 그렇죠? 저는 당신을 매우 좋아하고 있어요. 그리고 당신이 해낸 모든 것이 매우 자랑스러워요. 저는 작별 인사를 해야만 하는 것이 슬퍼요.

바버라: 저는 당신이 정말로 그리울 거예요, 마리안. 당신은 저를 정말 많이 도와주었어요. 당신의 도움이 없었다면 무엇을 할 수 있었을지 모르겠어요.

마리안: 저는 제가 당신에게 도움이 될 수 있었다는 것이 정말로 기뻐요.

마리안은 바버라에게 꾸준히 그들의 작업 관계의 종결에 대해 생각하고 계획을 세우도록 요구하였다. 그 결과로써, 그녀와 바버라는 매우 중요한 대화를 나누기 시작했다. 마리안은 바버라가 자신의 반응을 알아차리도록 돕기 위해 끝마치는 것에 대한 자신의 슬픔을 능숙하게 활용했다. 많은 사례에서, 우리가 종결에 대한 우리의 반응을 나눈 후에야 내담자도 그들의 감정을 나눌 수 있게 된다. 유사하게, 바버라가 마리안과의 관계를 종결시켜야 한다는 현실을 직시한 후에야 그녀의 앞으로의 행보에 대해 계획하고 의미 있는 대화를 나눌 수 있을 것이다.

종결에 대한 어려움을 직접적으로 다루기 내담자는 대개 종결에 대해 부정적인 감정(분노, 억울함, 또는 안도감)을 공유하는 데 있어 어려움을 가지고 있다. 그래서 전문가는 긍정적이고 부정적인 감정 모두에 다가갈 준비가 되어 있어야만 한다. 그렇지 않으면 우리는 가식적인 논의가 일어나는, **종결의 환상**을 불러일으키는, Shulman이 "송별회"(2006)라고 부르는 것에 참가하게 될 수도 있다. 많은 경우, 전문가와 트라우마 생존자의 작업 관계에 어려움이 존재하거나(예: 의무적으로 도움을 구하도록 지시받은 내담자는 분개하기 쉽다), 아동기 트라우마 생존자의 특징인 불신감이 전문가와 연결되는 내담자의 능력을 제한시킬 수 있다. 부정적인 감정의 원인이 무엇이든 간에, 전문가는 관계를 종결하는 것이 무엇을 의미하는지에 대해 내담자와 터놓고 솔직하게 이야기할 수 있도록 준비되어 있어야만 한다. 종결의 환상에 안주하는 것은 내담자와 임상가 모두에게 해가 된다.

3장과 6장에서, 우리는 팀과 캐시의 접수 단계 면접을 살펴보았다. 팀은 90일 동안 캐시가 일하고 있는 외래환자 약물치료 프로그램에 참석하라는 법원의 지시를 받았다. 팀은 음주운전으로 두 번이나 유죄 판결을 받았고, 특히 접수 단계 면접에서, 캐시의 능력이 도움이 될 수 있을 것인지를 묻는 그의 질문은 치료를 받아야만 한다는 것에 대한 분개심을 명백히 드러냈다. 캐시는 팀의 걱정거리에 직접적으로 마주하였다. 그리고 최초의 작업 관계를 발전시키는 그녀의 능력은 팀이 성적 학대를 포함한 고통스럽고 폭력적인 아동기 시절을 자세히 털어놓게 하였다. 캐시는 프로그램에서 90일 동안 팀과 계속하게 될 것이라고 예상하지 못했지만, 예상치 못한 상황으로 인해 그가 머무르는 기간 동안 그의 상담자가 되었다.

팀의 외래환자 프로그램의 참석은 어려웠다. 술이 자신의 삶을 지배한다는 것을 인지하려는 그의 초창기의 자발적인 태도에도 불구하고, 팀은 계속해서 도움이 필요한지에 대해서는 상당한 주저함을 표현하였다. 캐시와 그의 주중 회기 중에서, 그는 자주 분개하고 그녀와 만나는 것에 대해 분노를 표현했다. 그는 그들의 회기 중 한 번은 술에 취해 나타났고, 또 다른 두 회기에 불참했던 몇 번의 사건에 술을 마셨다는 사실을 인정했다. 팀은 출석과 금주에 대한 기관의 정책을 위반했기 때문에 프로그램에서 중단당했다. 캐시는 그 결정을 지지하는 것을 꺼려했지만, 그녀는 그 결정을 따르도록 강요받았다.

팀과 그녀의 마지막 만남 전에, 캐시는 그와의 종결에 관한 그녀의 양가감정(그의 문제를 인정하지 않는 그에 대한 분노, 그를 포기한 그녀의 프로그램에 대한 분노, 그를 도울 수 없다는 것에 대한 죄책감, 그를 더 이상 다루지 않아도 된다는 안도감을 포함한 감정)에 대해서 나와 논의했다. 그녀는 다양한 감정을 느끼고 있음을 인정했다. 캐시가 이러한 감정에 대해 이야기한 것은 팀과 그녀의 마지막 회기의 결과를 더 좋게 만들었다. 그녀는 팀이 미래에 도움을 구하고 이것을 받아들일 수 있도록 길을 닦아놓고자 했다. 다음은 그들이 함께하는 마지막 회기의 한 부분이다.

캐시: 당신이 알고 있듯이, 규정은 '삼진아웃제'예요. 그리고 사실 소변 검사에서 당신이 세 번이나 걸렸다는 것은 당신이 프로그램에서 제외되었다는 것을 의미해요. 그래서 당신과 저의 관계는 끝이 나게 될 거예요. 그리고 이것이 우리의 마지막 회기예요. 저는 잠시 동안 우리의 작업에 대해 말해보는 것이 도움이 될 것이라고 생각해요. 솔직히, 이것은 정확히 제가 원했던 것처럼 흘러가지는 않았어요. 아마도 당신이 원했던 방향도 아니었을 거예요.

(팀은 침묵한다.)

캐시: 아마도 불편할 거라고 생각해요. 어쩌면 당신은 이렇게 생각할지도 모르겠어요. '너무 좋군. 나는 더 이상 이 허튼소리를 견디지 않아도 돼.' 그러나 당신이 그렇게 느낀다고 하더라도, 당신은 당신이 이것을 끝낼 수 없을 것 같은 감정을 느낄 거예요. 아니면 '법을 어기지 않고 머무르기 위해 노력할 수 있는 것이 무엇일까'라는 생각이 들 수도 있고요. 또한, 저는 당신이 당신의 유죄 선고가 무엇을 의미하는지에 대해서 약간 걱정하고 있을 거라고 상상해요.

팀: 저는 상황을 정말 개판으로 만들었어요.

캐시: 음, 당신은 정확히 프로그램을 통해 당신이 받을 수 있었던 많은 것을 얻지 못했고, 그것은 확실해요. (웃는다.)

팀: 저는 언젠가는 할 수밖에 없을 거라고 생각해요, 그렇죠?

캐시: 솔직하게 말하면, 저도 잘 모르겠어요, 팀. 저는 법원에 보고서를 제출해야만 해요. 그리고 당신이 치료를 완료하지 않았다는 것을 그들이 알게 해야 해요. 저는 또한 추천서를 작성하겠지만 저는 그들이 그것을 가지고 무엇을 할지에 대해서는 전혀 몰라요. 그들은 이것에 대해 관심을 가질 수도 있고, 가지지 않을 수도 있어요.

팀: 당신은 뭐라고 말할 것인가요? 아마 당신은 그들에게 내가 모든 것을 망쳤다고 말하겠죠.

캐시: 음, 저는 그들에게 우리가 왜 우리의 프로그램에서 당신을 제외시켜야 했는지 정확히 이야기할 거예요. 만약 당신과 제가 이것에 대해서 조금 더 이야기를 나눈다면, 저는 제가 뭐라고 쓸지 더 잘 알 수 있을 것 같아요. 즉, 우리가 함께했던 우리의 작업에 대해서 솔직하게 이야기할 필요가 있다는 거예요. 무엇이 잘 되었고, 무엇이 잘못 되었는지를 말이에요. 아마도 당신이 이 프로그램에 머무르도록 돕기 위해 제가 할 수 있는 무엇인가가 있을 거예요. 또한 아마도 이렇게 되지 않기 위해 당신이 하길 원했던 것이 있었을 거예요. 저는 가능하면 당신이 가장 좋은 방법으로 우리 프로그램을 떠나기를 원해요. 왜냐하면 저는 당신이 약물을 멀리하고 그 상태를 유지하기를 다시 한 번 시도하는 데 마음을 열기를 바라기 때문이에요.

팀: 미안해요. 제가 엉망으로 만들었어요. 저는 골칫거리였어요.

캐시: 약물을 멀리 하기 위해서는 오랜 시간이 걸려요. 그 과정은 두렵고 압도적이에요. 그래서 가끔 당신은 '뭐 하러 그래?'와 같은 기분을 느껴요. 그러고 나면, 당신은 그 기분 위에 무언가를 더해요. 그 무언가는 당신이 아이 때 고통을 겪었던 정도를 인지하기 시작하는 거예요. 당신이 도망가길 원한다는 것을 이해해요. 당신이 제게 화를 내고 저를 밀어낸 것도 이해가 되지만 저는 당신이 미래에 도움을 받아들이는 것을 기꺼이 감수하는 것을 보고 싶어요. 왜냐하면 저는 당신이 한편으로는 계속해서 이

렇게 살기를 원치 않고 있다고 생각하기 때문이에요.

팀: 당신은 정말로 제게 희망이 있다고 생각하나요?

캐시: 네, 저는 정말로 그렇게 생각해요. 저는 당신에게 솔직해지려고 노력했어요. 알죠?

(팀은 고개를 끄덕인다.)

캐시: 제가 솔직했다는 것이 가끔 당신을 짜증나게 했다는 것을 알았지만, 저는 그렇게 했어요. 그래서 만약 제가 당신에게 희망이 있다고 믿는다면, 저는 당신도 이것을 믿기를 원해요. 이것이 우리가 모든 것이 맞게 가고 있었는지(당신이 거쳐 온 긍정적인 단계와)에 대해 이야기하는 것이 중요한 이유예요. 우리가 다르게 할 수 있었던 것을 알고 나면, 당신은 미래에 더 성공적으로 해낼 수 있어요.

캐시의 기술은 팀과의 이 마지막 회기에서 명확히 드러난다. 그들의 종결은 바람직한 환경에서 이루어진 것은 아니었다. 그리고 캐시는 직접적으로, 그리고 빠르게 작업 관계에서의 문제점을 인정했다. 그녀는 비록 팀이 그녀의 프로그램에 더 이상 참여할 수 없지만, 그가 미래에 다시 도움을 요청하는 것을 방해하지 않는 방식으로 내담자가 그녀와의 종결을 잘 수행할 수 있도록 도울 책임이 있다는 것을 잘 알고 있었다. 아동기 트라우마의 내력을 가진 많은 내담자가 그러하듯, 팀은 도움을 구하는 것을 망설였고, 캐시와 그녀의 프로그램에서 제공하는 조력을 이용할 준비가 되어있지 않았다. 캐시는 팀이 그가 사는 방식에 지쳤지만, 약물로부터 멀어지게 되는 것과 자신의 문제를 직면하는 것에 대해 두려워하고 압도당하는 느낌을 가질지도 모른다는 생각을 하며 틀을 매우 잘 잡았다. 캐시는 팀이 도움을 받을 준비가 되어있지 않거나 자발적으로 도움을 받고자 하지 않는다면, 그가 도움을 받아들이도록 만들 수 없었다. 그러나 그녀는 그가 스스로 미래에 도움을 받아들이는 것을 더 쉽게 만들어줄 수는 있었다.

장기 관계의 종결

개인 내담자와의 작업이 한도 없이 계속되고 있을 때, 추가적인 문제는 아마 종결과 관련이 있을 것이다. 아동기 트라우마의 내력을 가진 내담자가 작업 관계를 맺는 것을 주저한다고 하더라도, 그들이 한 번 관계를 맺었다면 아마도 종결을 매우 고통스럽게 하는, 전문가에 대한 애착을 발달시킬 것이다. 그러므로 작업 관계의 성공에 중심이 되는 '관계'는 아마 궁극적으로 종결을 매우 어렵게 만들 것이다.

8장의 지시를 사용하는 것에 대한 논의에서, 나는 이사 후 짐을 풀고 그녀 자신과 그녀의 가족이 새집에 정착하는 데 어려움을 겪고 있던 로안과의 나의 작업에 대해 설명하였다. 나는 로안의 이사 이전에 14개월 정도 그녀를 보아왔다. 내가 그녀에게 그녀가 자신의 집과 가까운 곳에 있는 치료자를 찾는 것이 필요하다는 나의 신념을 공유하기로 결정할 때까지, 나는 이사 이후에도 계속하여 그녀를 6개월 동안 보았다. 그녀가 이사한 이후부터, 로안은 나의 사무실까지 한 시간 반을 운전하여 와서 한 시간 반을 운전하여 집으로 돌아갔다. 나는 그녀가 이사할 때, 더 가까운 곳에 있는 상담자를 알아보는 것을 고려해보라고 권고했지만 그녀는 거절했다. 나는 다소 마지못해 하며 그녀를 계속 보는 것에 동의했다. 나와 함께 작업을 하고 싶다는 로안의 태도는 단호했는데, 그 이유는 그녀에게 도움이 되지 않았던 치료자를 너무나도 많이 만났기 때문이었다.

그러나 나를 보기 위해 먼 거리를 운전해야 하는 것이 로안에게 있어 부담이 된다는 것은 내겐 너무나도 명확해 보였다. 그녀는 육체적으로도, 감정적으로도 너무 고생하고 있었다. 나는 한 번 더 그녀에게 새로운 상담자를 찾아보는 것이 어떻겠냐는 주제를 꺼냈다. 로안은 거절했지만, 약속 시간에 나타나지 않고 약속을 취소하기 시작했다. 그러므로 비록 그녀는 이것을 직접적으로 인정할 수는 없지만, 간접적으로 내게 통근이 우리의 작업에 장애물이라는 것을 알게 하였다. 몇 주 동안 연이어, 로안과 나는 휴대폰으로 통화하며 긴 회기를 가졌다. 그 다음에 동료의 조력 덕택에, 나는 그녀와 내가 "작업의 환상"(Shulman, 2006)에 빠져 있다는 것을 깨달았다.

내가 그녀에게 새로운 상담자를 만나는 것이 어떠냐고 제안할 때 이야기할 수 있도록 나는 조금 알아보았고 그녀를 소개할 만한 곳 두 곳을 찾을 수 있었다. 이 대화는 다시 한 번 전화로 이루어졌다. 왜냐하면 로안은 통근을 할 수 없었기 때문이다. 다음은 우리의 대화를 인용한 것이다.

캐럴린: 당신이 운전을 할 수 없었기 때문에 우리의 약속을 취소하게 된 것이 지금까지 여섯 번이나 되네요. 이것에 대해서 우리는 이전에 이야기를 했지만, 다시 이야기할 필요가 있어요. 양심상 도저히, 저는 계속해서 당신을 볼 수가 없어요. 이런 방식은 당신에게 도움이 되지 않아요.

로안: 저는 의사를 만났고(그녀의 의학적인 문제에 대해서) 그는 제게 새로운 처방전을 주었어요. 그래서 저는 제가 다음 2주 동안 당신을 보기 위해 운전을 할 수 있을 거라고 생각해요.

캐럴린: 저는 당신이 계속해서 저를 보기를 원하는 것과, 당신의 건강이 나아지기를 바라는 것을 이해하지만 당신은 사실 지금 이것 때문에 꽤 오랜 기간인 한 달 동안이나 고통을 받고 있어요. 실제로, 당신이 건강이 충분히 나아질 거라고 생각할 가능성이 얼마나 되나요?

로안: 음, 저는 의사의 조언을 잘 따르고, 정말로, 저는 조금 나아진 기분을 느껴요.

캐럴린: 그렇지만 로안, 당신이 나아지기 시작했다고 하더라도, 이 통근은 계속해서 당신을 신체적으로 그리고 정서적으로 소모시켜요. 당신의 몸은 항상 당신이 느끼는 것을 잘 나타내는 척도였어요. 저는 당신의 몸이 당신에게 무언가 말하고 있다고 생

각해요. 비록 당신은 몸이 말하는 것을 듣기를 원치 않지만요.

로안: 전화상으로 이야기하는 것도 제게 도움이 돼요.

캐럴린: 그렇지만 이것은 충분하지 않아요, 로안. 그리고 저는 당신이 이것이 충분하지 않다고 느낀다는 걸 알아요. 아무것도 하지 않는 것보다는 낫겠지만, 충분하지 않아요. 사실, 저는 이렇게 전화상으로 이야기하는 방식이, 당신이 새로운 상담자를 찾는 것에 대해 고려해보는 것을 훨씬 더 어렵게 만든다고 생각해왔어요.

로안: 저는 이것을 다시 시작할 수 없어요! 저는 제 모든 이야기를 다시 이야기하고 싶지 않아요. 저는 다른 사람이 저를 이해하려고 노력하는 것을 돕고 싶지 않아요!

캐럴린: 당신이 저를 처음 보기 시작했을 때, 당신은 같은 것을 느꼈어요, 그렇지 않았나요?

로안: 기억나지 않아요.

캐럴린: 음, 저는 기억해요. 당신은 정말로 당신의 이야기를 다른 사람들에게 말하는 것에 지쳤다고 제게 말했어요. 그렇지만 그것은 당신이 제게 기회를 주는 것을 방해하진 않았어요. 당신은 당신에게 무슨 일이 있었는지에 대해 제게 말해주었어요.

로안: 저는 그저 당신을 그만 만나고 싶지 않아요. 당신은 제게 정말로 중요해요, 캐럴린.

캐럴린: 로안, 저도 당신을 정말 좋아해요. 우리는 힘든 시간을 함께 견뎌냈어요, 그렇지요? 그리고 당신은 여기까지 왔고, 정말로 중요한 작업을 해낼 수 있게 되었어요. 저는 당신에게 많은 관심을 쏟았고, 그것이 바로 제가 당신이 저와 종결할 수 있도록 도와야만 하는 이유예요. 그래야만 당신이 당신에게 더 많은 도움이 될 수 있는 누군가와 함께 계속해 나갈 수 있는 기회를 가질 수있어요.

로안: (울기 시작한다.)

캐럴린: 정말 슬프네요, 그렇죠?

로안: 당신이 엄청 그리울 거예요.

캐럴린: 저 또한 당신이 많이 그리울 거예요. 제가 말했던 것처럼, 저는 당신을 매우 좋아해요. 그리고 나는 당신이 이루어낸 진전에 매우 감동 받았어요. 로안, 저는 계속해서 당신이 개선되는 모습을 보기 원해요. 저는 사실 주위에 전화를 해서 추천할 만한 두 사람을 확인했어요. 저는 그 두 사람 모두와 이야기한 후에 제가 알게 된 그들의 정보를 당신에게 알려주고자 해요.

이것은 내가 내담자와 해왔던 종결 중 가장 어려운 것 중 하나였다. 내가 로안에게 말했던 것처럼, 나는 그녀를 매우 좋아했다. 나는 그녀와의 작업이 즐거웠다. 나는 그녀의 강점과 탄력성에 겸손해졌고, 그녀가 이루어낸 진전에 기뻤다. 나는 다른 치료자의 도움을 찾고, 받는 것에 대한 로안의 의지와 능력에 대해서 걱정했고, 우리의 관계를 종결한 것에 대해서 죄책감을 느꼈다. 내가 처음 로안의 결석을 직접적으로 마주하기를 원하지 않았다는 점에서 분명해지는 주저함에 대해서 말이다. 동료는 내가 이미 알고 있는 것을 말했다. 나는 더 이상 로안에게 도움을 줄 수 없었다. 이것이 우리 두 사람 모두에게 고통스러운 것만큼, 이것은 현실이었다. 나의 동료는 또한 내가 종결의 중요한 원칙을 볼 수 있도록 도왔다. 작업 관계가 끝난 후에도 계속하여 내담자가 다가가기 쉽게 하는 것은 새로운 전문가와 관계를 맺으려는 그들의 노력을 약화시킨다.

트라우마의 생존자인 내담자와의 장기적인 관계는 종결의 아픔에 대한 준비를 필요로 한다. 내담자의 아픔뿐 아니라 임상가의 아픔까지도. 로안과 나의 사례는 그녀가 이사를 했던 시점에 나와의 관계를 종결하도록 그녀를 도왔어야 했는지, 그리고 우리의 계속된 작업이 나와 그녀가 종결을 꺼려했던 것과 관련이 있었는지의 질문을 하게 만든다. 회상하건대, 로안이 나와 계속하기를 원했던 완고함을 고려해볼 때, 나는 처음에는 옳은 결정을 내렸다. 그러나 약속을 정하는 것이 잘 이루어지지 않는다는 것이 분명해지면서, 나는 빨리 나와의 작업을 종결할 수 있도록 그녀를 도왔어야 했다.

나는 로안을 한 번 더 직접 보기를 원했지만 그녀의 건강상 문제는 이를 불가능하게 만들었다. 우리는 전화상으로 몇 번의 대화를 더 가졌고 나는 그녀에게 내가 소개한 두 사람과 연락해보라고 그녀를 격려했다. 나는 그녀에게 그들 두 명 모두와 연락을 하고, 자신에게 더 잘 맞다고 생각이 드는 사람과 만나라고 권유했다.

마침내, 그녀는 그들 중 한 명과 만나기 시작했다. 그러나 거의 1년 동안, 그녀는 주기적으로 내게 이메일을 보내고 전화하는 것을 지속했다. 나는 이메일이 온 것을 알고 있었지만, 로안이 말하는 개인적인 걱정에 응답하지 않았다. 전화상의 대화와 이메일 모두에서, 나는 로안에게 내가 더 이상 그녀의 치료자가 아니며, 그녀에게 도움을 줄 수 없다는 것을 알렸다. 그래서 그녀는 내가 아닌, 그녀의 새로운 상담자와 그녀의 고민을 나눌 필요가 있었다.

로안이 새로운 치료자와 성공적으로 관계를 맺기 위해선, 나의 결단력이 꼭 필요했다. 그렇지만 나는 그에 대해 계속해서 확신을 가지지 못했다. 비록 나는 내가 더 이상 로안에게 도움이 될 수 없다는 것을 확실히 믿었지만, 나는 로안이 개인적으로 거절당했다는 감정 없이 관계를 끝내는 능력이 제한되어 있다는 것을 인지했다. 나의 바람은 우리의 종결이 로안에게 중요한 자기 능력을 개발하는 기회를 제공하는 것이었다. 그러나 어느 정도 그녀가 버림받았다고 느꼈을 가능성이 있음을 인정한다.

종결이 계획되지 않았을 때

내담자와의 종결은 우리의 작업에서 불가피한 측면이다. 그리고 그것이 계획되어 있을 때, 그것은 아동기 트라우마의 부정적인 영향에 대응할 수 있도록 하며, 내담자가 쌓은 것을 확고히 하고, 필요한 다음 단계를 알아낼 수 있는 기회를 우리에게 제공한다. 그렇지만 종결이 계획되지 않았을 경우에는(예: 내담자가 오지 않거나 예상치 못하게 전문가가 떠났을 때), 이러한 가능성의 성취를 더욱 어렵게 만든다.

전문가가 사전에 종결에 대해 내담자를 준비시키지 못했거나, 이런 준비가 제한되었을 경우, 전문가는 그들의 역할에 적합하고 실현 가능한 정도만큼 앞서 언급했던 종결의 기술을 사용해야만 한다. 이것은 불참하기 시작한 내담자에게 연락을 취하는 것을 의미하는 것일 수도 있다. 이것은 또한 내담자가 직접 만나서 하는 면담 대신에 편지, 이메일 혹은 전화(로안과 나의 종결같이) 대화를 통해서 종결을 하도록 돕는 것을 의미할 수도 있다.

집단 치료에서 작업 관계의 종결

비록 많은 집단 치료에서 종결과 관련된 많은 고려 사항이 개인 내담자와의 종결과 유사하지만 집단 치료에 내재된 다양성으로부터 직접적으로 생겨나는 차이점이 있다. 일부 집단(예: 시간 제약이 있는 집단)은 구성원들이 다른 이들과 함께 시작하고, 함께 끝내도록 예정되어 있다. 그러므로 지도자는 구성원들이 개인적으로도, 집단적으로도 그들의 과정을 인지하도록 도와야 하며, 그들의 감정에 대해 열린 마음으로 이야기하고, 다음 단계를 예상해야 한다. 그러나 제한을 두지 않고 진행되는 집단은 집단이 계속되는 동안에 개인 구성원들이 떠나갈 수도 있다.

구성원들이 서로 종결하도록 조력하기

린의 집단은 여성 약물 중독자를 위한 12회기의 집단이었다. 그리고 9장에서 우리는 에벌린의 결석을 예시로 들면서, 중기 단계에서의 구성원들의 환멸감에 대해 논의했다. 비록 집단 회기는 오직 중간보다 조금 더 진행되었지만, 린은 에벌린의 결석이 집단의 종결에 대한 그녀의 두려움과 우려를 나타내는 것일지 모른다는 가능성을 고려해야만 했다. 타인과의 관계에 있어서 실망하는 것이 익숙한 아동기 트라우마 생존자로서, 에벌린은 그녀 스스로에게 상대적으로 적은 시간을 함께 보내게 될 다른 집단 구성원들과 매우 가까워져야 하는 이유가 무엇인지를 물었을 수도 있다.

린은 이러한 사실을 집단에서 꺼낼 필요가 없을지도 모른다고 결정했지만 그녀가 이 가능성에 대해 민감해져 있는 것은 중요했다. 특히 집단의 종결이 다가오고 있었기 때문이다. 사실, 린이 에벌린의 결석(9장 참고)에 관해 집단에서 다시 이야기를 꺼냈을 때, 그녀는 종결에 대한 구성원들의 감정을 다룰 필요가 없다는 고의적인 결정을 내렸다. 그녀는 그녀가 구성원들로 하여금 환멸감과 집단에 대한 두려움을 직접 직면할 수 있도록 도움으로써, 구성원들에게 이미 중요한(그리고 관련된) 것을 너무 많이 바라고 있다고 생각했다.

그러나 집단의 종결이 가까워지면서, 종결에 대한 구성원들의 걱정은 격렬하게 표면화되었다. 린은 구성원들이 서로와의 종결에 대해 고통받을 수 있다는 걸 예상했기 때문에, 문제가 간접적으로 표면화되었을 때 그녀는 모든 구성원들에게 도움이 되는 방법으로 대응할 수 있었다. 11회째 회기에서, 린은 다시 한 번 구성원들의 결석을 다루어야만 했는데, 에벌린을 포함한 네 명의 구성원들이 10회째 회기에 참석하지 않았기 때문이었다. 에벌린은 그녀가 참석할 수 없을 것이라고 린에게 연락했지만, 그 이유에 대해서는 설명하지 않았다. 이전 회기에 결석한 적이 없었던 다른 세 명의 구성원들은 린에게 어떠한 연락도 하지 않았다.

10회째 회기에 참석한 네 명의 구성원들은 결석한 사람들에 대한 우려와 걱정뿐만 아니라, 분노 또한 표현했다. 집단이 종결에 매우 가까워졌기 때문에, 린은 이 네 명의 구성원들이 마지막 두 회기에 돌아올 것이라는 보증을 받는 것이 중요하다고 결론 내렸다. 그녀는 그들이 '뭐 하러 그래?'라고 생각하더라도 이해할 수 있다고 밝혔다. 린은 또한 참석하지 않은 구성원들에게 전화를 해서 마지막 두 회기에 오라고 격려하는 것이 중요하다고 느꼈다. 모두가 11회째 회기에 나타났고, 그리고 린은 다음과 같은 주장을 펼쳤다.

린: 저는 오늘 밤 여러분 모두가 왔다는 것이 매우 기뻐요. 우리에게 오직 두 번의 만남이 남아있어요. 그리고 저는 이것이 여러분 한 명 한 명에게 속상한 일일 거라고 생각해요. 이것은 마치 여러분이 마침내 편안함을 느끼고 이해받을 수 있는 장소를 찾았지만, 이것이 끝나는 느낌일 거예요. 종결을 받아들이기보다, 당신은 도망가거나 회피하기로 결정할 수도 있어요. 그러나 여러분은 그렇게 하지 않았어요. 여러분 모두가 왔어요. 저는 이것이 아마도 에벌린, 나키타, 모니카, 다니엘이 저번 주에 이곳에 오지 않은 이유와 일부분 관련이 있을 수 있다고 생각해요.
(구성원들은 조용하다.)

린: 이것은 또한 지난주 이전의 회기(9장 참고)가 정말로 고통스러운 것이었다는 사실과도 관련이 있어요. 모니카가 아버지가 살해당한 것에 대해서 이야기할 때, 이것은 정말로 여러분 각자에게 너무나도 끔찍한 고통을 주었어요. 나키타와 프랜은 매우 속상해했고, 이것을 보는 것은 모두에게 어려운 일일 거라고 생각했어요. 왜냐하면 여러분이 그들에게 안타까움을 느꼈을 것이고, 그것이 당신에게 일어났던 일에 대한 감정을 절실하게 느끼도록 만들기 때문이에요. 때때로 이러한 회기를 마치고 나면, 다시 돌아오기가 어려울 수 있어요.

나키타: 당신이 맞아요. 저는 더 이상 돌아가고 싶지 않았어요. 저는 제 자신에게, '나는 이 집단과 할 만큼 했어'라고 말했어요.

린: 나키타, 당신은 화가 난 것처럼 보이네요. 그런데 저는 당신이 집단에 화가 났다고는 하지만, 혹시 집단이 종결된다는 사실과, 아직도 당신이 해결해야 할 문제가 많이 있기 때문에 화가 난 것은 아닌지 궁금해요.

나키타: 저도 모르겠어요.

프랜: 저는 방금 나키타가 말한 것을 개인적인 것으로 받아들이진 않아요. 저도 똑같은 방식으로 느껴요. 다른 집단 구성원들이 자신에게 일어났던 일에 대해 이야기하는 것을 듣는 것은 힘들어요. 제 내면을 찢어놔요. 저는 '우리가 이 빌어먹을 것에 대해 이야기하면서 뭘 하고 있는 거지?', '이렇게 하는 게 대체 뭐가 좋은 거지?'라고 느껴요.

린: 우리가 이전에 이야기했던 것으로 돌아간 느낌이 드네요. '이 집단에 오는 이유가 무엇인가?'와 같은 감정을 느끼는 것 말이에요. 사실, 이 감정은 우리가 종결에 가까워진 지금 훨씬 더 강해질 수 있어요.

다니엘: 제가 오늘 밤 온 이유 중 하나는 당신이(린에게 말하며) 제게 연락해서 오라고 말했기 때문이에요.

린: 사실, 저는 당신에게 오라고 '권유'하였죠. (웃으며) 그리고 저는 이것이 당신 스스로 이곳에 오도록 도왔다는 것이 기뻐요. 저는 그것이 어려울 거라고 생각했거든요. 그렇지 않나요, 다니엘? 이 여성들에게 마지막 인사를 해야만 한다는 것이 말이에요.

다니엘: 저는 왜 우리가 이 집단 때문에 신경을 써야 하는지 잘 모르겠어요. 왜냐하면 지금 우리는 그저 작별인사를 하고, 다음에 보자고 하면 되기 때문이에요.

모니카: 맞아요, 저는 이제 막 제가 정말 약물을 멀리한 채로 지낼 수 있다는 것에 대해서 기분이 더 나아지기 시작했어요. 그리고 우리는 이제 만남을 중단해야만 해요.

린: 아마도 모니카가 언급한 우려는 다른 분들도 가질 수 있는 우려일 거예요. 이제 막 기분이 더 나아지고, 좀 더 강해지고, 더 나은 선택을 할 수 있기 시작했는데 끝을 내야만 하는 것 말이에요. 여러분은 집단 없이 계속해서 잘 해낼 수 있을지에 대해 걱정하고 있지 않나요?

에벌린: 왜 우리가 끝을 내야만 하나요? (린에게 말한다.) 왜 우리의 만남을 계속할 수 없나요?

린: 제가 집단이 시작될 때 말했던 것처럼, 우리는, 제 말은 단체와 저는 아동기 트라우마의 내력을 가진 내담자에게 그들이 혼자가 아니라는 것을 알도록 하고, 그들의 아동기 시절이 그들에게 얼마나 영향을 주었는지에 대한 이해를 시키는 것이 중요하다고 생각했어요. 트라우마가 내담자의 중독과 어떠한 연관이 있는지를 말이에요. 우리는 여러분이 그 연관성을 이해하도록 돕기를 원했어요. 그렇게 함으로써 여러분이 프로그램을 떠날 때 슬픔을 더 잘 조절할 수 있고, 여러분의 치료와 니코틴 중독자

모임(NA)에 머무를 수 있도록 말이에요. 그것이 우리가 집단을 종결하는 이유예요. 여러분 모두는 곧 우리의 프로그램을 떠날 거예요. 그러므로 더 이상 이 집단에 참석할 수 없게 될 거예요. 저는 당신(에벌린)이 제게 조금 화가 나 있다는 것을 느껴요. 아마 다른 사람들도 그렇겠죠? 당신이 준비가 되어있지 않음에도 불구하고, 제가 다른 누군가와 당신의 종결을 결정했기 때문인가요?

나키타: 저는 이게 공평하지 않다고 생각해요. 제 기분이 어떤지 당신은 알지 못해요. 우리는 이 빌어먹을 모든 것에 대해서 이야기했어요. 그리고 나서 우리는 서로를 만나는 것을 그만두어야만 해요. 이것은 옳지 않아요.

린: 맞아요. 저는 여러분 모두에게 이것이 타당해 보이지 않는다고 생각해요. 저는 여러분이 조금도 통제할 수 없는 또 다른 경우처럼 보일 거라고 생각해요. 그렇지만 그것과는 달라요. 그리고 저는 여러분 모두가 그걸 알고 있을 것이라고 생각해요. 그래도 여전히, 여러분에게 의미 있는 누군가에게 작별 인사를 하는 것은 힘든 일이에요. 그렇지요?

프랜: 너무 고통스러워요.

집단 지도자로서 린의 기량은 이 대화를 통해서 다시 나타난다. 이 회기의 맨 처음에, 그녀는 집단에서 아동기 트라우마의 생존자에게서 나타나는 보편적인 문제에 대해서 다루었다. 그 보편적인 문제는, 강렬하고 고통스러운 회기 이후에 일부 구성원들이 두려워하며 집단으로부터 달아난다는 것이다. 린은 특히 집단의 종결이라는 큰 문제와 이를 능숙하게 연관 지었다.

그녀는 또한 임박한 종결에 대한 구성원들이 서로 주고받는 간접적인 의사소통을 깨닫고 그것을 분명하게 드러냈다. 린은 구성원들이 그녀에 대해 가지고 있는 분노라는 되풀이되는 주제를 직접적으로 다룬다. 마침내, 린은 네 명의 구성원들의 우려와 그들의 개인 치료에서 표면화될 가능성이 있는 것 사이에서의 유사점에 주목하였다. 즉, **작별인사를 하는 것에 대한 슬픔, 종결에 대한 분노, '혼자가 되는 것'에 대한 두려움, 그리고 회피**가 그것이다. 린은 서로와의 종결에 대한 구성원들의 감정을 말로 표현함으로써, 그녀는 그들이 그저 그렇게 할 수 있도록 도왔다.

개인이 집단을 끝내도록 조력하기

이전에 언급했듯이, 모든 집단이 시간제한을 가지고 있고 린의 경우처럼 종결하는 것은 아니다. 개인이 집단을 떠날 때 종결을 촉진하는 것은 그 자체만으로도 힘이 든다. 비록 성적 학대의 생존자인 성인을 위한 나의 집단은 시간이 제한적이고 구성원들이 대부분 함께 시작하고 함께 끝내지만, 구성원들이 보다 일찍 떠나는 경우도 있다. 이런 경우, 이 책에서 논의되었던 언제든지 새로운 회원이 참가하는 것이 가능한 많은 집단처럼 개인이 집단을 끝내고 집단이 개인과 끝내는 과정을 필요로 한다.

9장에서, 나는 새로운 구성원(게이)이 해리되고 회기를 떠났던, 내가 운영한 두 번째 집단의 회기를 설명하였다. 그녀는 집단에 돌아오지 않았다. 이것은 그녀가 그녀의 개인적인 치료자와 내가 동의한 결정이었다. 비록 집단은 오직 두 번의 회기를 가졌지만, 그럼에도 불구하고 게이의 갑작스럽고 고통스러운 종결에 대하여 이해하는 것이 중요했다. 나는 다음의 대화로 3회기를 시작했다.

캐럴린: 여러분은 게이가 참석하지 않았다는 것을 알아차렸을 거예요. 사실, 그녀는 돌아오지 않을 거예요.

　　(구성원들은 우려와 슬픔을 보인다.)

캐럴린: 우리가 이것에 대해서 지난주에 조금 이야기하긴 했지만, 저는 여러분 모두가 이것에 대해서 어떻게 느끼는지 알기 위해서, 이것에 대해서 조금 더 이야기하는 데 시간을 보냈으면 해요. 저는 이 일로 인해 여러분이 계속해서 기분이 나쁘지 않길 바라요.

리디아: 저는 아직도 제가 그녀를 떠나게 한 것 같아서 기분이 좋지 않아요. 제가 이야기를 너무 많이 하지 않았어야 해요.

폴레트: 맞아요. 저는 우리가 게이가 더 환영받는 느낌을 받을 수 있도록 우리가 무엇인가를 했어야 했다고 느껴요.

제인: 제 생각은 달라요. 이것은 우리 때문이 아니에요. 아마도 그녀는 준비가 되지 않은 것이 아닐까요?

　　(그녀는 나를 본다.)

캐럴린: 당신이 맞아요, 제인. 이것은 정말로 여러분 중 그 어느 누구 때문도 아니에요. 저는 단지 게이가 이 집단에서 등장하는 문제에 준비되어 있지 않다고 생각해요. 우리는 그녀가 준비되었다고 생각했지만, 그녀는 아직 그렇지 못했어요.

멜러니: 어휴, 그 끔찍했던 일이 다시 생각나네요. 저도 그런 경험이 있었어요. 저는 다시는 그 미친 듯한 일을 겪고 싶지 않아요.

캐럴린: 그 말은, 당신이 게이가 속상해하는 것을 보았을 때, 당신은 그녀에게서 당신 자신을 보았기 때문에 두려웠다는 건가요? 저는 여러분 중 다른 사람도 이런 반응을 가졌는지 궁금해요.

리디아: 저는 그 누구도 그렇게까지 속상해하는 것을 본 적이 없어요. 이 집단이 나를 그렇게 만들 것인가요?

폴레트: 맞아요. 정말 무서웠어요. 저는 그렇게 되고 싶지 않아요.

캐럴린: 음, 저는 그 일이 일어나지 않을 거라고 장담할 수는 없지만, 제가 보장할 수 있는 것은 만약 우리가 이야기하는 것에 대해서 누군가가 정말로 속상해한다면, 우리

는 당신을 지지하고 도울 것이라는 거예요. 그리고 이 회기 중에 해리를 겪었던 또 다른 사람들이 이 집단에 있기 때문에 당신은 혼자가 되지 않을 거예요. 이것을 보는 것이 무섭다는 것을 알지만, 해리는 아이들이 그들 자신을 보호하는 방법이라는 것을 기억하세요. 지난주에 제가 이야기했던 것처럼, 해리는 아이들이 고통으로부터, 그리고 그들에게 일어나는 현실로부터 벗어나도록 해줘요.

달린: (폴레트에게) 집단에서 제가 처음으로 '어려졌던' 순간에, 저는 기분이 정말 나빴어요. 저는 다시 그때의 고통 받던 그 어린아이가 되었어요. 그러나 이상한 방식으로 저를 안심시키는 것 같았어요. 저는 그렇게 될 수 있고, 집단 구성원들은 제가 미쳤다고 생각하거나 저를 비웃지 않았어요. 그들은 저를 내버려 두었고, 그 어린아이를 도와주었어요. 그들은 그(그녀의 대체 인격은 남자아이)를 받아들이고 그에게 아주 부드럽게 말했고, 그가 덜 무서워하게 했어요.

명백하게, 이 집단의 구성원들은 게이의 종결에 대한 반응으로 다양한 분노의 감정을 경험했다. 그들이 이 상황을 이겨낼 수 있도록, 그들의 감정을 이야기하도록 하는 것이 중요했다. 구성원의 종결을 둘러싼 상황은 구성원들이 보이는 반응의 유형을 반영할 것이다. 이 집단에서 나의 도움으로 참가자들은 혼란스러움을 표현할 수 있었고 그들의 두려움과 죄책감뿐 아니라 게이의 안녕에 대해서도 의문을 가졌다. 구성원들이 할 수 있었던, 또는 했어야만 했던 다른 행동에 대해 뒤늦게 후회하는 그들의 성향 또한 드러났다.

약물 중독자를 위한 테드의 집단에서, 가끔 구성원들이 보통 약물이나 술의 사용으로 인해 주거 형태 프로그램으로부터 이른 시기에 떠났다. 테드는 집단의 구성원들이 죄책감과 위협을 느끼는 것에 더하여, 아마 구성원이 그들을 떠나버렸다는 것에 대해서 분개할 것(또는 그가 프로그램을 끝냈다는 것에 대해 질투를 느낄 것)이라고 예상했다. 반응이 어땠는지와는 상관없이, 지도자는 구성원들이 그것을 말로 표현할 수 있도록 도울 준비가 되어있어야만 한다. 만약 가능하고 적절하다면, 지도자는 또한 구성원이 집단과 직접적으로 종결을 하도록 도울 수 있다.

어려운 종결을 직접적으로 다루기

마지막 예시는 남성과 여성 모두를 위해 내가 진행한 또 다른 집단으로부터 가져왔다. 이 20회기 집단은 필립(Phillip)이라는 한 구성원의 고민이 주를 이루고 있었다. 집단의 여덟 번째 주 동안, 필립은 그의 치료자에게 위협적인 행동을 했다고 신고를 당해 개인 상담자로부터 상담을 중단당했다. 필립은 비록 화가 나긴 했지만 상담자를 위협하지 않았다고 주장했다. 그렇지만 그가 개인 치료를 받는 기관은 그가 돌아오는 것을 거절했다. 그는 그 상담자의 동료와 상담을 재개할 수 있었지만, 여전히 화가 나고 억울해했으며 집단에서 계속해서 그 일에 대해 언급했다. 필립은 단체를 옳지 않은 상담 중단으로 고소하길 원한다고 했다가, 그 일에 대해 자신을 비난했다가, 그리고 그 자신을 '괴물 같은 사람'이라고 불렀다.

처음에 구성원들은 필립을 대신하여 분노를 표현하며 그를 지지하였다. 구성원들은 그의 상담자로부터 그가 형편없이 그리고 전문적이지 못하게 다루어졌다는 그의 의견에 동의했다. 그렇지만 시간이 지나면서, 일부 구성원들은 필립에게 짜증이 나기 시작했다. 그들은 필립이 왜 이것을 극복하고 앞으로 나아가지 못하는지 이해할 수 없다고 말하였다. 다른 구성원들은 필립을 방어해주었다. 그리고 필립에게 짜증을 내는 사람들이 너무 가혹하고, 비우호적이라고 생각했다. 그러므로 필립의 상황은 집단에서 긴장감을 고조시키고 구성원들 사이에서 열띤 대화를 유발하였다. 나는 구성원들의 고민을 솔직하게 이야기하도록 도왔을 뿐만 아니라, 모두가 떠올릴 수 있는 방법으로 필립을 둘러싼 논쟁을 재구성하였다. 나는 모두가 관련 있을 수 있는 감정인 필립의 거부당했다는 감정, 그리고 자기 혐오와 자기 의심에 대한 감정을 강조하였다.

그 집단 회기의 나머지 시간 동안, 구성원들은 필립의 상황에 대한 그들의 반응으로 계속 논쟁하였다. 비록 필립은 계속하여 분노와, 상처, 배신감을 표현했지만, 그는 이 논쟁에 대해서 드물게 의견을 말했다. 집단이 마지막 회기에 가까워짐에 따라, 나는 구성원들이 종결을 직접적으로 인지하고 다루도록 격려했지만, 그들은 그렇게 할 수 없었다. 구성원들은 마지막 회기가 되어서야 마침내 서로 종결에 대해 이야기할 수 있었다. 이 마지막 회기의 한 부분이 아래에 제시된다. 나는 마지막 회기의 거의 절반이 지나갔을 때까지 다음의 대화가 발생하지 않았다는 것을 미리 말해둔다. 구성원들이 종결에 집중하도록 도우려는 이 회기에서 나의 시도는 성공적이지 않았다. 그들은 의도적으로 그리고 성공적으로 이것에 대해 논의하는 것을 피했다.

캐럴린: 저는 시간이 계속 흘러가고 있다는 사실에 마음이 걸리네요. 그리고 우리는 아직까지도 이것이 우리가 함께하는 마지막 회기라는 사실에 대해서 이야기하지 않았어요. 저는 이 집단에 존재하는 듯한 긴장감을 고려했을 때, 다른 사람들과 종결을 맺는 것이 정말로 어려울 수 있다는 것을 다시 한 번 말할게요. 하지만 여러분이 마지막이라는 것과 종결이라는 감각을 갖고 앞으로의 삶을 살아가기 위해 이것에 대해 이야기하는 것은 정말로 중요해요.

(구성원들은 침묵한다.)

캐럴린: 저는 여러분 각자에게 집단에서 제가 여러분에 대해 느낀 것과 앞으로 어떤 점을 다루어야 할지에 대해 이야기하고 싶어요. 하지만 저는 여러분이 필립의 상황에 대해 어떤 생각을 가지고 있는지에 대해 이야기하는 것으로 먼저 시작해야 할 것 같아요. 왜냐하면 그 주제에 집단의 에너지가 거의 모두 사용되었고, 과열된 대화가 발생

했기 때문이에요.

안나: 음, 제가 먼저 시작할게요. 저는 필립에게 일어난 일에 대해 정말 안타깝게 생각해요. 하지만 저는 그가 계속 반복해서 그 이야기를 하는 바람에 꽤 많이 짜증이 났어요. (필립을 쳐다보며) 미안해요. 하지만 저는 그렇게 느껴요.

캐럴린: 좋아요. 그게 한쪽의 이야기예요. 여러분 중 일부는 필립에게 이제는 앞으로 나아갈 시점이라고 생각하고 그가 계속해서 이것에 머물러있는 것이 그에게 도움이 되지 않을 거라고 생각했겠지만, 여러분 중 또 다른 이들은 만약 그가 이것에 집중할 필요가 있다면, 그것이 괜찮다고 느꼈을 거예요.

제나: 저는 정말로 상관없어요. 제 말은, 우리 각자는 다루어야 할 우리 각자의 힘든 문제를 가지고 있어요. 그리고 만약 필립이 그 일에 대해 이야기할 필요가 있다면, 그에게 그가 할 수 없다고 말하는 것은 제 권한이 아니에요.

캐럴린: 그래서 제나(Jenna)는 아직까지 필립에게 응답한 일부 구성원들의 방식에 화가 난 것처럼 들리는군요. 그리고 여러분 중 일부는 제나에게 여전히 화가 나 있는 것처럼 들려요. 우리는 어쩌면 단지 의견이 일치하지 않는 것에 동의하는 것으로 집단을 종결시켜야 할 것 같네요.

필립: (끼어들며) 미안해요. 저는 이 집단에서 짐 같은 존재였군요. 제가 그만두거나 했으면 좋았을걸 그랬네요.

안나: 저는 비록 당신 자신을 위해서 이것을 떨쳐버릴 수 있게 되길 바랐지만, 만약 당신이 떠났으면 저는 기분이 나빴을 거예요. 저는 그걸 바라진 않았어요!

알렉스: 저도 원하지 않았을 거예요. 저는 제나의 의견에 동의해요. 당신은 하고 싶은 대로 해야 해요. 만약 당신이 이것에 대해서 이야기할 필요가 있다면, 그것이 바로 우리가 이곳에 있는 이유예요.

캐럴린: 저는 여러분 모두에게 작별인사를 하는 것이 정말로 힘든 것이라는 느낌을 받았어요. 왜냐하면 아직까지 많은 것이 해결되지 않은 것 같은 느낌이기 때문이에요. 이것은 단지 필립이 그에게 일어났던 일을 심하게 느끼고, 구성원들이 계속해서 그를 어떻게 도울 수 있는지에 대해서 의견을 일치시킬 수 없기 때문이 아니에요. 여러분 각자는 해결되지 않은 문제와 함께 집단을 떠나게 돼요.

샘: 저는 단지 우리가 문제에 대해 이야기할 시간이 더 있었으면 좋겠어요.

캐럴린: 자, 이제 여러분 모두가 종결에 매우 가까워진 느낌이 드는군요. 그렇지만 저는 여러분 중 일부, 아마도 대부분은 우리가 언제 끝내는지는 중요하지 않고 여러분에게 시간이 더 필요하다고 느끼는 것 같다는 생각이 들어요. 특히 끝내지 못한 문제가 있을 때, 종결은 더 어려워져요. 샘, 당신의 말 속에 분노가 있는 것처럼 들리는군요. 저는 여러분 중 일부는 집단의 기간을 정한 제게 화가 났는지 궁금하네요. 여러분은

또한 제가 필립의 걱정을 다루는 방법에 대한 일련의 감정을 가지고 있을 거예요.

제나: 저는 가끔 당신이 필립에게 너무 가혹하다고 생각했어요.

줄리아: 저는 당신이 이때까지 발생했던 많은 말다툼에 더 많이 끼어들고 우리를 멈추어 주었으면 하고 바랐어요. 저는 단지 이것에 대해서 계속해서 이야기하고 또 이야기 하는 것은 별로 도움이 되지 않을 거라고 느꼈어요.

필립: (나에게) 저는 당신이 꽤 잘했다고 생각해요. 저는 당신이 저를 정말로 신경 썼다는 것을 알아요. 저는 이것을 개인적으로 받아들이지 않았어요. 저는 당신이 단지 제가 있었던 일로부터 벗어나도록 도우려고 노력했다고 생각해요.

캐럴린: 필립, 저는 당신이 그렇게 느꼈다는 사실에 기쁘네요. 그렇지만 여러분 중 일부는 동의하지 않는 것 같군요. 여러분은 만약 제가 다르게 했었다면 더욱 더 도움이 될 수 있었을 거라고 느끼는군요. 항상 제가 배울 수 있는 무언가가 있네요. 저는 제가 어떻게 여러분 모두와 필립에게 있었던 일에 대해 작업하도록 돕는 데 가장 도움이 되는 방법이 무엇인지에 대해서 곰곰이 생각해왔어요.

　내가 구성원들에게 표현했던 이유로, 이 집단은 운영하기에 매우 어려운 집단이었다. 또한 구성원들 자신과 나에게 종결은 어려웠다. 그렇지만 비록 의견의 불일치를 인정한다는 것을 의미한다고 하더라도 문제가 해결되었다는 느낌을 갖는 것은 우리 모두에게 중요한 일이었다. 사실, 정확히 그것이 일어난 것이다. 이 마지막 회기가 흘러가면서, 구성원들은 계속해서 우리 각자가 어떻게 필립의 상황을 다루었는지에 대한 그들의 생각을 공유하였다. 비록 마음이 변화한 사람은 없었지만, 구성원들은 그들이 다른 생각을 가지고 있을 수 있고 다른 이들에게 화가 날 수도 있다는 것을 받아들이게 되었다. 그럼에도 불구하고, 계속하여 서로를 존중하고 존중을 받았다. 구성원들은 또한 다른 이에 대한 그들의 애정 어린 감정을 표현할 수 있었다. 그리고 (다른 예시들에서 드러나는 것처럼) 서로 지지해주는 집단 없이 살아가는 것에 대한 그들의 두려움과 의구심을 공유하였다.

　구성원들의 피드백은 명확하게 내가 그들과 종결을 맺도록 도왔다. 개인적인지 아니면 집단의 치료인지에 따라 내담자들에게 도움이 되고, 도움이 되지 않았던 것에 대해 물어보며 피드백을 요청하는 것은 전문가에게 매우 중요하다. 이렇게 하는 것의 분명한 이점은 우리가 미래의 내담자에게 더 효과적으로 도움을 줄 수 있게 된다는 것이다. 그러나 아동기 트라우마의 내력을 가진 내담자에게 우리에게 구조적인 비판을 하라고 묻는 것에 대한 다른 더 중요한 장점은 이것이 그들에게 권한을 주고 그들의 자기 능력을 증진시킨다는 것에 있다.

　이 특정한 집단의 사례에서, 구성원들의 언급과 주장은 내가 필립의 고민을 더 잘 재구성할 수 있었다는 것을 깨닫게 하였다. 많은 구성원들과 필립 자신은, 계속해서 그의 상황을 모든 구성원들이 관련지을 수 있는 구체적인 감정(유기되었다는 느낌, 거부되었다는 느낌, 외로움과 자기혐오의 감정)의 예시로 보지 않았다. 나의 행동 또한 일부 구성원들에(필립은 그렇게 생각하지 않았지만) 의해 내가 그의 감정을 이해하지 못하고 내가, 그의 치료를 중단해버린 그의 개인 상담자의 편을 든다고 간주되었다. 솔직히 말하면, 나는 그녀에게 화가 났고 그녀가 속해 있는 기관이 상황을 매우 좋지 않게, 그리고 비전문적으로 처리했다고 느꼈다.

하지만 구성원들의 피드백은, 상황에 대한 나의 불안감이 그 순간에 나에게는 보이지 않았지만 그들에게는 보이는 방식으로 나의 행동에 영향을 미쳤다는 것을 나에게 알려주었다. 나는 이 가능성을 직접적으로 인정했다. 이 행동은 내가 구성원들에게 실수를 인정하고 그로부터 배우는 중요한 자기 능력의 본보기가 되어주었기 때문에 그 자체만으로도 나에게 유익하다고 증명되었다.

요약

치료의 종결 단계는 전문가가 아동기 트라우마의 내력을 가진 내담자가 이루어낸 개선점을 확고히 하고 미래의 성장을 도모하는 추후의 기회를 제공한다. 이 단계는 내담자에게뿐 아니라 전문가에게도 작업 관계의 종결과 관련된 강렬한 감정(예: 고통, 상실, 슬픔)을 가지고 올 수 있다. 아동기 트라우마 생존자가 학대당하고, 혹사당하고, 보호받지 못했던 과거 관계의 경험을 고려했을 때, 그들에게 종결과 관련된 이런 감정은 더 심각해질 수도 있다.

개인 치료 환경인지 집단 치료의 환경인지에 따라, 전문가는 작업 관계를 종결하기 위해 가능한 최대한 **내담자를 준비**시켜야 한다. 이 단계를 성공적으로 성사시키기 위해서, 그들은 또한 **그들 자신의 감정을 알고 이해**해야 한다.

대부분의 경우, 특히 관계가 장기적으로 계속되었던 경우에, 전문가는 종결에 대한 내담자의 감정에 도달하려고 노력해야만 할 수도 있다. 내담자는 종결이 그들에게 의미하는 바와 이것이 가지는 부정적이고 긍정적인 감정 모두에 대해 터놓고 정직하게 이야기하도록 격려받아야 한다. 이것이 일어나도록 하는 것은 아마도 임상가가 먼저 내담자의 감정을 말로 표현하는 것을 필요로 한다. 내담자는 또한 정직하게 그들이 참여했던 **작업을 되돌아보고, 끝나지 않은 과제와 미래의 어려움을** 예상할 기회가 필요하다.

종결이 예정되어 있지 않은 경우에도, 전문가는 내담자가 종결에 대한 감정을 잘 해결하도록 도울 의무를 가지고 있다. 최소한, 우리는 우리의 내담자가 미래에 그들이 필요하거나 원할 때 도움을 구할 수 있게 하는 방식으로 치료를 종결하도록 도와야 한다.

찾아보기